UTB 8296

Eine Arbeitsgemeinschaft der Verlage

Beltz Verlag Weinheim · Basel
Böhlau Verlag Köln · Weimar · Wien
Verlag Barbara Budrich Opladen · Farmington Hills
facultas.wuv Wien
Wilhelm Fink München
A. Francke Verlag Tübingen und Basel
Haupt Verlag Bern · Stuttgart · Wien
Julius Klinkhardt Verlagsbuchhandlung Bad Heilbrunn
Lucius & Lucius Verlagsgesellschaft Stuttgart
Mohr Siebeck Tübingen
C. F. Müller Verlag Heidelberg
Orell Füssli Verlag Zürich
Verlag Recht und Wirtschaft Frankfurt am Main
Ernst Reinhardt Verlag München · Basel
Ferdinand Schöningh Paderborn · München · Wien · Zürich
Eugen Ulmer Verlag Stuttgart
UVK Verlagsgesellschaft Konstanz
Vandenhoeck & Ruprecht Göttingen
vdf Hochschulverlag AG an der ETH Zürich

Hans-Peter Langfeldt / Werner Nothdurft

Psychologie

Grundlagen und Perspektiven für die Soziale Arbeit

unter Mitarbeit von Elisabeth Baumgartner, Maria Langfeldt-Nagel und Friedrich C. Sauter

4., überarbeitete Auflage

Ernst Reinhardt Verlag München Basel

Dr. Hans-Peter Langfeldt, Diplom-Psychologe, Professor für Pädagogische Psychologie an der Johann Wolfgang Goethe-Universität in Frankfurt am Main.

Prof. Dr. Werner Nothdurft, Diplom-Psychologe und Kommunikationswissenschaftler, Professor für Theorie und Praxis sozialer Kommunikation am Fachbereich Sozial- und Kulturwissenschaften der FH Fulda. Leiter des Weiterbildungsverbundstudiums Sozialkompetenz.

Titelbild: © Ludvik Glazer-Nauer/Getty Images

Bibliografische Information der Deutschen Bibliothek

Die Deutsche Bibliothek verzeichnet diese Publikation in der Deutschen Nationalbibliografie; detaillierte bibliografische Daten sind im Internet über <http://dnb.ddb.de> abrufbar.
  UTB-ISBN 978-3-8252-8296-7
  ISBN 978-3-497-01956-4

Einbandgestaltung: Atelier Reichert, Stuttgart
Satz: Computersatz Ute C. Renda-Becker, Lahnstein
Druck: Friedrich Pustet, Regensburg
Printed in Germany
ISBN **978-3-8252-8296-7** (UTB-Bestellnummer)

Ernst Reinhardt Verlag, Kemnatenstr. 46, D-80639 München
Net: www.reinhardt-verlag.de Mail: info@reinhardt-verlag.de

Inhalt

Vorwort zur vierten Auflage

Aufgrund der erfreulich großen Nachfrage nach diesem Buch wurde schon nach relativ kurzer Zeit eine weitere, vierte, Auflage erforderlich. Wir haben diese Gelegenheit genutzt, um Aktualisierungen vorzunehmen, kleine Textpassagen zu ergänzen und notwendige Korrekturen durchzuführen.

Die dritte Auflage hat über den engen Adressatenkreis der Studierenden hinaus eine rege Nachfrage gefunden. Autoren und Verlag haben sich daher entschlossen, dem Rechnung zu tragen und den Untertitel in »Grundlagen und Perspektiven für die Soziale Arbeit« zu ändern. Wir hoffen, dass das Buch auch weiterhin für Personen in der Praxis attraktiv ist.

Frankfurt/M., Fulda, im Juli 2007
Hans-Peter Langfeldt und Werner Nothdurft

Vorwort zur dritten Auflage

Dieses Buch erschien in der ersten und zweiten Auflage unter dem Titel *Psychologie – Grundlagen und Perspektiven* in der Reihe Studienbücher für Soziale Berufe. Aufgrund der großen Nachfrage wurde eine weitere Auflage erforderlich. Für diese Neuauflage wurde das Buch vollständig überarbeitet. Einige Kapitel wurden neu geschrieben, einige Kapitel erweitert und ergänzt, der gesamte Text kritisch durchgesehen und auf einen aktuellen Stand gebracht.

Mit dieser Neuauflage hat sich auch die Autorenschaft dieses Buches verändert. Es ist nunmehr von zwei Autoren geschrieben. Aufmerksame Leserinnen und Leser werden bemerken, dass wir beide Autoren durchaus etwas unterschiedliche Vorstellungen von Psychologie haben. Damit birgt ein solches Vorhaben das Risiko des Scheiterns. Dass statt dessen dieses Buchprojekt erfolgreich abgeschlossen werden konnte, betrachten wir als ein Beispiel gelungener Wissenschaftskultur mit ihren Grundwerten kritischer Auseinandersetzung und Toleranz. So wie wir die Zusammenarbeit an diesem Buch als persönliche Bereicherung erfahren haben, so hoffen wir, dass die unterschiedlichen Perspektiven und Akzente, die durch diese Zusammenarbeit in das Buch gelangt sind, auch von den Lesern und Leserinnen als Bereicherung und Horizonterweiterung erlebt werden.

Zum Zustandekommen dieses Buches haben aber nicht nur wir als Autoren beigetragen. Wir bedanken uns an dieser Stelle bei den bisherigen Leserinnen und Lesern für ihr Interesse. Sie erst haben für den Erfolg gesorgt, der notwendig ist, um ein Buch erscheinen zu lassen. Wir bedanken uns ferner bei den »Gastautorinnen«, die einzelne Kapitel zu diesem Buch beigetragen haben. Außerdem bedanken wir uns bei Valentina Tesky und Esther de Waha, die mit großer Sorgfalt und Umsicht die redaktionelle Bearbeitung des Manuskripts besorgt haben.

Frankfurt am Main, Fulda, im März 2004

Hans-Peter Langfeldt und Werner Nothdurft

1. Einladung in die Psychologie

Jeder von uns hat im Laufe seines Lebens Vorstellungen darüber entwickelt, »wie die Menschen sind«, wie sie sich verhalten, wie sie ihr Zusammenleben gestalten und welche Schwierigkeiten dabei auftreten können.

Sehr häufig glauben wir zu wissen, warum die Beziehung eines uns bekannten Paares kriselt, warum die Kinder der einen Nachbarsfamilie so überaus schüchtern und die der anderen so aggressiv sind, warum ein Kollege so viele Schwierigkeiten am Arbeitsplatz hat und warum seine Frau immer so verhärmt aussieht.

Wir verbringen viel Zeit damit, uns über andere und deren Lebensweise Gedanken zu machen. Meistens sind wir auch davon überzeugt, dass wir in ähnlich schwieriger Lage uns anders, nämlich besser, verhalten würden.

Wir glauben auch zu wissen, wie wir wen »nehmen« müssen, wenn wir etwas erreichen wollen. Wenn wir gute Bekannte treffen, wissen wir, mit welchen Themen wir sie zum Schweigen oder Reden bringen können. Wir kennen ihre »kleinen Schwächen«.

Jeder von uns hat also ein mehr oder weniger deutlich ausgeprägtes Wissen, das sein Verhalten im Alltag prägt. Dieses psychologische Alltagswissen wird nicht nur durch den eigenen Umgang mit anderen Menschen erworben, sondern auch durch »indirekte« Erfahrung: Kunstwerke, Romane, Filme, Autobiographien und vieles mehr versorgen uns mit Wissen darüber, »wie die Menschen sind«. Unsere Sprache enthält viele Redensarten über menschliches Verhalten und Zusammenleben:

- Was Hänschen nicht lernt, lernt Hans nimmermehr.
- Was Du nicht willst, das Dir man tu', das füg' auch keinem andern zu.
- Wer anderen eine Grube gräbt, fällt selbst hinein.
- Früh krümmt sich, was ein Häkchen werden will.
- Durch Schaden wird man klug.

Hinter solchen Redensarten verstecken sich alltagspsychologische Argumentationen, die über den konkreten Satzinhalt weit hinaus gehen. Sie können in sehr vielen unterschiedlichen Situationen eingesetzt werden und nicht selten widersprechen sie sich.

Mit Hilfe von psychologischem Alltagswissen verdeutlichen und erklären wir uns soziale Sachverhalte, schätzen die weitere Entwicklung ab und handeln entsprechend. Unsere psychologischen Alltagstheorien dienen so der Orientierung in sozialen Situationen und steuern unser Verhalten.

Ein kleines Beispiel: Nehmen wir an, Sie befinden sich nachts gegen halb ein Uhr in einer dunklen Straße auf dem Nachhauseweg. In der Ferne kommt Ihnen ein Mann torkelnd und lallend entgegen. Sie wissen aus Ortskenntnis, dass um die nächste Straßenecke eine Kneipe liegt, in der es häufiger schon zu Prügeleien kam. Vermutlich werden Sie nun annehmen, der entgegenkommende Mann sei betrunken. Möglicherweise halten Sie Betrunkene für unberechenbar und eher aggressiv. Weil Sie fürchten, angerempelt zu werden, wollen Sie einer Begegnung aus dem Wege gehen und wechseln die Straßenseite.

Anders sieht für Sie die Situation aus, wenn der torkelnde und lallende Mann sich erkennbar in Richtung der beleuchteten Notdienst-Apotheke bewegt. Möglicherweise glauben Sie jetzt, dass er Hilfe gebrauchen kann und gehen auf ihn zu.

Die meisten Menschen bewältigen ihre sozialen Schwierigkeiten oder persönlichen Krisen mit ihren eigenen Mitteln. Sie scheinen also durchaus effektive Alltagstheorien über soziale Sachverhalte zu besitzen. Diese Schlussfolgerung verführt leicht zur Auffassung, man könne auf eine wissenschaftliche Psychologie verzichten, da man von ihr nur höre, was man ohnehin schon wisse.

Tatsächlich kann man als Psychologe häufig die Erfahrung machen, dass Laien nach der psychologischen Erläuterung eines Sachverhaltes antworten: »Na und? Das habe ich schon immer gewusst!« – Oder aber: »Das glaube ich nicht! So ist das nicht!« Laien neigen offensichtlich dazu, es immer schon oder gar besser zu wissen. Auf einem Kongress der wissenschaftlich tätigen Psychologen hat dies einmal zu folgender Klage geführt:

»Sie (die Psychologie, der Verf.) gehört ja zu jenen Gebieten, über die sich alle Welt rasch ein Urteil zutraut. Schließlich ist unsere Umgangssprache auch so ›vollgesogen‹ mit psychologischen Erklärungsmustern und Denkschemata, dass sich die Psychologisierung von Sachverhalten kaum vermeiden lässt, und es schwer fällt, nicht andauernd den Maßstab des psychologischen Vorverständnisses an die Welt (und damit auch an die wissenschaftliche Psychologie) anzulegen. Man achte nur einmal darauf, wie selbstverständlich Wörter wie ›motiviert‹, ›frustriert‹, ›aggressiv‹ etc. verwendet werden, so als ob damit ganz bestimmte reale Tatbestände erfasst wären, und nicht bloß auf psychologische Konstrukte Bezug genommen würde. Es ist deshalb eigentlich nicht erstaunlich, dass Laien meinen, auch Psychologen selbstverständlich darüber belehren zu können, wie ein bestimmtes Phänomen psychologisch zu erklären sei. Und tatsächlich gibt es ja kaum einen Juristen, dem nicht ein ganzes Arsenal psychologischer Theorien zu Gebote stünde, wenn es darum geht, Gründe dafür zu finden, weshalb jemand etwas Bestimmtes getan oder nicht getan hat. Da gibt es kaum einen Mediziner, kaum einen Architekten, kaum einen Literaturwissenschaftler, kaum einen Ökonomen, und eigentlich auch sonst niemanden, der nicht über die Motive handelnder Personen Bescheid wüsste. Wir stehen immer einer Mauer unerschütterlicher Vorverständnisse gegenüber, durch die vorgeformt ist, was als ›sinnvolle‹ und ›mögliche‹ psychologische Erklärung zu gelten hat und was nicht. Nicht wir sind die anerkannten Experten menschlichen Verhaltens, sondern alle anderen« (*Foppa* 1989, S. 6 – 7).

Spätestens jedoch, wenn man selbst unüberwindlich und hartnäckig in Schwierigkeiten geraten ist oder wenn man jemand anderen aus solchen Schwierigkeiten heraushelfen möchte, stellt sich heraus, dass man mit den eigenen Vorstellungen und Alltagstheorien nicht immer so erfolgreich ist, wie man es sein möchte. Scheinbar bewährte Rezepte, Strategien oder gar Tricks funktionieren nicht mehr. Dann ist psychologisches Wissen gefragt und notwendig, das solche Wege weist wie die wissenschaftliche Psychologie.

Wissenschaftliche Psychologie liefert Beschreibungen und Erklärungen für das Erleben und Verhalten von Menschen, die dazu beitragen sollen, das soziale Leben verstehbar zu machen. Das Ziel solcher Beschreibungen und Erklärungen ist es, sich selbst und andere genauer, angemessener und differenzierter wahrzunehmen und dadurch Handlungsräume zu erweitern und Probleme in neuem Licht sehen zu können.

Unter dieser Zielsetzung möchten wir in diesem Buch eine Einführung in psychologische Denkweisen über den Menschen geben und Sichtweisen zu wesentlichen Facetten des Erlebens und Verhaltens von Menschen vorstellen.

Das Nachdenken über das Erleben und Verhalten von Menschen hat eine lange Tradition, aus der sich die Psychologie als empirische Wissenschaft in ihrer heutigen Gestalt herausgebildet hat. Im *zweiten Kapitel* wird diese Tradition in ihren wichtigsten Linien nachgezeichnet, um dann deutlich zu machen, wodurch sich psychologische Erkenntnis von anderen Erkenntnisformen menschlichen Erlebens und Verhaltens unterscheidet und auszeichnet. Dabei wird sich zeigen, dass es im Bereich der Psychologie durchaus sehr unterschiedliche Auffassungen über die Gegenstände, Ziele und Vorgehensweisen psychologischer Erkenntnisgewinnung gibt.

Im Mittelpunkt psychologischer Betrachtung steht der Mensch – genauer: die menschliche Individualität. Im *dritten Kapitel* beschäftigen wir uns mit diesem Grundgedanken genauer. Zunächst wird deutlich gemacht, welchen Stellenwert der Gedanke individueller Persönlichkeit in unserer zivilisatorischen Entwicklung hat und wie es dazu gekommen ist. Danach werden verschiedene Betrachtungsweisen von Persönlichkeit vorgestellt, die in der Psychologie von besonderem Einfluss sind.

Wir begreifen das Erleben und Verhalten eines Menschen eingebunden in zwei wesentliche Zusammenhänge: zum einen in den Zusammenhang seiner lebensgeschichtlichen, biographischen Entwicklung, und zum anderen in den Zusammenhang der sozialen, zwischenmenschlichen Bezüge und Beziehungen, in denen er lebt.

Entsprechend geht es im *vierten Kapitel* darum, die wichtigsten Entwicklungsgesichtspunkte aufzuzeigen, die einen Menschen zu dem machen, was er ist. Auch zu dieser Frage gibt es innerhalb der Psychologie sehr unterschiedliche Antworten bzw. Entwicklungstheorien. Wir stellen vier wichtige Ansätze vor und beschäftigen uns dann speziell mit Fragen des Lernens und der Erziehung als einem gesellschaftlich wichtigen Motor der Entwicklung.

Das Erleben und Verhalten von Menschen erklärt sich auch aus den Begegnungen mit anderen Menschen und den wechselseitigen Beeinflussungsprozessen, die in solchen Begegnungen stattfinden. Daher steht *im fünften Kapitel* das Thema Interaktion und Kommunikation im Mittelpunkt. Die Grunddimensionen sozialer Interaktion werden erläutert und der Einfluss sozialer Interaktion auf unsere Verfasstheit als gesellschaftliches Wesen wird dargestellt.

Soweit sind die Grundlagen für ein psychologisch fundiertes Verständnis des Erlebens und Verhaltens von Menschen gelegt. Auf dieser Grundlage können wir uns dann zwei klassischen Anwendungsfeldern psychologischen Wissens zuwenden – der Psychologischen Diagnostik (*sechstes Kapitel*) und der Psychologie der Intervention (*siebtes Kapitel*). Am Ende spitzen wir im *achten Kapitel* die Zielsetzung dieses Buches auf den speziellen Fall sozialpädagogischer Tätigkeit zu. Dazu werden ausgewählte Arbeitsbereiche dieser Tätigkeit vorgestellt, um an ihnen zu demonstrieren, wie die dargestellten psychologischen Erkenntnisse zu einem genaueren Selbstverständnis sozialpädagogischer Tätigkeit beitragen können.

Wenn wir den Anspruch dieses Lehrbuches bildlich darstellen, dann fällt uns eine Wanderkarte ein, in der Aussichtspunkte eingezeichnet sind. Von ihnen aus kann man einen Landstrich unter verschiedenen Blickwinkeln betrachten und jeweils neu entdecken. Will der Wanderer jedoch wissen, wie eine Aussicht wirklich ist, dann muss er sich selbst auf den Weg machen. Ein Lehrbuch bietet Aussichtspunkte an. Aber so wie die Karte dem Wanderer nicht den Weg abnimmt, so kann auch dieses Buch es den Lesern und Leserinnen nicht ersparen, in der Praxis selbst herausfinden zu müssen, ob eine bestimmte Sichtweise lohnend ist oder nicht.

2. Psychologie als Wissenschaft

In diesem Kapitel erläutern wir, was es bedeutet, psychologische Erkenntnisse als wissenschaftliche Erkenntnisse zu betrachten.

Zu diesem Zweck berichten wir zunächst, wie Psychologie als Wissenschaft zustande kam und sich entwickelt hat (2.1.). Im Verlauf dieser Geschichte hat sich die Psychologie in Spezialgebiete ausdifferenziert, die wir anschließend vorstellen (2.2.). Den Prozess der Erkenntnis psychologischen Wissens beschreiben wir in allgemeiner Weise (2.3.). Wie der Wissenschaftscharakter der Psychologie bestimmt wird – darüber gibt es allerdings innerhalb der Psychologie durchaus unterschiedliche Auffassungen – die wichtigsten stellen wir in Abschnitt 2.4. vor. Psychologische Erkenntnis unterscheidet sich vom »gesunden Menschenverstand« u.a. durch das transparente, nachvollziehbare methodische Vorgehen. Zwei Methoden psychologischer Erkenntnisgewinnung stellen wir in Abschnitt 2.5. vor: Experiment und Feldforschung. Durch solche Methoden werden Daten gewonnen, deren Interpretation keineswegs selbstverständlich ist. Innerhalb der Psychologie gibt es eine Reihe von Standards, mit denen Daten interpretiert und verarbeitet werden können, um auf dieser Grundlage zu empirisch gesicherten psychologischen Erkenntnissen kommen zu können (2.6.).

2.1. Psychologie in Europa: Lange Vergangenheit, kurze Geschichte

von Elisabeth Baumgartner

»Die Psychologie hat zwar eine lange Vergangenheit, aber eine kurze Geschichte.« Dieser, von dem Gedächtnisforscher *Hermann Ebbinghaus* (1850 – 1909) auf dem vierten Internationalen Kongress für Psychologie in Paris im Jahre 1900 vorgetragene Satz ist wohl der meistzitierte in der Geschichtsschreibung der Psychologie.

Was wollte *Ebbinghaus* damit zum Ausdruck bringen? – Er beschreibt die Situation der akademischen Psychologie um die Jahrhundertwende, die bestrebt war – besser gesagt, einige ihrer Fachvertreter waren es – sich von der Philosophie, innerhalb derer die Psychologie traditionsgemäß angesiedelt war, zu lösen.

Die Philosophie war seit ihren Anfängen im Altertum die Wissenschaft, die **Altertum** sich mit psychologischen Fragen auseinander setzte. Beispielsweise befassten sich schon die vorsokratischen Eleaten ebenso wie *Heraklit* mit dem Problem des Denkens und seiner Übereinstimmung mit der Wirklichkeit. *Platons* (427 – 347 v. Chr.) Dialoge sind, wie wir heute sagen würden, Meisterwerke »psychologischer Gesprächsführung«. Er postulierte, die wahre Wirklichkeit liege in der Welt der Ideen, nicht in der Welt der Sinne und Empfindungen. Diese Hochschätzung des Begrifflichen hatte und hat großen Einfluss auf die abendländische Tradition (vgl. *Müller* 1971, S. 1).

Aristoteles   *Aristoteles* (384 – 322 v. Chr.) ist die Hauptquelle der Psychologie, teilweise bis in die Neuzeit, geblieben. In seiner Schrift »Über die Seele« beschreibt er die Seele (Psyche), die sich als wirkendes Prinzip auf dreierlei Weise äußere:

- als Vitalseele (belebend, ernährend);
- als Animalseele (empfindend, fühlend, sinnlich begehrend);
- als Geistseele (denkend und wollend).

Diese Einteilung hat die Psychologie lange geprägt. Die Beschreibung der »Seelenkräfte«, des »Seelenvermögens« oder der »psychischen Kräfte und Funktionen« entsprechend der Einteilung des Seelenbegriffs beschäftigte die Philosophen aller folgenden Jahrhunderte.

Bezug zur Gegenwart   Auch die heutige wissenschaftliche Psychologie greift auf dieses Modell zurück: die Allgemeine Psychologie mit ihren Klassifikationen des Psychischen in Emotion, Kognition und Motivation (vgl. *Pongratz* 1967, S. 70); Richtungen der Persönlichkeitspsychologie, die an Schichttheorien orientiert sind; in besonderer Weise aber die Psychoanalyse. *Schönpflug/Schönpflug* (1997, S. 3) meinen gar, dass in der Bestimmung des *Aristoteles* »ein Großteil des Problemkatalogs der modernen Psychologie vorweggenommen« sei. Er trenne die folgenden Grundfunktionen höher entwickelter Organismen voneinander:

- »physiologische Abläufe der Selbstregulation (z.B. Energieumsatz, Wachstum,
- die Sinnesempfindung (Sensation) als Mittel der Abbildung der Umwelt,
- die Gefühlsbewertung (Emotion),
- der zielstrebige Wille (Motivation) und die daraus entspringende Handlung als Mittel zur Veränderung der Umwelt,
- das Denken (Kognition) als Weise der vernunftgeleiteten Reflexion und der phantasiegeleiteten Vorstellung.«

Die abendländische Beschäftigung mit der Psyche führt also, soweit schriftlich nachgewiesen, ins 3. und 4. Jahrhundert v. Chr. zurück. Auch in Asien, in Indien und China existierten Seelenlehren innerhalb des Buddhismus, des Taoismus und des Konfuzianismus, die im Sinne von praktischer Ethik als Wegweiser der Lebensführung dienten. Sie hatten für die abendländische Psychologie in ihrer wissenschaftlichen Ausrichtung wenig Bedeutung. Als Techniken der Entspannung und Meditation finden jedoch neuerdings einige Ansätze Eingang in Therapieformen der Klinischen Psychologie.

Augustinus   Im Zuge der Christianisierung des Abendlandes wird auch die Philosophie

»getauft«, ja schließlich als »ancilla theologiae«, als Magd der Theologie aufgefasst. Die altgriechischen Seelenvorstellungen werden im Licht des neuen Glaubens gesehen. Die Seele wird als göttliche Einhauchung verstanden; als nicht dem Körper zugehörig, wohl aber von ihm, seinen Bedürfnissen und Strebungen beeinflusst. *Augustinus* (354 – 430) beschreibt in seinen »Confessiones«, in »Selbstgespräche« und in »Über die Größe der Seele« die neue Auffassung, die Platonismus und christliche Glaubenslehre zu vereinbaren versucht. Gewissensforschung und Selbstbeschreibung sind seine Methoden. Die seelischen Funktionen sieht er (nach *Hehlmann* 1982, S. 33) als »wohl verbunden mit den äußeren Sinnen und ihren Organen... Daneben aber stehe der innere Sinn mit den bewahrenden und beziehenden Funktionen des Gedächtnisses, des Denkens, des Wollens. Sie seien spezifisch menschlich. Sie entsprechen der Trinität Gottes und repräsentieren gleichzeitig die Einheit in der Mannigfaltigkeit. Von der niederen Form der Vernunft, die sich an die Sinneserkenntnisse knüpft, unterscheidet Augustin die höheren Seelenvermögen. Mit ihrer Hilfe könne der Mensch zur Schau der ewigen Ideen aufsteigen. Diese seien jedoch nicht, wie Platon meinte, Erinnerungen aus einem früheren Leben im Ideenreiche. Der Mensch habe sie durch ›göttliche Erleuchtung‹ erhalten, und in ihnen besitze er zugleich das Werkzeug, ständig aus dem Leben im Vergänglichen aufzusteigen, um an der unveränderlichen Wahrheit teilzunehmen.«

Die letzte Erkenntnis wird also nicht aus den Sinneserfahrungen gewonnen, sondern sie ist als Innewerden unveränderlicher Wahrheit göttlichen Ursprungs. Der Gedanke, dass der inneren Erfahrung einzig Gewissheit zukomme, dass ich an allem zweifeln könne, nur nicht daran, dass ich denke, nimmt das »cogito ergo sum« des *Descartes* (1596 – 1650) vorweg. Im 19. Jahrhundert greift *Franz Brentano* (1838 – 1917) mit seiner Bestimmung der »Intentionalität« des Psychischen wieder darauf zurück. Die Psychologie des *Augustinus* war bestimmend für das Mittelalter. Sie wurde weiter ausgeformt von *Thomas von Aquin* (1225 – 1274), den vor allem das Leib-Seele-Problem interessierte, also die Frage, wie Leib und Seele aufeinander wirken, wie die Verknüpfung vorgestellt werden kann, ob jeder Teil des Körpers beseelt sei.

Mittelalter

Gegen Ende des Mittelalters (bzw. der Scholastik) wendet sich das Interesse von der bis dahin vorherrschenden Beschäftigung mit den Möglichkeiten des Erkennens dem Phänomen des Wollens zu. *Duns Scotus* (vor 1270 – 1308) und *Wilhelm von Occam* (um 1300 – 1349) betonen: Der Mensch ist in erster Linie ein wollendes Wesen. Wollen ist »radikale Spontaneität« (nach *Hehlmann* 1982, S. 55).

Damit ist der Übergang zur Neuzeit eingeleitet, zur Renaissance, in der nun der »ganze Mensch« im Mittelpunkt des Interesses stand. Von psychologischem Interesse sind nun die Individualität, der Einzelmensch, die Charaktererfassung. Die Leidenschaften und Affekte werden nicht mehr als »niedrige Regungen«, die es zu unterdrücken gilt – wie im theologischen Kontext des Mittelalters – aufgefasst, sondern auch sie werden untersucht. Gelehrte Ärzte verfassen Abhandlungen zur Psychologie, so *Paracelsus* (1493 – 1541), der den Dualismus von Leib und Seele ablehnt und den Menschen

Neuzeit

als ganzheitliches Wesen, als Mikrokosmos betrachtet. Praktischen Fragestellungen (im heutigen Sinne) widmete sich schon *Juan Huarte* (um 1520 – 1589). In seinen Untersuchungen über die »Prüfung der Anlagen für die Wissenschaft« findet er humorale, klimatische und zerebrale Bedingungen für die Unterschiede in Begabung und Intelligenz und schließt pädagogische und eugenische Ratschläge an.

Die Zeit der Renaissance kann als Zeit der großen Horizonterweiterung betrachtet werden. Es war eine Zeit geographischer Entdeckungen, der Umwälzungen im Wirtschaftssystem (Einführung der Geldwirtschaft), der (eingeschränkten) sozialen Mobilität, des Aufblühens der Naturwissenschaften (*Galilei, Newton*), die in die Aufklärung mündete. Hier standen die Rechte des Individuums, vor allem in politischer Hinsicht, im Mittelpunkt des kämpferischen Interesses der Philosophen. Wieder geht es um die Erkenntnisfähigkeiten des Menschen, nun aber nicht mit Blick auf die Erkenntnismöglichkeit Gottes durch den Menschen, sondern auf seine Emanzipation und seine Freiheit. Die englischen Empiristen (*Locke, Berkeley, Hume*) betonen (im Anschluss an *Aristoteles*) den Primat der Erfahrung (nihil est in intellectu, quod non prius fuerit in sensu; nichts findet sich im Intellekt, was nicht vorher in den Sinnen war). Der Intellekt wird als »tabula rasa« beschrieben, der erst durch Sinneserfahrungen, Nachdenken (»Reflexion«) und durch Lernen gebildet wird.

19. Jahrhundert   Der Weg zur Psychologie, wie sie sich heute darstellt, wurde entscheidend geprägt durch das im Jahre 1871 erschienene Buch »Über die Abstammung des Menschen« von *Charles Darwin* (1809 – 1882). Der Mensch wird nun ganz und gar als Naturwesen gesehen. Damit scheinen auch alle seine Funktionen, Reaktionen und Erlebnisweisen mit den Methoden und Mitteln der Naturwissenschaften grundsätzlich erfassbar. Die »Seele« erweist sich als überflüssige Annahme. Dementsprechend propagiert *C. G. Lange* (1834 – 1900) eine »Psychologie ohne Seele«, ein mutiges Unterfangen, bedeutet »Psychologie« dem Wortsinne nach doch »Lehre von der Seele«.

experimental-psychologische Schule   Im 19. Jahrhundert gibt es eine Fülle von psychologischen Ansätzen. An den Universitäten immer noch von Inhabern von Lehrstühlen der Philosophie vertreten, teilen sich die Interessen in traditionell geisteswissenschaftliche und experimentelle Psychologien. Die sich herausbildende experimentalpsychologische Schule lässt sich als physiologisch, evolutionär, atomistisch und quantifizierend beschreiben (vgl. *Wertheimer* 1970, S. 35). Ihre institutionelle Verankerung erfolgte im Jahre 1879, als *Wilhelm Wundt* (1832 – 1920) in Leipzig das erste experimentalpsychologische Laboratorium an einer deutschen Universität begründete (im gleichen Jahr wurde an der Harvard University durch *William James* das erste amerikanische Laboratorium eingerichtet, 1889 folgte die Sorbonne in Paris, 1894 das psychologische Institut in Graz, eingerichtet durch *A. Meinong*).

1879: Leipzig, erstes psychologisches Laboratorium W. Wundt

Auf diese Daten bezieht sich der eingangs zitierte Satz von *Ebbinghaus*. Philosophische Fragen wurden damals jedoch nicht ausgeklammert, wofür *Wundt* wie *Brentano* als Zeugen dienen können. *Franz Brentano* hatte 1874 seine Schrift »Psychologie vom empirischen Standpunkte« veröffentlicht, in der er seine These »Die Methode der Psychologie sei die der Naturwissenschaft mit Erfahrung als Grundlage« exemplifizierte. Er versuchte, der Psychologie ihren vollen Zuständigkeitsbereich zu retten, indem er zwei Teildisziplinen vorschlug: deskriptive und genetische Psychologie. Die genetische Psychologie sollte auf experimentellem Wege »das Seelenleben zergliedern«, die deskriptive Psychologie auf deduktivem Wege zu Theorien gelangen und die Ergebnisse allgemeingültig formulieren. *Wundt* dagegen wollte die experimentelle Methode nur auf elementare psychische Prozesse (etwa Messung von Empfindungsstärken) anwenden, »höhere« psychische Prozesse sind seiner Meinung nach der experimentellen Prüfung nicht zugänglich. Sie bedürften zur Erklärung hermeneutischer (geisteswissenschaftlicher) Verfahren.

Konsequenterweise wandten sich deshalb *Wundts* Schüler der experimentellen Forschung »einfacher Vorgänge« hauptsächlich aus dem Bereich der Sinnespsychologie zu. Unter *Wundts* Schülern gab es auch eine Reihe von Amerikanern, wovon der berühmteste *E. B. Titchener* (1867 – 1927) wurde, der die *Wundtsche* Psychologie in den USA bekannt machte.

Weitere Zentren entstanden in Göttingen, wo *G. E. Müller* (1850 – 1935) **Göttingen** psychophysische Forschungen betrieb (er vertrat die Ansicht, dass jedem Psychischen ein Physisches entspreche) und in Berlin, wo *H. Ebbinghaus* seine **Berlin** bekannten Gedächtnisstudien betrieb. *Ebbinghaus* versuchte, die Länge der Gedächtnisspanne und die Gesetzmäßigkeiten beim Vergessen zu bestimmen, wozu er sich sinnarmer Silben als Material bediente.

Eine erste große Kontroverse unter den »neuen« Psychologien entstand, **Würzburger Schule** als der *Wundt*-Schüler *Oswald Külpe* (1862 – 1915) mit seiner »Würzburger Schule« auch das Denken experimenteller Prüfung unterzog. Der herausragende Forscher dort war *Karl Bühler* (1879 – 1963), der der Frage nachging, »was erleben wir, wenn wir denken?« und seine Versuchspersonen anwies, in Selbstbeobachtung ihre Erlebnisse während der Lösung von Denkaufgaben genau zu beschreiben. Aufgrund der Auswertung der Ergebnisse kam Bühler zu dem Schluss, dass nicht mechanische Assoziationen (Verknüpfungen) von Vorstellungsinhalten das Denken ausmachen, sondern »reine Gedanken«, die unanschaulich sind. Die Problemlösung tritt als spezifisches »Aha-Erlebnis« auf (vgl. *Bühler* 1907). *Wundt* und seine *Schule* hielten diese Vorgehensweise für einen Missbrauch des Experiments (vgl. *Ash/Geuter* 1985, S. 51).

Am Rande soll noch vermerkt werden, dass es bei den damaligen Kontroversen nicht nur um sachliche oder methodische Fragen ging, sondern dass auch standes- und wissenschaftspolitische Interessen eine Rolle spielten. Die Philosophen fürchteten, dass durch die Zunahme an experimentalpsychologischer Ausrichtung die »eigentlichen« philosophischen Disziplinen wie Metaphysik, Erkenntnistheorie, Logik und Ethik in den Hintergrund gedrängt würden, dass »die großen Lebensfragen, die politischen, religiösen und sozialen Fragen« nicht mit Hilfe von Experimentalpsychologie zu lösen seien (*Windelband* zit. n. *Ash/Geuter* 1985, S. 52). Der Einwand war sicher nicht unberechtigt; letztlich förderte der Protest der Philosophen die institutionelle Trennung der Psychologie als eigene Disziplin von der Philiosophie.

Als dritte bedeutsame Schule ist die Gestaltpsychologie zu nennen. Ihr **Gestalt-** Ausgangspunkt waren wahrnehmungspsychologische Untersuchungen und **psychologie** die Untersuchung von »Denkgestalten«. Hauptvertreter waren *Ch. von Ehrenfels* (1859 – 1932), *Max Wertheimer* (1880 – 1943), *Kurt Koffka* (1886 – 1941), *Wolfgang Köhler* (1887 – 1967) und *Kurt Lewin* (1890 – 1947). Das kennzeichnende Schlagwort für die Gestaltpsychologie lautet »Das Ganze (oder die Gestalt) ist mehr als die Summe seiner (ihrer) Teile«. Charakterisiert werden die Gestalten durch die *Ehrenfels*-Kriterien »Transponierbarkeit« und »Übersummativität«. Als Beispiel dient die Melodie: Ich erkenne sie auch in einer anderen Tonart. Ich höre nicht nur einzelne Töne, sondern eine »Gestalt«. In der Wahrnehmungslehre wandten sich die Gestaltpsychologen gegen die Auffassung, Wahrnehmungsgebilde seien aus atomhaften Empfindungen zusammengesetzt, also gegen den Atomismus und die »Elementenpsychologie«. Ebenso lehnten sie eine Vorstellungsmechanik (Gedanken als nur mechanisch-summative Verknüpfung von Vorstellungen) ab und wurden so zu Verbündeten der Würzburger Schule gegen die Assoziationstheorie (vgl. *Müller* 1971, S. 9).

Bedeutsam ist, dass »Gestalten« in einem »Feld« (einer Umgebung) eingebettet sind, das die Wahrnehmung beeinflusst, wie an einer Vielzahl von optischen Täuschungen nachgewiesen wurde.

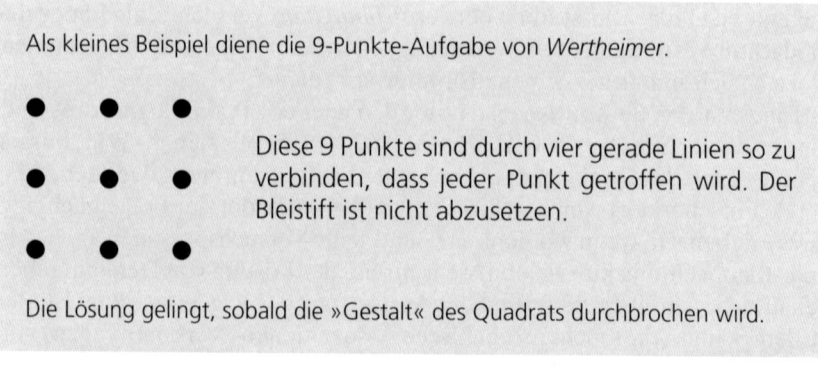

Als kleines Beispiel diene die 9-Punkte-Aufgabe von *Wertheimer*.

Diese 9 Punkte sind durch vier gerade Linien so zu verbinden, dass jeder Punkt getroffen wird. Der Bleistift ist nicht abzusetzen.

Die Lösung gelingt, sobald die »Gestalt« des Quadrats durchbrochen wird.

Problemlösen, Denken, und Lernen sind also Produkte einer »Umstrukturierung« des Feldes. Nicht »trial and error«, Versuch und Irrtum im Sinne von Probieren führen zur Lösung, sondern Um-Organisation von Gestalten. *Wolfgang Köhler* postulierte denn auch ein »Lernen durch Einsicht«, das er den Affen in seinen Tierexperimenten zuschrieb, die Gegenstände ihrer Umgebung als Hilfsmittel benutzten, um an Futter zu gelangen, das Feld also im Sinne einer »guten Gestalt« (der Lösung der Aufgabe) umstrukturierten.

Anwendungen

Neben den mehr akademisch-theoretisch ausgerichteten Schulen etablierten sich in den 20er und 30er Jahren einige Institute, die sich auch praktischen Fragen zuwandten. Zu nennen sind in diesem Zusammenhang:

William Stern

- Hamburg, wo ab 1920 *William Stern* (1889 – 1953) entwicklungspsychologische Studien betrieb (er gilt als »Erfinder« des Intelligenzquotienten; sein mit seiner Frau Clara herausgegebenes Buch über die Kindersprache, in dem die Beobachtungen an den eigenen Kindern Grundlage waren, war weit verbreitet).

- Jena, wo mit *Wilhelm Peters* (1880 – 1963) ein Entwicklungspsychologe   **Wilhelm Peters**
  Lehrstuhlinhaber wurde, der sich besonders der Lehrerausbildung widmete und zusammen mit Lehrern zahlreiche Testverfahren erprobte, und
- Wien, wo *Karl Bühler* (1879 – 1963) und besonders seine Frau *Char-*   **Charlotte und**
  lotte Bühler (1893 – 1974) entwicklungspsychologische Forschung und   **Karl Bühler**
  pädagogische Erprobung in enger Zusammenarbeit mit pädagogischen
  Institutionen der Stadt praktizierten. Dabei entstand u.a. der noch heute
  teilweise verwendete Bühler-Hetzer-Entwicklungstest für Kinder.

Für die deutsche Psychologie bedeutete die Machtergreifung der Na-   **1933**
tionalsozialisten im Jahre 1933 einen verheerenden Einschnitt. Teils mit
Berufsverbot belegt, teils verfolgt, mussten die meisten der angesehenen
Psychologieprofessoren ihre Lehrstühle räumen. Einige waren Juden, andere in politischer Opposition. Die meisten konnten emigrieren, nach den
USA, Schweden oder England. *Otto Selz*, der letzte Vertreter der Würzburger Schule, ein *Külpe*-Schüler, entkam zunächst nach Holland und wurde
von dort nach Auschwitz deportiert. Wenige der Emigrierten konnten ihre
früheren Forschungsarbeiten fortsetzen, sie arbeiteten dort, wo man ihnen
eine Stelle anbot. Eine neue Karriere starten konnten *Charlotte Bühler*,
die sich der Therapie widmete und in den USA zu den Mitbegründern der
Humanistischen Psychologie wurde, und *Kurt Lewin* (1890 – 1947), der die
später sehr beachteten Experimente zur Wirkung von Erziehungsstilen auf
das Gruppenverhalten von Kindern durchführte und sich sozialpsychologischen Fragen zuwandte.

Nach 1933 widmete sich die Psychologie in Deutschland, den gesellschaftlichen Umständen angepasst, vor allem den Feldern Typologie, Erbpsychologie und Rassenpsychologie. Eine Diskussion über diese Zeit hat erst spät
begonnen. »Die Debatten an den Universitäten in den 60er Jahren zum
Verhältnis der verschiedenen Disziplinen zum Nationalismus gingen an der
Psychologie vorbei. Nichts wurde nach dem Krieg diskutiert, klammheimlich
steckte man vielmehr Bereiche der Vergangenheit beiseite« (*Ash/Geuter* 1985,
S. 173). In den Kriegsjahren wurden die psychologischen Institute geschlossen,
ihre Mitarbeiter teils eingezogen, teils als Wehrmachtspsychologen (für Tauglichkeitsprüfungen und zur Auslese von Offiziersanwärtern) verwendet.

Die Wiedereröffnung der Universitäten nach Kriegsende zeigte bei der   **Neuanfang**
Professorenschaft der Psychologie wenig Veränderung: Die meisten der vor
dem Krieg Tätigen wurden übernommen, nur bekannt begeisterte Parteigänger wurden ausgeschlossen. *Oswald Kroh* (1887 – 1950), *Philipp Lersch*
(1898 – 1972), *Wilhelm Arnold* (1911 – 1983) waren Vertreter der traditionellen
Entwicklungs- und Persönlichkeitspsychologie, wie sie bereits vor dem Kriege
gelehrt wurde. Nach den Erfahrungen des »kollektiven Massenwahns« scheint
es auch verständlich, dass die Pflege des Individuellen und die Würde der
Person als Lehr- und Forschungsgegenstände populär wurden.

Ab 1950 etwa setzte sich ein neuer Trend durch, den man als die »Ameri-   **Rezeption**
kanisierung« der Psychologie in der Bundesrepublik bezeichnen kann. Es   **internationaler**
war eine Zeit der Rezeption von Ideen, Methoden und Ansätzen, von denen   **Forschung**
die meisten zum Zeitpunkt ihrer Rezeption bereits zwei bis drei Jahrzehnte

alt und in den USA längst sozial anerkannt waren. Doch waren diese Forschungen in Deutschland nicht bekannt gewesen. Erst durch jüngere Wissenschaftler, die als Stipendiaten in den USA studieren konnten und durch wenige, zögernd zurückkehrende Emigranten bekam man davon Kenntnis. Zudem sorgten von den Besatzungsmächten zur Verfügung gestellte Quellen (Bücher, Fachzeitschriften) für die Verbreitung vorher hier nicht bekannter Forschungsansätze.

Die Lernpsychologie, die Sozialpsychologie und die Klinische Psychologie (vorher weitgehend den Psychiatern überlassen) wurden übernommen. Die Forschungen wurden teilweise repliziert. Vor allem entstand ein großes Anwendungsfeld, in dem Beratungsstellen, Schulpsychologische Dienste und Therapiezentren eingerichtet wurden.

Obwohl man inzwischen von einer Internationalisierung der psychologischen Forschung sprechen kann, blieb die akademische Psychologie an den USA orientiert. Neben den Inhalten waren es vor allem die Methoden, die anfangs noch gegen den Widerstand der »Alten« übernommen wurden. Zum einen ging es um die Dominanz der Experimentalverfahren. Dass darüber gestritten wurde, so 1956 zwischen *Peter R. Hofstätter* (1913 – 1994), einem USA-Rückkehrer, und *Albert Wellek* (1904 – 1972), einem der dienstältesten deutschen Professoren damals, der auf »Intuition« als der wahren Methode zur Gewinnung psychologischer Erkenntnisse bestand, muss einen mit der Geschichte Vertrauten eigentlich wundern, waren doch die berühmten deutschen Schulen vor 1933 bereits sehr stark experimentell orientiert gewesen. Zum zweiten ging es in diesem Streit um den Wert statistischer Verfahren.

kognitive Wende   Die Hochschätzung quantitativer Verfahren setzte sich durch, institutionell festzumachen an der ersten Tagung experimentell arbeitender Psychologen 1959 in Marburg. Die Ausklammerung des Subjekts aus der Psychologie, die Vermeidung mentalistischer Begriffe wie beispielsweise »Intentionalität«, konnte allerdings nicht durchgehalten werden. Die *kognitive Wende* oder gar *kognitive Revolution*, wie *Herzog* (1984) sagt, hat eine Neuorientierung bewirkt. Dies soll anhand der Motivationspsychologie illustriert werden.

Begriffe wie Wille oder Wollen waren zu Zeiten behavioristisch orientierter Forschung verpönt, zum einen, weil sie introspektiv zu erfassende Vorgänge darstellten, die mit der Methode der Fremdbeobachtung nicht zugänglich zu machen sind. Zum zweiten, weil der Wille den Aspekt der freien Entscheidung beinhaltet. Der sich frei entscheidende, der »autonome Mensch« war jedoch von *Skinner* zur Fiktion erklärt worden.

Miller, Galanter und *Pribram* veröffentlichten 1960 ihr Buch über »Plans and the structure of behavior«, in dem sie den Begriff »intention« als »unvollständige Teile eines Planes, dessen Ausführung gerade begonnen hat« einführten (*Miller/Galanter/Pribram* 1960, S. 61, Übers. d. Verf.). Handlung entsteht aus dem Zusammenwirken von »plans«, zu deren Bestandteilen »intentions« und »images« gehören, die als interne Repräsentationen charakterisiert werden (S. 7).

Attributionstheorie   Weitere Impulse erhielt die kognitionspsychologische Richtung durch die Attributionstheorie. Ausgangspunkt war 1958 *Fritz Heiders* Buch »The Psychology of Interpersonal Relations« (deutsch 1977), in dem er den Alltagsmenschen zum Gegenstand der Psychologie machte. Seine Erforschung sogenannter naiver Konzepte und Erklärungsmodelle wies in eine neue Richtung, die sich in Deutschland beispielsweise im »Forschungsprogramm Subjektive Theorien« (*Groeben/Wahl/ Schlee/Scheele* 1988) durchgesetzt hat.

Heider, der bei *Meinong* in Graz promoviert hatte, in Berlin bei *Stern*   **Heider**
Assistent gewesen war, dort mit *Kurt Lewin* und *Max Wertheimer*, später in den USA wieder mit *Lewin* zusammengearbeitet hatte, ist den gestalt- und feldtheoretischen Ansätzen verbunden. Sein Ansatzpunkt geht jedoch über *Lewin* hinaus. Erklärte *Lewin* Verhalten als Funktion von Person und Umwelt, so verändert *Heider* den Aspekt. Anders als *Lewin* bezieht er sich nicht auf die tatsächlichen, auf eine Person einwirkenden psychologischen Kräfte und Verhaltensdeterminanten, sondern auf die wahrgenommenen Ursachen von Verhalten; die wahren und die wahrgenommenen Verhaltensursachen müssen keineswegs identisch sein. Mit der Betonung der »wahrgenommenen« Ursachen spricht *Heider* nichts anderes an als den Vorgang der »inneren Wahrnehmung« im Sinne von *Meinong* und *Brentano*. So lässt sich also für diese Zeit (dem allmählichen Aufkommen der Kognitionspsychologie) mit *Pinker* (1998, S. 110) feststellen:

»Bevor *Newell* und *Simon* sowie die Psychologen *George Miller* und *Donald Broadbent* in den fünfziger und sechziger Jahren Ideen aus der Computertechnik aufgriffen, war die Psychologie nur langweilig. Ihr Studiengang bestand aus physiologischer Psychologie (das heißt Reflexe) und Wahrnehmung (das heißt Piepser), Lernen (das heißt Ratten), Gedächtnis (das heißt sinnlose Silben), Intelligenz (das heißt IQ) und Persönlichkeit (das heißt Tests). Seitdem hat die Psychologie viele Fragen der klügsten Denker der Menschheitsgeschichte ins Labor geholt und Tausende von Entdeckungen gemacht, die alle Aspekte des Geistes betreffen.« *Kluwe* (2001, S. 1) hält diese Einschätzung »bezüglich der Entwicklung nach 1960 auch für den deutschsprachigen Raum für zutreffend.«

Neben der Kognitionspsychologie, die Wissen und Denken, Sprache und Textverarbeitung, Motivation und Handlung untersuchte, etablierten sich die Biologische Psychologie und die Neuropsychologie, denn die Kognitionswissenschaft ist mit ihrem Modell vom Menschen als Informationsverarbeiter analog zum Computer wiederum an Grenzen gestoßen (man denke an die Rolle von Emotionen und von genetischen Einflüssen).

Die Forschungs- und Anwendungsbereiche der Psychologie in Deutschland vom Ende des vorletzten Jahrhunderts bis heute lassen sich gut nachvollziehen anhand der Berichte, die die jeweiligen Präsidenten der Deutschen Gesellschaft für Psychologie »Zur Lage der Psychologie« im zweijährigen Turnus anlässlich der Kongresse der Gesellschaft vorlegen. Begonnen hat diese Tradition *Carl F. Graumann* im Jahre 1970 (*Graumann* 1973, S. 19 – 37).

Zunächst hat sich die Zahl der Psychologischen Institute deutlich erhöht: von 18 im Jahre 1961 auf 45 im Jahre 2001; die Anzahl der Professoren stieg in diesem Zeitraum von 17 auf 600, die der Studierenden von 2500 auf 32 000.

Eine zeitgeschichtliche Besonderheit stellte die Vereinigung Deutschlands dar. In der Psychologie wurde, wie in vielen anderen akademischen Disziplinen, die Forschungs- und Ausbildungsrichtung der Bundesrepublik exportiert.Eigenständige Traditionen der DDR, auf die hier nicht eingegangen werden kann, (*Bredenkamp* 1993, S. 17 f.; *Sprung/Sprung* 1999, S. 135) wurden abgelöst.

Gegenwart

Die gegenwärtige Lage der Psychologie lässt sich durch folgende Schlagworte skizzieren (*Kluwe* 2001, S. 32):

Internationalisierung: Sowohl in der Forschung als auch in der Lehre werden Studenten- und Wissenschaftleraustausch gefördert.

Interdisziplinarität: Sie nimmt durch die Kooperation mit den Naturwissenschaften, speziell der Biologie als gegenwärtiger »Leitwissenschaft« (*Silbereisen* 2003, S. 6) und den Sozial- und Kulturwissenschaften, besonders im Bereich Entwicklungspsychologie und Gerontologie zu.

Anwendungsbezug: Drängende gesellschaftspolitische Fragen (Stichworte: Globalisierung, demographische Entwicklung) verweisen auf den Anwendungsbezug psychologischer Forschungen, von denen inzwischen eine breite Öffentlichkeit Analysen, Prognosen und Handlungsanweisungen erwartet.

2.2.   Was ist eigentlich Psychologie?

2.2.1.   Eine Annäherung

Spätestens nach der geschichtlichen Beschreibung der Psychologie wird bei manchem Leser oder mancher Leserin eine Frage (wieder) auftauchen, die bisher zurückgestellt wurde: »Was ist Psychologie eigentlich für eine Wissenschaft?« Leider ist die Antwort nicht so selbstverständlich wie die Frage.

Eine mögliche Antwort könnte aus dem geschichtlichen Rückblick gewonnen werden. Dieser zeigt jedoch, dass der Gegenstand der Psychologie zu keiner Zeit einheitlich war. Das, was Psychologie als Wissenschaft ist, war stets von den vorherrschenden Menschenbildern abhängig. Diese verändern sich im Laufe der gesellschaftlich-geschichtlichen Entwicklung. Die Antwort müsste lauten: Psychologie selbst ist veränderlich und lässt sich nicht festlegen.

Man könnte eine Antwort aber auch durch das Studium anerkannter Lehrbücher für Psychologen (z.B. *Schönpflug/Schönpflug* 1997, *Zimbardo/ Gerrig* 2004) finden. Schließlich müssen Psychologen selbst doch wissen, was Psychologie ist oder sein soll. Psychologie ist dann einfach das, was in anerkannten Lehrbüchern steht.

Für jemanden, der gerade beginnt, sich in ein neues Wissensgebiet einzuarbeiten, klingen diese beiden Antworten wohl nicht sehr ermutigend. Vollends zynisch muss es dem Laien vorkommen, wenn ihm mit Hinweis auf sein »falsches« Verständnis von Wissenschaft die Antwort einfach verweigert wird (z.B. *Groeben/Westmeyer* 1981, S. 13).

Allgemeine Definition

Im Sinne einer Annäherung ist eine vorläufige, allgemeine Charakterisierung sinnvoll, um einen Einstieg in eine genauere Beschäftigung mit dem Wissenschaftsgebiet Psychologie zu erleichtern:

■ Psychologie versteht sich als Wissenschaft, die alle Phänomene des Erlebens und Handelns von Menschen zu beschreiben, zu erklären, zu verstehen und zu beeinflussen sucht.

■ Psychologie versteht sich primär als empirische Wissenschaft, d.h. als eine Wissenschaft, die ihre Erkenntnisse auf der Grundlage systematisch gewonnener Erfahrungen formuliert.

Dies ist eine sehr allgemeine Charakterisierung. Diese Zielsetzung kann je nach dem speziellen Wissenschaftsverständnis und Tätigkeitsbereich unterschiedlich akzentuiert sein. So kann der Schwerpunkt psychologischer Tätigkeit auf

■ der möglichst *differenzierten Beschreibung* des psychischen Geschehens **Akzentuierungen** bzw. sozialen Verhaltens,

■ dem *Erklären* von Verhaltensweisen,

■ dem *Verstehen* von Verhaltensweisen,

■ dem Erstellen von *Prognosen* zukünftigen Verhaltens,

■ dem Entwickeln von *Maßnahmen der Veränderung* liegen.

Erinnern wir uns noch einmal an die Aufgaben der Alltagstheorien. Mit Hilfe seiner Alltagstheorien orientiert sich das Individuum in sozialen Situationen, schätzt die weitere Entwicklung ab und handelt dementsprechend.

Man kann nun leicht erkennen, dass die Aufgaben des Alltags und die der Wissenschaft sich entsprechen. So gesehen, gibt es keinen grundsätzlichen Unterschied zwischen Alltagstheorien und den Theorien in der Wissenschaft. Der Unterschied liegt eher im methodischen Vorgehen und im Geltungsbereich.

Je nachdem, welcher der dargestellten Aufgabenbereiche schwerpunktmäßig bearbeitet wird, lassen sich drei Typen psychologisch-wissenschaftlicher Forschung unterscheiden:

■ Beschreibende (deskriptive) Forschung: Wie sieht Realität aus?   **Forschungstypen**

■ Hypothesen-(Theorien-)prüfende Forschung: Warum ist das so?

■ Wirkungs-(Entwicklungs-)Forschung: Wie kann sie verändert werden?

Die deskriptive Forschung ist Grundlage jeglicher Forschung überhaupt.   **beschreibend** Ohne sie kann es keine hypothesenprüfende Forschung und auch keine Entwicklungsforschung geben. Wir müssen jedoch feststellen, dass wir in vielen Bereichen der sozialen Realität über Beschreibungen nicht hinausgekommen sind, ja, dass wir häufig nicht einmal über genügend differenzierte Beschreibungen verfügen.

In der hypothesenprüfenden Forschung wird versucht, diejenigen Regeln   **hypothesenprüfend** zu entdecken, mit deren Hilfe wir die beschriebene Realität erklären könnten. Nicht ganz korrekt lässt sich dieser Typ von Forschung als *Grundlagenforschung* bezeichnen. Wissenschaftler und Wissenschaftlerinnen neigen manchmal dazu, die hypothesenprüfende Forschung als die wissenschaftliche

**anwendend/
entwickelnd**

Tätigkeit überhaupt zu bewerten. Aufgestellte Theorien müssen sich bewähren und zumindest potentiell zur Realitätsbewältigung beitragen. Sonst werden sie für die soziale Realität bedeutungslos.

Die Entwicklungsforschung dagegen wird nicht selten von Berufspraktikern hoch geschätzt. Sie unterliegen dem Druck, kurzfristig konkrete Aufgaben erledigen zu müssen. Dazu erwarten sie konkrete Hilfe und vergessen allzu leicht, dass Entwicklungsforschung ohne hypothesenprüfende Forschung langfristig nicht möglich ist. Sie erschöpfte sich sonst in »blindem« Aktionismus.

Tagtäglich kommen wir als Einzelpersonen in unserer sozialen Welt nur zurecht, weil wir uns orientieren, Entwicklungen abschätzen und dementsprechend handeln. In gleicher Weise wird die Psychologie als Wissenschaft nur dann im Dienste der Menschen stehen, wenn im aktiven Forschungsprozess alle drei Forschungstypen gefördert werden. Es besteht somit keinerlei Veranlassung, die beschriebenen Forschungstypen unterschiedlich zu bewerten. Jeder ist, auf seine Art, gleichermaßen notwendig und legitim.

Mit was beschäftigt sich die Psychologie nun aber inhaltlich? Etwas anschaulicher wird das Bild von der Wissenschaft Psychologie, wenn man ihre Aufgliederung in Teilgebiete betrachtet.

2.2.2.   Teilgebiete der Psychologie

Wenngleich eine klare Trennung zwischen Teilgebieten nicht immer möglich ist, kann eine entsprechende Aufteilung ein Mindestmaß an Orientierung bieten und so einen weiteren Einstieg in die Psychologie erleichtern. Bei der Aufteilung der einzelnen Gebiete kann unterschieden werden in solche, deren Bearbeitung relativ unabhängig von der gesellschaftlichen Situation erfolgt (Grundprinzipien des Lernens können beispielsweise unabhängig von den sozialen Bezügen der Menschen außerhalb der menschlichen Gesellschaft an Ratten oder Tauben untersucht werden) und in solche Gebiete, deren Bearbeitung in Abhängigkeit von konkreten gesellschaftlichen Situationen geschieht (beispielsweise lassen sich die Wirkungen von Fließbandarbeit nur untersuchen und sind nur ein Problem, wenn Fließbandarbeit existiert). Zuweilen werden diese unterschiedlichen Gebiete auch als *Grundlagen-* bzw. *Anwendungsbereiche* bezeichnet.

In diesem Sinne sind *Grundlagengebiete*: Allgemeine Psychologie einschließlich Forschungsmethodik, Differenzielle Psychologie, Entwicklungspsychologie und Sozialpsychologie. *Anwendungsgebiete* sind z.B.: Arbeits- und Organisationspsychologie, Klinische Psychologie oder Pädagogische Psychologie.

Grundlagen

Die *Allgemeine Psychologie* hat das zum Forschungsgegenstand, was für alle Individuen zutrifft. Sie sucht nach allgemeinen Prinzipien, Regeln oder Gesetzmäßigkeiten psychischer Prozesse. Ihre wichtigsten Forschungsfelder sind Wahrnehmung, Lernen, Gedächtnis, Denken, Motivation und Emotion. Die Entwicklung von Forschungsmethoden kann ebenfalls dem Aufgabenbereich der Allgemeinen Psychologie zugeordnet werden.

Die *Differenzielle Psychologie* kann als Gegenstück zur Allgemeinen Psychologie beschrieben werden. Sie untersucht die Unterschiede zwischen Personen und versucht, diese zu erklären. Ein damit zusammenhängendes Arbeitsgebiet ist die psychologische Diagnostik.

Die *Entwicklungspsychologie* beschreibt und erklärt die Entwicklung von Menschen. Sie fragt danach, wie einzelne Funktionen (z.B. das Denken), Merkmale der Person (z.B. die Intelligenz) oder einzelne Verhaltensaspekte (z.B. hilfreiches Verhalten) sich im Laufe des Lebens verändern. Eine häufige Beschreibungsform ist die nach Lebensabschnitten. So entsteht eine Psychologie des Kleinkindes, des Kindes, des Jugendlichen, des Erwachsenen und des alten Menschen.

Die *Sozialpsychologie* hat das Verhalten und Erleben von Personen in ihren sozialen Beziehungen zum Gegenstand. Sie fragt nach der gegenseitigen Beeinflussung der Menschen untereinander.

Die *Arbeits- und Organisationspsychologie* beschäftigt sich mit allen **Anwendungen** Fragen des Arbeits- und Berufslebens (z.B. Berufseignung oder optimale Gestaltung des Arbeitsplatzes) sowie den Einflüssen von Strukturen und Organisationsformen in Betrieben und Behörden auf den Einzelnen.

Die *Pädagogische Psychologie* umfasst den Problembereich des Erziehens und Unterrichtens in Familien und Institutionen.

Die *Klinische Psychologie* ist dasjenige Teilgebiet, das sich mit den Störungen des Verhaltens und Erlebens befasst. Sie wird beispielsweise in der Arbeit von Psychotherapeuten, Ehe- oder Familienberatern sichtbar.

Solche Teilgebietsnennungen sind nun keine klaren unveränderlichen Beschreibungen. Die Teilgebiete stehen miteinander in Beziehung; die Übergänge sind fließend. So kann etwa eine allgemeinpsychologische Fragestellung durchaus entwicklungspsychologisch bearbeitet werden (z.B. das Denken: wie entwickelt es sich etwa von Geburt bis zur Einschulung?). Die praktischen Probleme der Erziehungsberatung können beispielsweise zum Bereich der Pädagogischen und der Klinischen Psychologie gezählt werden. Innerhalb der Arbeits- und Organisationspsychologie gibt es eindeutig pädagogisch-psychologische Fragestellungen (z.B. die der beruflichen Weiterbildung, Umschulung oder Rehabilitation).

Psychologie ist veränderlich. Mit ihren Teilgebieten verhält es sich nicht anders. Sie verändern sich, tauchen auf oder verschwinden wieder. Von »Charakterkunde« spricht kaum noch jemand in der Psychologie. *Biopsychologie* ist ein relativ neues, aufstrebendes Fach, das nach den biologischen Grundlagen des Verhaltens und Erlebens sucht. In der Pädagogischen Psychologie etwa nahmen, mit zurückgehenden Schüler- und Lehrerzahlen, die Forschungsaktivitäten im Bereich der Schule ab, während die Zunahme alter Menschen in unserer Gesellschaft die Frage nach einer pädagogischen Betreuung drängend werden lässt. Es entsteht eine *Gerontopsychologie*. Eine *Öko-Psychologie*, die nach den Konsequenzen des Umweltgebrauchs und Missbrauchs für menschliches Verhalten und Erleben fragt, scheint sich vorerst nur zögernd zu entwickeln.

Kurz: Psychologie ist eine dynamische Wissenschaft und kein geschlossenes

System. Dies ist durchaus etwas Faszinierendes, wenn man bereit ist, lange Zeit die Unsicherheit zu ertragen, nicht genau zu wissen, was Psychologie »eigentlich« ist.

2.3. Psychologische Erkenntnis: Weichenstellungen im Erkenntnisprozess

Jeder Mensch gewinnt im Laufe seiner Biographie Lebenserfahrung über andere Menschen, erwirbt Wissen über deren Charakter, findet Erklärungen ihres Verhaltens und entwickelt know-how der Beeinflussung anderer Menschen. Ein solches Erfahrungswissen findet sich zu allen Zeiten; es ist heutzutage gespeist auch von psychologischen Ratgebern in Buchform, von Fernsehmagazinen oder Wochenendseminaren. In einem gewissen Sinne ist jeder Mensch ein handlungspraktisch (mehr oder weniger) erfolgreicher Psychologe. Von einem solchen alltagspraktisch gewonnenen Erfahrungswissen über andere Menschen unterscheidet sich das psychologische Wissen einer Psychologin vor allem dadurch, dass diese ihre Erkenntnisse in einen ausgebauten Theoriezusammenhang einbindet und aus diesem heraus begründen kann, dass sie ihre Erkenntnisse methodisch kontrolliert und in nachvollziehbarer Weise gewinnt – und dadurch, dass sie in einem gesellschaftlichen Kontext als Psychologin tätig ist, in dem ihr und ihrem Wissen ein bestimmter Status und eine bestimmte Reputation verliehen ist. Im Unterschied zu alltagspraktischer Erkenntnis über andere Menschen, die durchaus »aus dem Bauch heraus« zustande kommen kann, muss die Psychologin ihre Erkenntnis strengen Begründungs- und Rechtfertigungsanforderungen unterwerfen. Damit wird psychologische Erkenntnis nicht wahrer, richtiger oder besser als alltagspraktische Erkenntnis. Sie wird aber zur Erkenntnis mit besonderer Verfahrensqualität. Wodurch diese besondere Qualität zustande kommt, soll im folgenden mit der Erläuterung des typischen Forschungsablaufs gezeigt werden.

Erkenntnis als Problemlösen

Entdeckungszusammenhang

Eine ausführliche Darstellung gibt *Breuer* (1977). Dabei wird für diese Darstellung die Erkenntnistätigkeit als Problemlöse-Prozess betrachtet. Jede Erkenntnis beginnt mit der *Wahrnehmung eines Problems* – dies ist in der Psychologie nicht anders als in anderen Wissenschaften. Dieses Problem kann die Psychologin im Rahmen ihrer systematischen Forschungstätigkeit erkennen (»Die Vorbildfunktion von Boygroups auf Kinder russischer Migranten zwischen 10 und 13 Jahren ist noch nicht untersucht.«), dieses Problem kann sie aufgrund ihrer persönlichen Biographie umtreiben (»Was wissen wir eigentlich über die Entstehungsbedingungen von Homosexualität?«) oder es kann von Auftraggebern an sie herangetragen werden (»Wie können wir das Arbeitsklima in unserem Unternehmen verbessern?«). Diese Phase wird auch als *Entdeckungszusammenhang* bezeichnet.

Begründungszusammenhang

Wahl der Theorien

An diese Phase schließt die *Problemformulierung* an. Bei der Problemformulierung erfolgt eine kritische Weichenstellung im Erkenntnisprozess. Je nach Wahl der Begrifflichkeit und des theoretischen Hintergrunds erhält das Problem an dieser Stelle eine spezifische Kontur oder »Handschrift«.

Die Entscheidung für das gewählte Vokabular bzw. die gewählte Theorie ist daher begründungspflichtig. Diese Phase wird auch als *Begründungszusammenhang* bezeichnet. Diese Begründung kann allerdings immer nur bis zu einer gewissen »Tiefe« gegeben werden. »Darunter« liegt die besondere Forscherindividualität, die in ihrer Subjektivität durch das Problem angesprochen und »zum Klingen« gebracht wird. Diese Subjektivität der Forscherin ist notwendige Bedingung von Erkenntnistätigkeit (*Devereux* 1967). Für die Lösung eines Problems liefern unterschiedliche Theorien unterschiedliche Perspektiven. Sie geben an, in welcher Richtung die Lösung gesucht werden könnte und welche Folgen dann wahrscheinlich wären. Diejenige, die viele Theorien kennt, wird viele Perspektiven einnehmen können. Sie wird fähig sein, »ihr« Problem facettenreich zu analysieren. Je mehr Perspektiven sie einzunehmen vermag, desto eher wird sie eine angemessene Lösung finden. Theorien verhelfen so zu einem höheren Grad an Reflexionsfähigkeit und steigern mittelbar die praktische Kompetenz.

Das Ausgangsproblem hat jetzt den Status einer theoriegeleiteten Fragestellung. Mit der Wahl eines bestimmten Theoriezusammenhangs sind meist auch schon Grundsatzentscheidungen für das weitere Vorgehen – die *Wahl der Methode* – bei der empirischen Untersuchung verbunden, d.h. der Untersuchung eines Wirklichkeitsausschnitts. Alle Tätigkeiten der Psychologin sind in dieser Phase hohen Anforderungen an Planung, Kontrolle und Transparenz unterworfen. Die Art und Weise, in der die Psychologin zu ihren Erkenntnissen kommt, muss von anderen Menschen nachvollzogen werden können bzw. begründet kritisiert werden können. Dies schließt den faktischen Vollzug von Forschungstätigkeit und seine Beeinflussung durch Faktoren der Arbeitsbedingungen und Forscherkommunikation mit ein (vgl. *Knorr-Cetina* 2002).

Wahl der Methoden

Eine weitere Weichenstellung in der Erkenntnistätigkeit tritt auf, wenn die Psychologin ihre Erkenntnisse formuliert. Das gewählte Darstellungsmuster und die *Entscheidung für einen bestimmten wissenschaftlichen Schreibstil* prägt wiederum die besondere Kontur ihrer Ergebnisse (vgl. *Geertz* 1990).

Verwertungs-zusammenhang

Mit der Übermittlung der Ergebnisse überlässt die Psychologin ihre Erkenntnisse der (fach-) wissenschaftlichen Öffentlichkeit, der Öffentlichkeit generell oder auch dem Auftraggeber im Besonderen. Hier entscheidet sich, wie die Erkenntnisse aufgenommen werden (*Rezeption*): Liefern sie Anregungen für weitere Forschung, werden sie in der Lehre eingesetzt, finden sie Eingang in die Berichterstattung, werden sie praktisch umgesetzt, werden sie ignoriert? Diese Phase wird auch als *Verwertungszusammenhang* bezeichnet.

2.4.   Psychologische Untersuchungsperspektiven

2.4.1.   Unterschiedliche Wissenschaftsauffassungen

Jede Wissenschaftlerin fühlt sich einem bestimmten Konzept wissenschaftlicher Tätigkeit verpflichtet, einer Methodologie.

Innerhalb der Psychologie als empirischer Wissenschaft gibt es eine ganze Reihe unterschiedlicher Haltungen (oder »Mentalitäten«), aus denen heraus man seine Erkenntnisse gewinnen will und kann. Diese Haltung bestimmt den Zuschnitt wissenschaftlicher Erkenntnisse ganz wesentlich. Wenn zwei Psychologinnen also von ihrer wissenschaftlichen Arbeit sprechen, können sie darunter etwas durchaus Verschiedenes verstehen oder sogar eine Debatte darüber führen, ob es sich bei der Arbeit der jeweils anderen wirklich um wissenschaftliche Erkenntnis handelt. Mit der Entscheidung für eine bestimmte Haltung übernimmt die Wissenschaftlerin persönliche Verantwortung, die sie – jedenfalls im Rahmen demokratischer Gesellschaften – nicht »objektiven Interessen«, »höheren Instanzen«, dem »Zeitgeist« oder anderen Größen übertragen kann. Diese Haltungen unterscheiden sich in dem *Selbstverständnis*, das sie der Psychologin als Wissenschaftlerin vermitteln, in den *Prinzipien*, die für sie als Forscherin leitend sind, in den *Methoden*, die nahegelegt werden oder im *Stil* der wissenschaftlichen Texte. Die wichtigsten dieser wissenschaftstheoretischen Konzepte werden im Folgenden skizziert:

- Kritischer Rationalismus
- Kritische Theorie
- Grounded Theory
- Feminismus
- Konstruktivismus.

Kritischer Rationalismus

Der *Kritische Rationalismus* ist zweifelsohne die vorherrschende Wissenschaftsauffassung in der gegenwärtigen Psychologie. Er entwickelte sich im zwanzigsten Jahrhundert aus Ansätzen, die bestrebt waren, die Psychologie aus der Philosophie herauszulösen (siehe Abschnitt 2.1.), und die (elitäre) philosophische Wesensschau durch die (demokratische) transparente, nachvollziehbare Beobachtung ersetzen wollten.

Die kritische Rationalistin orientiert sich an einer Haltung, wie sie innerhalb der Naturwissenschaften propagiert wird: die der distanzierten, methodisch kontrollierten, theoriegeleiteten Beobachtung von Untersuchungsobjekten (klassischerweise im Laborexperiment). Ziel ist die Ermittlung von Erkenntnissen in Form gesetzesmäßiger Aussagen oder allgemeiner Tendenzen, die in allgemeiner Form einen Zusammenhang formulieren (»wenn ..., dann ... «). Handlungsleitende Prinzipien sind:

- die logisch stringente Ableitung von Fragestellungen bzw. Hypothesen aus Theorien;

- der Einsatz von Untersuchungsverfahren, die strengen Gütestandards entsprechen;
- das Postulat der Wertfreiheit der Erkenntnis, d.h. die strenge Konzentration auf objektbezogene Aussagen und das Vermeiden nicht disziplinär bezogener, z.B. politischer, gesellschaftlicher, pädagogischer, etc. Bewertungen der Erkenntnisse.

Die *Kritische Theorie* hat sich aus marxistischen Grundüberlegungen heraus entwickelt und versucht, diese Überlegungen auf Verhältnisse des 20. Jahrhunderts zu beziehen. Eine klassische Untersuchung ist die Studie zur Autoritären Persönlichkeit von *Theodor W. Adorno* (1989). **Kritische Theorie**

Die Anhängerin der Kritischen Theorie begreift sich als Wissenschaftlerin, die dazu beitragen will, den Einfluss gesellschaftlicher Strukturen, insbesondere gesellschaftlicher Widersprüche, auf das Bewusstsein und das Verhalten von Menschen bewusst zu machen und dadurch zur Aufhebung dieser Widersprüche beizutragen. Im strikten Gegensatz zur kritischen Rationalistin betrachtet sie ihre Tätigkeit als politische, nämlich in emanzipatorischer Absicht. Sie versteht sich als Aufklärerin.

Die kritische Theorie setzt in der Psychologie bei der subjektiven Erfahrung gesellschaftlicher Widersprüche an und versucht, die psychologischen Auswirkungen solcher Widersprüche zu bestimmen. Sie bevorzugt den Einsatz qualitativer Verfahren wie z.B. Tiefeninterviews und Gruppendiskussionsverfahren, mit denen sie subjektive Spuren solcher Widersprüche aufzudecken hofft.

Die *Grounded Theory* wurde im Rahmen der verstehenden Soziologie entwickelt, die die Untersuchung der elementaren Strukturen des Alltagslebens zum Programm gemacht hat. Von der Soziologie aus hat sie sich mittlerweile auch in die Psychologie ausgebreitet (z.B. *Breuer* 1996). **Grounded Theory**

Die Anhängerin der Grounded Theory begreift sich als Forscherin, die die Lebenswirklichkeit von Menschen aus deren Perspektive erkennen möchte. Sie sieht ihre Aufgabe darin, subjektive Sichtweisen von Menschen zu rekonstruieren und verständlich zu machen und zu zeigen, wie Menschen ihrer Existenz Sinn verleihen. Ziel ist ein vertieftes Verstehen fremder Perspektiven. Sie versteht sich als Wissenschaftlerin, die für ihre Forschung eine enge Beziehung zu den untersuchten Menschen entwickeln muss, um diese verstehen zu können. Diese Haltung wird am prägnantesten durch die Ethnographin verkörpert. Der vertiefte Kontakt zu den Untersuchungspersonen ist der Grounded Theory Anhängerin schon deswegen wichtig, weil die Forscherin nur auf dieser Grundlage Charakteristika der Perspektiven und Sichtweisen ermitteln und als wissenschaftlich leitende Fragestellungen formulieren und verfolgen kann. Die Hypothesenbildung erfolgt also, wie man auch sagt, empirisch geleitet. Das Vorgehen ist qualitativ; es erfolgt in Feldforschung mit Hilfe von Interviewtechniken (v.a. narrativen Interviews) und mit Beobachtungs- und Dokumentenanalysen (v.a. Gesprächsanalysen, vgl. *Deppermann* 1999).

Der *Feminismus* ist eine Wissenschaftsströmung, die sich im Zuge der Emanzipationsbewegung entwickelt und sich mittlerweile in allen sozi- **Feminismus** alwissenschaftlichen Disziplinen positioniert hat. Großen Einfluss in der Psychologie hatte die Arbeit von *Gilligan* (1982).

Die feministische Wissenschaftlerin begreift sich in starkem Maße in ihrer Forschungstätigkeit als politisch handelnd. Ihr Ziel ist die Emanzipation von Frauen aus den gegebenen, als patriarchalisch betrachteten Verhältnissen. Dieses Ziel der Aufhebung von Ausbeutung und Unterdrückung von Frauen bestimmt ihr wissenschaftliches Handeln. Sie ist entschieden parteiisch. Sie betrachtet bisherige Vorgehensweisen in der Wissenschaft als »Instrument zur Herrschaftssicherung« (*Mies* 1987, S. XX) und propagiert statt dessen »aktive Teilnahme an emanzipatorischen Aktionen und die Integration von Forschung in diese Aktionen. Dies bedeutet ferner, dass die Veränderung des Status Quo als Ausgangspunkt wissenschaftlicher Erkenntnis angesehen wird. Das Motto für diese Vorgehensweise könnte sein: Um ein Ding kennenzulernen, muß man es verändern« (*Mies* 1987, S. XX). Der prinzipielle Herrschaftsverdacht traditionellen Formen und Verfahren wissenschaftlicher Tätigkeit gegenüber stellt auch das Prinzip der Beobachtung in Frage, da die Erkenntnisgewinnung über das Beobachten, d.h. das Sehen, als männlich geprägte Erkenntnisweise betrachtet wird (*Mies* 1987). Erkenntnismöglichkeiten über andere Sinnesmodalitäten (Hören, Fühlen) werden diskutiert.

Konstruktivismus   Der *Konstruktivismus* hat sich im Zuge der Postmoderne als Wissenschaftsauffassung etabliert; eine programmatische Darstellung in der Psychologie ist die von *Gergen* (1985). Die Konstruktivistin will das Selbst- und Weltverständnis von Menschen zum einen in Frage stellen und zum anderen zeigen, dass dieses auf der Grundlage kulturell vorgegebener Muster erfolgt. Sie nimmt psychologische Phänomene gleichsam nicht für bare Münze, sondern fragt nach den Redeweisen, in denen solche Phänomene erwähnt werden. Sie hält solche Phänomene – kurz gesagt – für gesellschaftliche Erfindungen, z.B. die Erfindung der »Mutterliebe« (vgl. *Badinter* 1981). Den Gründen und Folgen solcher Erfindungen sucht sie auf die Spur zu kommen. Ein Verfahren, das sie dabei einsetzt, ist die Dekonstruktion, d.h. das kritische Hinterfragen selbstverständlich erscheinender Annahmen, Vorstellungen und Denkgewohnheiten. Die Konstruktivistin hat in besonderer Weise Abstand zu den Dingen, die sie untersucht, und nimmt eine Haltung an, die auch als ironisch gekennzeichnet wird – sie betrachtet Phänomene nicht als real, sondern als kulturell ausgedachte Konstruktionen, die entsprechend nicht ernsthaft als Gegenstände der Wirklichkeit untersucht werden können.

2.4.2. Zusammenfassende Übersicht

Im Schema *Übersicht über verschiedene Wissenschaftstheorien* stellen wir die verschiedenen Auffassungen stichwortartig noch einmal gegenüber. Um die Unterschiedlichkeit deutlich zu machen, wählen wir ein psychologisches Untersuchungsphänomen, »Liebe«, und zeigen, wie dieses Phänomen in den verschiedenen Wissenschaftsauffassungen zum Thema gemacht werden würde.

	Kritischer Rationalismus	Kritische Theorie	Grounded Theory	Feminismus	Konstruktivismus
Selbstverständnis als Wissenschaftlerin	objektiv analytisch Distanz zum Untersuchungsobjekt	politisch-kritisch dialektisch	verstehende Haltung Untersuchungsobjekt gegenüber ethnographisch	parteiisch emanzipatorisch Identifikation mit Untersuchungsobjekt	historisch-kritisch dekonstruktivistisch ironisch sprachanalytische Haltung zum Untersuchungsobjekt
Prinzipien des Vorgehens	Ableitung von Hypothesen aus Theorien kontrollierte Beobachtung kritische Prüfung des Vorgehens Wertfreiheit der Erkenntnis	allgemeine gesellschaftliche Widersprüche an Phänomenen des Psychischen aufzeigen und bewusst machen	empirisch geleitete Hypothesenbildung Beobachtung Binnenperspektive des Untersuchungsobjekts rekonstruieren (subjektiver Sinn)	»Um ein Ding kennenzulernen, muss man es verändern« Forschung muss Beitrag zum Emanzipationsprozess leisten Integration von Forschung in politische Aktion	Aufzeigen des untersuchten Phänomens als historisch-kulturell konstruiert
Vertreter	Karl Popper	Theodor W. Adorno	Anselm Glaser & Barney Strauss	Carol Gilligan	Kenneth Gergen
typischer Text	Quantitative Studie	Essay Qualitative Studie	Qualitative Studie	Manifest	Essay
Beispiel »Liebe«	»Messung emotionaler Erregungszustände von Jugendlichen in Abhängigkeit von ...«	»Das Durchschlagen kapitalistischer Grundwidersprüche auf die Entwicklung intimer Beziehungen von Jugendlichen«	»Das interaktive Management von Flirtbeziehungen in US-amerikanischen Großstadtbars«	»Maßnahmen gegen die Unterdrückung weiblicher Empfindungsfähigkeit in patriarchalischen Arbeitsstrukturen«	»Die Konstruktion erotischer Handlungsmuster im französischen Film der 30er Jahre«

Schema: Übersicht über verschiedene Wissenschaftstheorien

2.5. Forschungsmethoden in der empirischen Psychologie

Wissenschaftliche Tätigkeit zeichnet sich durch ein begründetes und kontrolliertes Vorgehen bei der Gewinnung von Erkenntnissen aus. Eine Wissenschaftlerin muss bei der Mitteilung ihrer Erkenntnisse die Frage »Woher weißt Du das?« sehr genau und ausführlich beantworten können. Innerhalb der Psychologie haben sich bestimmte Vorgehensweisen oder Methoden eingebürgert bzw. durchgesetzt, die die Wissenschaftlerin bei ihrer Erkenntnisgewinnung anleiten. Die Leistung solcher Methoden besteht darin, dass sie den Erkenntnisprozess systematisieren und kontrollieren. Im Rahmen der empirischen Psychologie spielen u.a. die folgenden Bewertungskriterien eine Rolle:

Objektivität

- *Objektivität*: die Methode soll Ergebnisse liefern unabhängig von der Person, die die Methode einsetzt. Das bedeutet: Wenn mehrere Personen ein und denselben Gegenstand untersuchen, sollte jeweils dasselbe Ergebnis herauskommen.

Reliabilität

- *Reliabilität*: die Methode sollte beim Untersuchungsobjekt immer wieder zu demselben Ergebnis führen. Das bedeutet: Wenn ein und derselbe Gegenstand mit der Methode zu unterschiedlichen Zeiten untersucht wird, sollte sich jeweils dasselbe Ergebnis finden – vorausgesetzt, dass der Gegenstand selbst sich nicht verändert.

Validität

- *Validität*: die Methode soll den Gegenstand erfassen können, der untersucht werden soll. Das bedeutet: Wenn ein bestimmtes Merkmal (z.B. »Intelligenz«) einer Person untersucht werden soll, dann sollte die Methode wirklich genau dieses Merkmal erfassen und nicht noch ein anderes (z.B. »Aufmerksamkeit«).

Diese Gütekriterien sind im Rahmen des Kritischen Rationalismus (siehe Abschnitt 2.4.) entwickelt worden. Inwieweit sie auf das Vorgehen im Rahmen anderer Methodologien angewendet werden können, ist daher umstritten (zur Entwicklung anderer Gütekriterien vgl. *Nothdurft* 1998, S. 54 ff.). Aber selbst wenn die Kriterien anerkannt werden, gilt: Psychologische Methoden erfüllen diese drei Kriterien niemals vollständig, sondern jeweils nur annäherungsweise. Dies macht es notwendig, stets abzuwägen, unter welchen Umständen welches Kriterium am wichtigsten ist.

Zwei wichtige Methoden in der Psychologie werden im Folgenden vorgestellt:

- das Experiment
- die Feldforschung.

Experiment

Im *Experiment* werden Individuen, Versuchspersonen (Vpn) im Rahmen eines experimentellen Designs systematisch und kontrolliert Reizen ausgesetzt und dann ihre Reaktionen beobachtet und erfasst (gemessen). Ziel ist die Feststellung von Ursache-Wirkungsbeziehungen (»wenn ..., dann ... «).

Die Vorteile von Experimenten liegen auf der Hand. Es kann präzise das untersucht werden, was untersucht werden soll. Im Idealfall können Ursache-Wirkungs-Beziehungen eindeutig identifiziert werden. Dies gelingt um so besser, je restriktiver, also »künstlicher« die experimentelle Situation ist. Experimente eignen sich so vorzüglich zur Prüfung spezifischer Hypothesen. Dieser Vorteil muss mit einem Nachteil erkauft werden: Je künstlicher die Experimentalsituation ist, desto schwieriger wird die Übertragung der Ergebnisse auf natürliche Situationen.

Das experimentelle Vorgehen soll an einem Beispiel näher erläutert werden, ohne dass auf spezielle Fragen des Designs und der Planung eingegangen wird. Angenommen, es ginge um die Fragestellung, ob es einen ursächlichen Zusammenhang zwischen Videokonsum und Aggressivität bei Jugendlichen gibt.

Beim experimentellen Vorgehen würde die Frage nach einem Zusammenhang präzisiert zu einer *Hypothese*: »Erhöhter Konsum von Horror-Videos führt zur Steigerung der Aggressivität«.   **Hypothese**

Ein möglicher Untersuchungsplan: Einer Gruppe von Jugendlichen werden ausgewählte Horror-Videos gezeigt (Experimentalgruppe). Vorher und nachher erfasst man ihr aggressives Verhalten. Eine zweite Gruppe sieht währenddessen »harmlose« Videos (Kontrollgruppe). Auch bei ihnen wird das aggressive Verhalten vor und nach dem Videokonsum erfasst.   **Plan**

Ein mögliches Ergebnis: Die Experimentalgruppe zeigt nach dem Videokonsum stärkeres aggressives Verhalten als vorher und als die Kontrollgruppe.   **Ergebnis**
Leistung des Experimentes: Eindeutiger Nachweis der Wirkungsweise der ausgewählten Videos.

Offene Fragen: Werden Jugendliche, die sich solche Videos anschauen, sich auch in natürlichen Situationen (z.B. Jugendbegegnungsstätte) aggressiver verhalten? Dort werden sie durch viele weitere Faktoren beeinflusst sein (Freunde, Betreuer, Langeweile, Drogen), die ihr aggressives Verhalten ebenfalls fördern oder hemmen können. Das aggressive Verhalten in natürlichen Situationen wird aufgrund des experimentellen Ergebnisses allein nur unzulänglich vorhersagbar sein.

In der *Feldforschung* (Ethnographie) wird das Verhalten von Menschen in natürlichen Situationen beobachtet und die Menschen werden zu ihren Verhaltensweisen befragt. Ziel ist es, zu einem genauen Verständnis des Verhaltens bzw. der Situation zu gelangen. Es geht um möglichst reiche, »dichte« Beschreibungen der Sichtweisen der Beteiligten und des Zusammenspiels ihrer Verhaltensweisen. Der Vorteil der Feldforschung liegt in ihrer Realitätsnähe, womit ein höheres Maß an praktischer Relevanz erreicht werden kann. Als Nachteil muss die eingeschränkte Eindeutigkeit und Generalisierbarkeit in Kauf genommen werden.   **Feldforschung**

Auch bei der Feldforschung erfolgt als erstes eine Zuspitzung der Fragestellung, hier zum einen hinsichtlich der untersuchten Situation, und zum   **Fragestellung** anderen hinsichtlich einer genaueren Bestimmung, was »Zusammenhang« heißen soll.

Plan

Ergebnis

> Die Zuspitzung könnte dann im gewählten Beispiel lauten: »Die Bedeutung von Horror-Videos im Zuge aggressiven Verhaltens von Jugendlichen einer Jugendbegegnungsstätte«.
>
> *Ein möglicher Plan:* Das Phänomen aggressiven Verhaltens der Jugendlichen wird möglichst genau beobachtet (z.B. mit Videokameras) und differenziert (z.B. spielerische Aggression, imitierte Aggression, Aggression als Bestandteil von Status-Wettkämpfen, Aggression mit Zuschauerbeteiligung, etc.). Außerdem werden die Jugendlichen möglichst genau nach ihren Sehgewohnheiten von Horror-Videos befragt.
>
> *Ein mögliches Ergebnis:* Horror-Videos haben eine große Bedeutung als Rollen-Lieferant für imitierte Aggressionen und Aggressionen mit Zuschauerbeteiligung. Bestimmte Videos dienen außerdem als Zitatenschatz zur Identifikation von Subgruppen innerhalb des Jugendzentrums.
>
> *Leistung der Feldforschung:* Es entsteht ein genaues Verständnis der Bedeutung von Videos für die Begegnungen der Jugendlichen.
>
> *Offene Fragen:* Welches sind die Ursachen der individuell unterschiedlichen Aggressivität der Jugendlichen?

2.6. Daten und Konstrukte in der empirischen Psychologie

2.6.1. Die Bedeutung von Daten im psychologischen Erkenntnisprozess

Fakten/Daten

Bleiben wir beim Beispiel des Zusammenhangs von Aggressivität und dem Konsum von Horror-Videos. Die Psychologin macht im Zuge ihres methodischen Vorgehens Verhaltensbeobachtungen bei den Jugendlichen: Sie protokolliert Beschimpfungen, notiert Schlägereien, misst die Lautstärke von Drohungen, erfasst physiologische Reaktionen (Blutdruck, Pulsfrequenz), nimmt verbale Duelle auf Tonband auf oder zeichnet Mimik und Gestik auf Video auf. Außerdem befragt sie die Jugendlichen nach ihrem Videokonsum. So gewinnt sie eine Vielzahl unterschiedlicher Fakten. Diese Fakten jedoch haben für sich genommen keine Bedeutung. Das Faktum, dass ein Jugendlicher fünfmal am Tag eine Schlägerei provoziert hat, erhält seine Bedeutung erst dann, wenn die Psychologin es als Ausdruck von Aggressivität interpretiert. Diese Interpretation erfolgt durch die Theorie, an der die Psychologin sich in ihrer Untersuchung orientiert. An dieser Stelle wird deutlich, dass es ohne Theorie nicht geht (man stünde sonst vor einer Unmenge von Fakten, die einem »nichts sagen« würden) und dass es in der Tat nichts Praktischeres gibt als eine Theorie, weil sie der Psychologin dazu verhilft, Fakten verstehen und einordnen zu können. Theoriegeleitet interpretierte Fakten bezeichnet man als Daten.

In unserem alltäglichen Nachdenken über andere Menschen vollziehen wir solche Interpretationen automatisch – wer sich viel prügelt, ist aggressiv. Für uns ist selbstverständlich: Prügelei *ist ein Ausdruck von* Aggressivität. Von solchen alltagsweltlichen Kurzschluss-Theorien unterscheiden sich psychologische Theorien dadurch, dass der Zusammenhang von Theorien und Fakten theoretisch und empirisch begründet wird. Das bedeutet nicht, dass eine Psychologin Fakten nicht auch durch ihre »alltagsweltliche Brille« betrachtet – in der Tat tut sie dies (vgl. *Cicourel* 1974). Gerade deswegen aber ist sie in besonderer Weise gefordert, ihre alltagsweltlichen Interpretationen zu reflektieren und zu kontrollieren.

2.6.2.   Die Interpretation von Daten

»Aggressivität« hat den Status eines hypothetischen Konstrukts. Mit dieser Bezeichnung soll deutlich gemacht werden, dass es sich dabei um eine nicht beobachtbare, vermutete oder angenommene Größe handelt. Sehr viele Phänomene, mit denen sich die Psychologie beschäftigt, sind nicht direkt beobachtbar – man kann Intelligenz nicht sehen, und auch nicht Egoismus, Schüchternheit oder eben Aggressivität.

hypothetisches Konstrukt

Woran erkennt man beispielsweise, dass Peter introvertiert ist? Seine Introversion selbst kann man nicht sehen, wohl aber kann man beobachtbare Sachverhalte feststellen, die *für Introversion sprechen*:

- Er geht selten aus.
- In Gesellschaft spricht er wenig.
- Er meidet gesellige Veranstaltungen.
- Er macht häufig allein Spaziergänge.
- Er hat wenige Freunde.
- Er sagt, er sei gern allein.

Das Vorgehen der Zuordnung eines hypothetischen Konstrukts zu beobachtbaren Sachverhalten nennt man *Operationalisierung*.

Operationalisierung

Man mag darüber streiten, ob z.B. die operationale Definition für Aggressivität vernünftig ist oder nicht – die entscheidende Leistung wissenschaftlicher Tätigkeit besteht gerade darin, dass man solche Debatten führen kann, weil der Zusammenhang von Daten und Theorie explizit gemacht wird, während im Alltagsleben solche Interpretationen meist stillschweigend vollzogen werden und deshalb nicht aufgedeckt und kritisch hinterfragt werden können.

Sämtliche Begriffe, die sich auf psychische Sachverhalte beziehen, die grundsätzlich als *in* der Person liegend betrachtet werden, sind *hypothetische Konstrukte*. Einige von ihnen sind relativ gut definiert (z.B. Intelligenz), andere weniger (z.B. Kreativität).

Hypothetische Konstrukte spielen eine zentrale Rolle in der psychologischen Forschung und Theoriebildung. Nur über sie sind wir in der Lage, Erleben und Verhalten von Personen zu erklären und vorherzusagen. Dies wird durch die nachfolgende Abbildung noch einmal verdeutlicht.

Schema:
Der Zusammenhang
von Indikatoren
und hypothetischen
Konstrukten

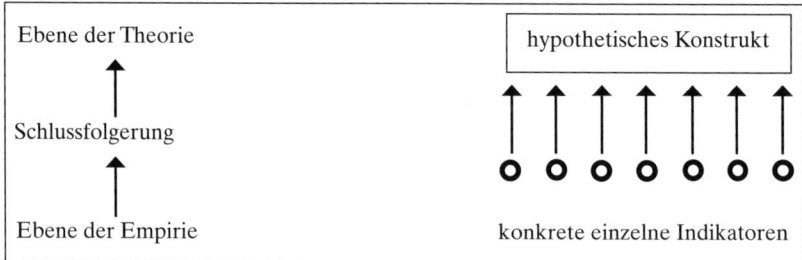

Wenn beispielsweise ein Kind weint, kann es viele Gründe dafür geben:
Es hat vielleicht Bauchschmerzen, es ist geschlagen worden oder es ist traurig. Wir werden es sicherlich zu trösten versuchen. Wir haben aber zunächst
keine Möglichkeit, vorherzusehen, welche Konsequenzen folgen. Nehmen
wir an, wir kämen zu der Hypothese, dies Kind sei besonders schulängstlich
und fürchte sich vor der angekündigten Mathematikarbeit. Wir werden dann
erwarten, dass das Kind zwei Tage später bei der Klassenarbeit aufgeregt sein
wird, vielleicht wieder weinen und nicht seine optimale Leistung zeigen wird
oder sich sogar weigern wird, in die Schule zu gehen.

Schematisch lässt sich der Zusammenhang des Erklärens und Vorher-
sagens folgendermaßen darstellen:

Schema:
Der Zusammenhang
von Schluss-
folgerungen und
Vorhersagen

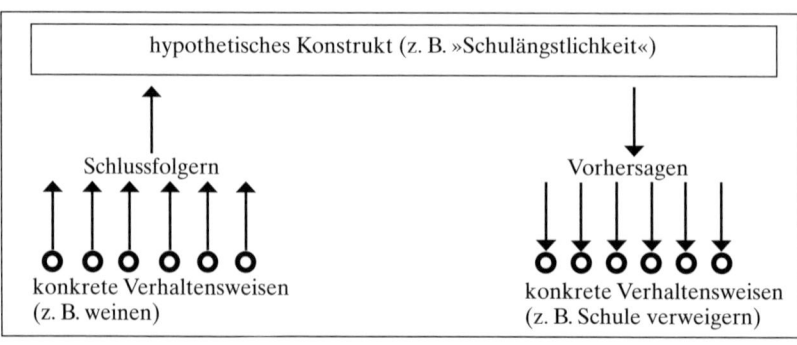

Daten über hypothetische Konstrukte bergen eine Vielzahl von Problemen
in sich: Sind die konkret beobachteten Verhaltensweisen wirklich Hinweise
auf das hypothetische Konstrukt? Ist das hypothetische Konstrukt hinreichend definiert? Sind die notwendigen Beobachtungen angemessen? Solche
Probleme können nur gelöst werden, wenn der Zusammenhang zwischen
Empirie (Daten) und Theorie erhalten bleibt.

Theorie und Empirie   Zusammenfassend kann man also sagen: Nur Theorien systematisieren die
empirischen Sachverhalte (Daten) und geben ihnen einen Sinn. Nur aufgrund
von Theorien sind Vorhersagen über empirische Sachverhalte möglich. Andererseits entscheidet sich nur in der Empirie das Zutreffen von Theorien.

2.6.3. Psychologische Daten-Verarbeitung

Bleiben wir beim Beispiel der Frage nach Aggressivität und dem Konsum **Messen**
von Horror-Videos. Will man diese Frage im Sinne der Frage nach einem
Ursache-Wirkungs-Zusammenhang verfolgen, kommt man an einen Punkt,
an dem man die Jugendlichen miteinander vergleichen muss: Wer hat mehr
Videos konsumiert? Wer ist aggressiver als die anderen? An diesem Punkt
kommt man zur Quantifizierung von Daten bzw. zur Messung. *Messen*
bedeutet zunächst nichts anderes als »vergleichen«. Personen werden in
irgendeiner Weise hinsichtlich eines bestimmten Merkmals miteinander
verglichen. Wer sagt »Frau Maier ist mir sympathischer als ihr Mann« hat
nach dieser Definition bereits eine (einfache) Messung durchgeführt und
die Ungleichheit zweier Personen unter dem Aspekt »meine Sympathie«
festgestellt. Wenn die Psychologie von Messen spricht, so beansprucht sie
damit also keinesfalls, den Menschen als solchen auszumessen, wie gelegentlich geargwöhnt wird. Messvorgänge geben Auskunft über Gleichheit
oder Ungleichheit von Personen hinsichtlich eines bestimmten definierten
Merkmals. Nun sind die Ergebnisse solcher Vergleiche nicht bei jedem Merkmal gleich informativ. Am wenigsten informativ ist das Messergebnis, wenn
es nur aussagt, ob etwas gleich oder ungleich ist. Wesentlich informativer
wird das Messergebnis, wenn es zusätzlich anzugeben vermag, wie stark die
Ungleichheit ausgeprägt ist. Psychologie als Wissenschaft strebt möglichst
informative Messergebnisse an. Deshalb ist die Entwicklung von Theorien
über Messvorgänge und eine »Instrumentenkunde« zur Entwicklung und
Bewertung psychologischer Messinstrumente eine wesentliche Aufgabe der
Psychologie. Die Bewältigung größerer Mengen gemessener Daten erfolgt
durch Verfahren der Statistik.

2.6.4. Beschreibende Statistik

Betrachten wir mehrere Daten einer oder mehrerer Personen, so sind wir **deskriptive Statistik**
schnell überfordert und verlieren leicht den Überblick. In dieser Situation
hilft die beschreibende oder deskriptive Statistik: Sie systematisiert und stellt
Daten so dar, dass ein Überblick möglich wird. In dieser Form begegnet uns
Statistik nahezu täglich. Arbeitslosenquote, Anstieg der Kriminalität, Markt-
anteile bei Pkw-Zulassungen, Prozentzahl vermeintlich verhaltensgestörter
Grundschüler, Wachstum des Bruttosozialproduktes und vieles mehr sind
statistische Informationen in den Tageszeitungen oder Nachrichtensen-
dungen.
   Die gegenwärtige psychologische Literatur ist nur noch mit Kenntnis
einschlägiger deskriptiv-statistischer Begriffe zu verstehen. Dies wird auch
im weiteren Text dieses Lehrbuches teilweise so sein. Statistische und methodische Begriffe lassen sich in speziellen Forschungs-Wörterbüchern nachschlagen (z.B. *Krapp/Hofer/Prell* 1982 oder *Kriz/Lisch* 1988). Im Folgenden
werden einige häufig auftretende Grundbegriffe kurz erläutert.
   Einsicht in die Struktur von Daten und damit über die Ergebnisse sind **Häufigkeiten**

im Wesentlichen durch Häufigkeitsangaben, Angaben über zentrale Tendenzen und Variation sowie über Zusammenhänge (Korrelationen) von Merkmalen zu erhalten. *Häufigkeiten* geben an, wie oft bestimmte Merkmale oder Merkmalsausprägungen vorkommen. Die Darstellung geschieht in Tabellen oder Diagrammen; absolute und relative (Prozent-)Angaben sind möglich.

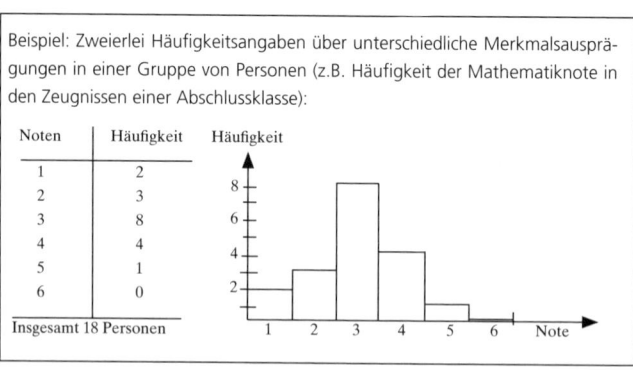

Beispiel: Zweierlei Häufigkeitsangaben über unterschiedliche Merkmalsausprägungen in einer Gruppe von Personen (z.B. Häufigkeit der Mathematiknote in den Zeugnissen einer Abschlussklasse):

Noten	Häufigkeit
1	2
2	3
3	8
4	4
5	1
6	0

Insgesamt 18 Personen

zentrale Tendenz

Maße der zentralen Tendenz beschreiben einen Wert, der für eine Gruppe von Objekten (Personen) typisch ist. Bekanntestes Beispiel ist das arithmetische Mittel oder Mittelwert (umgangssprachlich: Durchschnitt). Im Beispiel der Mathematiknoten ergibt sich als Mittelwert: M = 2,94.

Variation

Maße der Variation enthalten die Information, wie weit die einzelnen Messwerte vom festgestellten Mittelwert abweichen. Diese Information ist wichtig; schließlich können die einzelnen Messwerte sehr stark oder sehr wenig vom Mittelwert abweichen. Das bedeutsamste Maß ist die Standardabweichung (bzw. die Varianz als quadrierte Standardabweichung). Geometrisch dargestellt entspricht die Standardabweichung dem Abstand zwischen Höhepunkt und Wendepunkt in der Normalverteilung (auch bekannt als *Gaußsche* Kurve). Je höher der Wert der Standardabweichung, desto stärker streuen die einzelnen Messwerte um den Mittelwert.

Im vorigen Beispiel der Schulnoten ergibt sich eine Standardabweichung von s = 1,03 bzw. eine Varianz von s^2 = 1,06.

Korrelation

Korrelationsmaße beschreiben den Zusammenhang zwischen zwei Merkmalen. Er wird durch Korrelationskoeffizienten ausgedrückt. Diese bewegen sich im Zahlenbereich von -1,0 bis +1,0. Eine Korrelation mit positivem Vorzeichen beschreibt eine gleichsinnige Variation der Merkmale (wenn A ansteigt, dann steigt auch B an). So besteht beispielsweise eine positive Korrelation zwischen »Intelligenz« und »Schulleistung«. Je höher die Intelligenz einer Person, desto höher ist, mit bestimmter Wahrscheinlichkeit, auch ihre Schulleistung. Eine negative Korrelation beschreibt eine gegenläufige Variation der beiden Merkmale (wenn A ansteigt, dann sinkt B ab). Ein Beispiel einer negativen Korrelation ist der Zusammenhang zwischen Nikotinkonsum und Lebenserwartung. Je höher der Nikotinkonsum einer

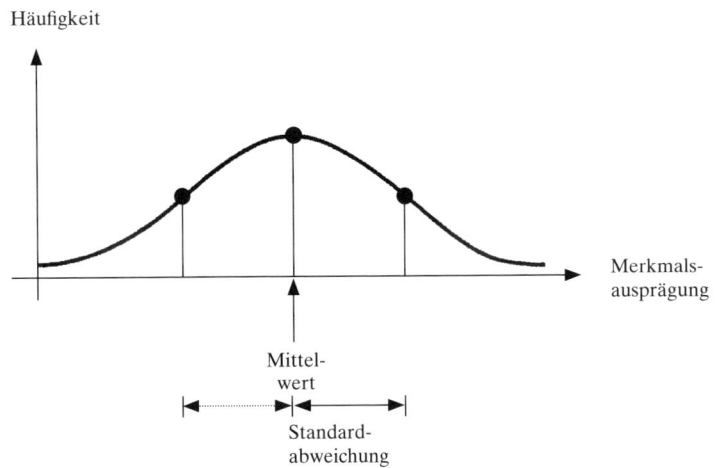

Häufigkeit

Merkmals-
ausprägung

Mittel-
wert

Standard-
abweichung

Person, desto niedriger wird, mit bestimmter Wahrscheinlichkeit, ihre Lebenserwartung.

Korrelationen sagen nichts über Ursache-Wirkungs-Beziehungen aus. Man erfährt nur, dass ein bestimmter Zusammenhang zwischen zwei Merkmalen besteht und nicht warum. Zur sprachlichen Kennzeichnung von Korrelationskoeffizienten hat sich folgende Konvention herausgebildet (ohne Berücksichtigung des Vorzeichens):

0,0 bis 0,2:   »kein Zusammenhang«
0,2 bis 0,4:   »geringer Zusammenhang«
0,4 bis 0,6:   »mittlerer Zusammenhang«
0,6 bis 0,8:   »hoher Zusammenhang«
0,8 bis 0,9:   »sehr hoher Zusammenhang«
1,0:   »perfekter Zusammenhang«

Beschreibende Statistik ist nur ein Hilfsmittel, einen Überblick zu erhalten, der sonst nicht erreichbar wäre. Wichtiger jedoch ist die Frage, ob die damit beschriebenen Ergebnisse auf Regeln oder Gesetzmäßigkeiten schließen lassen, die verallgemeinert werden können. Dieses Problem wird in der Schließenden Statistik (oder Inferenzstatistik) bearbeitet.

2.6.5.   Inferenzstatistik – oder: Irren ist menschlich

Psychologische Forschung sucht nach Regeln des Verhaltens und Erlebens. Die Gesamtheit aller Personen (oder Objekte), über die etwas ausgesagt werden soll, wird als *Population* bezeichnet. Sie wird durch die Forschungsfrage definiert. Wenn ich etwa wissen will, welchen Erziehungsvorstellungen alleinerziehende Mütter folgen, dann ist die Gesamtheit aller alleinerziehenden Mütter die Population – und nicht Mütter allgemein. Wenn ich nach den Verhaltensstörungen von Grundschülern in der vierten Klasse frage, dann wird die Population aus allen Viertklässlern gebildet – und nicht etwa

Population

aus allen möglichen Schülern. Populationen sind daher unterschiedlich umfangreich.

Stichprobe

Nun wird es praktisch niemals gelingen, eine definierte Population insgesamt zu untersuchen. Vielmehr können nur mehr oder weniger kleine *Stichproben* daraus untersucht werden. Stichproben sollten möglichst getreue (*repräsentative*) Abbilder ihrer Population sein. Da empirische Untersuchungsergebnisse praktisch immer aus Stichproben stammen, die wissenschaftliche Aussage aber für die zugehörige Population gültig sein soll, besteht die grundsätzliche Gefahr eines Irrtums: Gilt das, was in der Stichprobe gefunden wurde, wirklich auch für die Population? Oder anders formuliert: Darf ein Stichprobenergebnis verallgemeinert werden oder nicht?

Folgende vier Situationen können nun vorliegen, wobei beachtet werden muss, dass die Verhältnisse in der Population grundsätzlich nicht bekannt sein können:

(1) In der Stichprobe zeigt sich eine Regelhaftigkeit. In der Population gilt sie auch.

(2) In der Stichprobe zeigt sich keine Regelhaftigkeit. In der Population existiert sie auch nicht.

(3) In der Stichprobe zeigt sich eine Regelhaftigkeit. In der Population gilt sie nicht.

(4) In der Stichprobe zeigt sich keine Regelhaftigkeit. In der Population existiert jedoch eine.

Werden nun Stichprobenergebnisse als gültig für die Population angenommen, d.h. verallgemeinert, dann zeigt sich Folgendes: In den Situationen (1) und (2) ist die Verallgemeinerung zutreffend und richtig. Das, was sich in der Stichprobe zeigt, gilt auch in der Population.

Alpha-Fehler

Situation (3) führt zu einer falschen Schlussfolgerung. Aufgrund des Stichprobenergebnisses wird eine Gesetzmäßigkeit in der Population angenommen, die nicht existiert. Diese Art von Fehler kann als »Aberglaube« bezeichnet werden. (So wie Astrologen in Sternbildern einen ordnenden Einfluss auf das Leben von Menschen annehmen, der nicht existiert.) In der methodischen Literatur wird dieser Irrtum mit *Alpha-Fehler* benannt.

Beta-Fehler

Situation (4) führt ebenfalls in die Irre. Man vermutet keine Gesetzmäßigkeit in der Population, obwohl sie vorhanden ist. Diese Art von Fehler deutet auf »Unfähigkeit«. (So wie Astronomen lange Zeit die Gesetzmäßigkeiten der Bewegung von Himmelskörpern nicht fanden.) Dies ist der *Beta-Fehler*.

Im Forschungsprozess wird nun versucht, die Situation (3) d.h. den Alpha-Fehler so weit wie möglich zu vermeiden. Im Vertrauen darauf, dass Fehler oder »Unfähigkeit« mit zunehmender Forschung abnehmen, wird der Beta-Fehler dagegen eher in Kauf genommen.

Signifikanzprüfung

Mit den Verfahren der Interferenzstatistik werden Berechnungen darüber angestellt, wie wahrscheinlich der Alpha-Fehler ist, wenn ein vorgefundenes Stichprobenergebnis verallgemeinert wird. Das Grundprinzip besteht darin, die tatsächlich gefundenen Ergebnisse der Stichprobe mit hypothetischen Ergebnissen zu vergleichen, so wie sie ausfallen müssten, wenn in der Population keine entsprechenden Gesetzmäßigkeiten bestünden. Oder anders: Es wird geprüft, inwieweit das vorgefundene Ergebnis (noch) durch zufällige Gegebenheiten der Stichprobe erklärt werden könnte. Diesen Vorgang nennt man Prüfung der *statistischen Signifikanz* (kurz Signifikanzprüfung), die entsprechenden mathematisch-statistischen Verfahren *Signifikanztests*.

Da nun eine falsche Schlussfolgerung, ein Irrtum nie ausgeschlossen werden kann, ist abzuwägen, welches Risiko noch in Kauf genommen werden soll. Als Konvention hat sich herausgebildet, eine Irrtumswahrscheinlichkeit für den Alpha-Fehler von 5 % bzw. 1 % zu tolerieren. Erst wenn die Wahrscheinlichkeit für die fälschliche Annahme einer Gesetzmäßigkeit nur noch 5 % bzw. 1 % beträgt, ist man bereit, Stichprobenergebnisse auch für die Population als gültig anzunehmen. Anders formuliert heißt dies: Verallgemeinert man ein Stichprobenergebnis, dann ist diese Verallgemeinerung mit einer Wahrscheinlichkeit von nur 5 % bzw. 1 % unzutreffend.

Irrtums-wahrscheinlichkeit

Ergebnisse, die mit einer Irrtumswahrscheinlichkeit für den Alpha-Fehler von 5 % behaftet sind, nennt man statistisch signifikant, solche mit 1 % sehr signifikant.

Auf ein zunehmendes Missverständnis soll noch hingewiesen werden. Statistische Signifikanz bedeutet in keiner Weise auch inhaltliche Bedeutsamkeit! Ergebnisse können statistisch sehr signifikant und inhaltlich höchst bedeutungslos sein. Die statistische Signifikanz berechtigt nur zur Verallgemeinerung.

Seriöse empirische Untersuchungen enthalten bei der Ergebnisdarstellung stets drei Komponenten: Das inhaltliche Ergebnis selbst, die Art der Signifikanzprüfung (Signifikanztest) und die Signifikanzangabe. Fehlt eine dieser drei Komponenten, sind damit verbundene Aussagen unbrauchbar.

Wegen der immer noch bestehenden und grundsätzlich nicht zu vermeidenden Möglichkeit eines Irrtums verbietet es sich, aufgrund von empirischen Untersuchungen von Beweisen zu sprechen. Vielmehr liefern empirische, inferenzstatistisch geprüfte Ergebnisse »nur« mehr oder weniger überzeugende Belege für bestimmte Hypothesen. Seriöse psychologische Argumentationen können daher nicht mit Formulierungen wie »Untersuchungen haben bewiesen, dass ...« beginnen.

3. Psychologie der Person

In diesem Kapitel beschäftigen wir uns mit dem zentralen Gegenstand der Psychologie, dem Individuum, der Person.

Die Vorstellung einer einzigartigen, einmaligen Persönlichkeit erscheint heutzutage selbstverständlich – sie ist aber eine relativ moderne Erfindung und entsteht erst unter bestimmten gesellschaftlichen Bedingungen. Diesen Bedingungen spüren wir im ersten Abschnitt dieses Kapitels nach (3.1.2), um dann zu erkunden, in welcher Weise Persönlichkeit heutzutage zum Thema und zur Sprache gebracht wird (3.1.3). Daran anschließend stellen wir drei Theorien vor, in denen auf sehr unterschiedliche Weise Persönlichkeit zum Gegenstand psychologischen Nachdenkens gemacht wird (3.2.).

3.1. Bilder vom Menschen

3.1.1. Alltagsvorstellungen über »Persönlichkeit«

»Er hat Persönlichkeit.«, »Sie ist eine Persönlichkeit.« Was immer das auch heißen mag, es ist ein Kompliment. »Sie ist ein nettes Persönchen.« Von Frauen wird dies wohl nicht als Kompliment verstanden, sondern eher als überhebliches Männergerede. »So eine Person!« Dieser Ausruf teilt einigermaßen unzweideutig Entrüstung über jemanden mit.

So schillernd die Begriffe »Persönlichkeit« oder »Person« auch sein mögen, umgangssprachlich scheinen wir recht gut damit umgehen zu können. Dies fällt umso leichter, als uns zur näheren Beschreibung von Personen von »arglistig« bis »zynisch« Tausende von Eigenschaftswörtern zur Verfügung stehen.

Wenn von jemandem gesagt wird, er sei ein »Chaot«, ein »Penner«, ein »Softie« oder sie sei eine »Schlampe«, ein »Muttchen« oder eine »Emanze«, wenn also Substantive zur Personenbeschreibung verwendet werden, dann nähert man sich einer alltagspsychologischen Persönlichkeitstypologie. Damit werden uns weitere, nahezu unbegrenzte Möglichkeiten zur Kennzeichnung einzelner Personen zur Verfügung gestellt. Es ist also nicht uninteressant, einmal zu fragen, mit welchen Bezeichnungen Personen im Alltag beschrieben werden.

Eine Inhaltsanalyse freier Personenbeschreibungen, die von amerikanischen Kindern und Jugendlichen angefertigt wurden, erbrachte 30 unterscheidbare Inhaltsklassen, die sich wiederum in fünf Gruppen systematisieren ließen. Nach diesen Ergebnissen (*Bromley* 1977, zit. n. *Schneewind* 1992, S. 19 – 22) werden in Alltagsbeschreibungen von Personen folgende Inhalte verwendet:

Personen-beschreibung

Dimensionen von Personenbeschreibungen

(1) interne Aspekte der Person (z.B. Eigenschaften, Fähigkeiten, Motive, Emotionen),
(2) externe Aspekte der Person (z.B. äußere Erscheinung, biographische Daten, materielle Situation),
(3) soziale Beziehungen (z.B. familiäre und freundschaftliche Beziehungen, Wirkung auf andere Personen, Reaktionen anderer Personen),
(4) Beziehung zwischen beschreibenden und beschriebenen Personen (z.B. Betonung von Gemeinsamkeiten oder Unterschieden),
(5) Bewertungen und Sonstiges.

Nun wird es allerdings nicht so sein, dass immer alle Inhalte verwendet werden. Selbstverständlich werden die mehr oder weniger deutlich erkennbaren Eigenarten der beschriebenen Personen bestimmte Inhalte nahe legen. Aber auch der Beschreibende selbst mit seinen Vorlieben und Eigenheiten, sowie die Situation (z.B. Zweck der Personenbeschreibung) haben einen Einfluss auf die Inhalte der Personenbeschreibung.

Eine Untersuchung von *Huber/Mandl* (1979) an Lehrern bestätigt diese allgemeine Aussage. In Schülerbeschreibungen konnten 36 Inhaltsklassen identifiziert werden, die sieben Aspekten zugeordnet wurden:

(1) sozioökonomischer Hintergrund
(2) familiäre Bedingungen
(3) schulische Bedingungen,
(4) allgemeine Persönlichkeitscharakterisierungen,
(5) abweichendes Sozialverhalten,
(6) interaktive Merkmale und
(7) Leistungsmerkmale.

Eine detaillierte Betrachtungsweise der Ergebnisse zeigte, dass nicht alle Lehrer alle Inhalte in gleicher Weise nutzten. Es ließen sich vier Gruppen von Lehrern identifizieren: Lehrer, die eher allgemeine Persönlichkeitscharakterisierungen verwendeten, die familiäre Bedingungen betonten, die Leistungsmerkmale in den Vordergrund rückten oder die ihr Augenmerk auf abweichendes Verhalten und Konformität richteten. Es ist leicht zu erkennen: Die Inhalte von Persönlichkeitsbeschreibungen richten sich nach dem Beschreibenden, dem Beschriebenen und der Situation (vgl. auch Kapitel 5). Deshalb wurde *Persönlichkeit* eingangs als »schillernder Begriff« bezeichnet.

3.1.2.   Persönlichkeit – Eine neuzeitliche Erfindung

Selbstverständnis – selbstverständlich

Für uns heutzutage ist die Vorstellung, dass wir eine individuelle, von unseren Mitmenschen unterschiedene Persönlichkeit besitzen, so selbstverständlich, dass jede andere Vorstellung schwerfällt. Wir begreifen uns als komplexe Persönlichkeit, mit einer differenzierten – vielleicht nicht ganz durchschauten – Gefühlswelt, mit Vernunft und Rationalität ausgestattet, mit inneren Werten, einem besonderen Charakter und einem Wesenskern (dem wir »im

Grunde unseres Herzens« treu sind). Diese ganze Ausstattung begreifen wir zudem als in uns liegend, als etwas, was höchstens teilweise für andere sichtbar ist, als unseren eigenen, unveräußerlichen privaten Wesenskern. »In unseren Sprachen der Selbstverständigung spielt der Gegensatz ›innen/außen‹ eine wichtige Rolle. Unsere Gedanken, Vorstellungen oder Gefühle sind nach unserer Auffassung ›in‹« uns, (...). Außerdem meinen wir, unsere Fähigkeiten oder Möglichkeiten seien etwas ›Inneres‹, das auf die Entwicklung wartet, durch die dieses Potentielle in der öffentlichen Welt kundgetan oder verwirklicht wird. Das Unbewusste befindet sich nach unserer Vorstellung innen; und die Tiefen des Ungesagten, des Unsagbaren, der sich anbahnenden heftigen Gefühle, Neigungen und Ängste, mit denen wir um die Beherrschung des eigenen Lebens ringen, fassen wir ebenfalls als etwas Inneres auf. Wir sind Geschöpfe mit innerer Tiefe, mit einem Inneren, das zum Teil unerforscht und dunkel ist« (*Taylor* 1994, S. 207).

Dieses Selbstverständnis empfinden wir so tiefsitzend, so elementar, so »bis in die Knochen«, dass es weit mehr ist als nur ein Selbstverständnis – es ist ein elementares Gefühl für uns selbst, das die Basis unseres Denkens, Erlebens und Handelns ist, uns ein elementares Sicherheitsgefühl verleiht und uns zur inneren Natur geworden ist. Gerade weil uns dieses Gefühl so selbstverständlich, so natürlich ist, ist es wichtig, festzustellen, dass es sich hier um ein »modernes« Lebensgefühl handelt, das in dieser Form erst zu Beginn des 17. Jahrhunderts in Europa auftaucht. Es ist ein Resultat gesellschaftlicher Entwicklungsprozesse, »... ist abhängig von einer historisch begrenzten Art der Selbstinterpretation, die im neuzeitlichen Abendland zur Vorherrschaft gekommen ist und sich von da aus freilich auch auf andere Teile der Erdkugel ausbreiten kann, (...) aber dennoch einen Anfang in Raum und Zeit hat und vielleicht auch ein Ende« (*Taylor* 1994, S. 207 f.). Dass dieses Gefühl aber so elementar für uns werden konnte, ist das Ergebnis des Zusammenwirkens unterschiedlicher zivilisatorischer Entwicklungsstränge aus Philosophie, Naturwissenschaft, Technik, Politik und Stadtentwicklung. Diese Stränge haben dieses Selbstgefühl so tief in uns eingeschrieben, dass es auch die Basis unseres Nachdenkens über uns selbst ist. »So ist es ganz natürlich, dass wir zu der Auffassung kommen, wir hätten ein Selbst in der gleichen Weise, in der wir einen Kopf oder Arme haben, oder innere Tiefe in der gleichen Weise wie Herz oder Leber« (*Taylor* 1994, S. 208).

Natürlich haben Menschen schon immer über sich selbst oder über Menschen im Allgemeinen nachgedacht. Zu Beginn der Moderne kommt es aber zu einer wesentlichen Zuspitzung dadurch, dass die eigene Person in besonderer Weise zum Gegenstand der eigenen Betrachtung gemacht wird.

»Vor dem siebzehnten Jahrhundert betrachteten die herrschenden Kosmologien das Universum als eine sinnhafte Ordnung« (*Taylor* 1988, S. 246). Diese Vorstellung wird nunmehr fragwürdig. Innerhalb der Philosophie gelangte man zu der Einsicht, dass wahre Erkenntnis erfordert, die eigenen Denkprozesse in ihrem Funktionieren zu beobachten und zu kontrollieren. Dazu war es erforderlich, einen Schritt aus sich heraus zu machen und sich selbst von außen als Gegenstand zu betrachten. Dieser Schritt wurde als »reflexive Wende« bezeichnet. Diese reflexive Wende zu den eigenen Denkprozessen

Selbstverständnis – nicht natürlich

Das Ich als Mittelpunkt

ist die Geburtsstunde des modernen Selbst-Konzepts, seit der wir von dem
»Selbst«, dem »Ich« oder dem »Ego« sprechen.

Kontrolle als Leitgedanke

Diese reflexive Wende konnte sich durchsetzen, weil sie in der damaligen
Zeit von einer allgemeinen Geisteshaltung der Disziplinierung und Über-
wachung aller gesellschaftlichen Bereiche getragen wurde. Diese Haltung
führte zur Ausbildung entsprechender Praktiken und prägte die Entwicklung
von Militär, Anstalten wie z.B. Hospitälern, Irrenhäusern, Schulen, etc., und
förderte bürokratische Kontrolle und Organisation (vgl. *Foucault* 1977). Die
reflexive Wende »(...) dürfte sich den treuen Befürwortern dieser Praktiken
empfehlen, diesen eine rationale Grundlage verschaffen, sie rechtfertigen und
überdies recht weitreichende Hoffnungen wecken auf ihre Wirksamkeit im
Bereich der menschlichen Angelegenheiten. Die Theorie hat ohne Zweifel
dazu beigetragen, dass sich die Praktiken auf ihrem Marsch durch die Kultur
von heute alles haben unterwerfen können« (*Taylor* 1994, S. 314).

Das Autonome Ich

Parallel zu dieser reflexiven Wende bildet sich die Vorstellung eines individuellen Einzelsubjekts aus. Während man sich selbst bis zu diesem Zeitraum
wesentlich als Bestandteil einer größeren Gemeinschaft, der Familie, der Sippe,
des »Hauses« oder des Dorfes empfand und sich dieser gegenüber im eigenen
Handeln verpflichtet fühlte, begreift man sich nun zunehmend als vereinzeltes,
autonomes, mit eigenem freien Willen begabtes Einzelsubjekt. Diese Idee des
Atomismus entwickelt sich simultan in verschiedenen Gesellschaftsbereichen,
sie wirkt innerhalb der sich etablierenden Naturwissenschaften, innerhalb
moderner Auffassungen über das Politische, im Bereich des Religiösen und im
Bereich der Ökonomie.

Entwicklung zum Privaten

Zur gleichen Zeit gibt es eine entscheidende Entwicklung in der Lebensweise der Menschen zur Privatisierung – vom »Leben vor aller Augen« (*Taylor* 1988, S. 254) hin zum Leben im Privaten. »Wenn der Mensch Individuum
wird, beginnt er mehr und mehr in privaten Räumen zu leben« (*Trilling* 1980,
S. 31). Menschen schaffen zunehmend ihnen allein gehörende Räume, verändern ihr Mobiliar (die Ersetzung von Bänken durch Stühle) und führen persönliche Gerätschaften ein (z.B. Essbesteck). Diese Lebensweise und dieses
Lebensgefühl befördern den Gedanken des inneren persönlichen Raumes,
der für die Vorstellung des inneren privaten Ichs Pate gestanden hat.

Die Bedeutung des Spiegels

Im Zuge der zivilisatorischen Entwicklung können außerdem bestimmte,
einzelne technische Erfindungen von besonderer Bedeutung für die Förderung des modernen Selbstverständnisses gewesen sein. »Der französische
Psychoanalytiker *Jacques Lacan* meint, dass die Entwicklung des »Je« durch
die Spiegelherstellung gefördert wurde, (es) lässt sich nicht entscheiden, ob
die Überzeugung des Menschen, ein »Je« zu sein, sich herausbilden konnte,
weil die venezianischen Handwerker gelernt hatten, wie man Spiegelglas
herstellt, oder ob umgekehrt das Bedürfnis nach Spiegeln diese technische
Neuerung angeregt hat« (*Trilling* 1980, S. 31).

Autobiographie als Modell

Die Entstehung – oder Erfindung – des eigenen, persönlichen, individuellen
Ichs wird weiterhin gefördert durch die Entwicklung einer neuen Schreibform,
der Autobiographie, der Selbstbeschreibung, des Tagebuchs. Autobiographien
lieferten den Menschen gleichsam Modelle, wer sie sind und wie sie sind, an denen sie sich orientieren konnten angesichts der neuen Frage: »Wer bin ich?«.

	Philosophie	Politik/Wirtschaft	Alltagspraxis	Gesellschaft
traditionelle Auffassung	Ordnung in der Welt	Mensch Bestandteil einer größeren Gemeinschaft	kollektiver Lebensvollzug	regelloses Handeln
	reflexive Wende	*Atomismus*	*Privatisierung*	*Überwachung*
neuzeitliche Auffassung (17. Jhdt.)	Ordnung im Subjekt	Einzelsubjekt autonom, souverän mit eigenem Willen	private Räume private Mobiliar private Geräte	Institutiona-lisierung (Militär, Schule, Anstalten) u. Bürokratisierung
Leitbegriff	Vernunft	Autonomie	Individualität	Kontrolle

Schema: Zivilisatorische Entwicklungslinien der Ausbildung des modernen Selbstkonzeptes

Diese Frage wird den modernen Menschen nicht mehr loslassen. Psychologische Persönlichkeitstheorien sind Versuche, auf sie eine Antwort zu finden.

3.1.3. Person als Gegenstand der Psychologie

Gleichheit und Verschiedenheit können als grundsätzliche Charakteristika allen Lebens gesehen werden. Trotz vieler Gemeinsamkeiten sind die Angehörigen einer Art durch mindestens ebenso viele Unterschiede gekennzeichnet. Jeder Mensch erlebt sich auf seine Weise einzigartig und unterscheidet sich darin von allen anderen Menschen, von welchen Gemeinsamkeiten mit anderen, wie etwa Rasse, Geschlecht, Fähigkeiten Vorstellungen, Vorlieben oder Abneigungen er auch sonst geprägt sein mag. Unverwechselbar, »Ich selbst«, ein »Individualist« zu sein und eben nicht »Rädchen im Getriebe« oder »Teil einer Masse« sein zu wollen, diese Zielvorstellung bestimmt in vielen Situationen unser tägliches Leben. Wir betonen die Unterschiede zwischen uns und unseren Mitmenschen. Gleichzeitig betonen wir aber auch unsere Gleichheit. Kleidung, Sprache, Hobbys oder Freizeitverhalten zeigen häufig unser Bemühen, so zu sein wie andere. Für viele von uns ist es wichtig, zu wissen, was »in« und was »out« ist.

Die Frage von Gleichheit oder Verschiedenheit ist vorwiegend die Frage der Genauigkeit, mit der wir Personen wahrnehmen. Je genauer wir einzelne Personen beobachten und kennen, desto mehr kann sich eine zunächst wahrgenommene Gleichheit zur Ähnlichkeit oder gar Unterschiedlichkeit auflösen. Umgekehrt ist es ebenso möglich, dass wir erst nach intimer Kenntnis von Personen Ähnlichkeiten wahrnehmen, die uns vorher verborgen geblieben waren.

Die Suche nach Gleichheit und Verschiedenheit zwischen Menschen führt zwangsläufig zur Beobachtung einzelner, möglicherweise immer spezifischeren Charakteristika oder Merkmalen von Personen. In der Regel nehmen wir

Differenzielle Psychologie

in unserem Bekanntenkreis deutliche Unterschiede zwischen den Personen wahr. Wir haben Eindrücke über ihre Intelligenz, ihr Selbstvertrauen, ihre Sportlichkeit oder Musikalität, über ihre Ängstlichkeit oder Aggressivität und vieles mehr. Solche wahrgenommenen individuellen Unterschiede beeinflussen wesentlich die soziale Interaktion im Privatleben, ebenso wie im Erziehungswesen oder im Berufsleben. Spätestens wenn Schwierigkeiten in der sozialen Interaktion auftreten, können Theorien und Befunde der *Differenziellen Psychologie* hilfreich sein. Dabei geht es um:

- die Beschaffenheit von Merkmalen mit interindividuellen Differenzen,
- das Ausmaß und die Ursachen dieser Differenzen,
- die wechselseitigen Abhängigkeiten differierender Merkmale sowie
- deren Beeinflussbarkeit durch Erziehung, Training oder Umwelteinflüsse (siehe *Amelang/Bartussek* 2001, S. 4).

Es gelingt nicht, eine generelle Bedeutsamkeit einzelner Persönlichkeitsmerkmale festzulegen, einfach deswegen, weil sie immer nur *für etwas* wichtig sind. Es hängt im Wesentlichen von der Situation ab, in der nach bestimmten Persönlichkeitsmerkmalen gefragt wird. Bei Berufswahlsituationen mag »Intelligenz« sehr wichtig sein, bei der Rehabilitation von Alkoholikern etwa »Aggression« und bei Adoptionsentscheidungen »prosoziales Verhalten«.

Für die Angehörigen sozialer Berufe wird die psychologisch-wissenschaftliche Betrachtungsweise von Persönlichkeitsmerkmalen und den interindividuellen Unterschieden immer dort bedeutsam, wo zu irgendwelchen Zwecken psychologische Gutachten erstellt und interpretiert werden müssen. Während das Erstellen solcher Gutachten eindeutig eine ausschließliche Aufgabe von Psychologen ist (oder zumindest sein sollte), sind Angehörige sozialer Berufe nicht selten vor die Aufgabe gestellt, solche Gutachten zu interpretieren und daraus Schlussfolgerungen ziehen zu müssen. Dazu sollen zwei grundlegende Gesichtspunkte der psychologischen Personenbeschreibung diskutiert werden:

- Die Annahmen über Art und Ausmaß von Personenunterschieden und
- die speziellen Schwierigkeiten der sprachlichen Formulierung.

3.1.4.   Die Normalverteilung als Modell zur quantitativen Beschreibung von Unterschieden

Wenn sehr viele Personen gemessen werden, dann ergibt sich bei vielen Merkmalen als charakteristische Verteilungsform der Messwerte eine Normalverteilung oder Gaußsche Glockenkurve.

Beispiel   Betrachten wir zur Demonstration einmal die relative Häufigkeitsverteilung des komplexen psychischen Merkmals *emotionale Erregbarkeit*. Dazu bearbeiteten 1.237 Jugendliche 21 Fragen entsprechenden Inhalts. Die Abbildung zeigt, wie viele Jugendliche wie viele Fragen im Sinne von emotionaler Erregbarkeit beantworteten.

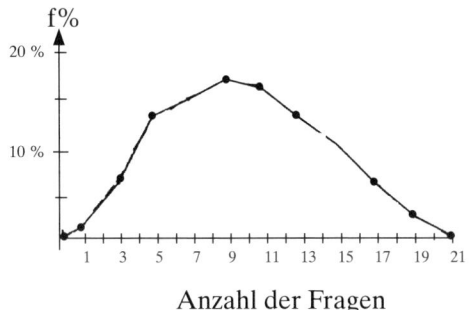

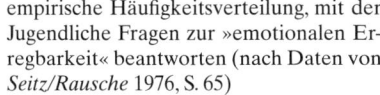

Anzahl der Fragen

empirische Häufigkeitsverteilung, mit der Jugendliche Fragen zur »emotionalen Erregbarkeit« beantworten (nach Daten von *Seitz/Rausche* 1976, S. 65)

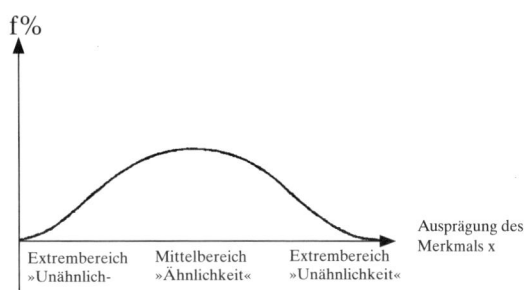

hypothetische Verteilung

Die Häufigkeitsverteilung lässt erkennen: Die meisten Jugendlichen liegen in einem mittleren Bereich (etwa 8-2 Fragen), einige liegen darüber oder darunter, Extremwerte 0 oder 1 bzw. 20 oder 21 Fragen sind selten.

Solche Befunde führen zur sinnvollen *Hypothese*, dass psychische Merkmale sich häufig auf der Grundlage von Normalverteilungen beschreiben lassen. Sie wird so zum grundlegenden Modell zur quantitativen Beschreibung von Ähnlichkeit oder Unähnlichkeit bei Personen hinsichtlich eines definierten Merkmals. Die Mehrzahl der Personen gruppiert sich dabei im Mittelbereich der Verteilung. Sie sind sich also in diesem Merkmal relativ ähnlich. Einige weichen mehr oder weniger deutlich von diesem Mittelbereich ab, wenige liegen in den beiden Extrembereichen. Je weiter sich Personen vom Mittelbereich entfernen, desto relativ unähnlicher werden sie den vielen Personen im Mittelbereich.

Ab wann ist aber eine Person vom Mittelbereich so weit abweichend, dass man sagen könnte, sie sei anders als die anderen? Zur Beantwortung dieser Frage hat sich eine statistische Konvention eingebürgert, die besagt, dass alle Personen, die mehr als eine Standardabweichung s vom Mittelwert abweichen, als »unter-« bzw. »überdurchschnittlich« betrachtet werden. Dies ist in der folgenden Abbildung dargestellt.

Nach dieser Definition haben stets, wegen der mathematischen Eigentümlichkeiten der Normalverteilung, bei jedem entsprechenden Merkmal jeweils etwa 16 % aller Personen über- bzw. unterdurchschnittliche und etwa 68 % durchschnittliche Messwerte. Diese Klassifikation bedeutet für sich noch keine Wertung. Überdurchschnittlich intelligent zu sein, wird beispielsweise positiv gewertet, überdurchschnittlich emotional erregbar zu sein, wohl eher negativ. Die Wertung, ob Unterschiede für wichtig oder unwichtig, für positiv oder negativ gehalten werden, ergibt sich nicht aus dem statistischen Modell der Normalverteilung, sondern aus der inhaltlichen Fragestellung.

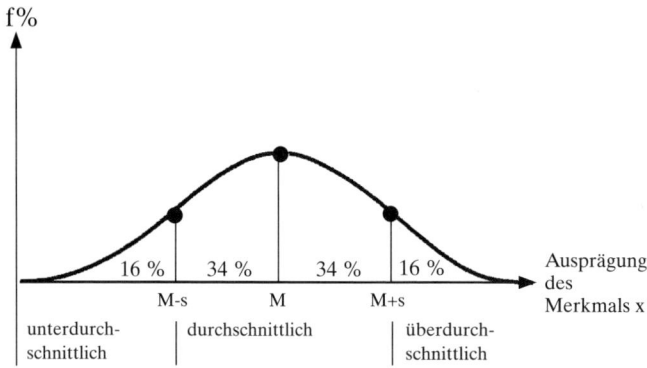

3.1.5.   Sprachliche Beschreibung von Individualität

Dass man mit Sprache die Individualität eines Menschen, seine Eigenarten, seine Neigungen oder sein Verhalten vorzüglich und anschaulich beschreiben kann, zeigen uns hervorragende Schriftsteller immer wieder. Sprache, gut beherrscht, ist ein exzellentes Mittel zur Beschreibung von Personen in ihrer Gleichheit und Verschiedenheit. Gerade darin liegt, so paradox dies zunächst auch klingen mag, eine Schwierigkeit der psychologisch fundierten Personenbeschreibung.

Unschärfe von Begriffen Eine psychologische Personenbeschreibung kann, von wenigen Fachbegriffen einmal abgesehen, nur die Begriffe der Umgangssprache verwenden. Fachbegriffe und umgangssprachliche Begriffe können unter Umständen gleich lauten, aber doch zumindest teilweise etwas Unterschiedliches bedeuten. Nicht selten gehen psychologische Fachbegriffe in den umgangssprachlichen Wortschatz über (wie etwa »Motivation«, »Frustration« oder »neurotisch«) und verändern dabei teilweise ihre ursprüngliche Bedeutung.

In dem Maße, in dem psychologische Beschreibungen umgangssprachlich formuliert sind, unterliegen sie denselben Prozessen der Bedeutungsveränderung wie sonstige sprachliche Beschreibungen auch. Wenn ein Romantext bei mehreren Personen unterschiedliche Eindrücke hervorruft, ist dies wahrscheinlich weniger gravierend. Das kann dem Text sogar einen besonderen Reiz geben. Wenn jedoch aus einem psychologischen Gutachten unterschiedliche Eindrücke und Schlussfolgerungen möglich sind, dann können sich durchaus schwerwiegende Problemlagen ergeben.

vier Ebenen der Beschreibung Personenbeschreibungen können aufgrund der verfügbaren Begriffe nur mehr oder weniger eindeutig sein. Der Versuch, sie in eindeutigen, nicht umgangssprachlichen Begriffen abzufassen, führt dagegen leicht in Unverständlichkeit. Es scheint zumindest die Gefahr eines Dilemmas zwischen Eindeutigkeit und Unverständlichkeit zu bestehen. Es lohnt also, sich die sprachlichen Möglichkeiten zur Personenbeschreibung einmal näher anzusehen.

Graumann (1964) unterscheidet vier Modi oder Ebenen sprachlicher Beschreibung. Sie sollen an einem Beispiel erläutert werden.

Angenommen, ein vierjähriges Kind sei weinend im Einkaufstrubel einer Fußgängerzone allein aufgefunden worden. Es wird von einer Mitarbeiterin des Jugendamtes abgeholt. Sie muss nun einen Bericht über diesen Vorfall schreiben. Folgende Möglichkeiten stehen ihr zur Verfügung:

Modi verbaler Beschreibung:

(1) Der verbale Modus: »Das Kind weinte.«
Die Person wird in ihrem Verhalten unter Verwendung von Verben beschrieben. Der Leser erfährt nur, was die Person tut. Diese Beschreibung ist relativ eindeutig. Ob das Kind weinte oder nicht, ist ziemlich unzweifelhaft feststellbar.

verbal

(2) Der adverbiale Modus: »Das Kind weinte verzweifelt.«
Die Person wird in ihrem Verhalten unter Verwendung von Verben und Adverbien beschrieben. Diese Aussage enthält eine Schlussfolgerung des Beschreibenden über das »Wie« des Verhaltens. Ob das Kind wirklich »verzweifelt« weinte, ist schon weniger eindeutig.

adverbial

(3) Der adjektivische Modus: »Das Kind war verzweifelt.«
Die Person wird mit Adjektiven beschrieben. Man erfährt bereits nichts mehr über das konkrete Verhalten, dafür aber etwas darüber, wie die Person ist. Dies sind bereits weitgehende Schlussfolgerungen des Beschreibenden, die unter Umständen nur noch schwer nachvollziehbar sind.

adjektivisch

(4) Der substantivische Modus: »Die Verzweiflung des Kindes war groß.«
Die Person wird in Substantiven beschrieben. Dabei sind dann überdauernde Persönlichkeitsmerkmale oder Zustände beschrieben. Der Beschreibende geht also in seinen Schlussfolgerungen noch einen Schritt weiter und entfernt sich noch mehr vom konkreten Verhalten.

substantivisch

Von Stufe zu Stufe nehmen die Schlussfolgerungen zu, die der Beschreibende hinzufügt.

In einer Berufspraxis, in der über Personen beraten, Stellungnahmen abgegeben oder zur Kenntnis genommen werden müssen, sollten daher Personenbeschreibungen im adjektivistischen oder substantivischen Modus durch Erläuterungen im verbalen und adverbialen Modus präzisiert werden. In der psychologischen Fachsprache ist dieses Problem insofern eingegrenzt, als die Begriffe über Personenmerkmale sehr häufig operational definiert sind. Findet man zum Beispiel in einem psychologischen Gutachten eine Aussage über das Ausmaß des Neurotizismus einer Person, dann beschränkt sich diese Aussage im strengen Sinne zunächst nur auf die Fragen, mit denen Neurotizismus abgefragt wurde. Will man psychologische Aussagen verstehen, so ist es daher unumgänglich notwendig, die Methoden zu kennen, auf denen sie beruhen. Die sprachlichen Etiketten reichen nicht aus.

3.2.   Drei Beispiele von Persönlichkeitstheorien

3.2.1.   Vorbemerkung

In der Psychologie existiert keine einheitliche, verbindliche Definition von Persönlichkeit. »Mit der Persönlichkeit ist es wie mit der Liebe. – Jedermann weiß, dass es sie gibt, aber niemand weiß, was sie ist!« (*Cattell* 1973, S. 41, unsere Übersetzung). Die Anzahl entsprechender Definitionsversuche dürfte inzwischen dreistellig sein. Die Definition von Persönlichkeit verändert sich, wie im Alltag, unter den verschiedenen Blickwinkeln, unter denen Individuen betrachtet werden können. Dies muss all diejenigen enttäuschen, die von einer wissenschaftlichen Psychologie eine Antwort auf die philosophische Frage nach dem Wesen des Menschen erwarten. Eine empirische Persönlichkeitspsychologie, die »nur« danach fragt, wie menschliches Verhalten und Erleben beschrieben, erklärt und verändert werden kann, versteht »Persönlichkeit« ohnehin nur als hypothetisches Konstrukt, das nicht unbedingt abschließend definiert zu werden braucht.

Bezieht man sich nicht auf das Wesen des Menschen, sondern auf sein Verhalten und Erleben, dann lässt sich wenigstens einigermaßen übereinstimmend angeben, womit sich die Persönlichkeitspsychologie beschäftigt. Sie befasst sich mit den relativ überdauernden Verhaltens- und Erlebensunterschieden zwischen Individuen und deren Entwicklung.

Persönlichkeitstheorien werden von Wissenschaftlern entwickelt. Sie sind selbst Persönlichkeiten mit Vorlieben und Abneigungen, mit persönlichen Überzeugungen, mit Weltanschauungen und mit unterschiedlichen Menschenbildern. Ihre Theorien entsprechen ihrer Persönlichkeit. So wie wir selbstverständlich akzeptieren, dass ein Porträt von *Lucas Cranach* anders aussieht als eines von *Picasso*, müssen wir akzeptieren, dass Psychologen ebenfalls unterschiedliche Bilder (Theorien) vom Menschen entwerfen. Wir werden also eine Vielzahl unterschiedlichster Persönlichkeitstheorien vorfinden.

Die Frage, welche dann die richtige Theorie sei, ist dabei wenig fruchtbar.

Wir werden im Folgenden drei Theorien vorstellen, die in sehr unterschiedlicher Weise an das Thema Persönlichkeit heran gehen:

- die psychoanalytische Theorie von Sigmund Freud,
- die humanistische Persönlichkeitstheorie von Carl Rogers,
- die sozialkonstruktivistische Persönlichkeitstheorie von Kenneth J. Gergen.

3.2.2.   Sigmund Freud: Die psychoanalytische Theorie

von Maria Langfeldt-Nagel

Sigmund Freud ist populär wie wenige andere Wissenschaftler. Seine Theorien sind von einem breiten Publikum aufgegriffen, sowie in der Literatur, der Malerei und in Filmen verarbeitet worden. In weiten Bereichen der Psychotherapie, aber auch in der Pädagogik, bilden seine Konzepte und Methoden die Grundlage für die Erklärung individuellen Verhaltens und für Interventionen.

> *Sigmund Freud* wurde 1856 in Mähren geboren und wuchs in Wien auf, wo er Medizin studierte und die meiste Zeit seines Lebens verbrachte. Ein Studienaufenthalt in Paris beim Psychiater *Jean Charcot* war der erste Schritt in die Richtung, die er schließlich einschlug; ein weiterer war die Zusammenarbeit und Freundschaft mit dem Wiener Internisten *Josef Breuer*. *Freuds* Ansichten brachten ihn in der prüden Wiener Gesellschaft in mancherlei soziale Schwierigkeiten; hinzu kam offener Antisemitismus. Seine wissenschaftliche Anerkennung fand er außerhalb Wiens. Aber auch seine Anhänger wie *Alfred Adler*, *Carl Gustav Jung* oder *Wilhelm Reich* sagten sich von ihm los und gründeten eigene psychoanalytische Schulen. *Freud* emigrierte 1938 nach London, wo er ein Jahr später starb.

Zu der Zeit, als *Freud* anfing, als Nervenarzt zu arbeiten, war gängige medizinische Lehre, dass Neurosen durch eine genetisch bedingte Nervenschwäche bedingt seien. Möglichkeiten ihrer Behandlung sah man daher kaum. Während eines Studienaufenthaltes in Paris im Jahre 1885 beschäftigte *Freud* sich mit der Hysterie und lernte die Hypnose kennen.

Durch *Hypnose* konnten für kurze Zeit hysterische Symptome sowohl erzeugt als auch zum Verschwinden gebracht werden. *Freud* folgerte daraus, dass psychische Prozesse, die den Patienten oder Patientinnen selbst nicht zugänglich sind, Ursache für die hysterischen Symptome seien. Dies war eine völlig neue Sichtweise, die auf Ablehnung und Unverständnis stieß. **Hypnose**

Zurück in Wien, wo er eine psychiatrische Praxis gegründet hatte, arbeitete Freud mit *Josef Breuer* zusammen. Dieser ließ seine Patienten und Patientinnen in den Behandlungssitzungen intensiv reden. Mit dieser Methode der »Redekur« glaubte er zu den psychischen Ursachen der Störungen vorzudringen.

Freud entwickelte die Redekur zur Methode der *freien Assoziationen* weiter. Die Patienten und Patientinnen wurden verpflichtet, alles, was ihnen durch den Kopf ging, mitzuteilen. Eine willkürliche Lenkung oder Zensur sollte vermieden werden. Die Annahme war, dass das, was unter diesen Umständen gesagt wurde, durch unbewusste Motive bestimmt sei. Somit konnte mit der Methode der freien Assoziationen ein Zugang zu den unbewussten psychischen Prozessen gefunden werden. Diese Methode nannte *Freud* Psychoanalyse. Mit ihr konnte eine neue Welt von Daten erschlossen werden. **freie Assoziation**

Traumdeutung   Eine weitere psychoanalytische Methode ist die der *Traumdeutung*. Während des Schlafens ist die bewusste Kontrolle herabgesetzt und unbewusste Prozesse können in verschlüsselter Form im Traum wahrgenommen werden. Eine Entschlüsselung der Trauminhalte müsste daher diese unbewussten Prozesse aufdecken.

Freud unterschied zwei Gruppen unbewusster Phänomene. Einige Inhalte können durch verstärkte Aufmerksamkeit ohne größere Schwierigkeiten ins Bewusstsein geholt werden. Diese nannte er *vorbewusst*. Andere wiederum können erst nach einigem Widerstand und erheblichem Aufwand durch die Psychoanalyse zugänglich gemacht werden. *Freud* bezeichnet solche als *unbewusst*. Zwei grundlegende Hypothesen begründen *Freuds* Theorie (Zusammenfassung bei *Brenner* 2000 oder *Gay* 1995):

(1) Psychische Prozesse sind selten bewusst. *Freud* ist zwar nicht der Entdecker des *Unbewussten*. Er betonte jedoch wie kein anderer vor ihm den Einfluss des Unbewussten auf das Erleben und Verhalten.
(2) Alle psychischen Prozesse sind durch vorhergehende bedingt. Nichts geschieht zufällig. Bei jedem Phänomen, und sei es noch so unverständlich, kann daher gefragt werden, wodurch es verursacht wurde. Dies gilt für »normales« Verhalten und Erleben ebenso wie für Auffälliges.

Verführungstheorie   *Die Verführungstheorie*: Im Jahre 1896 hielt *Freud* vor dem Verein für Psychiatrie und Neurologie in Wien einen Vortrag mit dem Titel »Zur Ätiologie der Hysterie« (*Freud* 1896). Darin entwickelte er die Theorie, dass Hysterien auf sexuelle Verführung im Kindesalter zurückzuführen seien.

Mit Hilfe der analytischen Methode war er bei Patientinnen und Patienten mit hysterischen Symptomen (zwölf Frauen und sechs Männer) auf sexuellen Missbrauch in der Kindheit durch Väter, Lehrer oder Dienstpersonal gestoßen. Den Patienten und Patientinnen waren die traumatischen sexuellen Erlebnisse zunächst nicht bewusst und es war ein langer und schwieriger Weg, die Erinnerungen daran freizulegen.

Freud versuchte eindringlich und mit großer Klarheit, den Zuhörern seine Ergebnisse auseinander zu setzen. Er ging selbst auf mögliche Einwände ein. Er führte aus, dass die massive Abwehr der Erinnerungen dagegen spräche, dass die Misshandlungen phantasiert worden waren. Zudem sprächen eine Reihe weiterer Gründe für die Richtigkeit seiner Entdeckung. So wurden die Symptome durch die Art der Misshandlung verständlich und durch das Erinnern und nochmalige Durchleben konnten Teilerfolge in der Therapie erreicht werden. In zwei der Fälle konnte die sexuelle Misshandlung durch dritte Personen bestätigt werden (*Masson* 1986).

Reaktion   Die Reaktion auf den Vortrag war eisig. Er stieß auch bei seinen Befürwortern und Freunden auf einhellige Ablehnung. Wenige Jahre nach diesem Vortrag nahm *Freud* von seiner »Verführungstheorie« Abstand. Als Grund gab er an, dass sexueller Missbrauch von Kindern so häufig gar nicht vorkommen könne. Da das Unbewusste ohnehin nicht zwischen Realität und Phantasie unterscheiden könne, sei es auch nicht wesentlich, ob der sexuelle Missbrauch tatsächlich stattgefunden habe oder nicht. Die Verführungstheorie wurde durch die bekanntere Triebtheorie ersetzt.

Die Triebtheorie: *Freud* blieb bei seiner Annahme, dass neurotische Symptome durch Verdrängungen von Regungen aus dem Sexualleben stammen. Diese seien jedoch nicht in realen Erlebnissen begründet, sondern in Wunschvorstellungen der Kinder. Dazu musste allerdings postuliert werden, dass der Sexualtrieb bereits bei Säuglingen ausgeprägt ist.

Triebtheorie

Triebe sind das, was die Psyche antreibt. Sie werden von *Freud* als psychische Energie verstanden, die in Handlungen verbraucht wird. Wenn eine bestimmte Menge an Energie vorhanden ist, bilden sich Triebspannungen. Die Psyche strebt danach, diese Spannungen zu lösen und drängt auf Triebabfuhr. Der wichtigste, alles dominierende Trieb ist in *Freuds* Sicht der Sexualtrieb, der sich nicht nur genital äußert. Seine Energie nannte er *Libido* (Später stellte *Freud* dem Sexualtrieb einen *Todestrieb* gegenüber.). Der Begriff der Sexualität wurde in diesem Konzept sehr ausgeweitet. Berühren, Beißen, Zeigen usw. können als sexuelle Betätigungen aufgefasst werden. Auch der Wunsch nach Nähe und Geborgenheit und die Bindung der Kinder an ihre Eltern ist nach *Freud* sexuellen Ursprungs.

Sexualtrieb

Freud (1921, S. 85) formuliert dies selbst so: »Der Kern des Liebe geheißenen bildet natürlich die Geschlechtsliebe mit dem Ziel der geschlechtlichen Vereinigung. Aber wir trennen davon nicht ab, was auch sonst an dem Namen Liebe Anteil hat, einerseits Eltern- und Kindesliebe, die allgemeine Menschenliebe, auch nicht die Hingabe an konkrete Gegenstände oder abstrakte Ideen. Unsere Rechtfertigung liegt darin, dass die psychoanalytische Untersuchung uns gelehrt hat, alle Strebungen seien Ausdruck der nämlichen Triebregungen, die zwischen den Geschlechtern zur geschlechtlichen Einigung hindrängen.«

Die *psychosexuelle Entwicklung*: Da praktisch alle Strebungen des Menschen sexuell determiniert sind, ist seine Entwicklung als psychosexuell beschreibbar. Der Sexualtrieb ist demnach von Anfang an vorhanden und führt zum Streben nach sexueller Lust. Diese ist allerdings für das Kind (noch) nicht im genitalen Bereich, sondern in anderen Körperregionen (erogene Zonen) zu erreichen. Die lustvollen Regionen wechseln im Laufe der kindlichen Entwicklung (*Freud* 1905b).

Entwicklung

Zunächst bezieht das Kleinkind seine Lustgefühle für eine gewisse Zeitspanne aus der Mundregion. Freud nannte dies *orale Phase*. Sie dauert von der Geburt bis zum Alter von etwa 18 Monaten. Die libidinöse Befriedigung erfolgt durch Nahrungsaufnahme oder durch Saugen und Lutschen an Gegenständen.

Orale Phase

Im Laufe des zweiten Lebensjahres wechselt die erogene Zone. Nun steht die Schleimhaut des Afters im Vordergrund, die *anale Phase* beginnt. Die Kinder genießen das Koten. Auch Darmstörungen wie Durchfall oder Verstopfungen sorgen für intensive Erregung.

Anale Phase

Die ersten beiden Phasen sind prägenital. Erst etwa im vierten Lebensjahr wird der Genitalbereich als erogene Zone bedeutsam; es beginnt die *phallische Phase*. Während dieser Phase spielt sich ein wahres Familiendrama ab: Der kleine Junge liebt seine Mutter und möchte seinen Penis irgendwie

Phallische Phase

Ödipuskomplex

an ihr betätigen. Dem steht allerdings der Vater als Rivale entgegen, den er am liebsten aus dem Weg räumen möchte. Er ist eifersüchtig auf den Vater und hasst und liebt ihn zugleich. Nach Freud entwickelt der Junge einen *Ödipuskomplex*. Jedenfalls fürchtet der Junge die Strafe des Vaters, die darin bestünde, dass er ihm den Penis abschneidet. Da Mädchen keinen Penis haben, sehen die Jungen, dass so etwas möglich sein kann. Ihre *Kastrationsangst* ist also höchst real. Aus dieser Angst heraus werden die ödipalen Wünsche aufgegeben. Der Junge identifiziert sich mit dem Vater und übernimmt dessen Normen, die sich als *Über-Ich* etablieren. Die Art und Weise, wie der Ödipuskomplex bewältigt wird, determiniert das spätere Seelenleben.

Das Mädchen liebt zunächst, ebenso wie der Junge, seine Mutter. Es muss jedoch bemerken, dass es keinen Penis hat. Die Mutter hat es verstümmelt geboren. In seiner Enttäuschung wendet es sich dem Vater zu und wünscht sich von ihm ein Kind als Penisersatz. Dieser Penisneid führt bei Mädchen und Frauen zu negativen Eigenschaften wie Neid oder Eifersucht und verursacht Minderwertigkeitsgefühle.

Latenzphase

Genitale Phase

An die phallische Phase schließt die ruhige *Latenzphase* an, die bis zur Pubertät andauert. Während dieser Zeit spielt Sexualität für das Leben und die Entwicklung des Kindes eine untergeordnete Rolle. Mit der Pubertät tritt der Jugendliche in die *genitale Phase* ein, die zur Aufnahme heterosexueller Aktivitäten führt.

Die Phasen der psychosexuellen Entwicklung in einem Überblick:

(1) orale Phase: 1. und 2. Lebensjahr
(2) anale Phase: 2. und 3. Lebensjahr
(3) phallische Phase: 4. bis 6. Lebensjahr
(4) Latenzphase: 6. Lebensjahr bis Pubertät
(5) genitale Phase: ab der Pubertät

Nach *Freud* entscheidet sich in den ersten fünf Lebensjahren die weitere psychische Entwicklung eines Menschen. In dieser Zeit sind die Ursachen von neurotischen Fehlentwicklungen eines Erwachsenen zu suchen.

Persönlichkeit

Das Instanzen-Modell der Persönlichkeit: Das Persönlichkeitsmodell *Freuds* ist durch die Aufteilung in drei unabhängige Instanzen, das *Es*, das *Ich* und das *Über-Ich* gekennzeichnet. Sie werden so beschrieben, als ob sie eigenständige Personen wären (*Freud* 1938).

Es

Das *Es*, das von Geburt an vorhanden ist, wird von *Freud* als Kessel brodelnder Erregungen beschrieben. Es ist ausschließlich darauf bedacht, alle Triebwünsche unmittelbar zu erfüllen. Dabei ist es unlogisch und unmoralisch. Es funktioniert nur nach dem *Lustprinzip*. Alles, was im Es vorgeht, ist vom Bewusstsein abgeschnitten; es ist unbewusst.

Ich

Die Erfüllung der Triebwünsche kann jedoch nur in Kontakt mit der Außenwelt geschehen. Um solche Interaktionen zu ermöglichen, spaltet sich nach und nach eine weitere Instanz ab: das *Ich*. Das Ich stellt die zur Befriedigung notwendige Beziehung zur Außenwelt her. Dazu muss es die Außenwelt wahrnehmen, im Gedächtnis speichern und denken. Das Ich vertritt das *Realitätsprinzip*, im Grunde aber nur, um die Triebwünsche des Es zu erfüllen. Das Ich reagiert dabei mit Besonnenheit und nimmt beispielsweise Triebaufschübe in Kauf, um nicht in Konflikt mit der Umwelt zu geraten.

In der phallischen Phase werden die Gebote und Verbote, Normen und Wertvorstellungen des Vaters übernommen. Aus diesen übernommenen Normen bildet sich das *Über-Ich*. Dieses verurteilt alle Triebwünsche des Es, die den Normen widersprechen, und veranlasst das Ich mit Hilfe von Angst, solche Wünsche ins Es zurückzuschicken, zu *verdrängen* und sie damit wieder unbewusst zu machen. **Über-Ich**

Das Ich muss so zwischen beiden Instanzen (Es und Über-Ich) und zwischen diesen und der Umwelt vermitteln. »Das arme Ich dient zwei gestrengen Herren, es ist bemüht, deren Ansprüche und Forderungen in Einklang zu bringen. Diese Ansprüche gehen immer auseinander, scheinen oft unvereinbar zu sein; kein Wunder, dass das Ich so oft an seiner Aufgabe scheitert« (*Freud* 1933, S. 514).

Durch die Verdrängung der unerlaubten Triebwünsche wird psychische Energie verbraucht. Müssen wegen eines starken, strengen Über-Ichs viele Wünsche verdrängt werden, wird das Ich geschwächt oder bricht im Extremfall ganz zusammen.

Die Abwehrmechanismen: Das Ich hat die Aufgabe, für eine optimale Triebbefriedigung zu sorgen. Wenn nun aus dem Es Impulse auftauchen, die dem Ich als zu gefährlich erscheinen, entsteht Angst. Wegen der Wirkung des Lustprinzips muss das unangenehme Angstgefühl so schnell wie möglich beendet werden. Die Es-Impulse müssen abgewehrt werden. Zu dieser Abwehr stehen dem Ich mehrere Strategien, die sogenannten Abwehrmechanismen, zur Verfügung. **Abwehrmechanismen**

Die *Verdrängung* als Abwehrmechanismus wurde von *Freud* am frühesten beschrieben. Den Es-Impulsen wird der Zugang zum Bewusstsein versperrt. Sie bleiben ebenso unbewusst wie der Prozess der Verdrängung selbst. Mit einem hohen Maß an aufgewendeter psychischer Energie wird ein Zustand erreicht, als würden die Impulse nicht existieren. **Verdrängung**

Der Mechanismus der *Reaktionsbildung* vermindert die Angst vor bestimmten Triebwünschen dadurch, dass das Gegenteil (über-)betont wird. Eine Mutter beispielsweise lehnt ihr Kind ab und möchte es hassen. Dieser Impuls wird vom Ich nicht akzeptiert. Die Abwehr kann nun darin bestehen, dass das Kind mit Liebesbeweisen überschüttet wird. Das Ich verhält sich nach dem Motto: »Es stimmt doch gar nicht, dass ich mein Kind ablehne. Seht alle her, wie ich es liebe!« Bei übersteigerten Haltungen kann daher gefragt werden, ob sie nicht als Abwehr des gegenteiligen (inakzeptablen) Impulses dienen. Da die Reaktionsbildung unbewusst geschieht, darf sie nicht mit dem bewussten Verhalten der Heuchelei verwechselt werden. **Reaktionsbildung**

Die *Regression* bedeutet die Abwehr von Es-Impulsen durch den Rückzug in frühere Entwicklungsphasen, in denen die Triebbefriedigung ungefährlich und akzeptabel erscheint. Rauchen und Trinken können so als eine Regression in die orale Phase, Pedanterie und das Betonen von Sauberkeit als eine Regression in die anale Phase interpretiert werden. **Regression**

Eine Sonderstellung in den Abwehrmechanismen nimmt die *Sublimierung* ein. Sie ist eine »normale« und gewünschte Abwehr von Triebimpulsen. *Freud* **Sublimierung** unterstellt, dass bei allen Kindern in der analen Phase der Wunsch besteht, mit dem Kot zu spielen. Dieser Wunsch wird in unserer Gesellschaft nicht toleriert und das Kind formt ihn um. Es backt Sandkuchen, malt mit Fingerfarben, spielt mit Knete und könnte schließlich anfangen zu töpfern. Auf diese Weise kann der inakzeptable Wunsch in eine akzeptable und wertvolle Tätigkeit umgewandet werden. Allgemein werden auf diese Weise sexuelle Wünsche in künstlerischen Aktivitäten befriedigt. Kunst wird so als »Ersatz« (Sublimierung) für Sexualität gesehen.

Bewertung Die Bewertung von *Freuds* Theorie ist uneinheitlich und kontrovers. Handelt es sich dabei um »das vielleicht größte Ereignis der bisherigen Geschichte der Psychologie« (*Flammer* 2003, S. 74) oder um einen »Tiefenschwindel«, eine «Tollhauspsychologie« und einen »Jahrhundertirrtum« (*Zimmer* 1990)?

Mit seinen Denkansätzen hat *Freud* zweifellos neue Perspektiven eröffnet. Indem er Neurosen als Symptome psychischer Konflikte interpretierte, die Tragweite frühkindlicher Traumata offen legte und die Bedeutung der Sexualität betonte, schuf er veränderte Möglichkeiten, Entwicklungsprozesse und psychische Prozesse zu interpretieren. Diese neuen Perspektiven wurden vielfach aufgegriffen und in unterschiedlichen Richtungen weiterentwickelt. Betrachtet man Popularität und Anregungsgehalt als Maßstäbe für die Bedeutung einer Theorie, dann ist die psychoanalytische Theorie sicherlich sehr bedeutsam.

Kritik Nach den Kriterien der gegenwärtigen empirischen Psychologie müssen gegen die Theorie *Freuds* einige kritische Einwände erhoben werden (in Anlehnung an *Zimbardo/Gerrig* 2004, S. 618 – 620):

- Wichtige (Teil-)Konzepte sind nur verschwommen definiert und lassen sich daher nicht empirisch prüfen.
- Das Verhalten wird stets im nachhinein erklärt. Es wurden keine Vorhersagen getroffen, deren Richtigkeit geprüft werden könnte.
- Die Datenbasis ist gering und bezieht sich auf »gestörte« Personen. Die Übertragbarkeit der theoretischen Aussagen auf »gesunde« Personen ist nicht belegt.
- Die Betonung der frühkindlichen Ereignisse vernachlässigt die Bedeutung aktueller Bedingungen für das Verhalten.

Die Bedeutung einer Theorie ist jedoch nicht nur an ihrer Richtigkeit oder am Umfang ihrer Anwendungsmöglichkeiten zu bewerten, sondern auch an der Initiierung neuer Forschung. *Freuds* Ansätze waren in dieser Hinsicht äußerst fruchtbar. Seine Gedanken über die Bedeutung der frühen Kindheit wurden vielfach aufgegriffen und weiterentwickelt (z.B. *Spitz* 2005), manchmal dann auch im Widerspruch zu ihnen (z.B. *Bowlby* 1976).

Bild der Frau Für das Bild der Frau in der Gesellschaft und für die Bewertung sexueller Übergriffe hatte *Freuds* Triebtheorie fatale Folgen. Sexueller Missbrauch, Ausgangspunkt seiner Theoriebildung, konnte im Lichte der Triebtheorie uminterpretiert werden. Nicht Väter (Männer) misshandeln die Kinder, sondern diese phantasieren Vergewaltigungen oder – wenn die Realität nicht geleugnet werden kann – lassen sich ihre geheimen Wünsche erfüllen. Die Opfer werden so zu Komplizinnen der Täter.

Im Bericht über den »Fall Dora« interpretierte *Freud* (1905a) den Ekel, den ein vierzehnjähriges Mädchen empfand, als es von einem älteren Mann überrumpelt und gegen seinen Willen geküsst wurde, als hysterisches Symptom. Das Mädchen hätte, seiner Ansicht nach, angenehme sexuelle Empfindungen haben müssen. Das Leiden an sexuellen Übergriffen wird als krankhaft eingestuft. Damit wird eine Legitimation für sexuelle Ausbeutung von Mädchen und Frauen geliefert.

Die Darstellung der Frau als Mängelwesen und die Zuschreibung negativer Eigenschaften boten eine vermeintlich wissenschaftliche Begründung für die Abwertung von Frauen. Allen, die ein Interesse an ihrer sexuellen Verfügbarkeit hatten und denen ihre Autonomiebestrebungen suspekt waren, mussten Freuds Theorien willkommen sein. Ihre Popularität kann auch unter diesem Aspekt bewertet werden.

3.2.3. Carl R. Rogers: Eine Theorie der Psychotherapie, Persönlichkeit und der zwischenmenschlichen Beziehungen

Als die entscheidende Triebfeder zur Entwicklung seines theoretischen Konzepts sieht *Rogers* selbst seine jahrzehntelange therapeutische Arbeit mit Menschen, die persönliche Hilfe brauchen. »Sie stellen für mich den wesentlichen Anreiz meiner psychologischen Überlegungen dar. Aus dieser Arbeit, aus meiner Beziehung zu diesen Menschen, habe ich beinahe all das Wissen bezogen, das ich über die Bedeutung von Therapie, die Dynamik der interpersonellen Beziehungen und der Struktur und Funktion der Persönlichkeit besitze« (*Rogers* 1987, S. 13).

Carl Rogers, geboren 1902 in einem Vorort von Chicago, wuchs in einer Familie auf, in der »harte Arbeit und ein sehr konservativer (fast fundamentalistischer) Protestantismus... gleichermaßen geschätzt [wurden]« (*Rogers* 1998, S. 11). Als Carl zwölf Jahre alt war, zog seine Familie auf eine Farm. Er entwickelte ein starkes Interesse für Agrarwissenschaft, für die er sich später an der University of Wisconsin einschrieb. Später wechselte er zur Theologie, um Pfarrer zu werden, ein Berufsziel, das er zugunsten der Klinischen Psychologie aufgab. Zwölf Jahre lang arbeitete er an einer heilpädagogischen Beratungsstelle für Kinder in Rochester, New York. 1940 wurde er Professor an der Ohio State University. Seine weitere akademische Karriere führte ihn an die Universitäten von Chicago, Wisconsin und La Jolla, California. Er ist der Begründer der Klientzentrierten Psychotherapie. Während seiner Laufbahn hat er stets intensiv als Psychotherapeut gearbeitet. *Carl Rogers* starb 1987.

Da jede Intervention und Therapie (zumindest implizit) mit theoretischen Vorstellungen wenigstens über Psychotherapie speziell, über Personen allgemein und über Interaktionen getränkt ist, war es nur konsequent, dass diese Vorstellungen nach und nach expliziert wurden. Obwohl es sich um eine integrale Theorie über Therapie, Personen und Interaktionen handelt, wird in diesem Abschnitt nur die Facette »Theorie der Persönlichkeit« behandelt. Die Aspekte der Psychotherapie werden dagegen im Rahmen der klientenzentrierten Therapie ausführlicher dargestellt (7.4).

Grundlegende Konstrukte: Organismus

Für Rogers Theorie der Persönlichkeit sind zwei Konstrukte und deren Beziehung zueinander grundlegend: Organismus und Selbst. Der *Organismus* ist der Ort allen Erlebens und aller Erfahrung. Dazu gehört alles, was im Körper vor sich geht, sofern es (wenigstens potentiell) bewusst wahrgenommen (»symbolisiert«) werden kann. Dies ist das Wahrnehmungsfeld, das nur die Person selbst wahrnimmt und von Außenstehenden niemals in gleicher Form wahrgenommen, allenfalls mehr oder weniger angenähert erschlossen werden kann. Das Wahrnehmungsfeld ist das individuelle Bezugssystem der Person; es ist die Realität für die Person. Auf diese Realität reagiert der Organismus als »organisiertes Ganzes«.

Selbst

In einer »Fallgeschichte eines Konstruktes« schildert *Rogers* (1987, S. 26 – 29), wie sich das *Selbst* vom vagen wissenschaftlich bedeutungslosen zum zunehmend präziser definierten Begriff (Begriffssystem) wandelte. Unter *Selbst, Selbstkonzept, Selbststruktur bzw. Selbstideal* versteht *Rogers* (1987, S. 26):

> »Diese Begriffe beziehen sich auf die organisierte, in sich geschlossene Gestalt. Diese beinhaltet die Wahrnehmungscharakteristiken des Ich, die Wahrnehmungen der Beziehungen zwischen dem Ich und anderen und verschiedenen Lebensaspekten, einschließlich der mit diesen Erfahrungen verbundenen Werte. Dieser Gestalt kann man gewahr werden, sie ist jedoch nicht notwendigerweise gewahr. Es handelt sich um eine fließende, eine wechselnde Gestalt, um einen Prozeß, der zu jedem beliebigen Zeitpunkt eine spezifische Wesenheit ist, zumindest teilweise durch operationale Begriffe erfaßbar ... «

Selbstideal

> »*Selbstideal* (oder Ideal-Selbst) bezeichnet das Selbstkonzept, das eine Person am liebsten besäße, worauf sie für sich selbst den höchsten Wert legt.«

Kongruenz

Die Beziehungen zwischen Organismus und Selbst sind durch *Kongruenz* bzw. Inkongruenz gekennzeichnet. Wenn die Erfahrungen, die das Selbst bilden, die tatsächlichen Erfahrungen des Organismus unverfälscht und unverzerrt abbilden, dann ist eine Person kongruent (oder reif, integriert, ausgeglichen, psychisch gesund). Inkongruenz liegt vor, wenn die Erfahrungen von Selbst und Organismus nicht übereinstimmen.

> Ein populäres Beispiel ist der Junge, der wahrnimmt, dass es ihm Spaß macht, seine kleine Schwester zu ärgern. Wahrscheinlich haben seine Eltern dies aber verboten. Er wird sich vielleicht sagen, dass er ein braver Sohn ist, der seine Schwester nicht ärgert. Es besteht eine Inkongruenz zwischen Selbstkonzept (»Ich selbst bin ein braver Junge, der keinen Spaß darin findet, kleine Mädchen zu ärgern«) und der organismischen Erfahrung (»Es macht Spaß, kleine Mädchen zu ärgern«). Inkongruenz führt langfristig zu psychischer Fehlentwicklung der Person.

Die Entwicklungsdynamik der Person ergibt sich aus der *Aktualisierungs-* **Aktualisierungs-**
tendenz, d. h. der Tendenz des Organismus, sich zu entfalten und sich zu erhö- **tendenz**
hen. Als ein Beispiel für diese Tendenz kann das Bemühen des Kleinkindes
interpretiert werden, unter Mühen und Anstrengung den aufrechten Gang
zu lernen, obwohl das Krabbeln (zunächst) eine leichtere und effektivere
Art der Fortbewegung darstellt.

Die Aktualisierungstendenz kann durch das Bedürfnis nach Zuwendung
einerseits und/oder nach Schutz des Selbst andererseits beeinträchtigt werden. Wenn etwa eine Person versucht, so zu sein, wie man es von ihr erwartet,
statt so zu sein wie sie selbst, dann tut sie das möglicherweise, um Zuwendung
zu erhalten. Es entsteht eine entwicklungsbeeinträchtigende Inkongruenz.
Personen haben auch das Motiv, ihr Selbst vor Veränderung oder Instabilität
zu schützen. Erfahrungen, die mit dem Selbst nicht kongruent sind, werden als
bedrohlich erlebt und dementsprechend abgewehrt (vermieden, verleugnet,
verfälscht, usw.). Auch in diesem Fall entsteht eine entwicklungsschädigende
Inkongruenz.

An dieser Stelle lässt sich der fließende Übergang zur Theorie der Psychotherapie beschreiben. In der Therapie muss es möglich sein, die Aktualisierungstendenz zu fördern, indem das Bedürfnis nach Zuwendung angemessen verwirklicht wird und inkongruente Erfahrungen nicht länger abgewehrt
werden. Insgesamt geht es darum, Kongruenz herzustellen.

Die bereits zitierte Veröffentlichung (*Rogers* 1987) gilt als die authentische,
grundlegende Darstellung der Theorie von Rogers selbst. Bereits vorher
hatte er seine Theorie in Form von neunzehn Thesen beschrieben (*Rogers*
1973, S. 417 – 449).

»I. Jedes Individuum existiert in einer ständig sich ändernden Welt der **19 Thesen**
   Erfahrung, deren Mittelpunkt es ist.«
»II. Der Organismus reagiert auf das Feld, wie es erfahren und wahrge-
   nommen wird. Dieses Wahrnehmungsfeld ist für das Individuum
   ›Realität‹.«
»III. Der Organismus reagiert auf das Wahrnehmungsfeld als ein organisiertes Ganzes.«
»IV. Der Organismus hat eine grundlegende Tendenz, den Erfahrungen
   machenden Organismus zu aktualisieren, zu erhalten und zu erhöhen.«
»V. Verhalten ist grundsätzlich der zielgerichtete Versuch des Organis-
   mus, seine Bedürfnisse, wie sie in dem so wahrgenommenen Feld
   erfahren wurden, zu befriedigen.«
»VI. Dieses zielgerichtete Verhalten wird begleitet und im allgemeinen
   gefördert durch Emotion, eine Emotion, die in Beziehung steht zu
   dem Suchen aller vollziehenden Aspekte des Verhaltens, und die
   Intensität der Emotion steht in Beziehung zu der wahrgenommenen Bedeutung des Verhaltens für die Erhaltung und Erhöhung des
   Organismus.«
»VII. Der beste Ausgangspunkt zum Verständnis des Verhaltens ist das
   innere Bezugssystem des Individuums selbst.«
»VIII. Ein Teil des gesamten Wahrnehmungsfeldes entwickelt sich nach
   und nach zum Selbst.«
»IX. Als Resultat der Interaktion mit der Umgebung und insbesondere

als Resultat wertbestimmender Interaktion mit anderen wird die Struktur des Selbst geformt – eine organisierte fließende, aber durchweg begriffliche Struktur von Wahrnehmungen von Charakteristika und Beziehungen des ›Selbst‹ zusammen mit den zu diesen Konzepten gehörenden Werten.«

»X.   Die den Erfahrungen zugehörigen Werte und die Werte, die ein Teil der Selbst-Struktur sind, sind in manchen Fällen Werte, die vom Organismus direkt erfahren werden, und in anderen Fällen Werte, die von anderen introjiziert oder übernommen, aber in verzerrter Form wahrgenommen werden, so als wären sie direkt erfahren worden.«

»XI.   Wenn Erfahrungen im Leben des Individuums auftreten, werden sie entweder a) symbolisiert wahrgenommen und in eine Beziehung zum Selbst organisiert, b) ignoriert, weil es keine wahrgenommene Beziehung zur Selbst-Struktur gibt, oder c) geleugnet oder verzerrt symbolisiert, weil die Erfahrung mit der Struktur des Selbst nicht übereinstimmt.«

»XII. Die vom Organismus angenommenen Verhaltensweisen sind meistens die, die mit dem Konzept vom Selbst übereinstimmen.«

»XIII. Verhalten kann in manchen Fällen durch organische Bedürfnisse und Erfahrungen verursacht werden, die nicht symbolisiert wurden. Solches Verhalten kann im Widerspruch zur Struktur des Selbst stehen, aber in diesen Fällen ist das Verhalten dem Individuum nicht ›zu eigen‹.«

»XIV. Psychische Fehlanpassung liegt vor, wenn der Organismus vor dem Bewußtsein wichtige Körper- und Sinnes-Erfahrungen leugnet, die demzufolge nicht symbolisiert und in Gestalt der Selbst-Struktur organisiert werden. Wenn diese Situation vorliegt, gibt es eine grundlegende oder potentielle psychische Spannung.«

»XV.   Psychische Anpassung besteht, wenn das Selbst-Konzept dergestalt ist, daß alle Körper- und Sinnes-Erfahrungen des Organismus auf einer symbolischen Ebene in eine übereinstimmende Beziehung mit dem Konzept vom Selbst assimiliert werden oder assimiliert werden können.«

»XVI. Jede Erfahrung, die nicht mit der Organisation oder der Struktur des Selbst übereinstimmt, kann als Bedrohung wahrgenommen werden, und je häufiger diese Wahrnehmungen sind, desto starrer wird die Selbst-Struktur organisiert, um sich zu erhalten.«

»XVII. Unter bestimmten Bedingungen, zu denen in erster Linie ein völliges Fehlen jedweder Bedrohung für die Selbst-Struktur gehört, können Erfahrungen, die nicht mit ihr übereinstimmen, wahrgenommen und überprüft und die Struktur des Selbst revidiert werden, um derartige Erfahrungen zu assimilieren und einzuschließen.«

»XVIII. Wenn das Individuum all seine Körper- und Sinneserfahrungen wahr- und in ein konsistentes und integriertes System aufnimmt, dann hat es notwendigerweise mehr Verständnis für andere und verhält sich gegenüber anderen als Individuen akzeptierender.«

»XIX. Wenn das Individuum mehr von seinen organischen Erfahrungen in seiner Selbst-Struktur wahrnimmt und akzeptiert, merkt es, daß es sein gegenwärtiges Wert-System, das weitgehend auf verzerrt symbolisierten Introjektionen beruht, durch einen fortlaufenden, organismischen Wertungsprozeß ersetzt.«

Die damit kurz skizzierte Persönlichkeitstheorie von *Rogers* erhält ihre volle   **Bewertung**
Bedeutung nur in ihrer Verzahnung mit der Theorie zur Psychotherapie und
der zwischenmenschlichen Beziehungen. Das von ihm entwickelte Konzept
der Therapie war bahnbrechend und beeinflusste nicht nur die zeitgenössische
klinische Psychologie. Seine Denkweise hat in vielen Bereichen der Praxis
von der Pädagogik bis hin zur Betriebspsychologie einen weiten Eingang
gefunden. »Selbstverwirklichung« ist auch eines der Themen im alltäglichen
Leben. Die von *Rogers* und Kolleginnen und Kollegen begründete und ge-
förderte »humanistische Psychologie« ist eine der großen psychologischen
Schulen der Gegenwart.

3.2.4.   Kenneth J. Gergen: Persönlichkeit als soziale Konstruktion

Die beiden bisher vorgestellten Persönlichkeitstheorien hatten – bei aller
Unterschiedlichkeit – einen gemeinsamen Ausgangspunkt ihrer Überlegungen, nämlich, dass jeder Mensch eine ihm eigene, unverwechselbare,
beständige, stabile Persönlichkeit besitzt. Der im Folgenden vorgestellte
Ansatz unterscheidet sich von diesen und anderen Persönlichkeitstheorien
radikal dadurch, dass er den Gegenstand solcher Theorien, die Idee von
Persönlichkeit selbst, kritisch hinterfragt und in ganz anderer Weise als die
bisher vorgestellten Theorien psychologisch ausdeutet.

> Kenneth Gergen ist Professor für Psychologie am Swarthmore College in Penn-
> sylvania, USA. Einer seiner Vorgänger dort war Kurt Lewin. Aus umfangreichen
> Forschungsarbeiten zur Selbstwahrnehmung in der Rogers-Tradition heraus
> entwickelte er eine zunehmend kritische Haltung dem Selbst-Konzept gegenüber.
> Durch zahlreiche Gastaufenthalte in Europa, u.a. in Marburg und Heidelberg,
> hat er europäische, philosophische Denkhaltungen in seine Arbeiten integriert.
> Er gilt heute als einer der führenden Vertreter konstruktivistischen Denkens in
> der Psychologie. Gergen ist Mitbegründer des Taos Institute, New Mexico, zur
> Förderung sozialkonstruktivistischen Denkens in der Praxis.

»Wer bin ich?«, »Wer bin ich im Kern meines Wesens?«, »Welches ist mein
wahrer Charakter?«, »Was ist mein eigentliches Ich?«, »Wer bin ich im
Grunde meiner Persönlichkeit?«, »Durch welche Persönlichkeitsmerkmale
bin ich bestimmt?« – Bevor *Gergen* sich mit solchen Fragen auseinandersetzt,
beschäftigt er sich zunächst mit den Rahmenbedingungen, unter denen das
Nachdenken über Persönlichkeit aus seiner Perspektive Sinn macht. Zwei
dieser Rahmenbedingungen sind ihm besonders wichtig:

- Psychologische Beschreibungsvokabulare für Persönlichkeit
- Soziokulturelle Rahmenbedingungen für Persönlichkeit

Bei der Sichtung des psychologischen Beschreibungsvokabulars stellt *Gergen*   **Traditionen:**
zwei unterschiedliche Traditionen der Auffassung von Persönlichkeit fest – er
nennt diese Traditionen die romantische und die modernistische.

romantisch

Die *romantische Tradition* bestimmte die Persönlichkeitspsychologie des frühen 19. Jahrhunderts. Persönlichkeit wurde als im tiefsten Inneren des Menschen versenkte, irrationale, geheimnisvolle Innenwelt betrachtet, zu der allenfalls »Seelenverwandte« Zugang gewinnen konnten. Das Vokabular, in dem in dieser Tradition über Persönlichkeit gesprochen wurde, enthielt Begriffe wie »Leidenschaft«, »Inspiration«, »Genie«, »Impuls«, »Kraft«, etc. Diese romantische Tradition findet sich v.a. in der Literatur des 19. Jahrhunderts, aber auch *Freud* mit seiner Theorie des Unbewussten gehört noch zu dieser romantischen Tradition.

modernistisch

In der *modernistischen Tradition* wird der Mensch als beobachtbares, durchschaubares, kalkulierbares, zuverlässiges, authentisches, beständiges Wesen betrachtet, das auf der Grundlage von psychologischen Regelhaftigkeiten und Gesetzen agiert. *Gergen* vergleicht diese Betrachtung mit der Auffassung einer Maschine. Deutlich wird diese Auffassung z.B. in der Lerntheorie, in der »Lerngesetze« formuliert werden; deutlich wird die Auffassung aber auch in der kognitiven Wende in der Psychologie (vgl. Kapitel 2.1.), in der der Mensch als »informationsverarbeitender Apparat« betrachtet wird. Das Vokabular, in dem der Mensch beschrieben wird, ist dem Vokabular der entwickeltsten Maschine, dem Computer, entlehnt. Die modernistische Auffassung reaktivierte Grundgedanken der Aufklärung, etwa, die große Bedeutung von Vernunft. Sie führte zu der optimistischen Haltung, dass es mit Hilfe wissenschaftlicher Beobachtung und Theoriebildung möglich sein könne, Menschen planmäßig nach vorgegebenen Kriterien (zu ihrem Besten) zu verändern, z.B. auszubilden, zu schulen, oder weiterzuentwickeln.

postmodern

Diesen beiden Traditionen stellt *Gergen* eine dritte Beschreibungsweise gegenüber; diese nennt er »*postmodern*«. In dieser Beschreibungsweise werden Zweifel formuliert, ob es überhaupt (noch) Sinn macht, von einer einheitlichen Persönlichkeit oder einer Person-wie-sie-wirklich-ist zu sprechen. Diese Zweifel werden aus einer ganzen Reihe von Quellen gespeist; zum einen aus einer zunehmenden Kritik am Anspruch der Objektivität wissenschaftlicher Aussagen, d.h. dem Anspruch, zu sagen, »wie es ist«, und zum anderen aus der Vielzahl unterschiedlicher Theorien über »die Persönlichkeit«. »Es gibt heute keine Stimme, der zugetraut wird, die »wahre Person« aus dem Meer der Portraitierungen retten zu können« (*Gergen* 1996, S. 232). Die Zweifel an der Gültigkeit der Vorstellung einer einheitlichen Persönlichkeit werden aber auch aus einer Betrachtung der soziokulturellen Entwicklung unserer Gesellschaft genährt. Damit kommen wir zum zweiten Punkt von *Gergens* Betrachtung – der Analyse aktueller gesellschaftlicher Entwicklungen.

Gesellschaftliche Entwicklung

Gergens These ist, dass die Vorstellung einer einheitlichen, echten, authentischen, beständigen, zeitlich konstanten Persönlichkeit eines Menschen heutzutage nicht mehr aufrecht erhalten werden kann. Diese Vorstellung wird von einem zivilisatorischen Prozess zerstört, den er »soziale Sättigung« nennt (*Gergen* 1996, S. 94 ff.). Soziale Sättigung bedeutet v.a. eine dramatische Erweiterung des Beziehungsspektrums des modernen Menschen. Traditionelle Gesellschaftsformen zeichneten sich durch Konstanz und Begrenztheit der Sozialbeziehungen aus – man kannte nur die Leute aus dem eigenen Dorf. Demgegenüber ist es dem modernen Menschen möglich, mit einer Vielzahl von Menschen in Kontakt zu treten und zu bleiben. Einen wesentlichen Beitrag zu dieser Entwicklung haben die »Technologien der sozialen Sättigung« geleistet: moderne Verkehrssysteme (v.a. Flugzeug), Kommunikationstechnologien (Telefon, e-mail) und Medien (Film, Fernsehen, Radio) und Computer. Die Technologien brachten »die Menschen in immer unmittelbarere Nähe zueinander, setzte sie einem immer größer werdenden Kreis anderer Menschen aus und förderte eine Spannbreite von Beziehungen, wie sie vorher niemals möglich gewesen wäre.« (*Gergen* 1996, S. 100). So ermöglichen es diese Technologien z.B., Beziehungen weiter zu führen, auch wenn man mittlerweile räumlich getrennt ist (z.B. in eine andere Stadt gezogen ist) und sie beschleunigen die Beziehungsentwicklung (z.B. von der Beziehungsqualität der Bekanntschaft zur intimen Beziehung).

    Gergens These ist, dass das Vokabular unserer Selbstverständigung unter diesen gesellschaftlichen Rahmenbedingungen nicht mehr funktioniert. Dies führt zu einer Vielzahl praktischer Krisen der Selbstverständigung, auf die *Gergen* aufmerksam macht. Beispiele sind:

Krisen der Selbstverständigung

- man *fühlt sich überfordert*, all die Beziehungen, die man eingehen konnte, auch zu pflegen und zu wahren;
- man entwickelt *Schuldgefühle* dem eigenen Selbst gegenüber, weil man laufend in bestimmten Rollen agiert, die mit der Selbstwahrnehmung in Konflikt stehen. Man empfindet, dass man dem eigenen Selbst gegenüber »untreu« wird;
- man empfindet *Unbehagen* angesichts der Oberflächlichkeit, mit der man sich in Interaktion bewegt, man beklagt die fehlende Tiefe von Kontakten und Beziehungen;
- man ist *irritiert*, weil die Vorstellung von Aufrichtigkeit, die für die traditionelle Selbstbeschreibung zentral ist, angesichts aktueller gesellschaftlicher Rahmenbedingungen nicht mehr gewahrt werden kann, weil Beziehungen zu Anderen immer auch aus strategischen Gründen oder zweckgerichteten Absichten geknüpft und aufrechterhalten werden;
- man ist *befremdet* angesichts der Vermarktung von Persönlichkeiten, z.B. in Wahlkämpfen; und *spürt die Ohnmacht*, angesichts des öffentlichen Bildes eines Menschen seinen wahren Charakter zu erfassen.

Diese zunehmende Trennung von der Vorstellung eines stabilen Persönlichkeitskerns bzw. einer wahren Identität oder eines inneren Wesens macht den Weg frei für eine andere Auffassung des Selbst, eine Auffassung, in der man sich selbst als Ensemble der Sozialbeziehungen begreift, in die man involviert ist – das Selbst als Beziehungsgeflecht. *Gergen* spricht vom »Beziehungs-Selbst«. Während in den traditionellen Ansätzen das Primat stets auf dem Individuum lag und Sozialbeziehungen gleichsam als Komposition einzelner Individualitäten betrachtet wurden, dreht *Gergen* dieses Verhältnis um: Man *ist* jemand stets nur in Bezug auf jemanden anderes. »Mit der Verlagerung der Betonung vom Selbst zur Beziehung verliert die Multiphrenie viel von ihrem verletzenden Potential. Wenn es nicht das individuelle »Ich« ist, das Beziehungen schafft, sondern es Beziehungen sind, die das »Ich«-Gefühl

Beziehungs-Selbst

schaffen, ist das »Ich«, das als gut oder schlecht usw. eingeschätzt wird, nicht mehr das Zentrum für Erfolg und Versagen. »Ich« bin nur ein Ich durch die bestimmte Rolle, die ich in einer Beziehung spiele. Erfolge und Versagen, die Erweiterung des Potentials, Verantwortung usw. sind einfach Eigenschaften, die jedem Wesen zugewiesen sind, das einen bestimmten Platz in gewissen Beziehungsformen einnimmt« (*Gergen* 1996, S. 257).

Gergen betont, dass es töricht wäre, »zu behaupten, dass das Bewusstsein eines Beziehungs-Selbst in der westlichen Kultur weiträumig geteilt wird« (*Gergen* 1996, S. 257). Gleichwohl beobachtet er, dass sich in wichtigen gesellschaftlichen Bereichen eine solche Auffassung tendenziell durchsetzt: in der Geschäftswelt wird das Leitbild des autonomen, sich durchsetzenden Selfmade-man zunehmend durch die Vorstellung des interpersonellen Systems ersetzt; in der Psychotherapie konzentriert man sich bei der Behandlung von Klienten zunehmend auf das soziale Netzwerk, innerhalb dessen der Klient eine Rolle spielt (v.a. Familientherapie); in Filmen und in der Literatur tritt die Rolle des großen oder einsamen Helden zunehmend in den Hintergrund. Stattdessen werden Beziehungsgeflechte bzw. »Netze gegenseitiger Abhängigkeit« (*Gergen* 1996, S. 260) zum Thema gemacht.

Gergen zeigt an zwei Bereichen dessen, was wir gemeinhin zum Kernbereich unserer Individualität zählen, wie stark diese Bereiche durch die Beziehungsmuster, in denen wir leben, durchdrungen sind: individuelle Biographie und Gefühlswelt.

Biographie Wir begreifen uns traditionell als mit einer *persönlichen Geschichte* ausgestattet (Biographie) und verstehen uns so, dass diese Geschichte mit all ihren Erinnerungen an Besonderheiten, Ereignisse, Empfindungen, mit Berufungen, Karriere und Schicksal unsere Individualität wesentlich ausmacht. Jeder Mensch – so sagt man – hat seine individuelle Geschichte. Aber man bildet sich seine Geschichte auf der Grundlage gesellschaftlich verbreiteter Erzählweisen, auf der Grundlage von Mustern wie (Miss-)Erfolgsgeschichte, Heldenepos, Tragödie, und die Inhalte unserer Biographie werden in Kommunikationsprozessen mit relevanten Anderen (Familie, Therapeut) entwickelt, formuliert, ausgehandelt, bestätigt oder verworfen.

Gefühlswelt Wir begreifen uns traditionell (romantisch) am persönlichsten, privatesten und natürlichsten in unserer *Gefühlswelt* – aber was wir als natürliche Gefühle empfinden, ist geprägt von den gesellschaftlich vorgegebenen Emotionsmustern, mit denen wir Zustände physiologischer Erregung situativ angemessen deuten und etikettieren.

Individualität als Collage Auf der Grundlage dieser Überlegungen nimmt für *Gergen* Individualität die Gestalt einer Collage an – eine Komposition unzusammenhängender, widersprüchlicher, konkurrierender, vorgefertigter Versatzstücke des kommunikativen Lebens eines Menschen. *Gergen* hebt drei Aspekte dieser Collage hervor (*Gergen* 1996, S. 289 ff.):

■ Wir bestehen aus *Fragmenten anderer Menschen*, deren Auffassungen, Haltungen, Beurteilungskriterien, deren Gesten und Stimmen wir verinnerlicht haben.

- Wir existieren als Teilnehmer in Sozialbeziehungen, d.h. wir begreifen uns als *Teil solcher Beziehungen* in Gestalt einer Rolle, die wir spielen möchten, wozu wir aber Mitspieler benötigen (»soziale Komplizenschaft«); diese Beziehungen sind aber aufgrund der sozialen Sättigung Teilbeziehungen, die voneinander abgegrenzt und in ihrer Geltung begrenzt sind; entsprechend bedürfen sie »nicht des vollen Selbstausdrucks«, sondern fordern uns nur in fragmentierter Weise.
- Wir schlüpfen in *Ersatzwesen*, in Figuren und Rollen, die uns aus überlieferten Beziehungsmustern geläufig und vertraut sind und die wir gleichsam »nachspielen«. Film und Fernsehen sind unsere Hauptlieferanten, die uns Ersatzwesen zur Verfügung stellen.

Gergen ist sich bewusst, dass seine Auffassung Konsequenzen für das Selbstverständnis von Menschen haben kann, die beunruhigend und bedrohlich erscheinen. »An diesem Punkt der Analyse erscheinen die Alltagsverhältnisse der postmodernen Welt sehr problematisch. Tiefe Beziehungen sind am Aussterben, das Individuum ist wegen des Aufgebots an Teilbeziehungen gespalten, und man lebt sein Leben als eine Serie unzusammenhängender Posen. Da der konstruierte Charakter der Ersatzidentitäten immer offensichtlicher wird, verliert das Selbst sowohl für den Darsteller als auch für das Publikum seine Glaubwürdigkeit. Das Alltagsleben scheint sich in ein Spiel oberflächlicher Heuchelei zu verwandeln, in ein Scherzo der Trivialität« (*Gergen* 1996, S. 300 f.). Er entwickelt aus seinen Betrachtungen aber auch Konsequenzen, die ein anderes Bild zeichnen:

Konsequenzen

- Wenn es keine objektiven Kriterien für die Gültigkeit einer Persönlichkeitstheorie gibt, empfiehlt sich eine Haltung der *Toleranz* den unterschiedlichsten Entwürfen gegenüber. So spricht nichts dagegen, auch traditionelle Persönlichkeitstheorien zu vertreten, wenn man sich nur über den kontingenten Charakter ihrer Geltung im Klaren ist.
- Statt eine Theorie zu verteidigen bzw. ein Beschreibungsvokabular als verbindlich festzulegen, empfiehlt *Gergen* die *Erweiterung des Beschreibungsvokabulars* bzw. Neuerfindungen. »Es gibt wenig Grund, irgendeine Stimme zu unterdrücken. Vielmehr bestimmt man mit jedem neuen Vokabular oder jeder neuen Ausdrucksform die Welt auf unterschiedliche Weise und spürt in der einen Aspekte des Lebens, die in der anderen verborgen oder nicht vorhanden sind, wodurch in einer Modalität Beziehungskapazitäten eröffnet werden, die sonst verschlossen bleiben« (*Gergen* 1996, S. 389).
- Wenn unser Selbstverständnis in so dramatischem Maße von den Sozialbeziehungen abhängt, erwächst daraus eine enorme *Verantwortung für den Anderen* in seinem Anteil an der Gestaltung der Beziehung.
- Die Orientierung psychotherapeutischen Handelns verlagert sich von der Erforschung der inneren Quellen des Selbst zur *Reflexion der Erzählungen und Metaphern*, in denen man sein eigenes Leben beschreibt und versteht sowie zur Verbesserung des *Verhandlungsgeschicks*, mit dem man die Sozialbeziehungen, in denen man lebt, ausgestaltet.

Die Überlegungen *Gergens* stellen sehr grundlegende Vorstellungen über das autonome Individuum in Frage und skizzieren ein Bild des Menschen, das möglicherweise fremd erscheint. An dieser Stelle ist vielleicht der Hinweis auf andere Kulturen angebracht: in östlichen Kulturen z.B. ist die Vorstellung, dass der einzelne Mensch sich wesentlich als Teil einer größeren sozialen Einheit, z.B. der Familie oder der Firma, begreift, selbstverständlich. In diesen Kulturen ist die Vorstellung einer autonomen Individualität dagegen nur schwer verständlich.

4.   Psychologie der Entwicklung und Erziehung

Ein Mensch wird zu dem, was er ist, im Verlauf seiner Entwicklung. Daher ist dieses Kapitel der Frage nach der lebensgeschichtlichen Entwicklung des Menschen gewidmet.

Dabei ist der Begriff der Entwicklung alles andere als selbstverständlich, wie wir in Abschnitt 4.1. erläutern werden. Aus der Vielzahl psychologischer Überlegungen zum Thema der Entwicklung des Menschen greifen wir vier prominente Theorien heraus, die unterschiedliche Facetten der Entwicklung in den Mittelpunkt ihrer Betrachtung stellen und uns zudem mit unterschiedlichen Vorstellungen von Entwicklung konfrontieren (4.2.). Daran anschließend tragen wir das Wissen zusammen, das innerhalb der Psychologie zu den verschiedenen Lebensphasen gewonnen wurde (4.3.). Entwicklung bedeutet Veränderung und diese vollzieht sich in Prozessen des Lernens. Die wichtigsten psychologischen Erkenntnisse zum Lernen stellen wir in Abschnitt 4.4. vor, um dann in Abschnitt 4.5. auf die gesellschaftlich wichtige Form gesteuerten Lernens in Form von Erziehung einzugehen und dieses Thema an einem konkreten Fall zu veranschaulichen (4.6.).

4.1.   Entwicklungspsychologie als wissenschaftliches Programm

4.1.1.   Zwei Grundpositionen

Der Mensch, im Laufe seines Lebens, er entwickelt sich. Dieser Satz klingt zu sehr nach hohler Phrase, als dass es sich lohnte, ihn zu lesen. Dennoch – es ist notwendig, ihm etwas genauer nachzugehen. Was Entwicklungspsychologie ist (oder war), hängt entscheidend davon ab, was man unter »sich entwickeln« oder »Entwicklung« verstehen will. Hat Entwicklung ein Ziel? Ist sie zeitlich begrenzt? Wer oder was entwickelt sich eigentlich? Solche Fragen müssen zumindest teilweise beantwortet sein, bevor Entwicklungspsychologie verständlich wird.

Viele bekannte Lehrbücher der Entwicklungspsychologie waren eigentlich Lehrbücher der Kinder- und Jugendpsychologie (z.B. *Ausubel/Sullivan* 1974, *Mussen/Conger/Kagan* 1999, *Nickel* 1972, 1975, *Schraml* 1999 oder *Wieczerkowski/zur Oerveste* 1982). Sie beenden die Beschreibung von Entwicklungsverläufen mit Themen wie Familiengründung oder Berufseingliederung, also dann, wenn der Mensch als erwachsen gilt. Entwickelt er sich denn danach nicht mehr?

Betrachtet man neuere Lehrbücher (z.B. *Oerter/Montada* 2002), dann scheinen Psychologen etwas Triviales entdeckt zu haben: Auch Erwachsene entwickeln sich.

Vermutlich haben nur wenige ernsthaft angenommen, dass ein zwanzigjähriger Mensch zeit seines weiteren Lebens unveränderlich und konstant bleibt. Wenn die Entwicklungspsychologie trotzdem nur die Entwicklung bis zum Abschluss des Jugendalters beschrieben hat und dies teilweise immer noch tut, dann hängt dies mit dem Verständnis von »Entwicklung« ab. Eine enge Definition beschreibt Entwicklung als Veränderungen, die

Entwicklung: enge Definition

- universell sind, d.h. die für alle Individuen unabhängig von ihrer Lebenswelt gelten;
- als eine Reihe von Schritten verstanden werden können, wobei sich jeder Schritt aus dem vorigen ergibt;
- sich auf ein bestimmtes Ziel hinbewegen.

Unter dieser Definition wird Entwicklungspsychologie nahezu zwangsläufig auf die Zeit der Kindheit und Jugend beschränkt. Nur in der Kindheit sind so definierte Entwicklungen zu beobachten. Von extremen Umweltbedingungen oder individuellen Schädigungen einmal abgesehen, entwickeln sich alle Säuglinge zu aufrecht gehenden, sprechenden, denkenden Kindern, Jugendlichen und Erwachsenen. Als Ziel gilt die voll funktionstüchtige erwachsene Person. Im Erwachsenenalter sind in diesem Sinne keine universellen Entwicklungen mehr zu beobachten. Erwachsene können äußerst unterschiedliche Lebensformen oder Stile verwirklichen. Wenn Entwicklungspsychologie traditionell mit dem Beginn des Erwachsenenalters endet, dann liegt darin nicht eine spezielle Blindheit oder Unfähigkeit der Psychologen, sondern eine Festlegung auf eine Grundposition, die anthropologisch-philosophisch begründet werden kann.

Entwicklung: weite Definition

Wird diese Grundposition verlassen, interpretiert man beispielsweise auch nicht-universelle Veränderungen als Entwicklung, dann findet ein deutlicher Perspektivwechsel statt und das Programm der Entwicklungspsychologie ändert sich. Es entsteht eine Entwicklungspsychologie der Lebensspanne. Einer ihrer Verfechter hat entsprechende Leitsätze veröffentlicht (*Baltes* 1990, S. 4):

Lebenslange Entwicklung

Lebenslange Entwicklung: Ontogenetische Entwicklung ist ein lebenslanger Prozess. Keine Altersstufe nimmt bei der Bestimmung dessen, was Entwicklung ist, eine Vorrangstellung ein. Während der gesamten Entwicklung (d.h. in allen Phasen der Lebensspanne) können sowohl kontinuierliche (kumulative) als auch diskontinuierliche (innovative) Prozesse auftreten.

Multidirektionalität

Multidirektionalität: Die Richtung der ontogenetischen Veränderungen variiert nicht nur beträchtlich zwischen verschiedenen Verhaltensbereichen (z.B. Intelligenz versus Emotion), sondern auch innerhalb derselben Verhaltenskategorie. In ein und demselben Entwicklungsabschnitt und

Verhaltensbereich können manche Verhaltensweisen Wachstum und andere Abbau zeigen.

Entwicklung als Gewinn und Verlust: Entwicklung bedeutet nicht nur einen Zuwachs in der Kapazität oder einen Zuwachs im Sinne einer höheren Effizienz. Über die gesamte Lebensspanne hinweg setzt sich vielmehr Entwicklung immer aus Gewinn (Wachstum) und Verlust (Abbau) zusammen.

Gewinn und Verlust

Plastizität: Psychologische Entwicklung ist durch eine hohe intraindividuelle Plastizität (Veränderbarkeit innerhalb einer Person) gekennzeichnet. Der Entwicklungsverlauf einer Person variiert in Abhängigkeit von ihren Lebensbedingungen und Lebenserfahrungen. Die Hauptaufgabe der entwicklungspsychologischen Forschung liegt darin, das mögliche Ausmaß der Plastizität sowie deren Grenzen zu untersuchen.

Plastizität

Geschichtliche Einbettung: Ontogenetische Entwicklung variiert auch in Abhängigkeit von historisch-kulturellen Bedingungen. Der Ablauf der ontogenetischen (altersbedingten) Entwicklung ist stark von den vorherrschenden sozio-kulturellen Bedingungen einer geschichtlichen Ära und deren spezifischem Zeitverlauf geprägt.

Geschichtliche Einbettung

Kontextualismus: In konzeptueller Hinsicht resultiert jeder individuelle Entwicklungsverlauf aus der Wechselwirkung dreier Systeme von Entwicklungseinflüssen: altersbedingten, geschichtlich bedingten und nicht-normativen. Das Zusammenspiel und die Wirkungsweise der drei Systeme kann innerhalb der metatheoretischen Prinzipien des Kontextualismus charakterisiert werden.

Kontextualismus

Multidisziplinäre Betrachtung: Psychologische Entwicklung muss multidisziplinär gesehen werden, also auch im Kontext anderer Disziplinen (z.B. Anthropologie, Biologie, Soziologie), die sich mit menschlicher Entwicklung beschäftigen. Die Offenheit der Lebensspannen-Perspektiven für eine multidisziplinäre Sichtweise impliziert, dass die »rein« psychologische Betrachtung der lebensumspannenden Entwicklung diese immer nur ausschnittsweise repräsentieren kann.

Multidisziplinarität

Ein solches Konzept von Entwicklungspsychologie beruht auf einer erkennbar weiteren Definition des Entwicklungskonzepts. Als Entwicklung werden alle Veränderungen verstanden, die sich in Abhängigkeit vom Lebensalter zeigen. Diese Definition ist inzwischen gebräuchlich, aber doch irreführend. Personen entwickeln sich nicht nur deshalb, weil sie älter werden, sondern weil in der Zeit etwas geschieht, was Veränderungen bedingt. Solche Änderungsbedingungen können intern und/oder extern sein. Verhaltensänderungen durch hormonelle Änderungen in der Pubertät sind ein Beispiel für interne, Verhaltensänderungen nach Schuleintritt für externe Bedingungen.

Da sowohl die externen als auch die internen Änderungsbedingungen mehr oder weniger eng an das Lebensalter gebunden sind, eignet es sich nach wie vor bei vielen Fragestellungen als Ordnungsraster oder als Beschreibungsgrundlage. Lebensalter nimmt dann die Funktion eines »Stellvertreters« für unterschiedliche entwicklungsbeeinflussende Bedingungen ein.

Als ordnungsstiftende Kriterien im Lebenslauf wurden *Entwicklungsaufgaben* formuliert. Solche wurden von *Havighurst* bereits in den Vierzi-

Entwicklungsaufgaben

ger Jahren erstellt und sollen hier im Überblick vorgestellt werden (nach *Havighurst* 1972):

Frühe Kindheit

Die Entwicklungsaufgaben der frühen Kindheit:
- Gehen lernen.
- Feste Nahrung aufnehmen lernen.
- Sprechen lernen.
- Die Körperausscheidungen kontrollieren lernen.
- Geschlechtsunterschiede und sexuelle Scham lernen.
- Einfache Begriffe über soziale und physikalische Sachverhalte bilden.
- Voraussetzungen zum Lesenlernen erwerben.
- Zwischen »richtig« und »falsch« unterscheiden lernen und ein Gewissen entwickeln.

Mittlere Kindheit

Die Entwicklungsaufgaben der mittleren Kindheit:
- Körperliche Fähigkeiten, die für übliche Spiele wichtig sind, lernen.
- Gesunde Einstellungen gegenüber sich selbst als wachsendem Organismus entwickeln.
- Sich mit Gleichaltrigen vertragen lernen.
- Eine angemessene Geschlechterrolle erwerben.
- Grundlegende Fertigkeiten im Lesen, Schreiben und Rechnen lernen.
- Begriffe, die für das tägliche Leben gebraucht werden, entwickeln.
- Gewissen, Moral und eine Werteskala entwickeln.
- Persönliche Unabhängigkeit erreichen.
- Einstellungen gegenüber sozialen Gruppen und Institutionen entwickeln.

Jugendalter

Die Entwicklungsaufgaben des Jugendalters:
- Neuartige und reifere Beziehungen zu Gleichaltrigen beiderlei Geschlechts eingehen.
- Eine männliche oder weibliche Geschlechterrolle erreichen.
- Den eigenen Körper akzeptieren und sinnvoll einsetzen.
- Unabhängigkeit von Eltern und anderen Erwachsenen erreichen.
- Sich auf Ehe und Familie vorbereiten.
- Sich auf eine berufliche Laufbahn vorbereiten.
- Ein Wertesystem als Richtschnur für Verhalten erwerben sowie eine Weltanschauung entwickeln.
- Sozial verantwortliches Handeln anstreben und erreichen.

Frühes Erwachsenenalter

Die Entwicklungsaufgaben des frühen Erwachsenenalters:
- Einen Partner wählen.
- Mit einem Ehepartner zusammen leben lernen.
- Eine Familie gründen.
- Kinder erziehen.
- Ein Heim gestalten.
- Einen Beruf ausüben.
- Gesellschaftliche Verantwortung übernehmen.
- Eine passende soziale Gruppe finden.

Die Entwicklungsaufgaben des mittleren Erwachsenenalters:

- Den eigenen jugendlichen Kindern helfen, verantwortungsbewusste und glückliche Erwachsene zu werden.
- Gesellschaftliche und soziale Verantwortung erreichen.
- Einen wirtschaftlichen Lebensstandard erreichen und aufrechterhalten.
- Angemessene Freizeitaktivitäten entwickeln.
- Sich an den Ehepartner als Person binden.
- Die physiologischen Veränderungen des mittleren Alters akzeptieren und sich darauf einstellen.
- Sich auf alte Eltern einstellen.

Die Entwicklungsaufgaben des Alters:

- Sich auf nachlassende Körperkraft und Gesundheit einstellen.
- Sich an den Ruhestand und das niedrigere Einkommen anpassen.
- Sich auf den Tod des Ehepartners einstellen.
- Eine Zugehörigkeit zur eigenen Altersgruppe finden.
- Soziale und gesellschaftliche Verpflichtungen wahrnehmen.
- Zufriedenstellende Lebensumstände herstellen.

Damit sind die Aufgaben formuliert, die der Einzelne üblicherweise in unserer Kultur zu bewältigen hat. Dies schließt nicht aus, dass einzelne Personen oder Personengruppen auch noch vor andere Aufgaben gestellt werden. Die Formulierung einer Entwicklungsaufgabe enthält nicht gleichzeitig das Bewältigungsmuster. Dies kann in hohem Maße individuell ausfallen. Insofern muss eine kurze Beschreibung der »Entwicklung im Lebenslauf« unvollständig bleiben. Sie kann auf differenzielle Unterschiede nicht eingehen, viele Probleme müssen unerwähnt bleiben. Es kann nur eine General(entwicklungs)linie nachgezeichnet werden.

Die Entwicklungsaufgaben eignen sich auch als Ordnungsrahmen für die Forschung. Jede einzelne von ihnen ist auch eine Aufgabe und ein Thema für die Forschung. Nur wenn die (Entwicklungs-)Psychologie sich den Anforderungen widmet, die Menschen in ihrer Kultur zu bestehen haben, wird sie etwas zur Verbesserung von Lebensverhältnissen beitragen können. Die Entwicklungspsychologie der Lebensspanne hat eine Erkenntnis in aller Schärfe deutlich gemacht: Die differenziellen Unterschiede im Lebenslauf beziehen sich nicht nur auf die Variabilität zwischen Kulturen, Subkulturen oder sozialen Gruppen, sondern auch auf die Unterschiede zwischen unterschiedlichen Generationen. Sexualität beispielsweise ist heutzutage von einem Jugendlichen in anderer Weise zu bewältigen als früher, ebenso wie etwa das Altern heute andere Anforderungen an die Menschen stellt als an Angehörige früherer Generationen. Von Generation zu Generation sind nur beschränkte Schlussfolgerungen möglich. So wird Entwicklungspsychologie auch immer eine »unendliche Geschichte« sein.

4.1.2.   Entwicklungspsychologie, wozu?

Nutzen

Mindestens vier Nutzanwendungen entwicklungspsychologischen Wissens lassen sich erkennen (vgl. *Montada* 2002a, S. 13 – 15):

Orientierung

(1) Entwicklungspsychologie beschreibt das Verhalten und Erleben von Menschen auf verschiedenen Altersstufen und in verschiedenen Lebensabschnitten. Damit ist sie eine Orientierungshilfe.

> ■ Was kann man von einem Säugling (einem Schulkind, einem Jugendlichen, einem alten Menschen) erwarten?
> ■ Was sind die Fähigkeiten, Meinungen, Moralvorstellungen, Gefühlsäußerungen eines Menschen in einem bestimmten Alter?
>
> Dies sind Beispiele für praktische Fragen, die von der Entwicklungspsychologie beantwortet werden können.

Vorhersagen

(2) Entwicklungspsychologisches Wissen ermöglicht Prognosen über zukünftige Entwicklungen.

> ■ Wie wird ein Kind (Jugendlicher, Erwachsener) sich weiter entwickeln?
> ■ Bestehen Risiken für die Schulkarriere (die berufliche Eingliederung, die Partnerschaft?)
> ■ Wie wird ein Erwachsener den Verlust seines Partners (seines Arbeitsplatzes, seiner körperlichen Unversehrtheit) verarbeiten?
>
> Antworten auf solche Fragen erleichtern Entscheidungen darüber, ob eine Person spezieller Unterstützung und Hilfe bedarf oder nicht.

Kritik

(3) Entwicklungspsychologie erlaubt Kritik von Entwicklungszielen. Sie kann Ziele dahingehend überprüfen, ob sie einzelne Menschen über- oder unterfordern. Sie kann zeigen, was geschieht, wenn bestimmte Ziele angestrebt oder vernachlässigt werden.

> ■ Ab welchem Alter können Kinder schulische Ziele (wie Lesen, Schreiben, Fremdsprachengebrauch) erreichen?
> ■ Ab welchem Alter kann eine eigenverantwortliche Gestaltung bestimmter Lebensbereiche erwartet werden?
>
> Die Beantwortung solcher Fragen ist geeignet, realistische, d.h. prinzipiell erreichbare Ziele zu formulieren.

Beeinflussung

(4) Entwicklungspsychologie kann entwicklungsfördernde und hemmende Bedingungen identifizieren. Sie ist damit prinzipiell in der Lage, anzugeben,

was getan werden könnte, um negative Entwicklungsverläufe zu verhindern oder wenigstens abzuschwächen.

> ▥ Was kann getan werden, um das Risiko von Drogenkarrieren bei Jugendlichen zu mindern?
> ▥ Was kann getan werden, um Langzeitarbeitslosen (oder Müttern) den beruflichen Wiedereinstieg zu erleichtern?
> ▥ Was kann getan werden, um alten Menschen ein Höchstmaß an Wohlbefinden und Zufriedenheit zu sichern?
>
> Das sind Beispiele praktischer Interventions- oder Präventionsprobleme, zu deren Lösung entwicklungspsychologisches Wissen einen Beitrag leisten kann.

In diesen vier Nutzanwendungen (Orientierung, Vorhersage von Entwicklungen, Kritik von Entwicklungszielen, Formulierung von möglichen Interventions- und Präventionsmaßnahmen) findet sich die spezielle entwicklungspsychologische Variante der Aufgaben einer empirischen Psychologie wieder: beschreiben, erklären, vorhersagen, um zu beeinflussen.

4.1.3.   Theoretische Perspektiven

Warum entwickelt sich ein Mensch in ganz bestimmter Weise? Warum zum Beispiel können zwei befreundete Mädchen aus einem Wohnblock höchst unterschiedliche Entwicklungen nehmen? Die eine durchläuft erfolgreich die Schule, absolviert eine Berufsausbildung und führt ein zufriedenstellendes Leben, während die Freundin recht bald in der Schule scheitert, sozial auffällig wird und den Übergang ins Erwachsenenalter mit einer Heimkarriere beginnt. Alltagspsychologische Antworten können sein: »Weil sie so veranlagt sind.« »Weil sie so erzogen wurden.« »Das lag an ihrem familiären Hintergrund.« »Die haben es gar nicht anders gewollt.«

Laien fallen für ein und denselben Sachverhalt offensichtlich sehr unterschiedliche Erklärungen ein. Sie unterscheiden sich in der Bedeutung, die der Person selbst und/oder der Umwelt für die Entwicklung beigemessen wird. Bei den wissenschaftlichen Theorien zur Erklärung menschlicher Entwicklung ist es im Wesentlichen nicht anders. Sieht man die Person selbst und ihre Umwelt als zwei mögliche Einflussgrößen der Entwicklung, die entweder aktiv gestaltend oder inaktiv hinnehmend sein können, dann lassen sich vier theoretische Perspektiven identifizieren:

Perspektiven:

(1) Die *endogenistische* Perspektive. Ihre Grundannahme besagt, dass die Entwicklung weder durch die Person noch durch die Umwelt in Gang gehalten oder gesteuert wird. Entwicklung wird als Ablauf eines festgelegten inneren Programms verstanden. »Das wurde ihm bereits in die Wiege gelegt«, ist eine passende volkstümliche Redensart.

endogenistisch

(2) Die *exogenistische* Perspektive. Die Grundannahme besagt, menschliche Entwicklung wird ausschließlich durch äußere Bedingungen gesteuert.

exogenistisch

Die Person ist dann nichts anderes als die Summe ihrer durch die Umwelt provozierten Lernprozesse. »Er ist ein typisches Kind seiner Zeit« mag als zugehörige umgangssprachliche Aussage gelten.

organismisch (3) Die *organismische* Perspektive. In ihr wird Entwicklung als Prozess verstanden, in dem die Person (allgemein: der Organismus) aktiv gestalterisch tätig ist. Die Umwelt hat keinen aktiven Einfluss auf die Entwicklung. »Sie nimmt ihr Leben selbst in die Hand« mag diese Sichtweise charakterisieren.

interaktionistisch (4) Die *interaktionistische* Perspektive. Sie geht von der Grundannahme eines Wechselspiels zwischen Person und Umwelt aus. Beide beeinflussen die Entwicklung aktiv.

Innerhalb jeder dieser Theoriengruppen wurden zu unterschiedlichen Zeiten prominente Theorien entwickelt. Gegenwärtig scheinen unter den Stichworten *ökologischer* oder *systemischer Ansatz* besonders interaktionistische Theorien sehr bedeutungsvoll zu werden.

Diese Klassifizierung möglicher Entwicklungstheorien bleibt unvollständig, solange nicht auch die Enge oder Weite des Blickwinkels berücksichtigt wird. Ein enger Blickwinkel fasst nur die Entwicklung einzelner Aspekte der Person (z.B. den Sprachgebrauch, die Motorik, die Moral) ins Auge – ein weiter Blickwinkel nimmt eher komplexe Sachverhalte (z.B. die Entwicklung der Person) wahr. Es ist damit nur folgerichtig, dass es eine Vielzahl sehr unterschiedlicher Theorien menschlicher Entwicklung geben muss.

4.2.   Vier Beispiele von Entwicklungstheorien

4.2.1.   Vorbemerkung

Im vorigen Abschnitt über Entwicklungspsychologie als wissenschaftliches Programm sollte es bereits deutlich geworden sein: Aus den unterschiedlichen Perspektiven und aus der Vielzahl interessierender Inhalte heraus kann nur folgen, dass es eine große Anzahl von korrespondierenden und/oder konkurrierenden Entwicklungstheorien geben muss. In diesem Kapitel werden vier Beispiele dargestellt. Einen aktuellen und weiten Überblick erhält man bei *Flammer* (2003).

- die Theorie der kognitiven Entwicklung von *Piaget* als einer der klassischen und folgenreichsten Theorieentwürfe überhaupt. Sie gehört für jeden, der sich mit Entwicklungspsychologie beschäftigt, praktisch zur »Allgemeinbildung«;
- die Theorie von *Kohlberg* über die Entwicklung des moralischen Urteils als eine Theorie, die für alle, die in ihrem Berufsalltag Verhalten von Personen (be-)werten (müssen), von spezifischem fachlichen Interesse sein könnte;
- die psychosoziale Entwicklungstheorie von *Erikson* als ein früher Entwurf einer Entwicklungspsychologie der Lebensspanne;

■ die kulturhistorische Theorie von *Vigotski*, welche die sozialen Beziehungen, in denen Menschen aufwachsen, in den Mittelpunkt der Betrachtung rückt.

Angesichts einer Vielzahl einschlägiger Theorien fragen psychologische Laien zuweilen danach, was denn nun die »richtige« oder »wahre« Theorie sei. Sie stellen dann enttäuscht fest, dass es gar keine Antwort auf diese Frage gibt. Psychologische Theorien sind mehr oder weniger »gut« und »nützlich« für die Befriedigung eines bestimmten Interesses oder für die Lösung eines spezifischen Problems. Da Interessen und (soziale) Probleme sich wandeln, wird der ständige Strom psychologischer Theorien kein Ende haben. Manche daraus werden sich bewähren und lange Zeit Bestand haben, andere werden untergehen.

Die Schlussfolgerung daraus, »wenn man es so oder so sehen kann, dann kann ich es auch so sehen, wie ich es sehen will, dann brauche ich keine Theorie«, ist kurzschlüssig. »Es so sehen, wie man es will«, bedeutet auch einen Rückgriff auf eine spezielle Theorie, die eigene subjektive. Das heißt, man kann gar nicht auf Theorien verzichten. Man hat sie, ob man will oder nicht! Es bleibt nur die Wahl, welche Theorie man selbst zur Lösung des gestellten Problems anwenden will. Für diese Wahl sollte es allerdings rationale Gründe geben.

In diesem Sinne sollen die nachfolgenden Theorien nicht als die jeweils einzig gültigen Theorien beschrieben oder verstanden werden, sondern als Beispiele für entwicklungspsychologische Theoriebildung.

4.2.2. Jean Piaget: Theorie der kognitiven Entwicklung

»Es gibt niemanden, der mehr zu unserem Wissen beigetragen hat, wie Kinder denken, verstehen und Probleme lösen, als der Schweizer Psychologe *Jean Piaget*« (*Zimbardo* 1983, S. 121). Dieses Zitat kennzeichnet die Wertschätzung, die den Arbeiten von *Piaget* im Allgemeinen von Psychologen entgegengebracht wird. Seine Theorie der kognitiven Entwicklung ist eine der herausragenden psychologischen Theorien überhaupt. Sie gehört zum Standardrepertoire der Lehrbücher über Entwicklungspsychologie. Zudem haben einzelne Autoren sich immer wieder bemüht, seine Theorie(n) ausführlicher in speziellen Lehrbüchern darzustellen (z.B. *Buggle* 2001, *Furth* 1981, *Ginsburg/Opper* 1998 oder *Petter* 1996). Eine kurze Darstellung von *Piaget* selbst ist in *Mussen* (1999) nachzulesen.

Jean Piaget wurde 1896 in Neuchâtel in der Schweiz geboren. Frühzeitig entwickelte er wissenschaftliche Interessen. Während seiner Sekundarschulzeit bildete er sich zum Experten für Weichtiere aus; ein Gebiet, auf dem er 22jährig an der Universität Neuchâtel promovierte. Seine »Lehr- und Wanderjahre« führten ihn auch nach Paris, wo er sich mit der Entwicklung der Intelligenz beschäftigte. 1925 erhielt er seine erste Professur an der Universität Neuchâtel; seine weitere Karriere führte ihn schließlich 1940 auf den Lehrstuhl für experimentelle Psychologie an der Universität Genf, den er bis 1971 innehatte. Als er 1980 verstarb, hinterließ er der Nachwelt ein wissenschaftliches Werk mit mehr als 60 Büchern und Hunderten von Zeitschriftenartikeln. Das zentrale Thema seines Denkens ist das »Gleichgewicht«. Das biologische Prinzip der Passung von Lebewesen und Umwelt hat er auf das geistige und kulturelle Leben übertragen.

Beobachtung

Ausgangspunkt der Untersuchungen von *Piaget* war die Alltagsbeobachtung, dass Kindern bestimmten Alters beim Lösen von Denkproblemen charakteristische Fehler unterlaufen und dass sie die richtige Lösung nicht einzusehen vermögen (siehe folgendes Beispiel).

Ein Beispiel: Personen wird eine halbvolle Flasche gezeigt, die immer weiter geneigt und schließlich hingelegt wird. Sie sollen dann in vorgefertigten Vorlagen den Flüssigkeitsspiegel einzeichnen (A). Ein Erwachsener wird dabei keine Schwierigkeiten haben und die Aufgabe richtig lösen (B). Vierjährige Kinder werden in charakteristischer Weise den Flüssigkeitsspiegel falsch einzeichnen (beispielsweise wie in C).

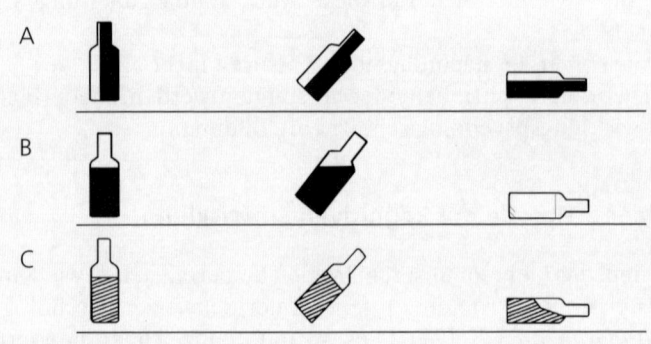

Dies erscheint zunächst verblüffend, und man ist zunächst geneigt anzunehmen, das Kind habe im wahrsten Sinne des Wortes »ein Brett vorm Kopf«. Nach Kenntnis der Theorie von *Piaget* werden wir jedoch sehen, dass die Kinder nicht »dumm« sind, sondern dass ihr Denken (noch) anders strukturiert ist als das von Erwachsenen.

Grundbegriffe

Die Grundannahme von *Piaget* besagt, dass die Tätigkeit des Denkens sich aus nicht zufriedenstellenden Begegnungen des Kindes mit der Umwelt ergibt. Immer wenn es ein Problem in der Umwelt nicht bewältigt, strebt es danach, dieses aufzulösen (*Piaget* 1976). Zum näheren Verständnis dieser Annahme ist die Kenntnis einiger zentraler Begriffe notwendig.

Schema/Struktur

Schema und *Struktur*: Ein Schema kennzeichnet eine typische Art und Weise, wie mit bestimmten Gegebenheiten der Umwelt umgegangen wird. Es ist zunächst nur eine Abstraktion aus gleichen Verhaltensweisen (z.B. das Greifen) und den zugrundeliegenden gedanklichen Prozessen. So spricht man beim Kleinkind etwa vom Saug-Schema, Greif-Schema, Raum-Schema oder Lage-Schema. Diese Schemata sind aufeinander bezogen und untereinander zu einer Struktur verknüpft. Erst das Vorhandensein einer kognitiven Struktur ermöglicht eine sinnvolle und erfolgreiche Auseinandersetzung mit der Umwelt. Je differenzierter diese Struktur, desto differenzierter werden die Möglichkeiten zur Umweltbewältigung.

> Möchte ein Kind einigermaßen gefahrlos auf dem Spielplatz eine Rutschbahn hinunterrutschen, dann muss es beispielsweise die Schemata »klettern« – »hinsetzen« – »Gleichgewicht halten« –»rutschen« – »bremsen« – »aufstehen« sinnvoll miteinander verknüpft haben. Wenn diese Struktur vorhanden ist, dann kann es zwar rutschen, aber nicht auch schaukeln oder Karussell fahren. Es muss dazu seine Struktur den neuen Gegebenheiten anpassen. »Hinsetzen« oder »Gleichgewicht halten« beispielsweise müssen in einen anderen strukturellen Zusammenhang gebracht werden.

Anpassung oder *Adaption* an die Umwelt wird damit zur zentralen Voraussetzung für Entwicklung. Sie setzt sich aus zwei komplementären Komponenten, *Assimilation* und *Akkomodation* zusammen. Assimilation bedeutet die Einordnung der Umwelt in die eigene vorhandene kognitive Struktur. Dies gelingt in bekannten Situationen, in neuen Situationen wird dies misslingen. Dann muss die Struktur verändert und der Umwelt angepasst werden. Dies wird mit Akkomodation bezeichnet.

Adaption

Assimilation und Akkomodation

> Ein Beispiel aus dem Erwachsenenleben: Sie haben sich ein neues Fernsehgerät gekauft, stellen es auf und wollen es sofort in Betrieb nehmen. Sie gehen mit dem Gerät so um, wie sie mit ihrem alten umgegangen sind (Assimilation). Möglicherweise finden sie die gewünschte Einstellung nicht (die Assimilation misslingt). Dann beginnen sie, die Bedienungsanleitung systematisch zu studieren und beherrschen schließlich das Gerät (Akkomodation).

Mit *Äquilibration* wird die Tendenz des Organismus bezeichnet, ein Ungleichgewicht (einen Widerspruch, einen kognitiven Konflikt) abzubauen und ein dynamisches Gleichgewicht herzustellen. Typische Konflikte können sein (*Montada* 2002b, S. 438):

Äquilibration

- Konflikte zwischen zwei Assimilationsschemata,
- Widerlegen eines Urteils durch ein empirisches Ereignis,
- Ungleichgewicht durch fehlschlagende Assimilationsversuche,
- Ungleichgewicht durch Problemstellung und Frage.

Äquilibration ist die treibende Kraft der Entwicklung. Sie führt zu immer komplexeren Niveaus (Stadien oder Stufen) der Entwicklung.

Entwicklung in Stadien

   Piaget beschreibt die geistige Entwicklung in drei gegliederten Stadien: (1) Entwicklung der sensumotorischen Intelligenz, (2) Entwicklung der konkreten Operationen und (3) Entwicklung der formalen Operationen. Die Untergliederung dieser Stadien bringt es mit sich, dass das zweite von einigen Lehrbuchautoren in zwei eigenständige Abschnitte (2a: voroperatorisches, anschauliches Denken und 2b: konkret-operatorische Strukturen; z.B. *Montada* 2002a) zerlegt wird. Aus Gründen der besseren Darstellbarkeit scheint dies nützlich zu sein; die Theorie selbst ist dadurch nicht betroffen. Die geistige Entwicklung wird daher in vier Stadien dargestellt. Die verschiedenen Stadien werden nacheinander durchlaufen. Sie sind grob an das Lebensalter gebunden:

Sensumotorische Intelligenz:	1. und 2. Lebensjahr
Voroperatorisches, anschauliches Denken:	2. bis 7. Lebensjahr
Konkret-operatorisches Denken:	7. bis 11. Lebensjahr
Formales Denken:	ab 11. Lebensjahr

Stadium der sensumotorischen Intelligenz

Sensumotorische Intelligenz

Bei der Beschreibung dieses Stadiums ging es *Piaget* (1969) im Wesentlichen darum, das »Erwachen der Intelligenz« nachzuzeichnen. Dabei nahm er an, dass es Denken schon gibt, bevor dem Individuum dazu Symbole, Zeichen oder sprachliche Begriffe zur Verfügung stehen. Am Anfang des Denkens steht das Tun; oder anders formuliert: Das Denken geschieht im und durch das Tun. Im Stadium der sensumotorischen Intelligenz vollzieht sich die Entwicklung des Denkens vom Tun zum verinnerlichten Tun in sechs Stufen (nach *Piaget* 1969).

Objektpermanenz

Die wichtigsten Leistungen dieses Stadiums bestehen im Erwerb der Objektpermanenz und der Fähigkeit zum Nachahmen und zu Symbolhandlungen. Objektpermanenz meint das Wissen, dass ein aus dem Blickfeld verschwundener Gegenstand weiterhin existent ist. Man kann ihn suchen und wieder ins Blickfeld bekommen. Dies setzt voraus, dass ein Kind den verschwundenen und nun zu suchenden Gegenstand »verinnerlicht« hat. Es hätte sonst keine Vorstellung davon, was es sucht. Verinnerlichung ist auch eine Voraussetzung für Nachahmungsverhalten und für Symbolhandlungen. Ohne eine entsprechende innere Vorstellung könnte nicht nachgeahmt werden oder symbolisch dargestellt werden.

Stadium des voroperatorischen, anschaulichen Denkens

Anschauliches Denken

Ein Kind dieses Stadiums denkt aus eigener Erfahrung heraus. Man sagt daher, sein Denken sei egozentrisch. Das egozentrische Denken des Kindes führt zu typischen Erklärungen, dass Dinge leben und dass sie zu einem bestimmten Zweck gemacht oder hergestellt wurden. Beispiele dazu finden sich in der alltäglichen Beobachtung von Kindern immer wieder.

Egozentrismus

Ein Kind, das sich an einer Tischkante gestoßen hat und nun dagegen schlägt, weil der Tisch »böse ist«, hat ebenso das egozentrische Konzept der lebenden Dinge wie dasjenige, das glaubt, Berge würden aus Steinen wachsen. »Die Sonne wurde gemacht, damit ich es warm habe« oder »das Meer wurde

Versuch: Legen Sie vierjährigen Kindern ein Modell mit drei Bergen vor, die sich deutlich unterscheiden. Setzen Sie jedes Kind vor das Modell (in Position 1) und lassen Sie es die Ansicht bestimmen, die es von den drei Bergen hat. Es wird vermutlich diese Aufgabe bewältigen und aus mehreren Zeichnungen oder Fotografien diejenige auswählen, die seiner Sicht entspricht.

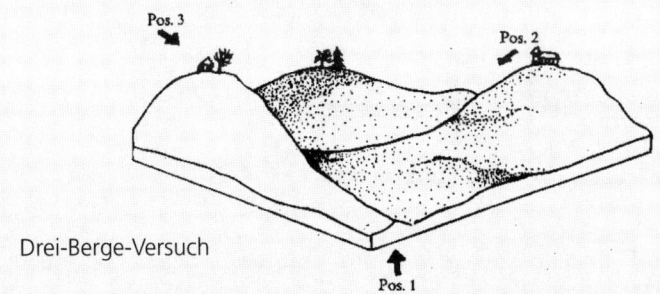

Drei-Berge-Versuch

Nun fragen Sie die Kinder, wie die Berge aus der Sicht eines Betrachters aussehen, der in Position 2 oder in Position 3 sitzt. Die Mehrzahl der Kinder wird die eigene Ansicht der drei Berge auswählen. Daraufhin führen Sie die Kinder in die Position 2 bzw. Position 3, lassen von hier aus die Berge betrachten und die jeweilige Ansicht auswählen, eine Aufgabe, die wiederum geleistet wird. Schließlich führen Sie die Kinder wieder in Position 1 und lassen erneut diejenige Ansicht auswählen, die ein Betrachter aus der Position 2 oder 3 hat, die sie gerade vorher selbst auch bestimmt haben. Mit hoher Wahrscheinlichkeit wird als Lösung wiederum die aktuelle eigene Ansicht aus Position 1 angeboten.

(*Montada* 2002b, S. 423)

gemacht, damit ich baden kann«, sind Beispiele für die unzulängliche Assimilation der Umwelt an das eigene Schema des Herstellens oder Machens zu bestimmten Zwecken.

Ein weiteres Charakteristikum des egozentrischen Denkens ist die Unfähigkeit, sich in die Rolle oder Position einer anderen Person zu versetzen. Ein Kind dieses Alters ist nicht in der Lage, herauszufinden, wie jemand anderes die Umwelt wahrnimmt. Lange Zeit nimmt es an, seine eigene Sichtweise sei die einzig mögliche. Anschaulich kann man dies im *Drei-Berge-Versuch* zeigen.

Ein Kind im Stadium des voroperatorischen, anschaulichen Denkens ist in der Regel nur in der Lage, einen Aspekt eines Problems zu beachten. Das Denken ist auf diesen einen Aspekt zentriert und wenig flexibel. Lange Zeit kann ein Kind nicht erkennen, dass beispielsweise das Gewicht oder das Volumen von Dingen unveränderlich ist, wenn sich nur die äußere Form verändert. Aus der Veränderung eines Merkmals (z. B. Form oder Lage von Flaschen) wird geschlossen, dass sich auch andere Merkmale des Objektes ändern. Klassisch sind dazu die Versuche zum Umfüllen von Flüssigkeiten.

Zentrierung

Versuch: Füllen Sie zwei gleiche Gefäße A und B mit der gleichen Menge einer far-
bigen Flüssigkeit. Lassen Sie vier- bis fünfjährige Kinder konstatieren, dass in A und
B gleich viel »Saft« sei. Sie gießen nun den Inhalt von B in ein schmaleres Gefäß B'
und fragen das Kind, ob B', mehr, weniger oder gleich viel Saft enthalte wie A.

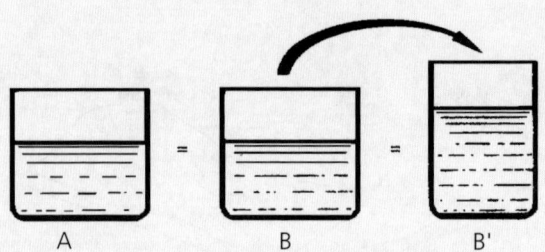

Versuch zur Prüfung der Einsicht in die Invarianz der Menge bei Operationen
des Umfüllens.

Diese Zentrierung auf ein Merkmal bringt Kinder in Schwierigkeiten, wenn
sie Ober- bzw. Unterbegriffe verwenden sollen. Während sie einfache Begriffe
schon recht gut beherrschen, scheitern sie beim Aufbau von Begriffshierarchien, weil dort mehrere Merkmale gleichzeitig beachtet werden müssen.

Die überwiegende Mehrzahl der Kinder wird behaupten, es sei nicht gleich
viel. Viele werden sagen, es sei mehr Saft in B', weil das Niveau hier höher
ist. Manche werden sagen, es sei weniger, weil das Gefäß schmaler ist. Die
Flüssigkeitsmenge wird also nicht als invariant oder konstant bei Formver-
änderung gesehen (*Montada* 2002b, S. 423 – 424)

Erst gegen Ende dieses Stadiums erwirbt das Kind die Fähigkeit, zu erkennen, dass bestimmte Dinge sich nicht nur deshalb ändern (müssen), weil
sich ein Merkmal an ihnen ändert. Sie erwerben das Konzept der Invarianz
von Gewicht, Volumen oder Zeit. Das Kind tritt jetzt in das Stadium des
konkret-operatorischen Denkens ein.

Das Stadium des konkret-operatorischen Denkens

**Konkret-
operatorisches
Denken**

In diesem Entwicklungsabschnitt erwirbt das Kind Gruppierungen, d.h. Sche-
mata können miteinander koordiniert werden. Damit ist ein Kind nun in der
Lage, Probleme der geschilderten Art zu bewältigen. Es setzt dabei konkrete
Operationen ein. Beim Umfüllversuch könnte es vielleicht sagen:

- »Es ist gleich viel Saft; nur höher, dafür aber dünner.« Es verwendet die
  Operation der Kompensation.
- »Es ist gleich viel Saft, man hat ja nichts weggeschüttet und auch nichts
  dazugetan« (Operation: Identität).
- »Es ist gleich viel Saft, man kann's ja zurückschütten« (Operation: Nega-
  tion).

Die Verfügbarkeit solcher konkreten Operationen (u.a. Kompensation, Identität und Negation) führt nun zur Fähigkeit, Begriffshierarchien zu bilden, Rangordnungen (hinsichtlich größer – kleiner, stärker – schwächer usw.) herzustellen und Invarianzen und Zahlenbegriff sicher zu beherrschen.

Für das Denken ist jedoch bedeutsam, dass es an konkrete Operationen gebunden bleibt, was nicht heißt, dass diese Operationen auch tatsächlich durchgeführt werden müssen. Es kann eine »verinnerlichte« Durchführung ausreichen.

Stadium des formal-operatorischen Denkens

Eine Person, die das Stadium der formalen Operationen erreicht hat, ist in ihrem Denken nun nicht mehr an konkret vorgegebene Informationen gebunden. Sie ist zur Abstraktion fähig. Sie kann zur Erklärung der Umwelt prüfbare Hypothesen bilden und kann Variablen identifizieren, die die Umwelterscheinungen bedingen. Schlussfolgerungen können allein aus logischen Regeln abgeleitet werden und brauchen nicht mehr (anschaulich) an der Realität überprüft zu werden. Ein Beispiel für die Denkmöglichkeiten eines Jugendlichen dieses Stadiums ist im Pendelversuch zu erkennen.

Formal-operatorisches Denken

Versuch: Wir stellen Schülern unterschiedlichen Alters die Frage, von welchen Faktoren die Frequenz eines Pendels abhänge, von seinem Gewicht oder von seiner Länge. Wir demonstrieren, dass ein kurzer/schwerer Pendel rasch schwingt, ein langer/leichter hingegen langsam. Das Vorschulkind (voroperatorisches Stadium) neigt dazu, nur eine der beiden Dimensionen zu beachten: Es wird sagen, ein kurzer Pendel schwinge schneller, oder es wird behaupten, ein schwerer Pendel schwinge schneller, je nachdem welches der beiden in der Demonstration kombinierten Merkmale es gerade ins Auge fasst.

Das Kind der Grundschule (konkret-operatorisches Stadium) kann bereits mehrere Merkmale kombinieren und wird sagen, ein kurzer und schwerer Pendel schwinge schneller (dies kann es ja beobachten), es leistet also eine logische Konjunktion beider Dimensionen, die in diesem Falle allerdings nicht zur korrekten Lösung des Problems führt, da das Gewicht des Pendels irrelevant ist.

Der Sekundarschüler (formal-operatorisches Stadium) löst sich von den konkret beobachteten Fällen (kurz/schwer und lang/leicht) und sieht diese als zwei von vier möglichen Kombinationen der beiden Variablen Gewicht und Länge, wenn diese je zwei Werte aufweisen. Der Sekundarschüler wird sagen, er könne die Frage erst beantworten, wenn auch die noch nicht realisierten Kombinationen der beiden Dimensionen empirisch geprüft sind, wenn er also auch einen langen/schweren und einen kurzen/leichten Pendel beobachtet hat. Er wird Hypothesen formulieren und sagen, dass vielleicht nur das Gewicht oder nur die Länge oder aber beide Variablen die Pendelfrequenz determinieren. (*Montada* 2002b, S. 431 – 432)

Eine Person, die das Stadium der formalen Operationen erreicht hat, ist damit zu logischem Denken fähig. Sie entwickelt Fähigkeiten zur Hypothesenbildung, zum kombinatorischen Denken und zum Verständnis von Proportionen. Das Denken ist flexibel und beweglich.

Nach *Piaget* wird die Entwicklung durch die aktive Bearbeitung der

Bewertung

Umwelt durch das Individuum gesteuert. Die Umwelt selbst wird als passiv beschrieben (Sie muss nur vorhanden sein.). Weiterhin ist die Theorie eine »Kinder- und Jugendpsychologie«. Die geistige Entwicklung wird als abgeschlossen betrachtet, wenn der Jugendliche das Stadium der formalen Operationen erreicht und beherrscht. Dies ist gewissermaßen der »natürliche« Zielpunkt der Denkentwicklung, jedenfalls solange, bis wir uns nicht noch »höhere« Denkformen vorstellen (können).

Die Theorie nimmt universelle Veränderungen an. Die Stadien sollen in dieser Reihenfolge von allen Individuen durchlaufen werden. Dies schließt nicht aus, dass eine Person diese Stadien- und Stufenfolge aufgrund interner (z.B. geistiger Behinderung) oder externer Faktoren (z.B. extrem anregungsarmes Milieu) verzögert durchläuft und das Stadium der formalen Operationen nur sehr spät oder möglicherweise gar nicht erreicht.

4.2.3.   Lawrence Kohlberg: Die Entwicklung des moralischen Urteils

Paare, Familien, Gruppen, Gesellschaften besitzen Vorstellungen darüber, was angemessenes Verhalten ist. Dementsprechend wird Verhalten anderer beurteilt oder eigenes Verhalten gerechtfertigt. »Anständig – unanständig«, »gemein«, »fies«, »in Ordnung« und ähnliches sind umgangssprachliche Urteile, mit denen Handlungen und Verhaltensweisen bewertet werden. Das Zusammenleben von Personen wird von Normen bestimmt.

Fragestellung

In der Theorie zur Entwicklung des moralischen Urteils von *Kohlberg* (1974) geht es um die Frage, wie Handeln begründet wird und wie sich diese Begründungen im Laufe der individuellen Entwicklung verändern. Es geht also ausdrücklich nicht um die Frage, welche Normen und Inhalte übernommen werden, sondern wie sie subjektiv begründet werden.

Lawrence Kohlberg (1927 – 1987) wuchs nach der Scheidung seiner Eltern bei seinem Vater in der Bronx (New York) auf. In der Schule galt er als chaotischer Abenteurer. Nach dem Zweiten Weltkrieg arbeitete er als unbezahlter Ingenieur auf einem Schiff, das jüdische Flüchtlinge nach Palästina schmuggelte. Er geriet in britische Gefangenschaft und wurde auf Zypern interniert, von wo aus er auf Umwegen in die Staaten zurück fliehen konnte. Er begann an der University of Chicago zu studieren, wo er 1958 promovierte. Sein akademischer Weg führte ihn 1968 auf eine Professur für Erziehungswissenschaft und Sozialpsychologie an der Harvard University. Seine Eindrücke in Europa gaben ihm »sein« Thema: die Gerechtigkeit. Seine Begeisterung für die Theorie von *Jean Piaget* bestimmten sein wissenschaftliches Arbeiten. Schwer erkrankt, schied *Lawrence Kohlberg* 1987 freiwillig aus dem Leben.

Das Herausfinden von Beweggründen anderer Personen für ihr eigenes Verhalten ist offensichtlich schwierig. Fragt man sie nach ihren Gründen für konkretes Verhalten in realen Situationen, dann ist die Gefahr groß, dass man einer Anzahl von Scheinargumenten und nachträglichen Rechtfertigungen ausgesetzt wird. Die Beobachtung des konkreten Verhaltens hilft auch nicht sehr viel weiter. Personen können moralisch handeln, ohne einer entsprechenden Moral verpflichtet zu sein, so wie eine Orientierung an moralischen Maximen nicht unbedingt zu moralischem Handeln führen muss. Einen Ausweg fand *Kohlberg* in der Entwicklung einer speziellen Befragungsmethode. Er gibt den Befragten Geschichten vor, in denen zwei moralische Grundsätze im Widerstreit liegen und gegeneinander abgewogen werden müssen. Es entsteht also ein moralisches Dilemma. Die Personen müssen anschließend angeben, was die handelnde Person der Geschichte tut und warum sie sich so verhalten sollte.

Methode: Moralische Dilemmata

> Für viele Angehörige helfender und pflegerischer Berufe dürfte das Beispiel des *Sterbehilfe-Dilemmas* (in der Formulierung von *Montada* 1984, S. 34) nicht nur ein künstliches, sondern auch ein reales Problem darstellen:
> »Eine Frau ist lebensbedrohend an Krebs erkrankt, man kannte keinerlei Behandlung, die sie retten könnte. Der Arzt gibt ihr noch etwa sechs Monate zu leben. Sie hatte unerträgliche Schmerzen, eine normale Dosis Morphium oder anderer schmerzstillender Medikamente würde sie jedoch aufgrund ihrer geschwächten körperlichen Konstitution wahrscheinlich umbringen. Sie war halb verrückt vor Schmerzen, in erträglichen Momenten bat sie den Arzt, ihr eine Überdosis Narkotika zu geben, damit sie stürbe. Sie glaubte die Schmerzen nicht mehr ertragen zu können und rechtfertigte ihre Bitte damit, daß sie in wenigen Monaten sowieso sterben würde. Fragen: 1. Sollte der Arzt ihr das Medikament geben, das sie umbringen würde? Warum? 2. Der Arzt gibt ihr das Medikament. Er wird des Mordes angeklagt. Die Geschworenen sprechen ihn schuldig. Welche Strafe soll der Richter verhängen? 3. Wäre die Todesstrafe richtig oder falsch? Warum? 4. Ist die Todesstrafe jemals richtig? Warum?«

Aus der Befragung von Kindern, Jugendlichen und Erwachsenen zu solchen moralischen Dilemmata glaubt *Kohlberg* eine Entwicklung des moralischen Urteils, die zu unterschiedlichen Niveaus führt, zu erkennen: I. das vormoralische, II. das konventionelle und III. das postkonventionelle Niveau.

Kohlberg (1974, S. 60 – 61) hat seine theoretischen Vorstellungen selbst kurz zusammengefasst:

I. Das vormoralische Niveau

Moralische Wertung beruht auf äußeren, quasiphysischen Geschehnissen, schlechten Handlungen, oder auf quasi-physischen Bedürfnissen, statt auf Personen und Normen.

Vormoralisches Niveau

Stufe 1: Orientierung an Bestrafung und Gehorsam. Egozentrischer Respekt vor überlegener Macht oder Prestigestellung bzw. Vermeidung von Schwierigkeiten. Objektive Verantwortlichkeit.

Stufe 2: Naiv egoistische Orientierung. Richtiges Handeln ist jenes, das die Bedürfnisse des Ich und gelegentlich die der anderen instrumentell befriedigt. Bewusstsein für die Relativität des Wertes der Bedürfnisse und der Perspektive aller Beteiligten. Naiver Egalitarismus und Orientierung an Austausch und Reziprozität.

II. Das konventionelle Niveau

Konventionelles Niveau

Moralische Wertung beruht auf der Übernahme guter und richtiger Rollen, der Einhaltung der konventionellen Ordnung und den Erwartungen anderer.

Stufe 3: Orientierung am Ideal des »Guten Jungen«. Bemüht, Beifall zu erhalten und zu helfen. Konformität mit stereotypen Vorstellungen vom natürlichen oder Mehrheits-Verhalten, Beurteilung aufgrund von Intentionen.

Stufe 4: Orientierung an Aufrechterhaltung von Autorität und sozialer Ordnung. Bestrebt »seine Pflicht zu tun«, Respekt vor der Autorität zu zeigen und die soziale Ordnung um ihrer selbst willen einzuhalten. Rücksicht auf die Erwartungen anderer.

III. Das postkonventionelle Niveau

Postkonventionelles Niveau

Moralische Wertung beruht auf Konformität des Ich mit gemeinsamen (oder potenziell gemeinsamen) Normen, Rechten oder Pflichten.

Stufe 5: Legalistische Vertragsorientierung. Anerkennung einer willkürlichen Komponente oder Basis von Regeln und Erwartungen als Ausgangspunkt der Übereinstimmung. Pflicht wird definiert als Vertrag, allgemein Vermeidung der Verletzung von Absichten oder Rechten anderer sowie Wille und Wohl der Mehrheit.

Stufe 6: Orientierung an Gewissen oder Prinzipien. Orientierung nicht nur an zugewiesenen sozialen Rollen, sondern auch an Prinzipien der Entscheidung, die an logische Universalität und Konsistenz appellieren. Orientierung am Gewissen als leitendes Agens und an gegenseitigem Respekt und Vertrauen.

Veranschaulichung

Vielleicht ist es nützlich, die Stufen durch fiktive Äußerungen zum Sterbehilfe-Dilemma etwas anschaulicher zu machen:

Stufe 1: Er soll das Medikament nicht geben, sonst zeigt man ihn an.

Stufe 2: Er soll das Medikament geben. Die Frau stirbt ja sowieso.

Stufe 3: Er soll das Medikament nicht geben. Ein guter Arzt gibt niemals auf.

Stufe 4: Er soll das Medikament nicht geben, schließlich hat er einen Eid abgelegt.

Stufe 5: Zwar ist ein Arzt verpflichtet, Menschen zu helfen; es ist allerdings die Frage, ob in dieser Situation die Behandlung eine wirkliche Hilfe bedeutet. Wenn durch das Medikament der Frau wirklich geholfen wird, kann er es ihr geben.

Stufe 6: Das ist eine Gewissensfrage, die der Arzt vor Gott zu beantworten hat. Wenn er als Christ, trotz des Gebots »Du sollst nicht töten«, glaubt, es verantworten zu können, dann soll er das Medikament geben.

Es gibt eine Reihe empirischer Untersuchungen, die zeigen, dass mit zunehmendem Lebensalter die Argumentation auf immer höheren Stufen zunimmt.

Der individuelle Schritt auf die nächste Entwicklungsstufe ist jedoch nicht an das Lebensalter gebunden. Es gibt keine (auch keine grobe) Orientierung der Stufen an Altersgrenzen. Ein vierzehnjähriger Schüler kann durchaus ein höheres Niveau erreicht haben als ein vierzigjähriger Erwachsener. Mit dem von *Kohlberg* (1974, S. 71 – 72) gewählten Beispiel der Einstufung von Argumenten *Adolf Eichmanns* wird drastisch gezeigt, wie (ehemals einflussreiche) erwachsene Personen sich vorwiegend auf dem vormoralischen Niveau bewegen können.

Bewertung moralischer Urteile *Adolf Eichmanns* (*Kohlberg* 1974, S. 72 f.)

Tatsächlich war ich nur ein kleines Rädchen in der Maschine, das die Befehle des Deutschen Reiches ausführte. 1

Ich bin weder ein Mörder noch ein Massenmörder.

Ich bin ein Durchschnittscharakter, mit guten Eigenschaften und vielen Fehlern. 3

Was gibt es denn da zu »gestehen«? Ich führte meine Befehle aus.

Mich für die ganze Endlösung der Judenfrage verantwortlich zu machen, ist genauso sinnlos, wie man den verantwortlichen Beamten der Eisenbahn verantwortlich machen wollte, auf der die Juden transportiert wurden. 1

Wo wären wir geblieben, wenn jeder sich damals sein Teil gedacht hätte? Das kann man heute in der »neuen« deutschen Armee tun. Aber bei uns war ein Befehl ein Befehl. 1

Hätte ich den Befehl des damaligen Führers des Deutschen Reiches, Adolf Hitler, sabotiert, dann wäre ich nicht nur ein Schuft, sondern ein verächtliches Schwein gewesen, wie jene, die ihren Soldateneid brachen und in die Reihen der Anti-Hitler-Verbrecher aus der Verschwörung des 20. Juli 1944 eintraten. 1

Ich möchte aber nochmals betonen, dass meine Abteilung nie einen einzigen Vernichtungsbefehl erließ. Wir waren nur für die Deportation verantwortlich. 2

Ich habe mich nur für die Zahl der Transporte interessiert, die ich zusammenstellen musste. Ganz gleich, ob die Leute, die auf diese Züge verladen wurden, Bankdirektoren oder Irrenhäusler waren, sie gingen mich nichts an. 2

Das war wirklich nicht mein Geschäft. 2

Aber alles in allem muss ich sagen, dass ich nichts bedauere. *Adolf Hitler* mag noch so unrecht gehabt haben, aber eines muss man ihm lassen: Dem Mann ist es gelungen, sich vom einfachen Gefreiten im Deutschen Heer zum Führer eines Volkes von nahezu achtzig Millionen hinaufzuarbeiten. 1

Ich bin ihm nie persönlich begegnet, aber sein Erfolg allein bewies mir, dass ich mich diesem Mann unterordnen sollte. Er war irgendwie so haushoch überlegen, dass die Menschen ihn anerkennen mussten. Mit dieser Rechtfertigung habe ich ihn freudig anerkannt, und ich verteidige ihn immer noch. 1

Ich muss ganz ehrlich sagen, wenn wir alle 10 Millionen Juden vernichtet hätten, die Himmlers Statistiker 1933 erfasst hatten, würde ich sagen: »Gut, wir haben einen Feind vernichtet«. 2

Aber damit meine ich nicht, sie völlig beseitigen. Das wäre nicht sauber gewesen – wir führten einen sauberen Krieg. 1

Bewertung

Bewertung: Bereits in der gewählten Methode, Herstellung eines Dilemmas oder Konflikts, zeigt sich der Einfluss *Piagets*. In diesen Dilemmata besteht ein Ungleichgewicht, das aufgelöst wird (Äquilibration). Dies führt zu immer komplexeren Lösungsversuchen und komplexeren kognitiven Strukturen. Die Übernahme grundlegender Prinzipien aus den Theorien von *Piaget* ist insofern vertretbar und folgerichtig, als es bei dieser Theorie im Wesentlichen um das Denken über Verhalten geht. Für die Stufenabfolge wird Universalität in Anspruch genommen, das bedeutet, ihre Reihenfolge kann nicht verändert werden. Allerdings sind Verzögerungen und Beschleunigungen möglich.

4.2.4.   Erik H. Erikson: Theorie der psychosozialen Entwicklung

Bei den beiden bisher beschriebenen Theorien galt das Interesse der Entwicklung des Menschen als denkendem und moralisch handelndem Wesen. Wenden wir uns nun einer Theorie zu, welche die soziale Natur des Menschen betont. Zugleich ist es eine Theorie, die frühzeitig eine Entwicklungspsychologie der Lebensspanne formulierte: Die Theorie der psychosozialen Entwicklung von *Erikson* (1987; 2002).

Erik H. Erikson wurde 1902 in Frankfurt am Main geboren. Seine Eltern hatten sich vor seiner Geburt getrennt. Als Erik drei Jahre alt war, heiratete seine Mutter den Kinderarzt Theodor Homberger, und der Junge wuchs als Erik Homberger auf. In der Schule wurde er als Jude gehänselt, im jüdischen Religionsunterricht wegen seines »nordischen« Aussehens. 1933 floh Erik mit seiner jungen Familie in die USA und nahm den Namen *Erik H. Erikson* an. Sein Lebensweg war überaus wechselvoll. Er eröffnete eine kinderanalytische Praxis, nahm eine Stelle an der Yale University an, lebte einige Zeit bei Sioux-Indianern. Sein beruflicher Lebensweg endete mit einer Professur an der Harvard University, die er bis zum Jahre 1970 innehatte. *Erik H. Erikson* verstarb 1990. Sein unstetes Leben scheint das widerzuspiegeln, was sein wissenschaftliches Thema war: Die Suche nach einer Antwort auf die Frage »wer bin ich?«

Die Entwicklungstheorie von *Erikson* ist eine psychoanalytische Theorie, und ihr Verständnis wird durch die Kenntnis der Entwicklungstheorie von *Sigmund Freud* erleichtert. Während *Freud* die Entwicklung des Menschen allein durch den Sexualtrieb »angetrieben« sah, erweitert *Erikson* sie um eine psychosoziale Komponente. Mit dieser Sichtweise wendet er sich von der orthodoxen Psychoanalyse ab. Die psychosoziale Entwicklung wird in acht Phasen beschrieben, die durch jeweils spezifische Formen der Sexualität bzw. der sozialen Interaktion gekennzeichnet sind. Die ersten fünf umfassen die Sozialisation des Kindes und des Jugendlichen, die Phasen sechs bis acht die des Erwachsenen. In jeder Phase ist eine charakteristische psychosoziale Krise zu lösen. Angemessene Lösungen führen zur »gesunden« Persönlichkeit. Die Phasen sind nach den einzelnen Krisen bipolar benannt. Der jeweils erste Pol kennzeichnet die »gesunde« Lösungsform, der zweite die »ungesunde«.

1. Ur-Vertrauen gegen Ur-Misstrauen (erstes Lebensjahr)

Im ersten Lebensjahr ist der Säugling auf die Fürsorge und die Pflege durch seine soziale Umwelt angewiesen. Ohne sie könnte er nicht überleben. Stetige und stabile Versorgung führt zur Entwicklung des Ur-Vertrauens in die soziale Umwelt. In dem Maße, in dem dieses Vertrauen wächst, entwickelt sich auch Vertrauen in die eigene Person. Der Säugling erlebt, dass er mit seiner Umwelt effektiv kommuniziert. Seine Äußerungen bei Hunger, Durst, Kälte, Unwohlsein werden verstanden und beantwortet. Bleiben dagegen stabile soziale Beziehungen aus, entsteht Ur-Misstrauen. Der Säugling erfährt, dass er weder seiner Umwelt noch sich selbst trauen kann. Angst, Hemmungen und mangelndes Selbstvertrauen werden die langfristigen Folgen sein.

Urvertrauen

2. Autonomie gegen Scham und Zweifel (zweites und drittes Lebensjahr)

Durch die Erfahrung zunehmender motorischer und intellektueller Fähigkeiten entsteht beim Kind ein Gefühl von Autonomie und Selbstkontrolle. Zur Ausbildung von Autonomie bedarf das Kind der sozialen Unterstützung in der Art, dass ihm Aktivitäten angeboten werden, die es auch bewältigt. In dem Maße, in dem die soziale Umwelt Erfolge verhindert oder gar Misserfolge herbeiführt, werden sich beim Kind Zweifel und Scham einschleichen. Dabei ist die Sauberkeitserziehung besonders bedeutsam.

Autonomie

3. Initiative gegen Schuldgefühl (viertes und fünftes Lebensjahr)

Das Kind verfügt jetzt bereits über ausgeprägte motorische Fähigkeiten und ist in der Lage, in immer weitere Bereiche seiner äußeren Umwelt vorzudringen. Es wird initiativ und will die Welt erforschen. Dabei kann es aus Sicht von Erwachsenen durchaus »zu weit« gehen, etwa wenn es herauszufinden sucht, was sich eigentlich unter dem Lack des neuen Autos befindet oder welches Geheimnis wohl dahintersteckt, dass die Eltern in ihrem Schlafzimmer nicht gestört werden wollen. An ihren Reaktionen wird es möglicherweise erleben, dass sein Interesse an der Welt und an Sexualität für die geliebten Bezugspersonen auch verletzend und kränkend sein kann. Schuldgefühle sind dann die Folge.

Initiative

4. Werksinn gegen Minderwertigkeitsgefühl (sechstes bis elftes Lebensjahr)

In dieser Phase sollte auf dem Wege der gesunden Persönlichkeit das Gefühl erworben werden, dass man etwas zustande bringt und dass man das sogar ganz gut kann. Dieses Gefühl nennt *Erikson Werksinn*. Ein Kind mit ausgeprägtem Werksinn erlebt sich als produktiv und fleißig. Es erwirbt in der Schule die Kulturtechniken und Wissen, lernt Regeln und bewältigt zunehmend schwierigere Aufgaben. Es nimmt die ihn umgebende Kultur in sich

Werksinn

auf. Werden die Aktivitäten des Kindes jedoch als überflüssig, unsinnig oder dumm hingestellt, dann entwickelt sich das Gefühl der Minderwertigkeit.

5. Identität gegen Identitätsdiffusion (Jugendzeit)

Identität

Jugendliche befinden sich in einer Phase tiefgreifender biologischer, psychischer und sozialer Veränderungen. Sie erleben, dass sie keine Kinder mehr sind, ohne dass bereits deutlich wird, was sie nun sind oder sein werden. »Wer bin ich eigentlich?«, ist die Frage, die sich den Jugendlichen stellt. Sie sind auf der Suche nach ihrer Identität. Sie müssen lernen, dass sie trotz aller Veränderungen, trotz der verschiedenen Lebensbereiche, in denen sie sich befinden (z.B. als Schüler oder Berufstätige, als Sohn oder junger Mann, als Tochter oder junge Frau), stets sie »selbst« sind. Gelingt es nicht, die verschiedenen Facetten des Selbst zur personalen Identität zu integrieren, spricht *Erikson* von Identitätsdiffusion. Solchen Personen misslingt die Einordnung in die reale Welt. Sie verstecken sich vielleicht hinter Intoleranz oder Aggressivität oder sie fliehen in Sucht oder Suizid. Man könnte sagen: Wer nicht weiß, wer er ist, der weiß auch nicht, wohin er gehört.

6. Intimität und Solidarität gegen Selbstbezogenheit (junges Erwachsenenalter)

Intimität

In dieser Phase sieht sich der junge Erwachsene den Herausforderungen von Berufsausbildung oder Studium und des Aufbaus intimer Beziehungen ausgesetzt. Dies gelingt nur auf der Grundlage einer sicheren Identität zufriedenstellend. Nur Personen mit sicherer Identität sind in der Lage, intime Beziehungen, in denen man sich zueinander bekennt, einzugehen. Das Gegenstück zur Intimität ist die Distanzierung, d. h. die Tendenz, sich selbst zu isolieren und Menschen und deren Einflüsse von sich fernzuhalten.

7. Generativität gegen Stagnierung (mittleres Erwachsenenalter)

Generativität

Gesunde Personen im mittleren Erwachsenenalter, die ihre Identität gefunden haben und diese mit einem intimen Partner teilen, streben nach Generativität. Dies »ist in erster Linie das Interesse an der Erzeugung und Erziehung der nächsten Generation, wenn es auch Menschen gibt, die ... diesen Trieb nicht auf ein Kind, sondern auf eine andere schöpferische Leistung richten« (*Erikson* 2002, S. 117). Unter Generativität fallen letztlich alle Aktivitäten, die von der eigenen Person irgend etwas an andere abgeben (ein Lehrbuch schreiben zum Beispiel). Ermöglicht die soziale Umwelt dem Individuum keine Generativität, dann stagniert die Entwicklung der Persönlichkeit ebenso wie die der zwischenmenschlichen Beziehungen.

8. Integrität gegen Verzweiflung und Ekel (höheres und hohes Alter)

Integrität

Die letzte Phase ist vom Rückblick auf das bisherige Leben im Anblick des nahenden Todes gekennzeichnet. Die gesunde Person, welche die vorigen psychosozialen Krisen angemessen gemeistert hat, erlebt jetzt das Gefühl persönlicher Integrität. Sie ist in der Lage, das eigene Leben, so wie es war, in Zufriedenheit zu akzeptieren. Wird diese Zufriedenheit nicht erreicht, verfällt sie in Verzweiflung über vertane Chancen und in Ekel über die eigene Unzulänglichkeit.

Erikson hat seine Entwicklungstheorie in einem Diagramm zusammengefasst   **Zusammenfassung** (s. S. 95), das als Arbeitsvorlage beim (Selbst-)Studium, in Gruppendiskussionen oder bei Fallbeschreibungen verwendet werden kann. Jede der acht Phasen wird hinsichtlich:

- der zentralen Krise (A),
- der relevanten sozialen Umwelt (B),
- der Sozialordnung (C),
- der psychosozialen Modalität (D) und
- des psychosexuellen Entwicklungsstandes (E)
  charakterisiert.

Bewertung: Für seine Phasentheorie der psychosozialen Entwicklung erhebt   **Bewertung** *Erikson* einen universellen Anspruch. Er bezeichnet die Phasenabfolge als *Wachstumsplan*. Jeder Mensch durchläuft diese Phasen und löst sie in irgendeiner Weise. Die Lösungen der Krisen sind individuell und geschehen in Interaktion mit der sozialen Umwelt. In die Lösungs- und Entwicklungsfähigkeit des Menschen(geschlechts) hat *Erikson* ein hohes Vertrauen. Die Menschen werden eine gesunde Entwicklung nehmen, »wenn wir nur lernen, leben zu lassen; ...« (*Erikson* 2002, S. 122).

4.2.5.   Lew Vigotski: Theorie der kulturhistorischen Entwicklung

Die vierte Entwicklungstheorie stammt von dem russischen Psychologen *Lew Vigotski* (1896 – 1934). *Vigotski* ist als »Mozart der Psychologie« charakterisiert worden, zum Einen wegen seines frühen Todes, zum Zweiten wegen seiner charismatischen Ausstrahlung, v.a. aber wegen der bahnbrechenden Überlegungen, die er in seiner kurzen Schaffenszeit entwickelt hat.

Für *Vigotski* waren zwei intellektuelle Strömungen des nachrevolutionären Russlands von großer Bedeutung – die theoretischen Überlegungen von *Marx* und *Engels*, die er auf die Psychologie hin weiterentwickeln wollte, und die literaturwissenschaftliche Debatte der russischen Formalisten, durch die seine Aufmerksamkeit auf die Bedeutung sprachlicher Kommunikation für die Bewusstseinsentwicklung gelenkt wurde. *Vigotski* erste Veröffentlichung war denn auch dem Thema »Psychologie der Kunst« gewidmet.

Vigotski war nach seinem Studium zunächst als Lehrer tätig, bis er 1924 aufgrund eines aufsehenerregenden Vortrags an das neu formierte psychologische Institut der Moskauer Universität kam. Das intellektuelle Klima der damaligen Zeit war geprägt von der dramatischen Umbruchssituation nach der Revolution mit all ihrer Begeisterung, Vision und Utopie, der Ausbildung eines »neuen Menschen«, und von den immensen Aufgaben, die sich aus den Umwälzungen der gesellschaftlichen Verhältnisse ergaben – das Ausmaß an Analphabetismus

	A Psychosoziale Krisen	B Umkreis der Beziehungspersonen	C Elemente der Sozialordnung	D Psychosoziale Modalitäten	E Psychosexuelle Phasen
I	Vertrauen gg. Misstrauen	Mutter	Kosmische Ordnung	Gegeben bekommen Geben	Oral-respiratorisch, sensorisch-kinetisch (Einverleibungsmodi)
II	Autonomie gg. Scham, Zweifel	Eltern	»Gesetz und Ordnung«	Halten (Festhalten) Lassen (Loslassen)	Anal-urethal, muskulär (Retentiv-eliminierend)
III	Initiative gg. Schuldgefühl	Familienzelle	Ideale Leitbilder	Tun (Drauflosgehen) »Tun als ob« (= Spielen)	Infantil-genital, lokomotorisch (eindringend, einschließend)
IV	Werksinn gg. Minderwertigkeitsgefühl	Wohngegend Schule	Technologische Elemente	Etwas »Richtiges« machen, etwas mit anderen zusammen machen	Latenzzeit
V	Identität und Ablehnung gg. Identitätsdiffusion	»Eigene« Gruppen, »die Anderen«, Führer-Vorbilder	Ideologische Perspektiven	Wer bin ich (Wer bin ich nicht) Das Ich in der Gemeinschaft	Pubertät
VI	Intimität und Solidarität gg. Isolierung	Freunde, sexuelle Partner, Rivalen, Mitarbeiter	Arbeits- und Rivalitätsordnungen	Sich im anderen verlieren und finden	Genitalität
VII	Generativität gg. Selbstabsorption	Gemeinsame Arbeit, Zusammenleben in der Ehe	Zeitströmungen in Erziehung und Tradition	Schaffen Versorgen	
VIII	Integrität gg. Verzweiflung	»Die Menschheit« »Menschen meiner Art«	Weisheit	Sein, was man geworden ist, wissen, daß man einmal nicht mehr sein wird.	

Schema: Übersicht über die Entwicklungstheorie von *Erikson* (2002, S. 214 – 215)

war erheblich, kulturelle Unterschiede zwischen den Republiken gewichtig, behinderte Menschen waren bis dahin völlig vernachlässigt. In diesem Klima entwickelte *Vigotski* trotz zunehmender Tuberkulose-Erkrankung eine intensive Lehr-, Forschungs- und Publikationstätigkeit. Aufgrund seiner Ausstrahlung und seiner anregenden Gedanken galt er als »Star«. Kurz nach seinem Tode jedoch veränderten sich die politischen Rahmenbedingungen unter *Stalin* dramatisch und *Vigotski* Werke wurden verboten. Erst nach *Stalins* Tod 1953 kam es zu Neuauflagen und einer Weiterführung seiner Gedanken, u.a. durch die Psychologen *Luria* und *Leontjew*, über die seine Arbeiten auch in Deutschland bekannt wurden. 1963 erschien die erste englische Übersetzung seines Werkes »Denken und Sprechen«. Seit den 80er Jahren kann man von einer *Vigotski*-Renaissance in der US-amerikanischen Psychologie sprechen. *Vigotskis* Ansatz ist von seinen Nachfolgern als *kulturhistorischer Ansatz* bezeichnet worden.

Für *Vigotski* ist das Prinzip der Entwicklung entscheidend für jede Betrachtung innerhalb der Psychologie, also nicht nur für die Betrachtung kindlicher Entwicklung (Ontogenese). Das Wesen eines Phänomens liegt in seiner Entwicklung (vgl. *Vigotski* 1978, S. 65). Die Erfassung der Entwicklung nennt *Vigotski genetische Methode*. Sein Entwicklungsbegriff unterscheidet sich allerdings erheblich von den Entwicklungskonzepten, die bislang vorgestellt wurden: **Entwicklungsbegriff**

- während *Piaget, Kohlberg* und *Erikson* die Entwicklung eines Menschen in Phasen einteilten, hat *Vigotski* ein Modell von Entwicklungslinien vor Augen (s. S. 96). **Entwicklungslinien**
- während *Piaget* und *Erikson* jeweils ein einziges Prinzip als Motor der Entwicklung annahmen, sieht *Vigotski* Entwicklung komplexer: Im Verlauf der Entwicklung verändern sich die Prinzipien, die die Entwicklung steuern (z.B. zunehmende Reife) selbst und zwar in Abhängigkeit vom jeweiligen Entwicklungsstand. Die Entwicklungsmechanismen sind also selbst Gegenstand der Entwicklung. Aufgrund dieser Entwicklungsdynamik lässt sich für den Entwicklungsverlauf nur noch ein formales Bewegungsprinzip angeben (nicht mehr ein inhaltliches), nämlich von elementar zu komplex. Es ist aber wichtig zu erkennen, dass weder das Prinzip elementarer Prozesse die komplexen Prozesse erklären kann (das wäre Reduktionismus) noch das Prinzip komplexer Prozesse die elementaren Prozesse (dies wäre ein Fehlschluss). **Komplexität der Entwicklung**
- die psychologische Charakterisierung des Entwicklungsstandes eines Kindes darf nicht nur den jeweiligen Ist-Zustand erfassen, also das, was das Kind gerade ist oder kann, sondern muss auch das Entwicklungspotential miterfassen, also das, was einem Kind mit Hilfestellung eines Erwachsenen auch schon gelingt. *Vigotski* spricht hier von der *Zone der nächsten Entwicklung*. Hier wird deutlich, dass der Entwicklungsbegriff nicht ausschließlich individuumsbezogen ist, sondern auch interaktive Konstellationen mit einschließt (Hilfestellung eines Erwachsenen). **Zone der nächsten Entwicklung**

Entwicklungslinien   *Vigotski* sieht vier Linien, die sich durch den Entwicklungsprozess eines Individuums ziehen und diese in Wechselwirkung miteinander bestimmen. Diese Entwicklungslinien sind:

- Eigensteuerung des Verhaltens
- kognitive Reflexion psychischen Geschehens
- Internalisierung von Interaktionsverhältnissen
- Verwendung von Zeichensystemen.

Autostimulation   *Eigensteuerung des Verhaltens*: Im Verlauf der Ontogenese erfolgt eine Abnahme der Außensteuerung individuellen Verhaltens durch die Umgebung und eine Zunahme eigenkontrollierten Verhaltens. Die Verhaltensmotivation und -anregung erfolgt zunehmend durch innere Impulse und selbstgeschaffene Anreizkonstellationen. *Vigotski* spricht auch von »Autostimulation« (zitiert nach *Wertsch* 1985, S. 25). Ein wesentliches Resultat dieser Entwicklungslinie ist die Ausbildung von willensabhängiger Verhaltenssteuerung und bewusster Handlungsplanung und -kontrolle und damit wiederum die Ausbildung von Autonomiegefühl und Selbstbewusstsein.

Bewusste Kontrolle   *Kognitive Reflexion psychischen Geschehens*: Im Verlauf der Entwicklung kommt es zur Betrachtung des eigenen psychischen Geschehens durch das Individuum selbst und damit zu dessen Intellektualisierung. Diese Intellektualisierung ermöglicht die Ausbildung von Bewusstsein über die eigene Psyche und damit bewusste Beherrschung und willentliche Kontrolle eigener psychischer Funktionen wie z.B. Gedächtnis oder Aufmerksamkeit. Diese Funktionen geschehen nicht mehr nur, sondern werden bewusst eingesetzt, sie werden, wie *Vigotski* sagt, »gemeistert«. Schulausbildung und die Vermittlung wissenschaftlicher Konzepte spielen in diesem Prozess eine wesentliche Rolle.

Internalisierung von Interaktionsverhältnissen: In diesem Punkt zeigt sich die Grundüberzeugung von *Vigotski*, dass die Entwicklung eines Menschen durch den sozialen Kontext, in dem er lebt, bestimmt wird, in besonderem Maße. Die geistigen Funktionen eines Menschen sind ursprünglich Momente der Kommunikation und Interaktion und werden erst in einem Prozess der Internalisierung in das Individuum hineinverlagert (und damit strukturell und funktional verändert). Dies ist der Grund, warum man von der sozialen Natur geistiger Funktionen sprechen kann. *Vigotski* spricht von einem »allgemeinen Gesetz kultureller Entwicklung«: »Jede Funktion in der kulturellen Entwicklung eines Kindes erscheint zweimal oder auf zwei Ebenen. Zunächst erscheint sie auf der sozialen Ebene und dann auf der psychologischen. Zunächst erscheint sie zwischen Personen als interpsychologische Kategorie und dann innerhalb des Kindes als intrapsychologische. Dies gilt in gleicher Weise für Aufmerksamkeitssteuerung, logisches Schlussfolgern, Begriffsbildung und Willenskraft. Diese Auffassung kann man als Gesetz im strikten Sinne des Wortes begreifen. (...) Soziale Relationen bzw. Relationen zwischen Menschen liegen entwicklungstheoretisch allen höheren geistigen Funktionen und ihren Relationen zugrunde« (zitiert nach *Wertsch* 1985, S. 60, unsere Übersetzung).

Vigotski weist auf die dialogische Organisation unseres Denkens hin; drei Aspekte sollen hier genannt werden:

Dialogische Organisation des Denkens

- die Organisation von Denkprozessen im Frage-Antwort-Schema (beim Versuch des Problemlösens z.B. formuliert man für sich selbst im kognitiven Prozess Fragen, die man zu beantworten sucht);
- die Bedeutung von Anweisungen und Befehlen als Momente der Handlungsplanung und -durchführung (angesichts einer unangenehmen Aufgabe stimuliert man sich selbst durch einen Imperativ: »Los jetzt!«);
- der Einfluss von Personenbeschreibungen auf die Entwicklung der Wahrnehmungsfähigkeit eines Kindes (die Kennzeichnung eines Menschen mit dem Wort »bucklig« lenkt die Aufmerksamkeit eines Kindes auf genau dieses Merkmal des Menschen und stellt es in den Vordergrund der Wahrnehmung).

Verwendung von Zeichensystemen: Für *Vigotski* ist eine vierte Entwicklungslinie durch den gesellschaftlich bestimmten Gebrauch von Werkzeug und Zeichensystemen gegeben. Anknüpfend an die Überlegungen *Engels*, dass der Mensch erst durch den Gebrauch von Werkzeugen zur Arbeitsteilung und damit zum Menschen in unserem Sinne wurde, entwickelt *Vigotski* einen analogen Gedanken auch für die Ontogenese des einzelnen Individuums. Allerdings spielen für *Vigotski* neben technischen Werkzeugen *psychologische Werkzeuge* wie z.B. Zählsysteme, Gedächtnistechniken, algebraische Zeichensysteme, Kunstwerke, Literatur, Schemata, Diagramme, Karten und alle Arten konventionalisierter Zeichensysteme die entscheidende Rolle. Das wichtigste Zeichensystem aber ist ihm die Sprache. So wie ein technisches Werkzeug Arbeitsprozesse verändert, so verändern solche psychologischen Werkzeuge geistige Funktionen in ihrem Ablauf und in ihrer Anlage (sie sind also wesentlich mehr als nur mentale Hilfsmittel). Der Einsatz eines solchen Werkzeugs hat Effekte, die für *Vigotski* kognitiven »Revolutionen« gleichkommen. Der entscheidende Entwicklungsgewinn solcher Zeichensysteme liegt in der zunehmenden Ablösung der geistigen Funktionen von partikulären Umständen (Dekontextualisierung). Was das bedeutet, lässt sich am Einsatz des Zahlensystems für das Rechnen veranschaulichen. Bevor kleine Kinder das Zahlensystem beherrschen, sind ihre Rechenoperationen an konkrete Objekte gebunden, mit denen gerechnet wird (»Wenn ich zu diesen drei Äpfeln noch ... «). Diese Bindung findet auch im frühen Rechenunterricht noch statt. Irgendwann aber löst sich die Rechenoperation von den konkreten Gegenständen und das Kind vermag zu rechnen »3 + 2 = 5«. Es hat sich von den partikulären Umständen der Operation gelöst.

Kulturelle Muster als Werkzeuge

Auch an dieser Entwicklungslinie zeigt sich die Bedeutung des soziokulturellen Kontextes, denn solche Zeichensysteme sind nie individuell erfunden, sondern stets gesellschaftlich vorgegeben. Darüber hinaus gehen in sie gesellschaftliche Zwecke ein. So sieht *Vigotski* z.B. den gesellschaftlichen Zweck von Sprache nicht darin, das Denken zu befördern, sondern darin, den Verkehr zwischen Menschen zu regulieren. Er schließt daraus, dass individuelle Denkprozesse in einem erheblicheren Maße gesellschaftlich

Soziokultureller Kontext

bestimmt sind als uns dies unsere Vorstellung vom Individuum in seiner Einzigartigkeit, Originalität und Subjektivität suggeriert. *Vigotski* hat in Studien zur Begriffsbildung kleiner Kinder beobachten können, wie eine zunehmende Beherrschung des Sprachsystems mit einer zunehmenden Dekontextualisierung des Denkens einherging, d.h. mit einem Operieren auf der Ebene abstrakter Begriffe. Ein solches souveränes Operieren führt zu zwei Entwicklungs»sprüngen«:

■ es ermöglicht die Entwicklung logischen, schlussfolgernden Denkens,
■ es ermöglicht die Entwicklung reflexiven Sprachgebrauchs, d.h. die Bewusstwerdung der eigenen sprachlichen Operationen,

und damit eine Weiterentwicklung von Bewusstsein schlechthin.

Übersicht   Abschließend eine schematische Übersicht, die die komplexe Entwicklungsdynamik der geistigen Funktionen veranschaulichen soll:

Erläuterung: Die Verwendung psychologischer Werkzeuge führt – in Wechselwirkung mit internalisierten Interaktionsverhältnissen – zur Ausbildung von Begriffen einerseits und zum inneren Sprechen andererseits. Aus diesen beiden höheren kognitiven Funktionen wiederum entwickelt sich – wieder in Wechselwirkung – die Fähigkeit zum logischen Schließen und zur Reflexion, sowie zur bewussten Handlungskontrolle. Diese Funktionen ihrerseits führen zum entwickelten Bewusstsein.

Schema:
Der Entwicklungszusammenhang von Interaktionsverhältnissen und Ausbildung komplexer geistiger Funktionen

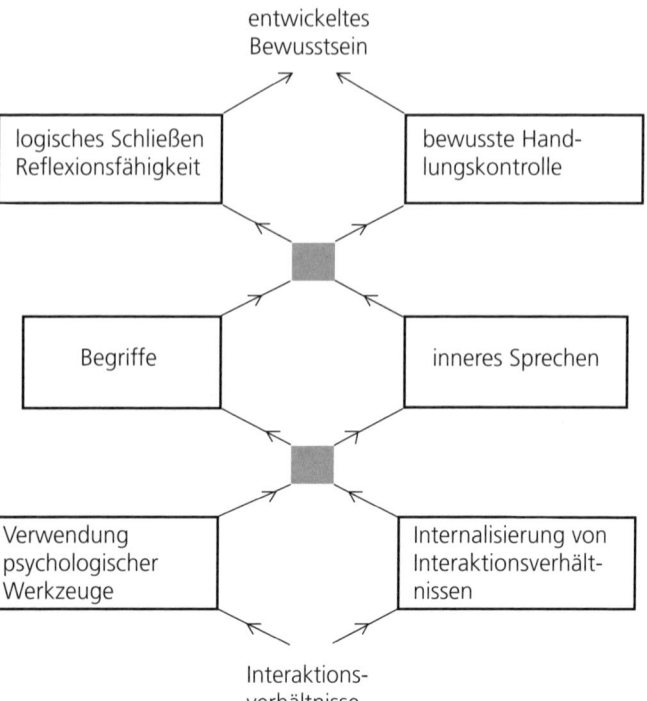

Für *Vigotski* ist die geistige Entwicklung eines Menschen in entscheidendem **Bewertung** Maße mit den Interaktionsverhältnissen, in denen der Mensch sich bewegt, verknüpft. Eine wesentliche Rolle spielen dabei Prozesse sprachlicher Kommunikation. Es ist vor allem die Konsequenz, mit der *Vigotski* diesen Grundgedanken entwickelt und ausgebaut hat, die diesen Ansatz für gegenwärtige Entwicklungspsychologen so attraktiv macht, wenn auch eine Reihe einzelner Hypothesen und Prognosen im Lichte aktueller Erkenntnisse nicht mehr haltbar erscheinen (vgl. *Wertsch* 1985).

4.3. Die Entwicklung im Lebenslauf

4.3.1. Säuglingsalter und frühe Kindheit

Eine etwas altmodische Redensart besagt, dass ein Mensch mit seiner Geburt »ins Leben tritt«. Selbstverständlich stimmt das so wörtlich nicht. Das Leben und mit ihm die Entwicklung beginnt vor der Geburt. Zunehmend lassen sich inzwischen neben der physiologischen Entwicklung auch psychologische Entwicklungsverläufe im Mutterleib beobachten. Neuere technische Möglichkeiten (beispielsweise durch Ultraschall) lassen – zumindest prinzipiell – die Verhaltensbeobachtung eines Ungeborenen zu.

Schwangerschaft und Geburt sind normale Ereignisse, die in der Regel undramatisch verlaufen, die aber dennoch bestimmten Risiken unterworfen sind. Typische Gefahrenquellen für das werdende Kind können sein:

- Fehlernährung und Stoffwechselstörungen   **Risiken**
- Infektionskrankheiten
- Drogen- und Medikamentengebrauch
- Umweltbelastungen oder
- hohes Alter der Mutter.

Gesundheitsbewusstsein und informiertes Verhalten von Müttern und Vätern kann viele dieser Gefahrenquellen vermeiden oder wenigstens vermindern.

Weitere Entwicklungsstörungen sind durch Chromosomenabweichungen und/oder genetisch bedingte Krankheiten möglich und können unter Umständen zum Schwangerschaftsabbruch führen.

Beim Geburtsvorgang selbst besteht die Gefahr einer Schädigung des Zentralnervensystems durch Sauerstoffmangel. Die Folgen umfassen eine weite Spanne von extrem schwerwiegenden bis zu kaum merklichen Beeinträchtigungen menschlicher Entwicklung.

Gerade für Angehörige sozialer Berufe besteht eine besondere Sorgfaltspflicht, bei ihren Klientinnen auf die Inanspruchnahme von Vorsorgeuntersuchungen, Geburtsvorbereitungen und auf risikobewusstes Verhalten hinzuwirken.

Ein gesundes, termingerecht geborenes mitteleuropäisches Baby ist bei der **Neugeborene** Geburt etwa 51 bis 54 cm lang und wiegt um die 3.000 bis 3.500 Gramm.

Neugeborene verfügen, entgegen früher weitverbreiteter Ansicht, über ein erstaunlich vielfältiges Verhaltensrepertoire, mit dem sie auf ihre Umwelt reagieren: Motorische Reflexe, Sinnesleistungen und die Fähigkeit zu bestimmten sozialen Interaktionen gehören dazu.

Einige der aufgeführten Fähigkeiten werden routinemäßig bei jedem Kind eine, fünf und zehn Minuten nach der Geburt untersucht und als APGAR-Index in den Geburtspass eingetragen. APGAR steht für Ability (Muskeltonus), Pulse (Herzfrequenz), Grimace (Gesichtsreflexe), Appearance (Hautfarbe) und Respiration (Atmung). Jedes dieser Merkmale wird mit null bis zwei Punkten bewertet. Ein APGAR-Index von mindestens 7 der 10 möglichen Punkte lässt üblicherweise auf eine stabile Verfassung des Neugeborenen schließen; geringere Punktwerte sprechen für Entwicklungsrisiken.

Reflexe

Nur bei einigen der *motorischen Reflexe* ist ihre Bedeutung offensichtlich. Sie dienen dem Überleben (z.B. der Saugreflex); bei anderen ist ihre Bedeutung bislang unbekannt.

Bei normaler Entwicklung verschwinden die meisten Reflexe etwa nach drei Monaten. Sollten sie sich nicht zurückbilden, dann ist darin eine Entwicklungsstörung zu sehen, welche die Ausbildung der willkürlichen Motorik beeinträchtigt.

Motorik

Der Ablauf der *grobmotorischen Entwicklung* bis zum freien Gehen wird in der folgenden Abbildung im Überblick dargestellt. Zu den darin enthaltenen Zahlenangaben ist zu sagen, dass sich von Kind zu Kind beträchtliche Unterschiede ergeben. Deutlich schnellere Entwicklungen sind ebenso möglich wie auch deutlich langsamere.

Schema:
Entwicklungsablauf
der Grobmotorik bis
zum freien Gehen
(aus *Zimbardo*
1983, S. 112)

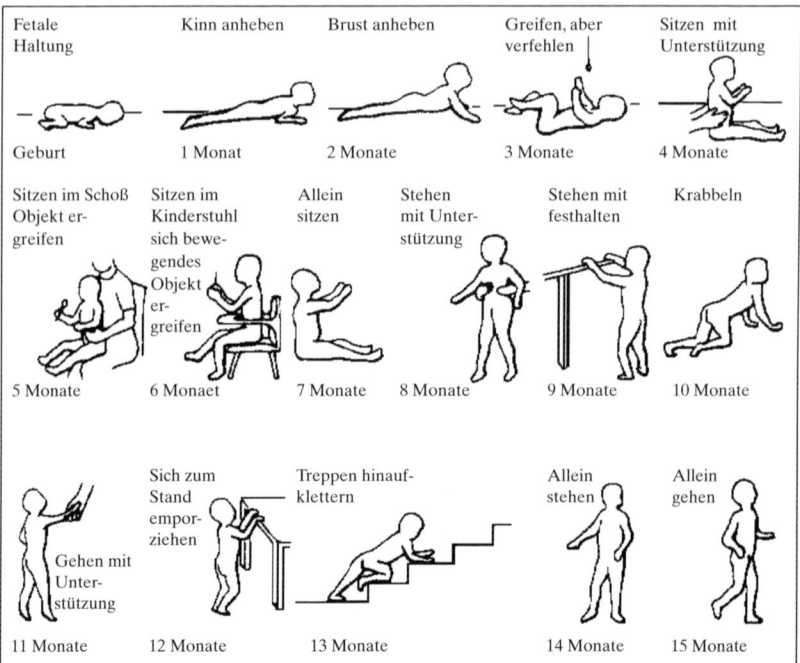

Fetale Haltung	Kinn anheben	Brust anheben	Greifen, aber verfehlen	Sitzen mit Unterstützung
Geburt	1 Monat	2 Monate	3 Monate	4 Monate

Sitzen im Schoß Objekt ergreifen	Sitzen im Kinderstuhl sich bewegendes Objekt ergreifen	Allein sitzen	Stehen mit Unterstützung	Stehen mit festhalten	Krabbeln
5 Monate	6 Monaet	7 Monate	8 Monate	9 Monate	10 Monate

Gehen mit Unterstützung	Sich zum Stand emporziehen	Treppen hinaufklettern	Allein stehen	Allein gehen
11 Monate	12 Monate	13 Monate	14 Monate	15 Monate

Die *Sinnesleistungen* von Neugeborenen sind bereits weit entwickelt. Sie **Sinnesleistungen** können einige Geräusche unterscheiden und scheinen besonders für leise Gesprochenes sensibel zu sein. Sie können Farben unterscheiden und fixieren Muster, wobei sie gegenüber Mustern, die Gesichtern ähneln, besonders aufmerksam zu sein scheinen. Sie sind offensichtlich in der Lage, in einem Abstand, welcher der Entfernung zum Gesicht der Mutter beim Stillen entspricht, scharf zu sehen.

Die *frühen sozialen Fähigkeiten* des Säuglings werden darin gesehen, dass **Soziale Fähigkeiten** sie ihre Bezugsperson(en) zu sozialen Verhaltensweisen bewegen können. Weinen und schreien kann die Bezugsperson herbeiholen; anschauen, ausstrecken der Arme oder sich anschmiegen kann zum Aufrechterhalten des Kontaktes auffordern; Abwehrreaktionen, wie etwa sich abwenden, können den Kontaktabbruch provozieren.

Im Alter von etwa vier Monaten tritt das Erkennungslächeln auf. Das Kleinkind lächelt, wenn es Gesichter (oder Photographien davon) sieht. Dies setzt voraus, dass es inzwischen ein *Gesichtsschema* entwickelt hat. Die Vorliebe für bekannte Gesichter nimmt dabei zu und findet einen deutlichen Ausdruck in der Angst vor Fremden (*fremdeln*) in der zweiten Hälfte des ersten Lebensjahres.

In dem Maße, in dem das Wissen über die Fähigkeiten von Kleinkindern zunahm, stieg die Einsicht, dass eine bloße, noch so sorgfältige körperliche Pflege und Versorgung des Säuglings für eine gesunde Entwicklung nicht ausreicht. Wichtig und notwendig sind Stimulierungen durch Sinneseindrücke und stabile emotionale Zuwendung.

Die Fähigkeit zur sozialen Interaktion nimmt mit der *Fähigkeit des* **Sprechen** *Sprechens* deutlich zu. (Dabei ist besonders für die Eltern ein Zeitpunkt im individuellen Spracherwerb beeindruckend: Wenn das Kind zum ersten Mal verständlich »Mama« und/oder »Papa« sagt.) Nun ist es allerdings nicht so, dass Kleinkinder auf diesem Entwicklungsstand einfach nur weiter Wörter lernen. Vielmehr werden die Wörter situationsgerecht eingesetzt und bedeuten jeweils eine vollständige Aussage.

Beispielsweise kann das Wort »Mehe« (für Milch) je nach Situation bedeuten:

»Ich will Milch haben«,
»Ich habe die Milch verschüttet«,
»Da steht eine Flasche Milch« oder
»Nimm die Milchflasche zurück«.

Solche vollständigen Aussagen, die durch ein einziges Wort repräsentiert **Ein-Wort-Sätze** sind, werden anschaulich als *Ein-Wort-Sätze* bezeichnet. Die individuelle Sprachentwicklung geht dann, mit fließenden Übergängen, weiter über die Aneinanderreihung von Ein-Wort-Sätzen, über Zwei-Wort-Sätze mit erkennbaren grammatikalischen Strukturen zu Drei-Wort-Sätzen. Im Alter von etwa fünf Jahren beherrscht ein Kind seine Muttersprache fast vollständig. *Herrmann* (1983, S. 106) hat den individuellen Spracherwerb kurz zusammengefasst:

Entwicklung des Spracherwerbs

»1. *Im zweiten Viertel des ersten Lebensjahres*: Das Kind beginnt, menschliche Lautäußerungen zu beachten und auf sie mit eigenen Lautproduktionen (Gurren) zu reagieren.

2. *Im zweiten Lebenshalbjahr*: Lautproduktionen des Kindes erweisen sich als Ausdruck des Ärgers oder des Behagens. Es entwickelt sich das Nachahmen gehörter Lautäußerungen, zunächst als Gurren, dann als Lallen (Produktion von Lautkombinationen), gegen Ende des ersten Jahres folgt das Nachahmen von Silben und Wörtern. Das Kind beginnt, auf gehörte Lautäußerungen anhaltend zu lauschen.

3. *Im letzten Drittel des ersten Lebensjahres*: Das Kind zeigt intensive Lallmonologe; es ahmt die von ihm selbst erzeugten Lautfolgen nach und übt die Koordination von eigener Sprachproduktion und Lautwahrnehmung ein.

4. *Am Anfang des zweiten Lebensjahres*: Die ersten Wörter (Ein-Wort-Sätze) werden situationsgerecht ausgesprochen.

5. *Etwa mit eineinhalb Jahren*: Das Kind produziert sprachliche Äußerungen, die aus mehreren (zunächst zwei) Wörtern bestehen.

6. *Etwa mit drei Jahren*: Das Kind produziert fast alle einfachen Satztypen seiner Muttersprache.

7. *Etwa mit vier bis fünf Jahren*: Das Kind beherrscht die Grammatik seiner Muttersprache fast vollständig; die Entwicklung der Syntax ist im Wesentlichen abgeschlossen.

8. *In der mittleren und späten Kindheit*: Das Kind perfektioniert die Beherrschung seiner Muttersprache und lernt komplizierte syntaktische und insbesondere semantische Operationen hinzu.«

Entwicklung des Spiels

Kinder verbringen viel Zeit mit »spielen«. Unabhängig davon, dass eine wissenschaftliche Definition des Spiels schwierig und unscharf ist, besteht weitgehend Konsens darin, dass es im Wesentlichen durch Merkmale wie Zweckfreiheit, Wechsel des Realitätsbezuges sowie der Wiederholung und Ritualisierung gekennzeichnet ist. Die Entwicklung des Spiels in der frühen Kindheit lässt sich als eine Abfolge verschiedener Spielformen beschreiben, wobei die späteren Formen die jeweils früheren mit einschließen (können):

- Sensumotorische Spiele (Üben von Bewegungsabläufen)
- Informations- oder Explorationsspiele (Umgang mit Gegenständen: Prüfen von deren Eigenschaften, z. B. Zerlegen von Spielsachen)
- Konstruktionsspiele (Herstellen von Gegenständen, z. B. Bauen mit „Lego")
- Symbol- oder Fiktionsspiele (Umdeutung von Gegenständen nach eigenen Wunschvorstellungen, z. B. Bobby-Car als Rennauto, Fahrer als »Schumi«)
- Rollenspiele (Zusammenspiel mit anderen in fiktiven Situationen, »Vater – Mutter – Kind«)
- Regelspiele (Aktivitäten nach festgelegten Regeln, Gesellschaftsspiele, Sportspiele)

Formen und Inhalte belegen die zentrale Bedeutung des Spiels für eine angemessene Entwicklung. Es dient »der Lebensbewältigung zu einem Zeitpunkt, da andere Techniken und Möglichkeiten nicht zur Verfügung stehen« (*Oerter* 2002, S. 223). In ihm lernen Kinder psychomotorische, sozial-emotionale und kognitive Herausforderungen zu bestehen (*Bruner* 1983).

4.3.2. Kindheit

Der Eintritt in die Schule kann als eine gesellschaftlich gesetzte Markierung im individuellen Lebenslauf gesehen werden. Schulbesuch bedeutet eine drastische Veränderung von primärer Sozialisation im Kreis der engen Bezugspersonen hin zur sekundären Sozialisation durch eine staatliche Institution, deren Einfluss sich niemand entziehen kann.

Ist ein Kind »schulreif«? Diese Frage war lange Zeit ein bedeutsames praktisches Forschungsfeld der Kinderpsychologie. Wenngleich die damit verbundenen Vorstellungen von Entwicklung als Heranreifen inzwischen überwunden sind und die Interaktion zwischen Institution »Schule« und Biographie des Kindes in den Vordergrund gerückt ist (siehe beispielsweise *Nickel* 1998), eignet sich der Anlass der Einschulung dennoch gut, Bilanz über das Verhaltensrepertoire von sechsjährigen Kindern zu ziehen. Ein sechsjähriges Kind kann in der Regel (vgl. *Langfeldt* 1987):

Verhaltensrepertoire Sechsjähriger: Motorik

Im Bereich der Grob- und Feinmotorik:
- mit geschlossenen Augen gehen,
- mit einem Bein (links und rechts) stehen und hüpfen,
- auf einem Brett (5 – 10 cm breit) vorwärts und rückwärts balancieren,
- mit geschlossenen Beinen vorwärts und rückwärts bzw. seitwärts nach links und rechts hüpfen,
- Treppen steigen, ohne sich festzuhalten,
- einfache Vorformen des Schreibens handhaben (Muster malen),
- Holzperlen auf eine Schnur aufreihen.

Im Bereich der Sprache:

Sprache

- korrekt artikulieren,
- grammatikalisch richtig sprechen,
- Dinge des täglichen Lebens und (mindestens) die Grundfarben rot, gelb, grün und blau richtig benennen,
- konkrete Begriffe bilden.

Im Bereich des sozial-emotionalen Verhaltens:

Sozial-emotionales Verhalten

- in kleinen Gruppen interagieren,
- einfache Regeln und Verabredungen treffen und einhalten,
- zu unbekannten Personen Kontakt aufnehmen,
- Trennung von engen Bezugspersonen auf Zeit ertragen,
- sich aufmerksam einer Sache zuwenden.

Die Kontakte zu Gleichaltrigen (*Peers*) nehmen zeitlich zu und werden wichtiger. Die Freundschaften sind allerdings labil und müssen aktiv aufrecht erhalten werden. Mädchen haben in der Regel einen kleineren Freundeskreis als Jungen. Dabei ist dieser allerdings auch stabiler.

Freundschaften

Die Zeit der Kindheit zwischen Schuleintritt und Pubertät wird im allgemeinen als eine unauffällige Entwicklungszeit beschrieben, in der Kinder eher optimistisch und aufgeschlossen sind und ihre Fähigkeiten kontinuierlich ausbauen und stabilisieren.

Nach *Piaget* bewegt sich das Denken im Stadium der konkreten Operationen; der moralische Entwicklungsstand im Sinne von *Kohlberg* ist vom Bestreben, ein gutes Kind zu sein, gekennzeichnet; nach *Erikson* wird in dieser Zeit der Konflikt Werksinn gegenüber Minderwertigkeit bearbeitet und *Freud* sieht die psycho-sexuelle Entwicklung sich in den ruhigen Bahnen einer Latenzphase bewegen.

Schule und Arbeitswelt

Wenn man die Entwicklung von Kindern in Gesellschaften mit Schulpflicht und regelmäßigem Schulbesuch beschreibt, dann hat man es genaugenommen weniger mit einer Kinderpsychologie zu tun, sondern mit einer Entwicklungspsychologie von Schülern. In Schulen erwerben die Kinder und Jugendlichen mehr als nur Kulturtechniken und Wissen, sie lernen im wesentlichen auch die Übernahme gesellschaftlicher Verhaltensnormen und Wertvorstellungen. Ein wesentliches Merkmal gesellschaftlicher Integration eines Individuums liegt in seiner Berufstätigkeit. Schule bereitet durch vergleichbare Strukturen zur Arbeitswelt auf diese vor. *Oerter* (1987a, S. 249) hat die Gemeinsamkeiten von Schule und Arbeitswelt in einer Gegenüberstellung sichtbar gemacht (siehe S. 105):

Aus dieser Gegenüberstellung allein lässt sich nicht ohne weiteres die begründete Hypothese ableiten, dass erfolgreiche schulische Entwicklung und Sozialisation eines Kindes und Jugendlichen die Chancen für berufliche Sozialisation und gesellschaftliche Integration des Erwachsenen erhöhen. Interkulturelle Studien belegen jedoch den prägenden und vereinheitlichenden Einfluss der Schulbildung auf den weiteren Lebensweg (*Oerter* 1987a, S. 248 – 251).

4.3.3.   Jugendalter

In Familien, auf der Straße, in Schulen, in Heimen, überall, wo man Jugendlichen begegnet, scheint sich das Jugendalter dramatisch anzukündigen. Da wachsen die Kinder »schlagartig«, bewegen sich schlaksig und ungeschickt, sind in ihren emotionalen Reaktionen unberechenbar, sind albern oder verstimmt, arbeiten in der Schule nicht mehr mit, kleiden sich unmöglich ... Wer kennt sie nicht, die berühmt-berüchtigte Pubertät?

Pubertät

Die Pubertät, d.h. der Beginn der Geschlechtsreife, wird üblicherweise als der Beginn des Jugendalters angesehen. Die erste Menstruation beim Mädchen und der erste Samenerguss beim Jungen sind unmissverständliche Zeichen. Demgegenüber gibt es keine vergleichbaren Indikatoren, an denen sich das Ende der Jugendzeit festmachen ließe. So etwa um das zwanzigste Lebensjahr wird man in der Regel eher vom jungen Erwachsenen als vom Jugendlichen sprechen.

Bereits vom äußeren Erscheinungsbild her sind die Veränderungen in der Jugendzeit beeindruckend. Einige dieser Veränderungen sind geschlechtsunabhängig, andere wiederum geschlechtstypisch.

Kennzeichen	Schule	Beruf
»Beliebigkeit«	Lernen einer Vielzahl von (in den Augen des Schülers) willkürlich zusammengestellten Wissensstoffen und Techniken.	Aufträge wechseln je nach Notwendigkeit im Fertigungsprozess. Sie hängen nicht mit persönlichen Interessen oder Wünschen des Arbeitnehmers zusammen.
Zeitliche Terminierung	Schulaufgaben, Lernprozesse und Leistungsproben müssen innerhalb vorgegebener Zeitgrenzen vollendet sein.	Arbeitszeiten sind nach Wochenstunden festgelegt, der Fertigungsprozess ist wesentlich von Terminen bestimmt.
Zuverlässigkeit	Aufträge müssen jederzeit möglichst gut bewältigt werden.	Aufträge müssen jederzeit in der gleichen Qualität ausgeführt werden.
Motivation	Schüler soll sich möglichst für alle Wissensstoffe interessieren und an allen Lernaktivitäten Spaß haben	Arbeitnehmer soll seine Arbeit gerne verrichten und sich am Arbeitsplatz wohlfühlen.
»Sinn«	Schüler vermag Sinn und Zweck des Wissenserwerbs in den meisten Fällen nicht zu durchschauen	Arbeitnehmer kann Zusammenhang zwischen seiner konkreten Tätigkeit und dem Gesamtergebnis, nämlich dem Stellenwert innerhalb der Erhaltung und Reproduktion der Gesellschaft nicht mehr erkennen.
Gegenwert	Noten Als symbolische Entlohnung und Bewertung. Aber die gleiche »Arbeit« im Sinne des getriebenen Aufwandes wird keineswegs durch die gleiche Note abgegolten, noch wird der gesamte individuell verschiedene Aufwand	Geld Als indirekte (nicht naturale) Form der Entlohnung. Für individuell geleistete Arbeitszeit gibt es einen vereinbarten Gegenwert in Form eines Geldbetrages (Tarifvertrag). Aber auch hier gibt es nicht die gleiche Bezahlung für gleiche Arbeit noch ist der Arbeitslohn die volle Vergütung für die geleistete Arbeit (Prinzip des »Mehrwertes«).

Schema:
Gemeinsame Züge von schulischer und beruflicher Arbeit (*Oerter* 1987a, S. 249)

Wachstumsschub   Geschlechtsunabhängig ist der pubertäre Wachstumsschub, wohingegen der Zeitpunkt geschlechtypisch ist. Bei Jungen setzt er etwa zwei Jahre später ein als bei Mädchen. Zunächst wachsen Kopf, Hände und Füße, anschließend Arme und Beine und zuletzt der Rumpf. Dadurch kann es vorübergehend zu schlaksigen Bewegungen und motorischen Unsicherheiten der Jugendlichen kommen. Etwa vier Jahre später haben die Jugendlichen ihre endgültige Körpergröße erreicht und die geschlechtstypischen Körperproportionen der jungen Frauen und Männer sind ausgeprägt.

Der geschlechtstypische Vorsprung der Mädchen findet sich auch in der Entwicklung der Geschlechtsmerkmale wieder; vgl. *Oerter* und *Dreher* (2002, S. 278).

Säkulare Akzeleration   Das Alter der Menarche bzw. des ersten Samenergusses ist in den letzten 150 Jahren deutlich gesunken; allein in den letzten 20 Jahren um 1,3 Jahre bei Mädchen und um 1,7 Jahre bei Jungen. Dieses Phänomen der beschleunigten Entwicklung nennt man *säkulare Akzeleration*.

Daraus ergibt sich, dass Jugendliche, körperlich betrachtet, immer früher erwachsen werden. Aufgrund der immer längeren Ausbildungszeiten verhält es sich mit der Selbstständigkeit und der Unabhängigkeit von den Eltern eher konträr. Dieser Umstand wird häufig als eine Ursache für jugendliches Problemverhalten angesehen und erfordert gleichermaßen hohe Anpassungsleistungen von Jugendlichen und Eltern bzw. Erziehern.

Körperselbstbild   Die raschen körperlichen Entwicklungen bewirken auch, dass sich die kognitive Repräsentation des Körpers, das *Körperselbstbild*, der Jugendlichen verändert. Die kräftigere und muskulösere körperliche Statur von männlichen Jugendlichen entspricht weitgehend dem üblichen Schönheitsideal und bringt Vorteile z.B. beim Sport oder im Umgang mit dem anderen Geschlecht. In der Regel sprechen Erwachsene Jugendlichen, die bereits älter aussehen, mehr Verantwortungsbewusstsein und Kompetenzen zu. Die Veränderungen werden bemerkt und in der Regel begrüßt, so dass sich bei den männlichen Jugendlichen ein positives Körperselbstbild entwickelt. Bei weiblichen Jugendlichen hingegen widerspricht vor allem die eintretende Gewichtszunahme dem schlanken, mädchenhaften Schönheitsideal. Im Falle einer Frühentwicklung sind die Mädchen größer als ihre Altersgenossen. Teilweise sind sie zweideutigen sexuellen Reaktionen ausgesetzt. Frühentwickelte Mädchen haben in dieser Zeit ein eher negatives Körperselbstbild, während frühentwickelte Jungen über ein besonders positives Körperselbstbild verfügen.

Kognitive Entwicklung   *Kognitive Entwicklung im Jugendalter*: Das Denken erreicht im Jugendalter eine neue Qualität. Mit Beginn der formal-operatorischen Stufe im Sinne von *Piaget* ist der Jugendliche in der Lage, sich vom Gegebenen zu lösen und stattdessen auch abstrakter und in Möglichkeiten und Hypothesen zu denken. Tatsächlich verwenden Jugendliche viel Zeit und Energie darauf, alternative Möglichkeiten gedanklich durchzuspielen und sie mit dem Tatsächlichen zu vergleichen, wodurch es häufig zu beharrlichen und leidenschaftlichen Diskussionen über Politik, Religion oder die gesellschaftlichen Verhältnisse kommen kann.

Nach *Fend* (1990) ist die Phase der Pubertät durch eine Innenwendung der Aufmerksamkeit gekennzeichnet, während der die eigenen Gedanken, Stimmungen und Gefühle zum Objekt des Denkens und Analysierens werden. Die erlebbaren biologischen, emotionalen und kognitiven Veränderungen, die der Jugendliche durchmacht, provozieren die Fragen »Wer bin ich?«, »Was will ich?« und »Was kann ich erreichen?«. **Suche nach dem Selbst**

Damit ist das Jugendalter im Wesentlichen durch die Suche nach dem Selbst, der persönlichen Identität, gekennzeichnet. Seine Identität findet der Jugendliche in der Bewältigung der an ihn gestellten Entwicklungsaufgaben.

Für Schüler und Studierende ist »Beruf« noch ein Problem der fernen Zukunft. Die Zukunftsperspektive ist dementsprechend weitgehend unklar und verschwommen. Beim Jugendlichen, der nicht die Sekundarstufe II besucht, sind Zukunftsperspektiven deutlich und in der Regel auch realistisch.

Beide Umwelten »Schule« und »Beruf« sind für das Finden der eigenen Identität gleichermaßen bedeutsam. Während berufstätige Jugendliche einen beträchtlichen Teil ihrer persönlichen Identität über ihre Tätigkeit beziehen, erwirbt der Gymnasiast sie über seine Interaktion mit seinen Mitschülern.

Die *Peer-Group*, d.h. die Gruppe der Gleichaltrigen und Gleichgesinnten, bestimmt den Rahmen sozialer Interaktionen von Jugendlichen in besonderem Maße. Aus Sicht der Jugendlichen erscheint sie als »unsere Clique«. Bei Berufstätigen setzt sie sich im wesentlichen aus Mitgliedern des näheren Wohnumfeldes zusammen, während bei Schülern vorzugsweise die Mitschüler und Mitschülerinnen die Bezugsgruppe bilden. Deshalb sind Peergruppen in der Regel im Hinblick auf soziale Schicht und Schulbildung relativ homogen. **Peer-Group**

Peergruppen sind (nach *Oerter* 1987b, S. 318) für die Entwicklung der Jugendlichen aus mehreren Gründen bedeutsam. Sie können

- emotionale Sicherheit gewähren,
- zur Orientierung beitragen, wie »man« sich verhält,
- soziale Aktivitäten ermöglichen, die ohne Rückhalt der Gruppe zunächst als bedrohlich erscheinen,
- durch das Bereitstellen vielfältiger Möglichkeiten gemeinsamer Aktivitäten zur Identitätsfindung beitragen und
- die Ablösung vom Elternhaus unterstützen.

Die Bedeutung der Peers und die der Eltern gestaltet sich differenziert. Während sich Jugendliche auf einer eher oberflächlichen Ebene (Erscheinungsbild, Umgangsformen und Rituale) fast ausschließlich an den Mitgliedern ihrer Clique orientieren, werden auf einer tieferen Ebene, wenn es um Fragen der Werte, Ziele und Einstellungen geht, nach wie vor eher die Eltern als Leitbild bevorzugt. Auch bei wichtigen schulischen und persönlichen Entscheidungen oder Problemen vertrauen Jugendliche nach wie vor eher auf die Unterstützung und den Rat ihrer Eltern.

4.3.4. Erwachsenenalter

Erwachsen sein

War es noch vergleichsweise einfach festzulegen, wann das Jugendalter beginnt, ist dies beim Erwachsenenalter nicht mehr möglich. Eine alltägliche Vorstellung besagt, dass ein Jugendlicher dann zum Erwachsenen geworden ist, wenn er (irgendwie) »reif« ist. Einige Kriterien des Erwachsenseins lassen sich definieren. In unserer Kultur wird man einen Menschen als erwachsen bezeichnen, wenn beispielsweise finanzielle Unabhängigkeit, Berufsausübung, Heirat und Erziehung eigener Kinder gegeben sind. Das Fehlen solcher Kriterien heißt allerdings nicht, dass die betreffende Person nicht erwachsen ist. Offensichtlich gibt es Erwachsene, die nicht finanziell unabhängig sind, keinen Beruf ausüben, allein leben und keine eigenen Kinder haben. Umgekehrt wird man nicht ohne weiteres eine vierzehnjährige Mutter als »erwachsen« betrachten. Trotz dieser (eher akademischen) Schwierigkeiten, Erwachsenenalter zu definieren, besteht ein weitgehend brauchbares Alltagsverständnis der Bezeichnung »Erwachsener«.

Erwachsenen-Rollen

Die beiden wichtigsten Sozialisationsbedingungen im Erwachsenenalter sind Familie und Beruf. Zu bewältigen ist also Partnerwahl, Partnerschaft, Familiengründung, Kindererziehung einerseits und gesellschaftlich berufliche Einordnung und Stabilisierung andererseits. Jede dieser beiden Entwicklungsaufgaben ließe sich in eine Reihe von eng umschriebenen Teilaufgaben untergliedern.

In Zeiten gesellschaftlichen Wandels ist jedoch mit immer mehr Personen zu rechnen, die dieses Schema von Anforderungen nicht erfüllen (können oder wollen), sondern die spezifische Entwicklungsaufgaben zu erfüllen haben. Beispielsweise sind das etwa alleinerziehende Mütter oder Väter, Frauen, die nicht nur die Hausfrauenrolle ebenso wie Männer, die nicht nur ihre Berufsrolle ausüben möchten oder Frauen und Männer, die den Verlust eines Partners durch Trennung zu bewältigen haben.

Berufliche Sozialisation

Die berufliche Sozialisation lässt sich ebenso wenig allgemein beschreiben. Die beruflichen Felder sind hinsichtlich der Anforderungen und des verdienten Gegenwertes (in Form von Bezahlung, Freizeit, Prestige usw.) äußerst unterschiedlich. Zudem wird es heute immer unwahrscheinlicher, dass eine Person einen einmal ergriffenen Beruf in gleichbleibender Weise ihr Leben lang wird ausüben können.

Angesichts der zunehmenden Pluralität und Individualität der Lebensstile muss der Versuch einer allgemeinen Beschreibung des Erwachsenenlebens unbefriedigend bleiben. Besonders für Angehörige sozialer Berufe, die nicht selten mit Klienten zu tun haben, die dem allgemeinen kulturellen Schema wenig entsprechen, wäre eine solche Beschreibung zudem eher irrelevant. Einen allgemeinen, gemeinsamen Effekt aller Sozialisationsverläufe im Erwachsenenalter wird man jedoch annehmen dürfen. Sie sind, so unterschiedlich sie auch sein mögen, so nachhaltig, dass sie bis ins hohe Alter einwirken. Bereits im Erwachsenenalter werden die Lebensstile im Alter determiniert.

4.3.5. Alter

Zwei Karikaturen von alten Menschen:
Oma, einen Pullover strickend, erzählt dem Enkel eine Geschichte. Opa sitzt auf dem Sofa und liest ein gutes Buch. Mutter kommt nach Hause. Oma macht Tee und hört sich ihre Sorgen an, während Opa das Lösen von Gleichungen mit zwei Unbekannten erklärt.

Oma keift hinter der Tochter her, dass sie nie Zeit für sie habe, dass man nach all der Arbeit doch etwas Dankbarkeit erwarten könnte, dass der Rock der Enkeltochter zu kurz und die Haare des Enkelsohnes zu lang seien, Opa verschüttet seinen Kräutertee, verstreut Zigarettenasche auf Hose und Teppich, kramt ein altes Photo hervor aus der Zeit, als die Röcke noch lang und die Haare kurz waren und erklärt, alle beruflichen Schwierigkeiten ließen sich beheben, wenn man nur früh genug aufstünde, aber dazu sei die Tochter sich ja zu fein.

Jede dieser Karikaturen ist so falsch wie die andere. Sie spiegeln eher Unkenntnis als Wissen wieder. Es sind Vorurteile und unzulässige Verallgemeinerungen. Auch im Alter bleibt die Pluralität und Individualität der Lebensstile erhalten. Die Alten gibt es nicht.

Erfolgreiches Altern

Ein zentraler Punkt der Entwicklungspsychologie des Alters betrifft das Problem des *erfolgreichen Alterns*. Was sind die Bedingungen, die das Erreichen eines hohen Lebensalters bei gleichzeitigem maximal möglichem psychisch-physischem Wohlbefinden fördern oder behindern?

Lehr (2007, S. 72 – 73) hat am Ende ihres Lehrbuches versucht, diese Frage in einem Modell zu beantworten:

»Dieses Modell zeigt, wie eine genetische Komponente (1) und ökologische Faktoren (2) einmal direkt die Langlebigkeit zu beeinflussen vermögen, sodann auch (3 + 4) auf die Intelligenz und die Persönlichkeitsstruktur bzw. die Aktivität sich auswirken. – Intelligenz- und Persönlichkeitsstrukturen sind aber auch ganz maßgeblich durch die soziale Umwelt (5), die Erziehungsweisen der Eltern, geprägt. Intelligenz und Persönlichkeitsstruktur wiederum scheinen die Langlebigkeit sowohl direkt (6) als auch indirekt zu beeinflussen, indem sie (zumindest bei Männern) mit besserer Schulbildung (7) und höherem sozialem Status einhergehen, die beide (8) als direkte Korrelate der Langlebigkeit gesehen werden. Die bessere Schulbildung schafft außerdem – neben Intelligenz, Persönlichkeit und bestimmten Umweltgegebenheiten – die Voraussetzung für eine qualifizierte Berufstätigkeit, die wiederum über den sozioökonomischen Status mit der Langlebigkeit in Beziehung steht. Der soziale Status (9) gewährleistet im Zusammenhang mit einer entsprechenden Persönlichkeitsstruktur (10) und sonstigen Umweltgegebenheiten (11) eine sinnvollere Ernährung, die ebenso als Voraussetzung der Langlebigkeit (12) gesehen werden kann, wie auch die durch die Persönlichkeitsstruktur (13), durch ökologische Faktoren (14), sozioökonomischen Status (15) bedingte stärkere Gesundheitsvorsorge und größere Hygiene (16).« (siehe Schema)

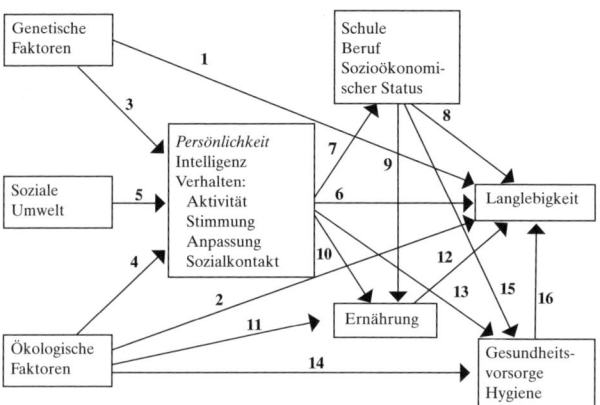

Schema:
Korrelate der
Langlebigkeit (*Lehr*,
2007, S. 72)

Die Komplexität dieses Modells und die Vielzahl der relevanten Variablen machen deutlich, wie berechtigt die Rede vom differenziellen Altern (im Gegensatz zu »dem Altern«) ist. In jeder der angeführten Variablen können sich alte Menschen bereits ihr ganzes Leben lang voneinander unterschieden haben. Aufgrund der langfristigen Unterschiede wird auch deutlich, dass erfolgreiches Altern lange vor dem Altern beginnt.

Leistungs-änderungen

Kognitive Veränderungen: *Schaie* (1980) resümiert aufgrund seiner über 20 Jahre andauernden längsschnittlichen Intelligenzstudie, dass Leistungsminderungen im Wesentlichen bei Wahrnehmungsaufgaben und bei Aufgaben unter Zeitdruck zu verzeichnen sind. Diese Leistungseinbußen gehen häufig mit Herz- und Kreislauferkrankungen und suboptimalen Umweltbedingungen einher. In der Tat sind bis zum sechsten Lebensjahrzehnt im Wesentlichen die materiellen und sozialen Umweltbedingungen ausschlaggebend für die intellektuelle Leistungsfähigkeit, während eine generelle und altersbedingte Abnahme von intellektuellen Leistungen erst zu Beginn des achten Lebensjahrzehnts eintritt. Kulturell geprägte Fähigkeiten wie Allgemeinwissen oder Wortschatz sind vom Altersabbau weniger betroffen als kognitive Fähigkeiten, die ein hohes Maß an Umstellungsfähigkeit und Schnelligkeit verlangen.

Obwohl die Gedächtnisleistungen in hohem Maße inter- und intraindividuell verschieden sind, nimmt die Fähigkeit, neue Inhalte einzuspeichern und eingespeicherte Inhalte zügig abzurufen, mit der Zeit ab (*Fleischmann* 1983).

Veränderung sozialen Verhaltens

Die soziale Entwicklung im Alter: Berichte und Untersuchungen über soziale Entwicklungen im Alter nehmen gegenüber der Forschung zu kognitiven und körperlichen Veränderungen lediglich eine marginale Position ein. Soziale Entwicklungen finden im Alter gleichermaßen statt wie in jüngeren Jahren, jedoch selten aufgrund des kalendarischen Alterns, sondern vielmehr als Reaktion auf bestimmte biographische, biologische und psychologische Ereignisse und Veränderungen. Für die soziale Entwicklung gilt daher in besonderem Maße die Abhängigkeit von der Kohorte (Geburtsjahrgang), d.h. von den spezifischen gesellschaftlichen Gegebenheiten, mit denen eine bestimmte Generation konfrontiert wird.

Ein Problem, unter dem viele ältere Personen leiden, ist das Gefühl **Soziale Netzwerke** der Einsamkeit. Einsamkeit entsteht als Reaktion auf Isolation, so dass es sinnvoll scheint, die sozialen Netzwerke älterer Menschen genauer zu betrachten. Soziale Netzwerke beziehen sich auf das Ausmaß sozialer Unterstützung oder die Nähe zu den Kontaktpersonen. Für die Zufriedenheit älterer Menschen erweist sich ein mittelgroßes und möglichst differenziertes soziales Netzwerk als günstigste Bedingung. Sehr kleine Netzwerke reichen häufig nicht aus, um die Bedürfnisse nach Geselligkeit, Unterstützung und emotionaler Nähe zu befriedigen. Sie sind zusätzlich mit größerer Kontrolle und Abhängigkeit verbunden. Sehr große Netzwerke hingegen können leicht zu einer Überforderung führen.

Etwa ein Viertel der älteren Menschen verfügt über kein tragfähiges soziales Netzwerk. In dieser Gruppe sind verwitwete und kinderlose Personen, Angehörige niedriger sozialer Schichten, Männer, Pensionierte und Personen, die aufgrund gesundheitlicher Probleme in ihrem Aktionsradius einschränkt sind, überrepräsentiert. Für Personen, die in eine Altersresidenz oder in ein Pflegeheim übersiedeln, bedeutet dies in der Regel eine beträchtliche Veränderung ihres bisherigen sozialen Netzwerkes.

Alltagskompetenz: Die Entwicklungsaufgabe im Alter, das »Herstellen **Alltagskompetenz** zufriedenstellender Lebensumstände«, ist an gewisse Fähigkeiten gebunden, die man als Alltagskompetenz im Alter bezeichnet. *Baltes* et al. (1996) unterscheiden in basale und erweiterte Alltagskompetenz. *Basale Alltagskompetenz* umfasst die Fähigkeiten, grundlegende Aktivitäten, die für eine selbstständige Lebensführung notwendig sind (z.B. eigene Körperpflege und Ankleiden, Essen, Mobilität und Orientierung), selbstständig ausführen zu können. *Erweiterte Kompetenz* hingegen bezieht sich darauf, inwieweit soziale, kulturelle oder sportliche Aktivitäten, welche die Lebensqualität und Lebenszufriedenheit bestimmen, wahrgenommen werden können. Die damit verbundenen Anforderungen unterscheiden sich interindividuell in Abhängigkeit von Interessen, Zielen und Werten.

Erfolgreiches Altern gelingt umso besser, je mehr die Person über die Strategien der Selektion, der Optimierung und der Kompensation (*Baltes/Baltes*, 1989) verfügt. Selektion bezieht sich auf die Auswahl derjenigen Bereiche, auf die eine Person ihre Kräfte und Ressourcen konzentrieren möchte; Optimierung bedeutet Training dieser Bereiche; und Kompensation erfordert aktives, flexibles Reagieren auf Einschränkungen, um bestimmte Ziele (oder gleichwertige) doch noch zufriedenstellend zu erreichen.

4.4. Lernen als zentraler Begriff für Entwicklung und Erziehung

4.4.1. Lernen im Alltag und als Gegenstand der Psychologie

»Lernen« ist etwas, das uns in irgendeiner Form unser Leben lang begleitet. Im Alltag ist es praktisch allgegenwärtig, selbst wenn wir uns dessen nicht immer bewusst sind. Einem siebenjähriges Mädchen wurde das wenige Wochen nach der Einschulung klar: »Soll das mein ganzes Leben so weitergehen? Immer nur lernen und lernen und lernen ...« – Offensichtlich: Es soll!

Eine kleine Auswahl unterschiedlicher Lerninhalte: Laufen lernen, sprechen lernen, Rollschuh fahren lernen, sich vertragen lernen, sich benehmen lernen, lesen, schreiben, rechnen lernen, Schachspielen lernen, einen Beruf lernen, Autofahren lernen, sich durchsetzen lernen, lieben oder hassen lernen, das Lernen lernen.

Die aufgeführten Beispiele zeigen, dass in unterschiedliche Lernarten unterschieden werden muss.

Dabei ist es nützlich, Lernen grob als Lernen von Wissen und als Lernen von Verhalten zu unterscheiden.

Lernen als Wissenserwerb

»Lernen im Sinne von Wissenserwerb kann als der Aufbau und die fortlaufende Modifikation von Wissensrepräsentationen definiert werden. [Es] ist ein bereichsspezifischer, komplexer und mehrstufiger Prozess, der die Teilprozesse des Verstehens, Speicherns und Abrufens einschließt« (*Steiner* 2001, S. 164).

Die nachfolgende Darstellung bezieht sich auf das Lernen von Verhalten. Dabei versteht man unter Lernen »jede überdauernde Verhaltensänderung, die durch Übung oder Beobachtung entstanden ist; diese Verhaltensänderung darf jedoch nicht durch Reifung, Ermüdung, Drogeneinfluss oder ähnliches entstanden sein.« Oder kürzer:

Lernen als Verhaltensänderung

»Unter Lernen versteht man jede überdauernde Verhaltensänderung, die durch Erfahrung entstanden ist« (*Bredenkamp/Bredenkamp*, 1974, S. 609).

Diese Definition erfasst auch Inhalte, die das Leben von Personen behindern, schädigen oder einschränken können. Man kann Angst vor Fahrstühlen, Mäusen, Autos oder Mitmenschen ebenso lernen, wie hinderliche Tics oder Drogengebrauch. Im Alltag hat lernen häufig etwas mit einer Absicht oder Zielvorstellung zu tun. Diese Definition bezieht sich auch auf unabsichtliches, ungerichtetes Lernen. Man kann Lakritzbonbons, eine bestimmte politische Einstellung oder Operettenmusik schätzen oder verabscheuen lernen, ohne dass man es anstrebt.

Zu den psychologischen Lerntheorien gibt es eine Reihe guter Lehrbücher. Ein Klassiker unter ihnen sind die zwei Bände von *Bower* und *Hilgard* (1983); vorwiegend für Pädagogen ist der Band von *Edelmann* (2000) geeignet. Ein kurzer, amüsant geschriebener Überblick findet sich bei *Lefrancois* (2006). Das Lehrbuch von *Seel* (2003) behandelt hauptsächlich das Lernen als Wissenserwerb.

4.4.2. Einfache Lernarten: Klassisches und instrumentelles Konditionieren

Das klassische Konditionieren: Den Leserinnen und Lesern werden der Name   **Pawlow**
und die Experimente des russischen Physiologen *Pawlow* vermutlich bekannt
sein. Seine Experimente lassen sich beispielhaft etwa wie folgt darstellen:

1. Phase: Hunde speicheln, wenn sie Futter wahrnehmen.
2. Phase: Hunde werden gefüttert und gleichzeitig ertönt ein Glockenton (geht ein Licht an, o.ä.).
3. Phase: Nach einiger Zeit beginnen die Hunde zu speicheln, wenn sie nur den Glockenton hören (das Licht sehen).

Jeder, der einen Hund hat, kennt solche oder ähnliche Verhaltensweisen.   **Klassisches**
Hunde rennen zur Wohnungstür, wenn »Herrchen« oder »Frauchen« den   **Konditionieren**
Mantel anzieht oder sie wedeln mit dem Schwanz, wenn sie ihre Schritte
hören. Ziemlich sicher war das auch um die Jahrhundertwende bereits so,
als die ersten Untersuchungsberichte von *Pawlow* erschienen sind. Zumindest im Verständnis eines Hundehalters hat *Pawlow* nichts Neues entdeckt.
Wie so häufig in der Wissenschaftsgeschichte hat die Beschäftigung mit
etwas Banalem, etwas absolut Selbstverständlichem eine neue Epoche der
Wissenschaft begründet. *Pawlow* erklärte das Verhalten der Versuchstiere
mit *Reflexen* und verband damit eine konkrete Vorstellung, was innerhalb
des lernenden Organismus abläuft. Die im Hundeexperiment neu gestiftete
Verbindung eines Glockentones mit dem Speicheln verstand er als eine Beziehung zwischen einem Reiz und einem bedingten (konditionierten) Reflex.
Dieses Herstellen einer neuartigen Verbindung zwischen einem Reiz und
einem konditionierten Reflex nennt man *klassisches Konditionieren*.

In den USA wurde die experimentelle Anordnung von *Pawlow* durch *Wat-*   **Watson**
son aufgenommen, der jedoch das Erklärungsprinzip des Reflexes ablehnte.
Da wir nicht in der Lage sind, die Vorgänge innerhalb eines Organismus
intersubjektiv zu beobachten, wollte *Watson* alle Erklärungsweisen, die sich
auf innere Vorgänge im Organismus beziehen, ausschließen. Er beschränkte
sich auf das intersubjektiv Beobachtbare, also auf das, was als Reiz auf einen
Organismus einwirkt und auf die darauffolgende Reaktion (Verhaltensweise,
»Behavior«). Dies war die Geburtsstunde des *Behaviorismus* in der Psychologie. In dieser Tradition wird der Organismus als *black box* gesehen, dessen
Inneres uns grundsätzlich verschlossen bleibt. Beschrieben und untersucht
wird (nur) die beobachtbare Verbindung zwischen Reiz (meistens abgekürzt
mit S für *Stimulus*) und *Reaktion* (meistens abgekürzt mit R). Dementsprechend werden Konditionierungstheorien zuweilen auch als *S-R-Theorien*
bezeichnet.

Wer sich nun fragt, was denn das Speicheln von Hunden mit Menschen
(oder gar mit ihm selbst) zu tun hat, dem kann als Antwort ein altes Experiment von *Watson* aus den zwanziger Jahren geschildert werden (*Breden-
kamp/Bredenkamp* 1991, S. 619):

»Für den Versuch wurde der 9 Monate alte Albert ausgewählt, da alle Personen seiner näheren Umgebung einstimmig der Meinung waren, er kenne keine Angst, sei immer freundlich und weine nur äußerst selten. Im Verlauf der 1. Phase des Experiments, in der eine Versuchsleiterin dem Kind verschiedene Tiere – ein Kaninchen, eine weiße Ratte, einen Hund und Objekte, z.B. eine Maske, darbot, zeigte es ausschließlich positive emotionale Reaktionen, d.h. es griff nach den Dingen, spielte damit und lächelte. – In der 2. Phase des Experiments wurde Albert erneut mit der weißen Ratte konfrontiert; sobald er das Tier mit der Hand berührte, ertönte plötzlich ein sehr lautes und unangenehmes Geräusch. Daraufhin wandte sich Albert von der Ratte ab, wimmerte und schrie. Dieser Vorgang wurde mehrmals wiederholt, und Albert zeigte jedes Mal die gleiche Furchtreaktion. – In der 3. Phase des Experiments, die einige Tage später stattfand, zeigte man Albert die weiße Ratte ohne das laute Geräusch. Es zeigte sich, dass die Ereignisse der 2. Phase – weiße Ratte und lautes Geräusch – ihre Wirkung nicht verfehlt hatten: Beim bloßen Anblick der weißen Ratte mit der er in der 1. Phase des Experiments gespielt hatte, krabbelte er schnell weg und schrie so lange, bis das Tier weggenommen wurde. In der 4. Phase wurde Albert mit dem Kaninchen und dem Hund konfrontiert, also mit jenen Tieren, mit denen er in der 1. Phase des Experiments gespielt hatte. Beim bloßen Anblick dieser Tiere krabbelte Albert nunmehr weit weg und brach in Tränen aus; allerdings waren seine Furchtreaktionen nicht so ausgeprägt wie beim Anblick der weißen Ratte. – In der 5. Phase des Experiments gab man Albert Bauklötze, mit denen er spielte und bei deren Anblick er sich wieder beruhigte. Die geplante 6. Phase des Experiments, nämlich die Auslöschung der erlernten Furchtreaktionen, konnte nicht mehr stattfinden, da Alberts Mutter im Verlauf des Experiments mit unbekannter Adresse verzog.«

Unabhängig davon, dass dieses Experiment sicherlich moralisch äußerst bedenklich ist, zeigt es, dass klassische Konditionierung durchaus etwas mit Menschen zu tun hat. Gefühle und Stimmungen können so erworben werden. Wenn Sie also in bestimmten Situationen Herzklopfen haben, Freude oder Angst verspüren, wenn Sie schlechte Laune haben, dann können Sie dies vielleicht auf demselben Wege erlernt haben wie Klein-Albert seine Furcht vor Ratten. Als eine Möglichkeit, Emotionen zu erklären, kann das Klassische Konditionieren für menschliches Verhalten eigentlich kaum überschätzt werden.

Instrumentelles Konditionieren

Das instrumentelle Konditionieren: So wie der sprichwörtliche *Pawlowsche Hund* für die Lernart des klassischen Konditionierens steht, steht die *Skinner-Box* für die Lernart des instrumentellen Konditionierens.

Stellvertretend für die Vielzahl der Tierversuche von *B.F. Skinner* kann folgender Versuchsaufbau geschildert werden.

Ein hungriges Tier (sehr häufig eine Taube) ist in einem Käfig eingeschlossen. Es wird verschiedenartige Aktivitäten ausführen (z.B. Herumflattern, Herumlaufen, Picken usw.). Irgendwann einmal führt es zufällig eine Aktivität aus, die einen Mechanismus in Gang setzt, der Futter spendet. (Die Taube pickt etwa auf ein rotes Plättchen. Daraufhin fällt ein Futterkorn in den Käfig.) Nach einiger Zeit wird das Tier diese eine Aktivität (das Picken auf das rote Plättchen) immer häufiger ausführen, um an Futter zu kommen. Es hat ein effektives Verhalten gelernt. Diese Lernart wird *instrumentelles* oder *operantes Konditionieren* genannt. Verhalten wird als Instrument eingesetzt, um etwas zu bewirken.

Zentraler Begriff für das instrumentelle Konditionieren ist die *Verstärkung*, wobei unter Verstärkung alle Reize gefasst sind, welche die Wahrscheinlichkeit des Auftretens einer Verhaltensweise erhöhen. Im obigen Beispiel hat die Futtergabe dazu geführt, dass die Wahrscheinlichkeit für das Picken auf ein rotes Plättchen zugenommen hat. Die Futtergabe war also die Verstärkung für das Picken. **Verstärkung**

Das Pendant zur Verstärkung ist die *Bestrafung*. Darunter werden alle Reize gefasst, welche die Wahrscheinlichkeit des Auftretens einer Verhaltensweise verringern. Erhielte die Taube etwa einen Elektroschock, wenn sie auf rote Plättchen pickt, dann wird sie das Picken nach einiger Zeit unterlassen. Die Wahrscheinlichkeit für dieses Verhalten geht also zurück, weil die Taube dafür bestraft wird.

Die Reaktion auf einen Reiz kann aufsuchend oder vermeidend sein. Ein Tier wird etwa Futter aufsuchen und Elektroschocks vermeiden. Dementsprechend können Reize operational definiert werden als für einen Organismus »angenehm« oder »unangenehm«. Angenehme und unangenehme Reize können als Folge einer Verhaltensweise auftauchen oder verschwinden. Damit entstehen unterschiedliche Verstärkungs- bzw. Bestrafungssituationen. Sie werden im folgenden Beispiel illustriert.

Experiment:	Im Alltag:
(1) positive Verstärkung (Auftreten eines angenehmen Reizes)	
Ein hungriges Tier im Käfig drückt einen Hebel und erhält eine Futterportion. Folge: Tier lernt Hebel drücken, um Futter zu erreichen.	Ein Kind putzt nach dem Essen seine Zähne und erhält ein ausführliches Lob durch die Eltern. Folge: Kind lernt, nach dem Essen Zähne zu putzen.
(2) negative Verstärkung (Verschwinden eines unangenehmen Reizes)	
Ein Tier erhält Elektroschocks. Diese hören auf, wenn es einen Hebel drückt. Folge: Das Tier lernt Hebel drücken, um Schocks zu vermeiden.	Ein Schüler hat Angst vor Klassenarbeiten und bemerkt, dass sie verschwindet, wenn er vorher Alkohol trinkt. Folge: Schüler lernt Alkohol zu trinken, um unangenehme Situationen zu vermeiden.

---

(3) Bestrafung I (durch Zufügen unangenehmer Reize)

Ein Tier drückt einen Hebel und erhält dadurch einen Elektroschock.

Folge: Das Tier wird den Hebel mit der Zeit nicht mehr drücken.

Ein Kind bemalt die Zimmerwände und bekommt dafür von den Eltern eine Ohrfeige.

Folge: Das Kind wird in Zukunft keine Zimmerwände mehr bemalen.

---

(4) Bestrafung II (durch Entfernen angenehmer Reize)

Ein Tier frisst Futter und macht dabei eine Pause. In der Pause wird ihm das Futter weggenommen.

Folge: Das Tier frisst mit der Zeit schneller und macht keine Pausen mehr.

Ein Kind sitzt mit seinen Eltern vor dem Fernseher. Ab und zu steht es auf und läuft im Zimmer herum. Die Eltern schalten das Gerät ab.

Folge: Das Kind wird lernen, beim Fernsehen sitzen zu bleiben.

Extinktion

Ein weiterer wichtiger Begriff des instrumentellen Konditionierens ist die *Extinktion* oder Löschung. Damit wird die Beobachtung beschrieben, dass Verhaltensweisen verschwinden, wenn sie ohne Konsequenz bleiben. Ein Tier, das z.B. gelernt hat, einen Hebel zu drücken, um Futter zu bekommen, wird nach einiger Zeit damit aufhören, wenn kein Futter mehr nachfolgt. Wenn jungen Eltern der Rat gegeben wird, ein nachts schreiendes Baby nicht aufzunehmen, weil es dann nach einigen Nächten von selbst aufhören würde zu schreien, dann ist dies ein Beispiel aus dem Alltag, in dem versucht wird, Verhalten durch Extinktion zu beeinflussen.

Verstärkung, Bestrafung und Extinktion sind die zentralen Prozesse, die Verhaltensänderungen bewirken und über die sich Verhalten beeinflussen lässt. Viele erzieherischen Maßnahmen lassen sich mit diesen Begriffen beschreiben und einige erzieherische Erfolge oder Misserfolge lassen sich mit ihnen erklären. In vielen systematischen Ansätzen zur Verhaltensbeeinflussung und Änderung werden die Prinzipien des operanten Konditionierens angewendet. In der Psychotherapie sind sie ebenso anzutreffen (vgl. Kapitel 7), wie in der Erziehungsberatung oder im Unterricht.

4.4.3.   Lernen durch Nachahmen

Ein kleiner Junge sitzt hinter dem Lenkrad des elterlichen Autos, versucht den Schalthebel zu bewegen und macht »brum, brum«. – Ein Mädchen spielt mit ihrer Puppe, legt sie trocken, gibt ihr Fläschchen und wiegt sie dann in ihrem Arm.

Beides sind Beispiele für eine sehr effektive Art, Verhalten zu lernen: *Lernen durch Nachahmung* (synonym verwendete Begriffe sind Lernen durch Beobachtung oder durch Imitation). Die Grundstruktur dieser Lernsituation besteht aus einem Vorbild und einem nachahmenden Lernenden. Das Vorbild wird als Modell bezeichnet. Eine Vielzahl von Untersuchungen hat gezeigt, dass es dabei offensichtlich von untergeordneter Bedeutung ist, ob das Vorbild eine lebende reale Person oder ein dargestelltes oder symbolisches Modell ist. Figuren in Filmen oder Hörspielen können ebenso als Modelle wirksam werden wie Romanfiguren oder Personen aus Erzählungen oder Comic-Figuren. Was schließlich als Modell wirksam wird, hängt von der Lernsituation ab, den Merkmalen des Modells und denen des Nachahmenden.

Modell

Damit Beobachtungslernen stattfindet, muss der Beobachtende das Modell aufmerksam beobachten, das beobachtete Verhalten behalten können, sowie fähig und motiviert sein, es auszuführen. Aufmerksamkeits-, Behaltens-, Motivations- und motorische Reproduktionsprozesse sind also die wesentlichen Bestandteile des Beobachtungslernens. Wird das Beobachtungslernen in dieser Weise beschrieben, dann ist die Position des Behaviorismus, wie sie beim klassischen und instrumentellen Konditionieren eingenommen wird, überwunden. Es werden jetzt explizit innere Prozesse als Grundlage des Lernens angenommen.

Drei unterschiedliche Effekte des Beobachtungslernens sind identifizierbar:

(1) Neuerwerb von Verhaltensweisen: Das Beobachtungslernen kann dazu führen, dass Verhaltensweisen gelernt werden, die bislang noch nicht im Verhaltensrepertoire des Lernenden vorhanden waren. Ein Beispiel, das manche Eltern beschäftigt, ist etwa die Zunahme des vulgären Wortschatzes ihrer Kinder, den sie von ihren Kameraden übernehmen.

Neuerwerb

(2) Hemmung oder Enthemmung von bereits gelerntem Verhalten: Durch Lernen am Modell kann bereits beherrschtes Verhalten ge- oder enthemmt werden. Hemmung lässt sich beispielsweise anschaulich beobachten, wenn eine Schar ausgelassener Touristen eine Kirche besichtigt. Beim Eintritt hört nach und nach jeder von ihnen auf, laut zu lachen, zu singen oder zu reden. Ein enthemmender Effekt lässt sich etwa beim Verhalten der einzelnen Mitglieder einer randalierenden Gruppe beobachten.

Hemmung/ Enthemmung

(3) Verhaltensauslösende Wirkung: Beobachtung kann zur Auslösung eines bereits beherrschten Verhaltens führen. Alltäglich lässt es sich regelmäßig an Fußgängerampeln beobachten. Wenn nur eine Person bei Rot beginnt, die Straße zu überqueren, dann folgen spontan viele nach.

Auslösung

Die Analyse des Lernens durch Beobachtung macht eine Aufteilung in eine Lernphase und eine Ausführungsphase notwendig. Es konnte nämlich gezeigt werden, dass Lernende ein Modell nicht nachahmten, obwohl sie das Verhalten beherrschten. Es ist also möglich, dass Personen in einer Lernphase ein Verhalten lernen, dieses Verhalten aber in der Ausführungsphase nicht ausführen. Allgemein bedeutet dies, dass man aus einer Verhaltensänderung zwar auf Lernen schließen kann, aber umgekehrt aus nicht auftretenden Verhaltensänderungen nicht folgern kann, die Person habe nichts gelernt.

Nachahmen im Alltag   Die Bedeutung des Lernens durch Beobachtung im Alltag darzustellen fällt nicht schwer:

- Erzieher, Eltern, Trainer oder Lehrer steuern Lernprozesse häufig durch Aufforderungen wie »Schau, wie ich (oder die Person dort) das mache!« »Schau zu, ich zeig Dir's!«
- Werbespots stellen dar, wie »man« oder »frau« sich zu kleiden hat, was zu tun oder zu lassen ist, um »in« oder »out« zu sein, und hoffen auf ein entsprechendes Verhalten.
- Geschlechtstypisches Verhalten von Jungen und Mädchen wird durch eine Vielzahl von Modellen nahegelegt. Diese reichen von symbolischen oder dargestellten Modellen in der Kinderliteratur, in Schulbüchern oder Helden in Comics bis hin zu realen Modellen der umgebenden Erwachsenenwelt.

Lernen aggressiven Verhaltens   Zusammengefasst kann festgehalten werden, dass während der gesamten Lebensspanne das Lernen durch Beobachtung eine herausragende Bedeutung für die soziale Integration des Einzelnen und den täglichen Umgang der Menschen untereinander behält. Obwohl Lernen durch Beobachtung sich auf viele unterschiedliche Lerninhalte (vgl. *Zumkley-Münkel* 1976) bezieht, ist besonders das Lernen aggressiven Verhaltens Gegenstand einschlägiger Untersuchungen und Theorienbildung (vgl. *Bandura* 1979) gewesen.

Experiment   Ein geradezu klassisches Experiment dazu stammt von *Bandura*, *Ross* und *Ross* (1963).

Kinder im Vorschulalter bekamen einen Film zu sehen, in dem ein Erwachsener (als Modell) eine Plastikpuppe aggressiv traktierte. Es wurden drei Kindergruppen gebildet. Die erste Gruppe sah, dass das Modell belohnt, die zweite Gruppe, dass das Modell bestraft wurde, während im Film der dritten Gruppe das aggressive Verhalten des Modells ohne Folgen blieb. Anschließend wurden die Kinder einzeln

Ergebnisse: 1. Phase   in den Raum geführt, in dem der Film aufgenommen worden war. In ihm befand sich die Plastikpuppe und Spielzeug. Sie erhielten den Hinweis, dass sie spielen könnten, was sie möchten und wurden dann allein gelassen. Die versteckte Beobachtung zeigte: Die Kinder, die

- das belohnte Modell gesehen hatten, imitierten das aggressive Verhalten relativ häufig;
- das bestrafte Modell gesehen hatten, imitierten das aggressive Verhalten signifikant weniger;
- das Modell ohne Konsequenzen gesehen hatten, imitierten das Verhalten mehr als beim bestraften Modell, aber weniger als beim belohnten Modell.

In dieser Phase wird die Abhängigkeit des eigenen Verhaltens vom Verhalten des Modells und dessen Konsequenzen deutlich.

Ergebnisse: 2. Phase   In der nächsten Phase wurde jedes Kind aufgefordert, sich genauso zu verhalten, wie das Modell. Als Belohnung wurden Süßigkeiten angeboten. Fast alle Kinder aller Gruppen zeigten nun das aggressive Verhalten in gleichem Ausmaß. Diese Phase zeigt die Abhängigkeit des eigenen Verhaltens von den selbst erlebten Konsequenzen. Sie zeigt auch, dass diejenigen Kinder, die das aggressive Verhalten zunächst nicht gezeigt hatten, dies gleichwohl gelernt hatten.

Experimente dieser Art beeinflussen die Diskussion um die Wirkung aggressionshaltiger Filme im Fernsehen, ohne dass aus ihnen eindeutige Schlussfolgerungen möglich sind. *Nolting* (1998, S. 103 – 167) beispielsweise hält die realen Modelle im Alltag für wesentlich bedeutsamer als die dargestellten Modelle in Filmen.

4.4.4. Lernen als Wissenserwerb

Menschen erwerben jedoch nicht nur Fertigkeiten und Haltungen, sondern auch Wissen. Sie nehmen Informationen aus der Umwelt auf, verarbeiten sie, behalten sie und leiten daraus Schlussfolgerungen für das eigene Handeln ab. Vermutlich wird damit das beschrieben, was im Alltagsverständnis am häufigsten als »lernen« bezeichnet wird. Zentrale Voraussetzung für diese Art des Lernens ist das Gedächtnis.

Woolfolk (2004) hat die gängigen Modellvorstellungen des Gedächtnisses **Gedächtnis** und der damit verbundenen Lernprozesse in ein Modell der menschlichen Informationsverarbeitung zusammengefasst:

Umweltreize (input) werden durch die Sinnesorgane aufgenommen und kurzzeitig im sensorischen Gedächtnis (Register) festgehalten. Einigen der erhaltenen Informationen wird Aufmerksamkeit geschenkt, wobei der Neuigkeits- bzw. Bekanntheitsgrad, d. h. das bereits vorhandene Wissen, eine wichtige Rolle spielt. Nur diejenigen Informationen, die Aufmerksamkeit erhalten, werden ins Arbeitsgedächtnis (Kurzzeitgedächtnis) übernommen; die übrigen werden bereits an dieser Stelle »vergessen«. Im Arbeitsgedächtnis werden die übernommenen Informationen bearbeitet, interpretiert und bewertet, bevor sie dann ins Langzeitgedächtnis eingespeichert werden. Diese Interpretationen geschehen in Interaktion mit im Langzeitgedächtnis bereits gespeicherten Erfahrungen und Wissen. Lernen wird somit als ein interaktiver Übergang vom Kurzzeit- in das Langzeitgedächtnis verstanden, der bewusst beeinflusst werden kann.

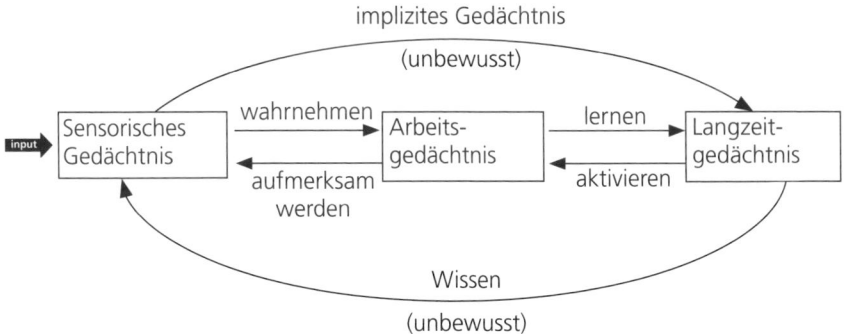

Abbildung: Modell der menschlichen Informationsverarbeitung (vereinfacht nach Woolfolk 2004, S. 239)

Wissensarten

Die erworbenen Wissensbestände lassen sich in drei Klassen aufteilen:

- semantisches Wissen, das sich auf Fakten, Prinzipien, Regeln usw. bezieht (z. B.: »Die Formel für Wasser ist H2O«; »Goethe wurde am 28. August 1782 in Frankfurt am Main geboren«),
- episodisches Wissen, das persönliche Erfahrungen umfasst (z. B.: »mein erster Kuss«; »wie ich damals meine Prüfung machte«),
- prozedurales Wissen, das die Kenntnisse darüber einschließt, wie etwas gemacht wird (z. B.: Tango tanzen, Auto fahren).

Die Klassifikation der Wissensarten legt es nahe, sich das Langzeitgedächtnis in gleicher Weise als semantisches, episodisches und prozedurales Gedächtnis vorzustellen.

Im Modell der Informationsverarbeitung lassen sich neben der trivialen Bedingung, dass die Sinnesorgane überhaupt Information aufnehmen müssen, einige Strategien erfolgreichen Lernens formulieren (vgl. *Hasselhorn/ Gold* 2006, S. 91):

Lernstrategien

- Wiederholungsstrategien, die auf mannigfache Weise das zu Lernende (das Gelernte) aktiv wiederholen,
- Elaborationsstrategien, die Beziehungen des neuen Lernstoffes zu bereits Gelerntem herstellen (z. B. durch Finden von Beispielen, Veranschaulichen, Bilden von Analogien oder »Eselsbrücken«),
- Organisationsstrategien, die zur Systematisierung der Informationsmenge dienen (z. B. Bilden größerer Sinneinheiten, Verwenden von Klassifkationssystemen, Wählen alternativer Darstellungsformen).

Die Kenntnis solcher Strategien allein reicht jedoch nicht aus. Der Lernende muss sie auch anwenden und überwachen können, d. h. es bedarf der Kontrollstrategien, die für einen effektiven Einsatz der Lernstrategien sorgen.

All das muss man nicht nur können, man muss es auch wollen, d. h. Prozesse der Motivation, des Interesses, der Selbststeuerung usw. sind für angemessenes (willentliches) Lernen bedeutsam. Für jeden der beschriebenen Prozesse der Informationsverarbeitung gibt es jeweils eine ganze Reihe von mehr oder weniger komplexen Theorien. Sie zu beschreiben bedarf es spezieller Lehrbücher (z. B. *Edelmann* 2000; *Hasselhorn/Gold* 2006 oder *Seel* 2003). Dort finden sie sich unter der Charakterisierung »konstruktivistische Lerntheorien«. Zwei prominente komplexe konstruktivistische Theorien, die von Jean Piaget und die von Lew Vigotski, wurden bereits in den Abschnitten 4.2.2. bzw. 4.2.5. ausführlich dargestellt. Ihnen allen ist das Bild des Menschen als denkendes Wesen gemeinsam, das sich aktiv mit seiner Umwelt auseinandersetzt.

4.5.   Erzieherisches Verhalten

4.5.1.   Erziehungsstile

Für die empirisch-psychologische Erforschung von erzieherischem Verhalten und seiner Auswirkung gibt es eine historische Schlüsselsituation. Die von *Kurt Lewin* nach seiner Emigration in die USA der Dreißiger Jahre angeregten und von *Lippitt* und *White* berichteten Untersuchungen über das Verhalten von Jugendgruppenleitern. Zwei dieser Berichte sind auch auf Deutsch erschienen (*White/Lippitt* 1969, *Lippitt/White* 1986). Die von den Autoren postulierten drei Erziehungsstile *autoritär*, *demokratisch* und *laissez-faire* üben bis heute einen dominierenden Einfluss auf die Sichtweise von Erziehung aus. Sie werden für die Beschreibung erzieherischen Verhaltens in Familien, Kindergärten, Schulen oder Heimen ebenso herangezogen, wie für die systematische Führung durch Vorgesetzte in der Industrie und beim Militär. Die Autoren untersuchten die Wirkungsweise der drei genannten Erziehungsstile auf das Verhalten elfjähriger Kinder in Freizeitgruppen. Die Versuchsdurchführung war so gestaltet, dass jede Gruppe wenigstens einmal in jedem Stil betreut wurde und dass jeder Gruppenleiter mindestens einmal jeden Erziehungsstil praktizierte. Die drei Erziehungsstile sind in der nachfolgenden Übersicht näher charakterisiert.

Kurt Lewin

Erziehungsstile

Erziehungsstil: »autoritär«	»demokratisch«	»laissez-faire«
Der Leiter... bestimmt alle Aktivitäten der Kinder,	unterstützt die Gruppe bei ihren Entscheidungen über Aktivitäten,	spielt eine passive Rolle,
übernimmt die volle Verantwortung für alles Geschehen,	macht den Gruppenmitgliedern Vorschläge,	lässt den Gruppenmitgliedern völlige Freiheit,
nimmt Einfluss auf die Bildung von Untergruppen,	nimmt keinen Einfluss,	nimmt keinen Einfluss,
lobt und tadelt persönlich ohne Angabe von Gründen,	lobt und tadelt sachbezogen,	nimmt keine Bewertung vor,
informiert nicht über zukünftige Aktivitäten,	informiert über Ziele und Rahmenbedingungen,	gibt nur auf Nachfrage Auskunft,
hält Distanz zu den Kindern.	versucht, gleichberechtigtes Gruppenmitglied zu sein.	ist eher freundlich.

Schema:
Merkmale der drei Erziehungsstile von *Kurt Lewin*

Verhalten der Gruppenleiter

Es zeigt sich, dass die Gruppenleiter fähig waren, das jeweilige »Drehbuch« der Erziehungsstile einzuhalten, und sich entsprechend verhalten konnten. Die häufigsten Verhaltensweisen des autoritären Leiters waren das Erteilen von »Anweisungen« und »unterbrechende Befehle«, »Auskunftserteilung« und »Lob und Anerkennung«; demokratische Leiter erteilten vorwiegend Auskünfte, machten »lenkende Vorschläge« und gaben »Anregungen zur Selbständigkeit«; Leiter mit Laissez-Faire-Stil gaben, wenn sie überhaupt aktiv wurden, am ehesten noch Auskunft.

Wirkungen

Die Ergebnisse über die Wirkungsweise der drei Erziehungsstile fassen *White* und *Lippitt* (1969, S. 484 – 485) in sechs Punkten zusammen:

»1. Laissez-Faire war nicht das gleiche wie Demokratie.
 2. Demokratische Führung kann einen hohen Wirkungsgrad erzielen.
 3. Autokratie kann viel Feindseligkeit und Aggression hervorrufen, auch Aggression gegen Sündenböcke.
 4. Autokratie kann latente Unzufriedenheit erzeugen.
 5. Unter Autokratie gab es mehr Abhängigkeit und weniger Individualität.
 6. In der Demokratie gab es mehr Gruppenorientierung und Freundlichkeit.«

Eine Erklärung, warum die Kinder sich so verhielten, wie sie sich verhielten, konnte und sollte mit dieser Untersuchung nicht gegeben werden. Anliegen der Untersuchung war es, ausschließlich die Effekte der Erziehung zu beschreiben. Es wäre nun zu prüfen, inwieweit lerntheoretische Konzepte zu tragfähigen Erklärungen führen könnten. Dazu bietet sich das Lernen durch Beobachtung an. Schließlich scheint es (im nachhinein) so auszusehen, als ob die Kinder die Gruppenleiter imitiert hätten.

Ein in der Folgezeit häufig übersehenes Nebenergebnis der Untersuchung war, dass die einzelnen Gruppenleiter sehr wohl in der Lage waren, die verschiedenen Erziehungsstile auszuüben (*White/Lippitt* 1969, S. 468). Dies ist bereits ein früher Hinweis darauf, dass Erziehungsverhalten (oder Füh-rungsverhalten) nicht (nur) die Funktion einer bestimmten Persönlichkeitsstruktur des Erziehers ist, sondern dass es offensichtlich gelernt und auch variiert werden kann.

Schwächen

Die Definition eines Erziehungsstils bedeutet so etwas wie eine »Typologie von Erziehungsverhalten«. Es wird dabei unterstellt, dass klar unterscheidbare, zeitlich überdauernde Verhaltensweisen vorhanden sind. Wie jede Typologie hat sie als Forschungs- und Beschreibungsansatz spezifische Schwächen, die durch wenigstens zwei Fragen offenbar werden:

- Gibt es nur diese (drei) beschriebenen Typen oder gibt es auch andere? Gibt es also Verhaltensweisen, die durch diese Typologie überhaupt nicht erfasst werden?
- Gibt es Verhaltensweisen, die »zwischen« diesen Typen liegen, die als »Vermischung« mehrerer Typen angesehen werden können?

Diese Schwächen lassen sich überwinden, indem man zur Beschreibung des (erzieherischen) Verhaltens nicht Stile (oder »Typen«) verwendet, sondern Dimensionen. Sie ermöglichen es, wenigstens prinzipiell, das gesamte beobachtbare Verhalten zu erfassen.

4.5.2. Dimensionen erzieherischen Verhaltens

Als besonders anregend hat sich das *hypothetische Circumplexmodell* von *Schaefer* (1959) erwiesen. Darin werden zwei Beschreibungsdimensionen unterschieden: Liberalität versus Kontrolle und Zuwendung versus Zurückweisung. Diese beiden Dimensionen sollen ausreichend sein, wesentliches mütterliches Erziehungsverhalten erschöpfend zu beschreiben.

In der folgenden Abbildung sind einige Verhaltensweisen von Müttern in dieses Modell eingeordnet.

Im Hinblick auf die Auswirkungen beim Kind können allgemein etwa folgende Trends angegeben werden:

Wirkungen

Bei hohem Ausmaß von Zuwendung und Liberalität: aktiv, sozial kompetent, selbstreflektiv, selbstständige Meinungsbildung, Sensibilität gegenüber eigenem Versagen.

Bei hohem Ausmaß von Zuwendung und Kontrolle: unsicher im Sozialkontakt, gegenüber Autoritäten angepasst, kaum eigene Initiative, mangelndes Durchsetzungsvermögen, konventionell.

Bei hohem Ausmaß von Zurückweisung und Liberalität: geringe soziale Kompetenz, wenig angepasst, Suche nach Aufmerksamkeit und Zuwendung.

Bei hohem Ausmaß von Zurückweisung und Kontrolle: geringe soziale Kompetenz, Neigung zu Aggressionen gegenüber Schwächeren, emotional labil, konformistisch, Neigung zu Vorurteilen.

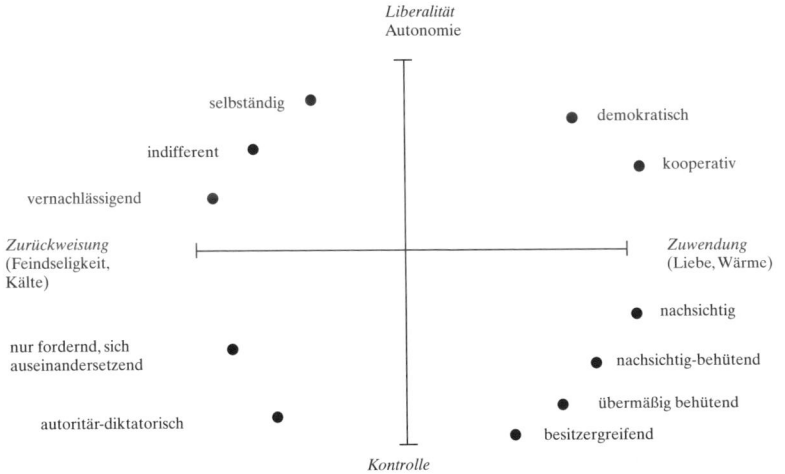

Schema: Circumplexmodell mütterlichen Erziehungsverhaltens von *Schaefer* (aus *Stapf* et al. 1988, S. 30)

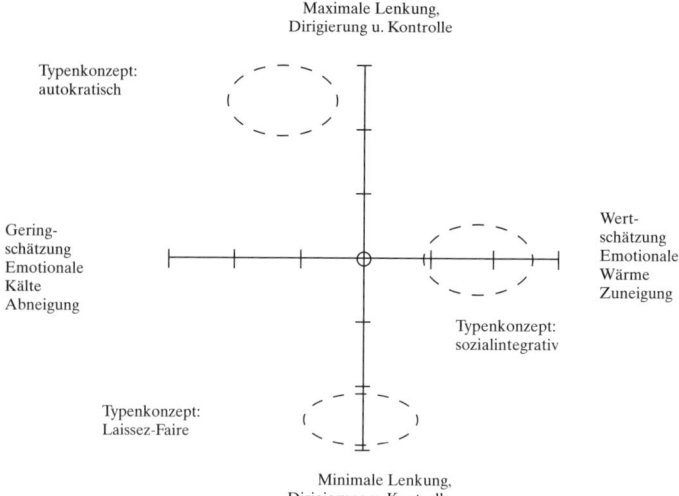

Schema:
Typenkonzept zur Klassifizierung des Lehrer-Erziehungs-verhaltens (*Tausch/ Tausch* 1990, S. 172)

Annemarie und Reinhard Tausch

Am populärsten wurde jedoch in Deutschland die Konzeption des Ehe-paares *Annemarie* und *Reinhard Tausch*. Darin fließen das Typenkonzept von *Lewin* und seinen Mitarbeitern und das Konzept der Beschreibungs-dimensionen von *Schaefer* ebenso ein wie die Menschenbildannahmen der Persönlichkeitstheorie von *Rogers*. Dieses Konzept bezog sich zunächst nur auf den Unterrichtsstil von Lehrern, wurde jedoch sehr schnell weitgehend auf jegliche Erziehungssituation generalisiert.

In dieser Abbildung sind die drei Erziehungsstile der *Lewin*-Gruppe nach einer Umbenennung eingezeichnet. Der autoritäre Stil wird jetzt *autokratisch* genannt, der demokratische *sozialintegrativ*. Die eingezeichneten Erziehungsstile werden von *Tausch/Tausch* (1990, S. 175) folgendermaßen beschrieben:

»**Typenkonzept sehr autokratisches Verhalten:** Unfreundlichkeit, Verständnislo-sigkeit, Befehlen, Unhöflichkeit, Pessimismus, Erregung, als falsch beurteiltes Erzieherverhalten, Straferteilung, Strafandrohung.
Hierdurch beim Jugendlichen ausgelöste Vorgänge: Verschlechterung der Beziehung zu Erziehern, Unfreiheit des Handelns, negative gefühlsmäßige Erfahrungen, ablehnende Reaktionen, unmittelbare Angepasstheit, Hinderung der seelischen Reifung, spätere Unangepasstheit.

Typenkonzept autokratisches Verhalten: Verärgerung, Befehlen, Unfreundlichkeit, Verständnislosigkeit, Erregung, Unhöflichkeit.
Bei Jugendlichen hierdurch ausgelöste Vorgänge: Unfreiheit des Handelns, Verschlechterung der Beziehung zu Erziehern, spätere Unangepasstheit, negative gefühlsmäßige Erfahrungen, ablehnende Reaktionen, unmittelbare Angepasst-heit, Hinderung der seelischen Reifung.

Typenkonzept sozialintegratives Verhalten: Höflichkeit, Ruhe, Verständnis, Opti-mismus, Verärgerung, Freundlichkeit als richtig beurteiltes Erzieherverhalten.

Bei Jugendlichen hierdurch ausgelöste Vorgänge: Spätere Angepasstheit, unmittelbare Angepasstheit, positive gefühlsmäßige Erfahrungen, Förderung der seelischen Reifung, annehmende Reaktionen, Unfreiheit des Handelns.

Typenkonzept Laissez-Faire-Verhalten: Ruhe, Verständnis, Höflichkeit als falsch beurteiltes Erzieherverhalten.

In Jugendlichen ausgelöste Vorgänge: Verbesserung der Beziehung zu Erziehern, Freiheit des Handelns, später Unangepasstheit, positive gefühlsmäßige Erfahrungen, unmittelbare Angepasstheit.«

Später distanzierten sich *Annemarie* und *Reinhard Tausch* in gewisser Weise sowohl vom Typen- als auch vom Dimensionskonzept zur Beschreibung erzieherischen Verhaltens. Dies wird bereits durch die Wahl des Untertitels ihres Buches deutlich. In der 7. Auflage hieß er noch »Psychologische Prozesse in Erziehung und Unterrichtung«, ab der 8. bis zur gegenwärtig letzten Auflage (1998) lautet er »Begegnung von Person zu Person«. Jetzt werden noch deutlicher als bisher die »förderlichen Haltungen« des Erziehers und der Erzieherin als Voraussetzung für befriedigende Erziehung betont. Diese förderlichen Haltungen sind im Wesentlichen die eines klientenzentrierten Therapeuten: Achtung – Wärme – Rücksichtnahme, einfühlendes nicht-wertendes Verstehen und Echtheit. Die positiven Wirkungen der förderlichen Haltungen werden aufgrund der Persönlichkeitstheorie von Rogers angenommen und erklärt. Sie schaffen ein Klima, in dem der Erzogene angstfrei sich selbst entwickeln und verwirklichen kann. **Förderliche Haltungen**

Gegenwärtig wird in unserer Gesellschaft das sozialintegrative Erziehungsverhalten als das wünschbare angesehen. Es lag daher nahe, Programme zu entwickeln, die Eltern und professionelle Erzieher in die Lage versetzen sollen, solches Verhalten wenigstens in Teilaspekten zu verwirklichen (vgl. *Schneider* 1982, *Mutzeck/Pallasch* 1983). Einige solcher Programme kamen aus dem Mitarbeiterkreis des Ehepaares *Tausch*. Aus den USA wurden die Programme von *Gordon* (1989,1999) bekannt und populär. Die meisten Programme dieser Art lehnen sich mehr oder weniger stark an die Prinzipien und Techniken der klientenzentrierten Therapie an. Wenngleich die Effekte sozialintegrativen Erzieherverhaltens einigermaßen gesichert sind, sind die Effekte von Erziehertrainings oder Programmen eher unklar. In den meisten Fällen begnügen sich die Programmautoren auf die Aussagen der damit trainierten Erzieher oder Eltern, dass sie jetzt mit den Erzogenen besser zurecht kämen und zufriedener seien. **Erziehungsprogramme**

4.5.3.   Erziehung als soziale Interaktion

Die bisher beschriebenen Konzepte des psychologisch begründeten Erzieherverhaltens gehen im Grunde von einer sehr einfachen Annahme aus: Der Erzieher beeinflusst den zu Erziehenden. Diese Sichtweise ist jedoch einseitig. Sie muss durch die umgekehrte Beziehung ergänzt werden: Der zu Erziehende beeinflusst den Erzieher. Damit geht man zu einer Interpretation der Erziehung als sozialer Interaktion über. Sie kann abstrakt wie folgt beschrieben werden: **Soziale Interaktion**

Erzieher

Der Erzieher nimmt ein bestimmtes Verhalten des zu Erziehenden wahr und interpretiert es mit Hilfe seiner impliziten Erziehungstheorien. Diese umfassen seine Vorstellungen über:

- das, was angemessenes oder unangemessenes Verhalten ist;
- das, was die Ziele sind, die durch Erziehung erreicht werden sollen und
- die Mittel, mit denen diese Ziele zu erreichen sind.

Diese impliziten Theorien wirken einerseits auf die Wahrnehmung des Verhaltens zurück. Sie steuern sie und bewirken eine Selektion des Wahrgenommenen. Andererseits aktiviert der Vergleich des Wahrgenommenen mit den impliziten Theorien einen oder mehrere Handlungspläne. Der Erzieher entschließt sich, etwas Bestimmtes zu tun oder zu lassen.

Erzogener

Das Verhalten des Erziehers wird vom Erzogenen wiederum selektiv und interpretativ wahrgenommen und mit seinen impliziten Theorien verglichen. Schließlich wird auch der Erzogene Handlungsalternativen durchgehen und sich für eine entscheiden.

Im Alltag kann man häufig beobachten, dass Kinder oder Jugendliche sehr wohl wissen, wie sie ihre Eltern oder Erzieher beeinflussen (»rumkriegen«) können. Ständiges Nörgeln oder Betteln, scheinbar freiwilliges Aufräumen des Zimmers, verwickeln in Gespräche, Frühstück ans Bett bringen oder schmollend auf Nachbars Kinder verweisen: Das Repertoire entsprechender Strategien zur Beeinflussung von Eltern oder Erziehern ist nahezu unerschöpflich.

Situation

Beide, Erzieher und Erzogene, werden in ihrem Verhalten durch die Situation, in der sie stehen, beeinflusst. Vergangene Erfahrungen spielen dabei ebenso eine Rolle wie aktuelle Ereignisse.

Diese beschriebenen Abläufe müssen nicht stets einer klaren, rationalen Kontrolle unterliegen, wie es die Beschreibung nahe legen könnte. Sie werden wahrscheinlich in der Mehrzahl eher routiniert und automatisch ablaufen. In der Regel sind die beiden Interaktionspartner (Erzieher und Erzogener) aufeinander »eingespielt«.

Wahrgenommene Erziehung

Eine Konsequenz aus dieser Sichtweise von Erziehung als Interaktion ist, dass man primär nicht mehr danach fragt, »welches Erziehungsverhalten zeigen die Eltern?«, sondern »welches Erziehungsverhalten nehmen die erzogenen Kinder wahr?«. Für die Effekte der Erziehung wird also nicht länger das konkrete Verhalten der Eltern als wirksam angenommen, sondern das von den Kindern wahrgenommene und interpretierte Erziehungsverhalten.

Dieser Ansatz wurde von *Stapf, Herrmann, Stapf* und *Stäcker* (1988) verfolgt. Sie unterscheiden beim *perzipierten* (wahrgenommenen) Erziehungsstil die Dimensionen *Unterstützung* und *Strenge*. Diese Dimensionen sind aus den Verstärkungsmöglichkeiten der Eltern abgeleitet. Sie können positiv verstärken oder strafen. Umgangssprachlich könnte man sagen, Eltern erziehen durch Lob und Tadel. Positive Verstärkung wird vom Erzogenen als Unterstützung, Strafe als Strenge erlebt. Unterstützung führt beim Erzogenen zur Orientierung an Geboten (»mach' weiter so, das ist gut«) und damit zu einer Erhöhung des wünschbaren Verhaltens. Strenge führt zu einer Orientierung an Verboten (»lass' das sein!«) und zu einer Verringerung unerwünschten Verhaltens.

Aus ihren theoretischen und empirischen Bemühungen folgerten *Stapf* et al. (1988, S. 154):

»Unter der Voraussetzung, daß das zweidimensionale Bekräftigungskonzept hinreichend empirisch erhärtet ist oder doch hinreichend erhärtet werden kann, läßt sich – stark vergröbert formuliert – das Folgende ableiten: Wer ›brave Menschen‹ haben will, möge streng, wer sie nicht haben will, möge mild erziehen. Wer ›clevere Menschen‹ haben will, möge den zu Erziehenden stark unterstützen, wer sie nicht haben will, möge die elterliche Unterstützung einschränken, Wer ›brave und clevere Menschen‹ haben will, möge mit großer Erziehungsintensität erziehen; wer sie nicht haben will, möge die Erziehungsintensität senken. Welche Art von Menschen man aber wünschen kann oder soll, ist nicht aus dem Konzept selbst ableitbar. Dieser Sachverhalt ist keineswegs ein spezifischer Mangel unserer theoretischen Aufstellungen, vielmehr können psychologische Verhaltenstheorien aus methodologischen Gründen überhaupt keine Verhaltensnormen – keine ›Moral‹ – frei Haus liefern.«

4.5.4. Erziehungsziele und »Zeitgeist«

Es gibt wenige psychologische Befunde und noch weniger Theorien darüber, was Erziehungsziele in Familien sind. Wenigstens zwei Gründe lassen sich dafür anführen. Zum einen werden mit der Empfehlung, bestimmtes Erziehungsverhalten anzuwenden, die Ziele implizit mit festgelegt. Wer Eltern oder Erziehern empfiehlt, sie sollten sozialintegrative Erziehungsformen pflegen, tut dies in der Absicht, die damit verbundenen Effekte als Ziele zu erreichen. Zum anderen bestehen gravierende theoretische und methodische Schwierigkeiten, herauszufinden, was die Ziele einer Erziehungsperson konkret sind.

Aus Meinungsumfragen kann man jedoch etwas über den allgemeinen **Trends** gesellschaftlichen Konsens oder den Zeitgeist erfahren. Auf die Frage: »Auf welche Eigenschaften sollte die Erziehung der Kinder vor allem hinzielen: Gehorsam und Unterordnung, Ordnungsliebe und Fleiß oder Selbständigkeit und freier Wille?« ergaben sich zu verschiedenen Zeitpunkten unterschiedliche Antworthäufigkeiten.

1950 lag »Ordnungsliebe und Fleiß« mit etwa 40 % der Nennungen mit **Erziehungsziele** deutlichem Abstand vor »Selbständigkeit und freier Wille« bzw. »Gehorsam und Unterordnung« (zwischen 20 % und 30 %). Fünfzig Jahre später lag dagegen »Selbständigkeit und freier Wille« an der Spitze (mehr als 50 %), gefolgt von »Ordnungsliebe und Fleiß« (etwa 40 %); »Gehorsam und Unterordnung« wurden weitgehend bedeutungslos (weniger als 10 %) (*Zinnecker* 1985, *Meulemann* 2002).

In Befragungen, bei denen Eltern konkrete Eigenschaften vorgegeben wurden, deren Wichtigkeit als Erziehungsziele sie auf einer fünfstufigen Skala einzuschätzen hatten, stehen Eigenschaften wie »glücklich sein«, »ehrlich sein«, »selbständig sein«, »selbstbewusst sein« oder »zufrieden sein« in der Gunst der befragten Eltern ganz oben. »Ehrgeizig sein«, »religiös sein«, »Schamgefühl haben« oder »still sein« sind als Erziehungsziele dagegen wenig geschätzt (*Grüneisen/Hoff* 1980, *Paetzold* 1986). Untersuchungen dieser Art zeigen eher den Zeitgeist an. Dieser ist im Vergleich zu den fünfziger Jahren in Erziehungsfragen offensichtlich liberaler und kindzentrierter geworden. Dieser Zeitgeist sagt aber noch nichts aus über die persönlichen Ziele eines Elternteils oder Elternpaares und er sagt nichts aus über die konkrete Interaktion mit ihren Kindern. Diese können auch innerhalb eines Elternpaares in Abhängigkeit der konkreten Erziehungssituation beträchtlich variieren. Bereits *Grüneisen* und *Hoff* (1980) mussten feststellen, dass bei der Berücksichtigung von Konfliktsituationen zwischen Eltern und Kind dann doch Zielvorstellungen wie »ordentlich sein«, »gehorchen« oder »sich-selbstbeherrschen« von den Eltern bevorzugt wurden. Es wird also in der Analyse eines Einzelfalles wesentlich darauf ankommen, welche Eltern mit welchen Kindern in welchen Situationen interagieren.

4.6.   Ein Fall aus der Erziehungsberatung

Die folgende Darstellung geht auf einen authentischen Fall zurück. Selbstverständlich hat er sich nicht bis ins kleinste Detail genau so zugetragen. Einerseits mussten alle Informationen verändert werden, die Rückschlüsse auf beteiligte Personen hätten ermöglichen können, andererseits musste das didaktische Anliegen einer kurzen und klaren Darstellung berücksichtigt werden.

Der »Fall« beginnt mit einem Anruf in einer Erziehungsberatungsstelle einer kleineren Kreisstadt im ländlichen, so genannten strukturschwachen Raum: Frau L., Klassenlehrerin der dritten Klasse der Grundschule im nahe gelegenen Dorf berichtet, dass ein Schüler ihrer Klasse, Timo, immer schwieriger werde. Er esse laut schmatzend im Unterricht, verpasse kleineren Mädchen Ohrfeigen, führe seine Hefte nicht ordentlich und arbeite nicht mit, kurz: Er sei »völlig ungezogen«. Besonders beunruhigend sei jedoch, dass er schon einige Male gedroht habe, aus dem Fenster zu springen, um zu seiner toten Oma zu kommen.

Es wird ein Gesprächstermin zwischen dem Erziehungsberater (ein ausgebildeter Diplom-Psychologe mit Zusatzqualifikation »Klinischer Psychologe«) und der Klassenlehrerin vereinbart. Frau L. willigt ein, zur Vorabinformation ihre Sichtweise des Problems schriftlich zu fixieren. Es wird dabei beim ersten Gesprächstermin unmittelbarer »zur Sache« gesprochen werden können.

Problem aus Sicht der Lehrerin

Auszüge aus der schriftlichen Problemschilderung von Frau L.:
Timo zeigt sehr auffälliges Verhalten. Er stört dauernd und wird stark abgelehnt. Niemand möchte neben ihm sitzen. Sogar einige Eltern drängen darauf, dass jeweils ihr Kind keinesfalls neben Timo sitzen sollte. Mir (d.h. der Klassenlehrerin) gegenüber zeigte er am Anfang des Schuljahres, als ich die Klasse übernommen

hatte, starke Ablehnung. Er beschimpfte mich mit »Arschgeige« und »Arschloch«. Als seine Großmutter vor einigen Wochen starb, wurde es besonders schlimm. Mehrmals rief er: »Ich bring' mich um!« – »Ich spring' aus dem Fenster, dann komm' ich zu meiner Oma.« Nach einem Telefonat mit der Mutter besserte sich sein Verhalten für einige Tage. Ich glaube, er wurde zu Hause verprügelt. Ich möchte deshalb nicht mehr bei den Eltern anrufen. Obwohl Timo praktisch nie im Unterricht mitmacht, ist er ein guter Schüler. In den Ferien war er im Krankenhaus. Seine Mutter sagte mir, er hätte einen Bluterguss im Gehirn. Ich habe schon oft versucht, Timo ins Gewissen zu reden, aber ohne Erfolg.

Aus Bemerkungen in den Schulzeugnissen geht hervor, dass Timo offensichtlich von Anfang an als »Problemkind« eingeschätzt wurde, das stört, unruhig und undiszipliniert ist. Auffällig ist durchgängig die hohe Anzahl von entschuldigt gefehlten Tagen, umgerechnet sechs Unterrichtswochen und mehr pro Schuljahr. Seine Noten im dritten Schuljahr sind vorwiegend »gut«. Auch in den ersten beiden Schuljahren bestanden offensichtlich keine Leistungsprobleme. **Schulzeugnisse**

Das erste Gespräch mit der Klassenlehrerin Frau L. erbringt folgende zusätzliche Informationen: **Gespräch mit Klassenlehrerin**

- Timo nässt ein.
- Er schreibt »grundsätzlich« nichts von der Tafel ab. Einmal hat er sogar versucht, den Tafelschwamm aufzuessen, »damit man die Tafel nicht mehr abwischen kann«.
- Die Eltern scheinen sich, nach Ansicht von Frau L., nicht zu verstehen. Der Vater soll »schon öfter« angetrunken in der Öffentlichkeit angetroffen worden sein.
- Die jüngere Schwester, die noch den Kindergarten besucht, soll, so wird im Dorf erzählt, »noch viel schlimmer« als Timo sein.

Nach diesem Gespräch nimmt der Erziehungsberater auf drängendes Bitten der Lehrerin hin Kontakt mit den Eltern auf. Es gelingt ihm, sie zu einem Gespräch einzuladen. Zur Vorbereitung dieses Gesprächs erklärten sich die Eltern bereit, einen »Diagnostischen Elternfragebogen« auszufüllen. Dieser enthält Fragen zur Familiengeschichte, zur Entwicklung des Kindes und zu seinem Verhalten.

Die Großeltern mütterlicherseits wohnen etwa 100 km entfernt in einer mittelgroßen Kreisstadt. Sie haben wenig Kontakt zu Timos Eltern.

Besonderheiten in der Entwicklung und im Verhalten von Timo (nach Angaben der Eltern im Elternfragebogen):

- komplikationsreiche Geburt (Nabelschnur um den Hals, Kaiserschnitt);
- Brillenträger seit dem dritten Lebensjahr;
- Bettnässen, Linkshändigkeit, hohe Empfindsamkeit;
- wird von anderen Kindern viel gehänselt und geschlagen;
- begeisterter Fußballspieler;
- mit Timo selbst keine Probleme, außer mit »seinem Benehmen in der Schule«;
- »seit Oma tot ist, spricht er davon, dass er sich umbringen will, dann wäre er bei der Oma«.

Zum verabredeten Elterngespräch erscheint nur Timos Mutter. Die wichtigsten Gesprächsinhalte, die über die bisherigen Informationen hinausgehen, waren:

Gespräch mit der Mutter

Problembeschreibung

Timo sei »eigentlich« unproblematisch. Obwohl er viel krank gewesen sei, habe er immer gute Noten. Seine Hausaufgaben erledige er ohne Schwierigkeiten »im Nu«. Sie würde ihn dabei beaufsichtigen und darauf achten, dass er fertig sei, wenn der Vater abends nach Hause komme. Die Schwierigkeiten in der Schule kämen nur zustande, weil er viel gehänselt und geärgert werde. Die Kinder würden ihn »Professor Hastig« (nach der Figur in der Sesamstraße) rufen. Dies könne ihn zur Weißglut bringen. Dann schlage er wohl auch mal zurück. Die Kinder würden ihn oft auch verpetzen und Sachen erzählen, die nicht stimmten – immer wenn jemand etwas angestellt habe, soll es Timo gewesen sein. Mit seiner Schwester jedenfalls würde Timo sich gut vertragen. Auf die Selbstmordabsichten angesprochen, erklärte die Mutter, zu Hause hätte er »so was« nie gesagt, sondern nur in der Schule. Allerdings sei Omas Tod ein schwerer Schlag für Timo gewesen, weil er sich sehr gut mit ihr verstanden habe. In seinem Zimmer habe er eine »richtige Oma-Gedenk-Ecke« eingerichtet mit Kerzen, Bildern und Kleidungsstücken und Gegenständen von Oma. Das sei eigentlich schon ein bisschen unheimlich.

Familiengeschichte

Ihre eigene Beziehung zur Schwiegermutter stellte sie als herzlich und gut dar. Oma sei tolerant gewesen und habe sich auch nie in Erziehungsfragen eingemischt. Im Übrigen sei sie froh, dass sie im Haus der Schwiegereltern hätten wohnen können, da aus verschiedenen Gründen immer das Geld knapp gewesen sei. Als der Großvater starb – sie selbst war damals erst dreizehn Jahre alt und kannte ihren zukünftigen Ehemann und dessen Familie noch nicht – wollte Oma nicht alleine bleiben. Von da an habe ihr Mann bei seiner Mutter geschlafen, auch noch in der ersten Zeit ihrer Ehe. Nachdem Timo geboren war, habe er dann schließlich bis kurz vor ihrem Tod im Ehebett der Großmutter geschlafen. Die Großmutter habe sich auch tagsüber viel mit ihm beschäftigt. Das wäre auch nötig gewesen, denn Timo sei von Geburt an sehr krankheitsanfällig gewesen.

Die Mutter gibt an, sie fühle sich »so langsam« überfordert. Sie habe deshalb auch eine Kur beantragt. Weitere Kinder wolle sie auf keinen Fall. Das würde sie nicht verkraften. Andrea, die jüngere Tochter, würde auch viel Kraft kosten. Im Ehemann habe sie wenig Unterstützung, der sei durch seine Arbeit eingespannt genug. Am Wochenende würde er allerdings regelmäßig mit Timo zum Fußballspielen gehen.

Arztbericht

Ein mit Einwilligung der Eltern eingeholter Bericht des Hausarztes bestätigt mehrere Krankenhausaufenthalte, u.a. wegen Mandeloperation, Blinddarmoperation, Blasenspiegelung und Hodensenkung und eine mehrwöchige Beobachtung wegen des Verdachts auf Epilepsie, der sich bestätigte. Das Anfallsleiden wird gegenwärtig medikamentös erfolgreich behandelt.

An dieser Stelle soll der Bericht unterbrochen werden und einigen Fragen nachgegangen werden.

Fragen

- Hat das Verhalten Timos etwas mit einer möglichen Hirnschädigung zu tun?
- Ist sein Verhalten eine Reaktion auf den Tod der Großmutter oder ein Zusammenspiel mit der Familiendynamik?
- Was ist das für eine Familienbeziehung, in der der Vater fast acht Jahre im Ehebett seiner Mutter schläft?

- Warum musste Timo die ganze Zeit im Bett der Großmutter schlafen?
- Welches Gefühl von Verantwortlichkeit für die Familienentwicklung hat die Mutter, wenn sie unter diesen Umständen angibt, Oma habe sich immer rausgehalten?
- Welche Vorstellungen von förderlicher Erziehung haben eigentlich die Eltern?
- Was ist von den Selbstmordabsichten zu halten, die nur in der Schule geäußert werden?
- Was bedeutet das Bettnässen für die Familie?

Offensichtlich ist bereits jetzt zu erkennen, dass wir ein ganzes Geflecht von Problemen vorfinden, und dass es nicht darum gehen kann, Timo »ins Gewissen zu reden«, wie es die Lehrerin versucht hat und auch nicht nur darum, den Eltern einige nützliche Erziehungspraktiken zu vermitteln.

Testergebnisse

Der Bericht wird fortgesetzt mit den Informationen, die dem Berater durch ein Gespräch, eine Testuntersuchung und Verhaltensbeobachtung von Timo selbst zugänglich wurden.

Ein Intelligenztest weist eine überdurchschnittliche Intelligenz bei Timo nach. Der Erziehungsberater folgert daraus, dass Timos schwieriges Verhalten in der Schule, wie aufgrund der guten Schulleistung bereits vermutet, nicht auf intellektuelle Überforderung zurückzuführen ist.

Der Satzergänzungstest (ein projektives Verfahren), bei dem Satzanfänge zu Ende formuliert werden müssen, erbringt im Wesentlichen keine neuen Informationen. Seine Ablehnung von Lehrerin und Schule, seine soziale Isolierung, sein starkes Interesse für Fußball werden darin ebenso thematisiert wie seine Beziehung zur Großmutter.

Beispiele:
Ich finde es scheußlich ... »wenn Schule blöd ist.«
Vor Klassenarbeiten ... »ist es blöd.«
In der Pause ... »spiele ich Fußball.«
Ich brauche ... »einen Lederball.«
Andere Kinder ... »kenne ich nicht.«
Die meisten Jungen ... »kommen selten.«
Die meisten Mädchen ... »sind doof.«
Meine größte Sorge ist ... »dass meine Oma tot ist.«

Verhaltensbeobachtung

Überraschend ist der Bericht des Erziehungsberaters über die Verhaltensbeobachtung. Er stellt fest, dass Timo »sehr bereitwillig mitarbeitete«, »konzentriert und ausdauernd« war, sich »sehr kooperativ zeigte« und keine Schwierigkeiten im Sozialkontakt erkennen ließ. Timo vermittelte insgesamt den Eindruck eines »angemessen angepassten Kindes«.

Widersprüche

Aus dem Gespräch des Beraters mit Timo ergeben sich zwei Widersprüche zu den bisherigen Informationen. Timo gibt an, dass er, wenn er »zuviel angestellt« habe, von seinem Vater »Haue« bekäme. Dies steht im Widerspruch zur Aussage der Mutter, nach der Timo überhaupt nicht geschlagen würde, und zur Vermutung der Lehrerin, Timo würde von der Mutter verprügelt. Außerdem gibt Timo an, mit seiner Schwester gäbe es viel Krach, weil sie immer alles kaputt mache. Sie sei »eine blöde Ziege«. Die Mutter hatte dagegen geäußert, die beiden Geschwister verstünden sich »sehr gut«.

Dieser Fall endete wie so viele. Die Eltern kamen nicht zu den vereinbarten Gesprächsterminen.

Nach etwa drei Monaten ruft die Mutter noch einmal an. Sie hätte nicht kommen können, weil sie, wie angekündigt, in Kur war. In dieser Zeit habe sich der Vater krank schreiben lassen und sich um die Kinder und den Haushalt gekümmert. Mit Timo sei alles viel besser. Er habe nun Omas Tod überwunden. Sie hätten keine Probleme.

So reizvoll es wäre, auch eine Lösung zu berichten, so enttäuschend dieser Ausgang auch sein mag, so gut ist dieser Fall dennoch geeignet – und deshalb wurde er ausgewählt – ihn auf der Grundlage von Kenntnissen über »Entwicklung und Erziehung« zu analysieren.

Erziehungsstile

Betrachten wir den Fall zunächst unter der Perspektive des verwirklichten Erziehungsstiles. Beide Elternteile stehen dem Sohn eher gleichgültig bis ablehnend gegenüber. Sie sind kaum in der Lage, auf die emotionalen Bedürfnisse Timos einzugehen. Bisher wurde dies von der Großmutter übernommen. Ihr Verlust könnte ihn dazu bewegen, durch drastische Appelle (»ich bringe mich um«) auf ein emotionales Defizit hinzuweisen. Beide Elternteile sind eher auf Anpassung (»sein Benehmen«) fixiert. Die Mutter scheint dies durch ein hohes Maß von Kontrolle, der Vater durch gelegentliche drastische Maßnahmen erreichen zu wollen. Im bekannten Dimensionsschema zur Beschreibung elterlicher Erziehungsstile ließe sich Timos Erziehung etwa so eintragen:

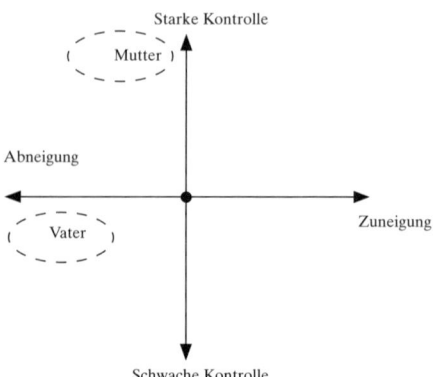

Schema: Beschreibung des Erziehungsverhaltens von Timos Eltern

Unbewältigte Entwicklungsaufgaben

Der Erziehungsstil der Mutter ist am ehesten als autokratisch zu kennzeichnen, während der des Vaters sich als vernachlässigend charakterisieren lässt – beides Stile, die eher aggressives Verhalten des Kindes fördern. Aufgabe der Erziehungsberatung wäre es nun, die Erziehungsstile der Eltern zu vereinheitlichen und sie so zu verändern, dass sie emotional akzeptierende und moderat kontrollierende Formen annehmen. Wollte man die Situation von Timo unter der Perspektive der Entwicklungsaufgaben sehen, dann müsste man feststellen, dass bereits die Großmutter bei (mindestens) einer ihrer Aufgaben nur eine unangemessene Lösung gefunden hat. Sie konnte den Tod ihres Ehepartners nicht in positiver Weise akzeptieren und weiterhin ein unabhängiges Leben führen.

Der Vater hat offensichtlich eine wesentliche Aufgabe des Jugendalters, das Erreichen der emotionalen Unabhängigkeit von den Eltern, verfehlt. Seine Lösungen der Aufgaben des frühen und mittleren Erwachsenenalters, die sich auf Partnerschaft, Familie und Kindererziehung beziehen, sind gleichfalls unbefriedigend. So gesehen ist er noch kein »richtiger« Erwachsener. Ähnliches dürfte für die Mutter gelten.

Timo selbst hat, mit Ausnahme des Erwerbs der Kulturtechniken, eigentlich noch keine der wesentlichen Aufgaben der mittleren Kindheit in Angriff genommen. Er erscheint somit in seiner psychischen Entwicklung retardiert.

Erziehungsberatung als »Entwicklungshilfe« müsste solche Entwicklungsdefizite der einzelnen Familienmitglieder identifizieren und aufarbeiten.

Analytische Sichtweise

Würde ein psychoanalytisch orientierter Erziehungsberater die Situation von Timo analysieren, könnte er die Arbeit von *Richter* (1972) als Grundlage nehmen. Darin wird die Entwicklung kindlicher Neurosen aus typischen traumatischen Rollen des Kindes erklärt. Solche sind: Das Kind als

- Substitut für eine Elternfigur,
- Gatten-Substitut,
- Substitut für eine Geschwisterfigur,
- Abbild schlechthin,
- Substitut des idealen Selbst,
- Substitut der negativen Identität (»Sündenbock«) oder
- als umstrittener Bundesgenosse.

Timo scheint mehreren solcher Ansprüche ausgesetzt gewesen zu sein. Er hatte der Großmutter als Ersatz für ihren Ehemann zu dienen. Gleichzeitig war er Stellvertreter für seinen Vater, der nicht länger Substitut für seinen eigenen Vater sein wollte. Timo diente somit beiden, Großmutter und Vater, zur Bedürfnisbefriedigung. Seine Verhaltensstörungen könnten als neurotische Konsequenz aus dieser Konstellation interpretiert werden. Mit dem Tod brach diese Konstellation zusammen. Timo und (wahrscheinlich auch) seine Eltern haben noch keine neue gefunden. Timo jedenfalls scheint sich die alten Verhältnisse wieder zurück zu wünschen.

Eine analytische Erziehungsberatung müsste das System der gegenseitigen Bedürfnisbefriedigung aufdecken, um dann den Familienmitgliedern befriedigendere Beziehungen zu ermöglichen.

Welche theoretische Position ein Erziehungsberater auch einnimmt – allen möglichen Sichtweisen ist gemeinsam, dass eine zufriedenstellende Entwicklung von Timo nicht mit einmaligen »guten Ratschlägen« zu erreichen sein wird. Notwendig erscheinen tiefergehende Veränderungen der gesamten Familie. Zusätzliche Schwierigkeiten dürften sich noch hinter der bislang eher ungeklärten Bedeutung medizinischer oder organischer Ursachen für die Verhaltensstörung von Timo verbergen.

5.   Soziale Interaktion und Kommunikation

Der Mensch existiert nur in der Begegnung mit anderen Menschen – in Kommunikation und Interaktion, wie man modern sagt.

Wir gehen den unterschiedlichen Vorstellungen, die mit diesen Ausdrücken verbunden sind, nach (5.1., 5.2.). In Abschnitt 5.3. stellen wir die zentralen Dimensionen sozialer Interaktion vor, um danach Interaktion in ihren Beziehungen zu anderen psychologischen Aspekten wie Macht, Identität und Denken zu betrachten (5.4.). In Prozessen der Kommunikation und Interaktion begegnen wir anderen Menschen, die wir in psychologisch bestimmter Weise wahrnehmen (5.5.), wir entwickeln Haltungen – Einstellungen – unserer Umgebung gegenüber (5.6.) und versuchen, die Welt um uns herum sinnhaft zu deuten (5.7.). All dies spielt sich in Interaktionskonstellationen ab, deren eine, die soziale Gruppe, wir abschließend zum Thema machen.

5.1.   Geläufige Vorstellungen von Kommunikation

Unser Leben vollzieht sich in zwischenmenschlicher Kommunikation – ein Großteil unseres Tagesablaufs erfolgt in kommunikativen Prozessen, die berufliche Tätigkeit vieler Menschen besteht wesentlich aus kommunikativen Aktivitäten (beraten, verkaufen, leiten, unterstützen), Familienleben und Geselligkeit ist Kommunikation par excellence.

Insoweit ist die obige Aussage unmittelbar plausibel. Schwieriger ist es allerdings, genauer zu bestimmen, was denn zwischenmenschliche Kommunikation im Wesentlichen ausmacht und wie man Kommunikation verstehen kann.

Der Begriff der Kommunikation in der heutigen – schillernden – Verwendungsweise ist eine Übersetzung des englischen Ausdrucks »communication«, wie er zunächst in der US-amerikanischen Soziologie, vor allem aber in der US-amerikanischen Nachrichtentechnik, eingeführt worden ist. Er wird dort benutzt zur Kennzeichnung von Phänomenen der Nachrichtenübermittlung jedwelcher Art. Historischer Ausgangspunkt und immer noch bestes Beispiel für diese Konzeption ist die Übermittlung physikalischer Signale von einer Quelle zu einem Empfänger. Ziel dieser Theorie war es, Informationsmengen so zu quantifizieren, dass man ihre optimale Durchlaufmenge durch Übertragungskanäle ermitteln konnte (*Shannon/Weaver* 1949). Diese Vorstellung ist zunächst bezogen auf Phänomene der seit Mitte des vorletzten Jahrhunderts expandierenden Nachrichtentechnologie (Telegraph, Telefon, Radio, Fernsehen). Diese Theorie hatte also ursprünglich mit sozialen Konstellationen nichts zu tun. Aufgrund besonderer gesellschaftlicher Rahmenbedingungen hat sich aber im weiteren Verlauf diese Verwendung des Ausdrucks »Kommunikation« auch für Phänomene zwischenmenschlicher Begegnung eingebürgert. In dem Maße, in dem der Begriff der Kommuni-

Kommunikation – ein Schlüsselbegriff unserer Zeit

kation sich gesellschaftlich durchgesetzt hat, hat er zu einer Veränderung unseres Vokabulars der Beschreibung des Umgangs miteinander geführt: Statt von Missverständnis ist von »Kommunikations-Störung« die Rede, die persönliche Begegnung wird zu einem Sonderfall der Kommunikation, nämlich zur »interpersonellen Kommunikation«, die Arbeit am Computer zur »Mensch-Maschine-Kommunikation« und die Halluzinationen eines geisteskranken Menschen werden zur »pathologischen Kommunikation«.

Kommunikation – ein Begriff erobert die Welt

Mit der Einführung des Begriffs der »Kommunikation« hat sich auch unsere Sichtweise auf unseren Umgang mit anderen Menschen erheblich verändert. Wir nehmen unsere Begegnungen mit anderen Menschen und unseren Umgang mit anderen Menschen gleichsam »durch die Brille« unseres alltagsweltlichen Konzepts von Kommunikation wahr. Dieses Konzept aber ist hochgradig metaphorisch geprägt, d.h. es ist bestimmt durch Vorstellungen, die aus anderen Wirklichkeitsbereichen entlehnt sind (vgl. *Reddy* 1979). Daher lohnt es sich, diese Vorstellungen genauer zu betrachten und kritisch zu hinterfragen. Dies soll im Folgenden mit einigen weitverbreiteten Vorstellungen über Kommunikation geschehen. Der Wissenschaftszweig der sog. »Metapragmatik« beschäftigt sich genauer mit solchen handlungsleitenden, alltagsweltlichen Vorstellungen über Kommunikation (vgl. *Lucy* 1993).

Metapher von der Mitteilung

Der Ausdruck »Mitteilung« legt die Vorstellung nahe, dass die Kommunikationspartner eine mitgeteilte Nachricht gemeinsam haben, also miteinander teilen. Abgesehen davon, dass es gar nicht so einfach ist, sich dieses »Teilen« wirklich vorzustellen, impliziert diese Metapher der gemeinsamen Teilhabe die Vorstellung eines *identischen Gegenstandes,* den man gemeinsam teilt. Diese Vorstellung spielt in unserem alltäglichen Reden über Kommunikation in der Tat eine wesentliche Rolle. Wenn wir fragen »Hast Du verstanden, *was* ich gesagt habe?«, »Hast Du *es* kapiert?«, »Können wir *dem* zustimmen?«, setzen wir jeweils voraus, »dass es nur *eine* legitime Bedeutung gibt, die jeder intelligente Kommunikationspartner auf natürliche Weise durch bloßen Kontakt mit der vorhanden Mitteilung begreift. Der objektive Status des allen Beteiligten gemeinsamen Inhalts von Mitteilungen wird nicht in Frage gestellt« (*Krippendorff* 1990, S. 29).

Wenn wir so fragen, unterstellen wir also ein gemeinsam geteiltes Verständnis einer Nachricht. Oft genug stellt sich aber heraus, dass ein solches gemeinsames Verständnis zwischen mir und meinem Kommunikationspartner gar nicht existiert, dass er etwas ganz anderes verstanden hat. Gerade in solchen Fällen von Kommunikationskonflikten erweist sich die Vorstellung des »gemeinsam geteilten Guts« als Scheuklappe, die eine Auflösung des Kommunikationskonfliktes gerade verhindert – nach dem Motto: »Ich habe *es* Dir doch ganz genau erklärt!«

Eine andere metaphorische Vorstellung, die in unserem heutigen alltäglichen Denken über Kommunikation eine zentrale Rolle spielt, ist die Container-Metapher, die schalkhaft auch als »Kübel-Theorie« der Bedeutung

Die Kübel-Theorie der Bedeutung

bezeichnet wird. Sie besteht im Kern darin, sich die Inhalte von Kommunikation als *in* Botschaften, Zeichen, Äußerungen *enthalten* vorzustellen. Wir alle hängen dieser metaphorischen Vorstellung laufend an: »Wir fragen jemanden, was ›in‹ einem Brief steht, was er ›aus‹ einem Vortrag ›entnommen‹ hat oder wir beklagen, dass jemand etwas ›in‹ eine Botschaft hineinliest, was nicht ›in‹ ihr ›enthalten‹ ist. Noch mehr im Sinne des Wortes untersuchen wir den ›Inhalt‹ einer Fernsehsendung, beurteilen einen Satz als bedeutungs-›voll‹ oder ›voller‹ Bedeutung, erklären, ein Artikel sei mit Ideen ›gefüllt‹, oder behaupten, er ›enthalte‹ gar nichts Neues« (*Krippendorff* 1990, S. 26).

Für zwischenmenschliche Kommunikation erweisen sich diese Metaphern als inkonsistent. Trotz dieser Inkonsistenzen reichen sie für unsere Orientierung im Normalfall zwischenmenschlicher Kommunikation aus. Sie erweisen sich aber besonders in Fällen von Kommunikationsproblemen als irreführend und problemverschärfend. Sollte man also versuchen, jede bildhafte Beschreibung von Kommunikation zu vermeiden und stattdessen eine »reine« Beschreibung von Kommunikation fordern? Dies kann nicht gelingen, »da jedes Reden über Kommunikation immer schon das Verstricktsein des Sprechers in seine eigenen Konstruktionen von Kommunikation aufzeigt. (Daher) liefern die Metaphern, Modelle, Mythen und andere umgangssprachliche Konstruktionen von Kommunikation einen günstigen, wenn nicht gar den einzigen Einstiegspunkt in unser Thema« (*Krippendorff* 1990, S. 18). Auch bei der nachfolgenden Betrachtung wichtiger Kommunikationstheorien werden uns die erwähnten und andere bildhafte Kommunikationsvorstellungen begegnen.

Ohne Metaphern geht es nicht

5.2.   Zwei Sichtweisen auf Kommunikation

Jedes Nachdenken über zwischenmenschliche Kommunikation beruht auf (theoretischen) Grundannahmen, Bildern, Vorstellungen und Metaphern, von denen man beim Nachdenken ausgeht. Dies gilt für jedes alltagspraktische Nachdenken, wie wir es gerade betrachtet haben, dies gilt aber auch für jede wissenschaftliche Betrachtung zwischenmenschlicher Kommunikation. Was zwischenmenschliche Kommunikation *ist* – auf diese Frage gibt uns die Wissenschaft keine eindeutige Antwort. Sie gibt uns nur unterschiedliche Betrachtungsweisen zwischenmenschlicher Kommunikation, die allesamt ihre Vor- und Nachteile, Tücken, Widersprüche, Traditionslinien, Menschenbilder, metaphorischen Grundvorstellungen und Denkvoraussetzungen haben. Einen kritischen Überblick gibt *Notdurfth* 2007)

In diesem Kapitel werden zwei Grundmodelle der Betrachtung zwischenmenschlicher Kommunikation vorgestellt, das Ausdrucksmodell und das Systemmodell.

5.2.1.   Ausdrucksmodelle von Kommunikation

Dieses Grundmodell stellt den einzelnen Kommunikationsteilnehmer in den Mittelpunkt der Betrachtung. Es lässt sich folgendermaßen skizzieren: Eine Person will einer anderen eine Vorstellung, einen Gedanken, eine Beobachtung oder irgendetwas, das in ihrem Kopf ist, mitteilen. Diese Person wählt dazu sprachliche und nicht-sprachliche Zeichen, die diese Vorstellung,

Das Individuum im Mittelpunkt

den Gedanken etc. ausdrücken, und übermittelt sie sprechend und gestikulierend ihrem Gegenüber. Dieser interpretiert oder »decodiert« die Zeichen, die er wahrnimmt und bildet aufgrund dieser Leistung seine Vorstellung des Gesagten.

Eine solche Betrachtungsweise erscheint selbstverständlich, weil sie der Perspektive entspricht, mit der wir uns in Kommunikation begreifen. Wir verstehen uns in der Regel, was Kommunikation angeht, als Handelnde, als diejenigen, die etwas wollen, durchsetzen oder erreichen möchten. Dieses Selbstverständnis, das wir von uns als Kommunikationsteilnehmer haben, ist getragen und gestärkt von einer langen, ehrwürdigen Denktradition, in der das einzelne Individuum im Mittelpunkt der Betrachtung steht (Individualismus). In Kapitel 3 wurde darauf bereits ausführlicher eingegangen.

Dieses Grundmodell hat im Laufe der Jahrhunderte unterschiedliche Akzentuierungen erfahren. Gemeinsam ist allen diesen Modellen, dass der einzelne Handelnde – und zwar meist in der Rolle des Sprechers – im Mittelpunkt der Betrachtung steht.

Zwei Betrachtungsweisen, die von aktueller Bedeutung sind, sollen im Folgenden skizziert werden:

- das Sprachbenutzermodell
- das Vier-Seiten-Modell einer Nachricht.

Das Sprachbenutzermodell von Kommunikation
Dieses Modell stellt einen der Beteiligten am kommunikativen Geschehen, den Sprecher, in den Mittelpunkt der Betrachtung. Der Sprecher wird vorgestellt als jemand, der gemäß seinen Vorstellungen sprachliche Zeichen aus einem Register oder aus einem Arsenal auswählt, um damit seine kommunikativen Absichten zu realisieren. Wie dieser Prozess der Auswahl abläuft, darüber gibt es in der Sprachpsychologie die unterschiedlichsten Vorstellungen, Überlegungen, Spekulationen, Formulierungen und Modelle.

Organon-Modell   Eines dieser Modelle ist das sogenannte Organon-Modell des Psychologen und Sprachforschers *Karl Bühler* (1879 – 1963), das – zuerst 1919 formuliert – zu einem Leitbild für die Darstellung von Kommunikation geworden ist. Der Sprecher als Anwender sprachlicher Zeichen wird gedacht wie ein Handwerker, der mit seinem Werkzeug (Organon) hantiert, um etwas zustande zu bringen. Es wird also eine Analogie zwischen Sprechen und dem Einsatz von Werkzeugen hergestellt, die zweckgerichtet eingesetzt werden (*Bühler* 1934).

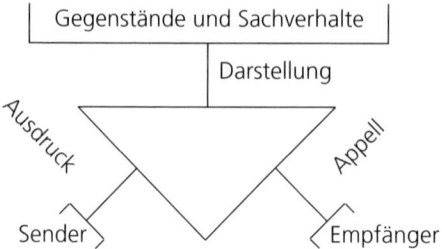

Schema:
Organon-Modell
der Kommunikation

Die Relevanz dieses Modells liegt in der zeichentheoretisch (semiotisch) fundierten Unterscheidung verschiedener Aspekte eines Zeichens bzw. einer Nachricht. Jedes Zeichen, so *Bühler*, weist stets drei Aspekte auf: Es bezieht sich auf einen Ausschnitt aus der Wirklichkeit (Darstellungsaspekt), es drückt etwas vom Zustand des Sprechers aus (Ausdrucksaspekt) und es soll den Angesprochenen zu etwas veranlassen (Appell- oder Steuerungsaspekt).

Das Vier-Seiten-Modell von Kommunikation
Das Organon-Modell ist weiterentwickelt worden zum sogenannten Vier-Seiten-Modell der Kommunikation, durch das vor allem der Psychologe *Friedemann Schulz von Thun* bekannt wurde (*Schulz von Thun* 1981). Kommunikation wird in diesem Modell betrachtet als Geschehen, das aus dem Senden und Empfangen von Nachrichten besteht. Die elementare zeichentheoretische Unterscheidung in Darstellung, Ausdruck und Appell wird aufgegriffen. Diese Unterscheidung wird im Vier-Seiten-Modell noch erweitert um einen vierten Aspekt, den der Beziehung zwischen Sprecher und Angeredetem, und so wird gesagt: Jede Nachricht weist immer vier Aspekte auf – einen Ausdrucksaspekt, einen Darstellungsaspekt, einen Appell- oder Steuerungsaspekt und einen Beziehungsaspekt.

Vier Seiten eines Zeichens

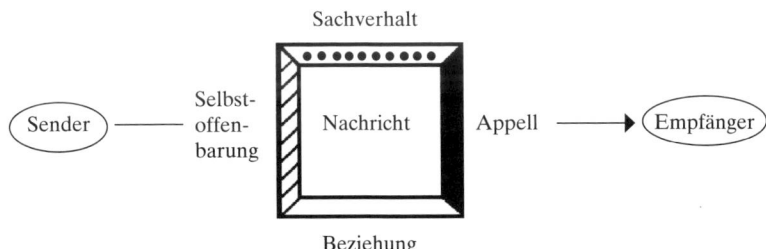

Schema: Vier-Seiten-Modell der Nachricht (*Schulz v. Thun* 1981, S. 30).

Dieses Modell eignet sich in der Tat dazu, bestimmte Fälle von Missverständnissen zu beschreiben, nämlich solche, bei denen der Angeredete auf einen Aspekt einer Botschaft reagiert, der vom Sprecher gar nicht beabsichtigt oder bedacht war.

Dazu ein Beispiel: Ein Ehepaar im Auto; die Frau fährt und der Mann sagt, auf die Verkehrsampel zeigend: »Du, da vorn ist grün.« Die vier Seiten dieser Nachrichten können nun sein:
Sachinhalt: Farbe der Ampel »grün«
Selbstkundgabe: »Ich passe mit auf.«
Beziehung: »Ich muss mit aufpassen, weil du eine schlechte Fahrerin bist.«
Appell: »Fahre doch schneller.«

5.2.2.   Systemmodelle von Kommunikation

Auch die im Folgenden vorgestellten Betrachtungsweisen zwischenmenschlicher Kommunikation stehen in der Tradition und Kontinuität eines Grundgedankens: dem Gedanken der Organisation. Dass dieser Grundgedanke so allgegenwärtig ist, hat sicher damit zu tun, dass wir unsere Umgebung/ Umwelt zunehmend als komplex, vernetzt und schwer zu durchschauen begreifen und aus dieser Wahrnehmung unserer Umgebung einen zunehmenden Organisationsbedarf ableiten; es hat aber auch damit zu tun, dass spätestens im zwanzigsten Jahrhundert die Sozialform der Organisation die bis dahin tradierten und im neunzehnten Jahrhundert zunehmend fragwürdiger gewordenen Vergesellschaftungsformen abgelöst hat und wir uns heutzutage gesellschaftliches Zusammenleben primär in Gestalt sozialer Organisationen vorstellen.

Grundmodell: das Interaktionsereignis   Bezogen auf zwischenmenschliche Kommunikation bedeutet der Grundgedanke, dass nicht das handelnde Individuum im Mittelpunkt der Betrachtung von Kommunikation steht, sondern das Kommunikationsereignis selbst – und nicht danach gefragt wird, wie das einzelne Individuum sich in Kommunikation ausdrückt und verständlich machen kann, sondern nach den Prinzipien gefragt wird, durch die das Kommunikationsereignis zustande kommt, sich herausbildet, konturiert, abläuft und zu einem Ergebnis kommt. Das Kommunikationsereignis wird dabei als komplexes Gebilde, oder – technisch gesagt – als System verstanden. Im Folgenden werden drei Systemmodelle vorgestellt:

- ▦ Kommunikation als Interaktion
- ▦ Kybernetische Kommunikationstheorie
- ▦ Gesprächsorganisation.

Kommunikation als Interaktion

Kommunikation als Beziehungsgeflecht   Modelle zwischenmenschlicher Kommunikation als sozialem System stellen die Sozialbeziehung und die Wechselwirkung zwischen Handlungen in den Mittelpunkt der Betrachtung. Es geht nicht um den Ausdruck innerer Zustände, sondern um die Ermöglichung von Kooperation. Kommunikation zeichnet sich, so ist die Grundüberzeugung, durch den wechselweisen Bezug des Handelns der Kommunikationsbeteiligten aus. Zwischenmenschliche Kommunikation ist das sich entwickelnde Geflecht bzw. Netz von Bezügen und Beziehungen, zu dem die Beteiligten ihre Beiträge leisten und durch die sie das Geflecht weiterentwickeln. Das Geflecht entwickelt aber auch eine Eigendynamik und erzeugt spezielle Handlungsverpflichtungen, mit denen sich die Beteiligten in ihren Beiträgen auseinandersetzen müssen.

Beispiel: Eskalation von Streit   Wir alle haben schon unsere kommunikativen Erfahrungen mit Systemeigenschaften zwischenmenschlicher Kommunikation gemacht. Wenn in einem Streitgespräch die Wogen höher schlagen und ein Wort das andere ergibt, stellen wir plötzlich erschreckt fest, dass wir uns »durch den Gang der Ereignisse« haben zu Äußerungen hinreißen lassen, die wir gar nicht tätigen wollten. In solchen Eskalationsprozessen entfaltet sich eine systemeigene Dynamik, der man sich als Beteiligter nur schwer entziehen kann.

Der Grundgedanke, zwischenmenschliche Kommunikation als System aufeinander bezogener Handlungen zu betrachten, hat im zwanzigsten Jahrhundert ganz unterschiedliche Akzente erfahren. Ein ganz wesentlicher Impuls ist von *George Herbert Mead* (1863 – 1923) ausgegangen, der gezeigt hat, dass in Fällen zwischenmenschlicher Kommunikation jede einzelne Äußerung schon durchdrungen ist von der wahrgenommenen Präsenz des Gegenübers (zur Einführung: *Joas* 1989).

In allem, was wir in Fällen zwischenmenschlicher Kommunikation tun, stellen wir schon die mögliche Reaktion unseres Gegenübers in Rechnung und richten unser eigenes Verhalten auf diese erwartbare Reaktion aus (Handlungsantizipation).

Dieses Moment der Handlungsantizipation ist von elementarem sozialen Charakter, weil es von den Beteiligten verlangt, sich in die Rolle des Gegenübers zu versetzen, um die geplante Handlung aus dessen Perspektive betrachten und bewerten zu können. Auf eine Kurzformel gebracht: Wie kann ich wissen, was ich tue, bevor ich sehe, wie mein Gegenüber darauf reagiert?

Diese Handlungsantizipation gilt natürlich nicht nur für mich, sondern auch für mein Gegenüber. Die so zustande kommende wechselseitige Handlungsantizipation führt zu einem abgestimmten Zusammenhang von Handlungen – zu Interaktion.

Die Betrachtungsweise zwischenmenschlicher Kommunikation als sozialem System soll anhand einer wichtigen praktischen Frage zwischenmenschlicher Kommunikation noch einmal im Unterschied zu dem Ausdrucksmodell von Kommunikation verdeutlicht werden, der Frage, »was eine Äußerung bedeutet«. Aus der Sicht des Ausdrucksmodells von Kommunikation würde diese Frage beantwortet durch Verweis auf innere Zustände des Individuums, das die Äußerung getan hat, seine Absichten, Intentionen und Gefühle. Diese Antwort wird durch den Systemansatz zwischenmenschlicher Kommunikation scharf attackiert – und zwar aus unterschiedlichsten Argumentationszusammenhängen heraus: *John Dewey* hat eine solche Attacke folgendermaßen formuliert: »Es ist ein Irrglaube, sich Bedeutungen als etwas Privates vorzustellen, einen Besitz geisterhafter psychischer Existenzen« (zitiert nach *Neubert* 1998, S. 245). Im Rahmen einer dialogisch verstandenen Sozialpsychologie würde die Frage beantwortet durch Verweis auf die Reaktion auf die Äußerung und den Handlungszusammenhang, den Äußerung und Reaktion im Handlungskontext bilden (vgl. *Shotter/Billig* 1998, S. 16). Die Bedeutung einer Äußerung wird in jedem Fall nicht den einzelnen Individuen zugerechnet, sondern als Bestandteil des interaktiven Zusammenhangs zwischen den Beteiligten betrachtet. Unabhängig davon kann ich als Interaktionsbeteiligter allerdings ein subjektives Bewusstsein von dieser Bedeutung haben. Aber auch dieses Bedeutungsbewusstsein ist primär nicht auf meinen eigenen inneren Zustand gerichtet, sondern auf die Beziehung der Äußerung zu meinem Gegenüber (»Wie kann er mich nur so falsch verstanden haben?«).

Neuere Entwicklungen

Kybernetische Kommunikationstheorie

Regulierung und Selbststeuerung

Im Mittelpunkt dieser Betrachtungsweise zwischenmenschlicher Kommunikation steht das Beziehungsgeflecht zwischen den Beteiligten eines Kommunikationsereignisses und die Dynamik, die sich aus diesem Beziehungsgeflecht entwickelt. Pate für diese Betrachtungsweise hat in den 1950er Jahren die sogenannte allgemeine Kybernetik gestanden, die sich für Regulierungen und selbststeuernde Prozesse interessiert. In Analogie zu solchen Prozessen wurden z.B. Eskalations-, Aufschaukelungs-, Stabilisierungs- und Destabilisierungsprozesse in Kommunikationsereignissen, z.B. Gesprächen, Begegnungen von Familienmitgliedern, Arbeitsbesprechungen, Konflikten, Ritualen u.s.w. beobachtet. Das Geschehen in solchen Kommunikationsereignissen wurde als Resultat der Beziehungsdynamik angesehen, die in solchen Ereignissen (oder, wie gesagt wurde: Systemen) herrschte. Grundlegend wurde die Unterscheidung in komplementäre und symmetrische Beziehungsmuster.

Die Wichtigkeit von Beziehungsmustern

Komplementäre Beziehungsmuster sind dadurch gekennzeichnet, dass die Verhaltensweisen der Beteiligten sich gegenseitig zu einem größeren Ganzen ergänzen, z.B. Hilfloser – Helfer, Herr – Knecht, Täter – Opfer. In symmetrischen Beziehungsmustern dagegen sind die Verhaltensweisen gleichsinnig orientiert, z.B. wetteifern, konkurrieren oder sich gegenseitig lähmen.

Beispiel: Familie

Diese Betrachtungsweise prägte besonders die Ehe-, Paar- und Familientherapie. Auf der Grundlage der kybernetischen Betrachtungsweise stellten Psychotherapeuten um den Wissenschaftler *Gregory Bateson* die Hypothese auf, dass es Beziehungsmuster in Familien waren, die dazu führten, dass bestimmte Familienmitglieder »auffällig« wurden und die Kommunikation in solchen Familien durch solche Muster bestimmt war, z.B. »jemanden zum Sündenbock stempeln« (*Bateson* 1981, zur Einführung: *Watzlawick* et al. 1967). Die Beteiligten waren austauschbar, entscheidend war, dass das Beziehungsmuster aufrechterhalten wurde.

Gesprächsorganisation

Während die beiden bisher vorgestellten Ansätze die durch wechselweise aufeinander bezogenes Handeln zustande kommenden Muster in den Mittelpunkt ihrer Betrachtung stellen, interessiert sich der Ansatz der *Gesprächsorganisation* für die Prinzipien, nach denen Kommunikationsereignisse abgewickelt werden.

Auf der Grundlage minutiöser Verschriftlichungen von Telefongesprächen kamen Forscher (*Sacks* et al. 1974) zur Entdeckung von Regelmäßigkeiten in Gesprächsabläufen, die sich in Form von Ordnungssystemen formulieren ließen.

Beispiel: Regeln, wie man das Wort ergreift

Das bekannteste und ausgearbeitetste dieser Systeme wurde eine Systematik für den Sprecherwechsel. Woran liegt es eigentlich, so fragte man sich, dass Menschen im Gespräch nicht alle durcheinander reden bzw. wie bekommen Gesprächsteilnehmer es hin, ihre Beiträge in geordneter Weise einander folgen zu lassen? Man stellte durch Untersuchungen von Gesprächen fest, dass Gesprächsteilnehmer durch eine Vielzahl von Hinweisen einander signalisieren, wann sie ihren Redebeitrag zu seinem Ende führen, wann solche möglichen Endpunkte zu erwarten und erreicht sind, wie man sich als nächster möglicher Sprecher »anmeldet«, etc. Die Gesamtheit dieser Signale bildet die Systematik des Sprecherwechsels (vgl. *Sacks* et al. 1974).

Gespräche sind, so der Standpunkt dieser Gesprächsforscher, sozial organisierte Gebilde, d.h. sie weisen soziale Ordnungsstrukturen auf. Aber diese Ordnung muss von den Beteiligten stets selber hergestellt werden, sie müssen ihre Gespräche »organisieren«. Das Gespräch als Interaktionsereignis stellt die Beteiligten, unabhängig von ihren Zielen und Interessen, vor Interaktionsaufgaben, die sie in ihrem Gesprächsverhalten bewältigen müssen.

Gespräche müssen organisiert werden

Das Resultat dieser Anstrengungen ist »die Gesprächs-Organisation«. Die Redeweise von Gesprächs-*Organisation* soll den Anspruch verdeutlichen, gerade die *überindividuellen* Eigenschaften, Anforderungen und Gesetzmäßigkeiten zu erfassen, die Gesprächen als sozialen Phänomenen zukommen.

5.3.   Dimensionen Sozialer Interaktion

In den vorhergegangenen Abschnitten wurden unterschiedliche Ansätze der theoretischen Bestimmung zwischenmenschlicher Kommunikation betrachtet und dabei die besonderen Akzente von Ausdrucksmodellen einerseits und systemtheoretischen Konzepten andererseits hervorgehoben. In diesem Abschnitt werden wir die systemtheoretische Betrachtungsweise zwischenmenschlicher Kommunikation noch vertiefen und auf der Grundlage des Forschungsstandes Grunddimensionen einer Betrachtung zwischenmenschlicher Kommunikation als sozialer Interaktion beschreiben. Diese Grunddimensionen sind:

- Interaktive Bezogenheit des Handelns
- Kontextuelle Gebundenheit der Bedeutung von Äußerungen und Handlungen
- Prozessualität des interaktiven Geschehens
- Materialität der Redebeiträge.

5.3.1. Interaktive Bezogenheit des Handelns

Sie erzählen Ihren Arbeitskollegen Ihre spannendste Urlaubsgeschichte. Während Sie erzählen, merken Sie, dass ein Kollege mit gelangweiltem Gesichtsausdruck beginnt, in Akten zu blättern. Sie wollen seine Aufmerksamkeit erreichen und heben Ihre Stimme, werden lauter und verleihen Ihrer Erzählung zusätzliche Dramatik, doch ohne Erfolg.

Dieses Beispiel zeigt, dass das Verhalten des Sprechers beeinflusst wird vom Verhalten des Zuhörers. Der Handelnde orientiert sich in seinem Gesprächsverhalten am Verhalten des Anderen. Diesen Sachverhalt bezeichnet man als Interaktive Bezogenheit des Handelns.

Definition

Unter Interaktiver Bezogenheit des Handelns versteht man, dass das Verhalten des einen Gesprächsteilnehmers in zwischenmenschlicher Kommunikation abhängig vom Verhalten der anderen Gesprächsteilnehmer ist und dass Gesprächsteilnehmer diese Abhängigkeit in ihrem Verhalten berücksichtigen.

Wie wir in Gesprächen eine bestimmte Botschaft formulieren, hängt von unserem Gegenüber ab; dabei lassen wir uns schon im Vollzug unserer Formulierung von den Reaktionen unseres Gegenüber – und seien sie noch so minimal – leiten: ein Zucken des Augenlids, eine abwehrende Geste beeinflusst unser Sprechen schon im Sprechprozess selbst und führt vielleicht dazu, dass wir schneller, eindringlicher sprechen, unsere Mitteilung paraphrasieren, ins Stocken oder ganz aus dem Konzept geraten. Jede Äußerung in Gesprächen findet unter Anwesenheit eines oder mehrerer Gesprächspartner statt; jede Äußerung ist wesentlich auf die anderen Anwesenden bezogen und wird erst durch diese vervollständigt. Diese Bezogenheit ist essentiell – einen »Witz« haben wir erst dann erzählt, wenn unser Gegenüber lacht.

Forschungs-erkenntnisse

Interaktive Bezogenheit des Handelns bildet einen Mittelpunkt sozialpsychologischer Forschung zur zwischenmenschlichen Kommunikation.

Wasserwaagen-Aufgabe

Schema:
Die Wasserwaagen-Aufgabe
(aus *Weick* 1985, S. 98)

Ein Modell der Demonstration wechselweiser Abhängigkeit ist die »Wasserwaagen-Aufgabe«: In der folgenden Abbildung sitzen drei Personen an den Ecken eines gleichseitigen Dreiecks; vor ihnen sind Drehknöpfe, und vor jedem Knopf liegt eine Wasserwaage. Jede der drei Personen hat die Aufgabe, die Luftblase ihrer Wasserwaage in die Mitte der Waage zu bringen. Wenn eine Person, z.B. A, ihren Knopf dreht, hebt oder senkt sich ihre Ecke.

Diese vertikale Bewegung ist für ihn jedoch irrelevant; A braucht Kontrolle über horizontale Bewegung. Und diese Art von Kontrolle liegt in den Händen der beiden anderen Personen. In der Abbildung befindet sich As Blase am linken Ende. Das bedeutet, dass das Dreieck an dem Punkt von C höher ist als an dem von B. Wenn C den Punkt senken und B ihn heben würde, dann käme die Blase in As Wasserwaage zurück zum Zentrum. So ist bei der gegebenen Ausrichtung der Wasserwaage Person A sowohl von Person B als auch von Person C abhängig, wenn das Ziel ist, die Blase zu zentrieren. A ist abhängig in dem Sinn, dass er keine direkte Kontrolle über dieses Ergebnis hat. A hat eine gewisse indirekte Kontrolle über das Ergebnis, und eben dieser Zug macht das genaue Arrangement in der Abbildung zu einem Beispiel von Interdependenz statt zu einem Beispiel von Dependenz. B und C haben nämlich das gleiche Problem wie A. Das Schicksal jeder einzelnen Person hängt von dem ab, was die beiden anderen tun; aber die Person, die von den anderen abhängig ist, kann deren Schicksal ebenfalls teilweise kontrollieren (nach *Weick* 1985, S. 98 f.).

Aus der Vielzahl von Untersuchungen und Forschungsergebnissen zur

Interaktiven Bezogenheit sollen im Folgenden vier Bereiche vorgestellt werden, die deutlich machen sollen, dass der Tatbestand der Interaktiven Bezogenheit von grundsätzlicher Bedeutung für Fälle zwischenmenschlicher Kommunikation ist:

- Feedback
- Verhaltensabstimmung (Synchronisation)
- Sprecher-Hörer-System
- Blickkontakt

Ciompi (1998) hält das Moment des »Feedback« im Sinne einer Antwort/ Rückmeldung eines Gegenüber für das grundlegende Element menschlichen Verhaltens. Konstellationen, in denen Menschen keine Rückmeldung auf ihr Verhalten erfahren, treiben diese auf Dauer in geistige Verwirrung.

»Man weiß in der Tat schon seit längerer Zeit, dass die experimentelle Ausschaltung aller (positiven und negativen) Rückmeldungen oder ›Feedbacks‹ aus unserer gesamten Umwelt, die unser Wahrnehmen, Denken, Fühlen und Handeln ständig begleiten und sozusagen ›kommentieren‹, mit anderen Worten die möglichst radikale Abschirmung sämtlicher sensorischer Reize (völlige Dunkelheit, totale Lärmisolation, Bewegungslosigkeit zum Beispiel im körperwarmen Bad etc.) selbst bei völlig gesunden Versuchspersonen innerhalb von wenigen Stunden zu ausgeprägten Depersonalisierungserlebnissen, wahnhaften Phänomenen, optischen und eventuell akustischen Halluzinationen führt« (*Ciompi* 1998, S. 296). **Bedeutung des Feedback**

Interaktionsforscher haben anhand von Videoaufnahmen zeigen können, dass das Verhalten von Gesprächsteilnehmern auf ganz elementarer, nonverbaler Ebene aufeinander abgestimmt ist, zum Beispiel, dass Veränderungen in der Sitzhaltung eines Teilnehmers zu Veränderungen in der Haltung der anderen Teilnehmer führen, dass Kopfhaltung und Gesten aufeinander abgestimmt sind und dass sich durch den Klangfluss der Gesprächsbeiträge eine Art gemeinsamer Rhythmus des Sprechens entwickelt. Solche Phänomene werden als Synchronisation des Verhaltens bezeichnet (vgl. *Argyle* 1976, *Kendon* 1970). **»Tanz« des Verhaltens**

In weiteren Untersuchungen konnte festgestellt werden, dass diese Synchronisation wesentlichen Anteil daran hat, ob Gesprächsteilnehmer den Eindruck haben, dass ein Gespräch gut gelaufen sei, dass man sich verstanden habe oder dass »die Chemie gestimmt habe« (*Erickson/Shultz* 1982).

Die Erkenntnis, dass das Geschehen in zwischenmenschlicher Kommunikation stets durch den wechselseitigen Bezug von Sprecher *und* Hörer zustande kommt, ist nicht neu, wurde dann allerdings lange Zeit vergessen. Schon 1900 stellte der Sprachforscher *Behagel* fest, dass »die Rede in hohem Maße als das Ergebnis zweier Größen erscheint: nicht lediglich dem Haupte des Redenden entsprungen, sondern gemeinsames Erzeugnis des Sprechers *und* des Hörers« (*Behagel,* zitiert in: *Schwitalla* 1992, S. 68). Diese Erkenntnis wurde in der Kommunikationswissenschaft in neuester Zeit wiederentdeckt und bestätigt. Der Gesprächsforscher *Schwitalla* resümiert: »Das Fazit für **Sprecher-Hörer-System** den theoretischen Status der Beteiligungsrollen von ›Sprecher‹ und ›Hörer‹ lautet, dass Sprecher – in ihrer Sprecherrolle – auch hören und dass Hörer, während sie zuhören, auch sprechen« (*Schwitalla* 1992, S. 69).

Bedeutung des Blicks   Der französische Philosoph *Jean Paul Sartre* (1962) hat sich in seinen Werken mit den Grundlagen der Sozialbeziehung zwischen Menschen auseinandergesetzt. Er hat gezeigt, dass dem Blick eine ganz besondere Bedeutung zukommt. Noch bevor zwischen Menschen, die sich begegnen, auch nur das erste Wort gesprochen ist, verändert sich jeder der Beteiligten schon allein dadurch, dass er vom anderen angeblickt wird. Das Wissen, gleichsam unter Beobachtung zu stehen, verändert unsere Selbstwahrnehmung und unser Selbstbewusstsein und führt dazu, dass wir unser Verhalten diesen veränderten Umständen anpassen.

5.3.2.   Kontextuelle Gebundenheit der Bedeutung von Äußerungen und Handlungen

> Eine Vorgesetzte lobt einen Mitarbeiter überschwenglich. Dieser fragt sich, was das bedeutet: Ist es ironisch gemeint, echte Anerkennung, bei ihr nichts Besonderes, eigentlich als Kritik Dritter gedacht ...?

In diesem Beispiel geht es um die Bedeutung von Wörtern – und um den Kontext, in dem sie geäußert werden. In jedem Fall spielt dieser Kontext eine wesentliche Rolle, sei es, dass ein Wort »aus dem Zusammenhang gerissen wird«, sei es, dass ein Wort in unterschiedlichen Zusammenhängen interpretiert wird.

Es zeigt sich nämlich, dass die Bedeutung eines Wortes wesentlich geprägt ist vom Gesprächskontext, in dem es geäußert wird bzw. dass die Bedeutung dessen, was in Gesprächen gesagt wird, wesentlich an den jeweiligen Kontext gebunden ist. Dies versteht man als *kontextuelle Gebundenheit der Bedeutung von Äußerungen und Handlungen.*

Definition   Unter kontextueller Gebundenheit der Bedeutung von Äußerungen und Handlungen versteht man den Tatbestand, dass alles, was in zwischenmenschlicher Kommunikation geschieht, in seiner Bedeutung von dem Zusammenhang abhängt, in dem es sich ereignet, und dass gleichzeitig alles, was geschieht, zur Bildung und Veränderung dieses Zusammenhangs beiträgt.

Kommunikations-semantik   Die Erkenntnis, dass die sprachlichen Ausdrücke (Wörter), Äußerungen und Handlungen in sozialer Interaktion ihre Bedeutung nicht gleichsam in sich tragen, sondern diese stets in Bezug auf den übergeordneten Handlungszusammenhang erhalten, beschäftigt vor allem die Forschungsrichtung der *Kommunikationssemantik* (vgl. *Ungeheuer* 1987, *Nothdurft* 1996b), die die prinzipielle Vagheit von Wörtern oder Handlungen betont und die wichtige Rolle des Kontextes für die Herausbildung der Bedeutung eines Wortes oder einer Äußerung in den Mittelpunkt der Betrachtung rückt.

Die Bedeutung einer Äußerung oder einer Handlung ergibt sich erst aufgrund ihrer Rahmung durch

- den situativen Kontext
- stillschweigende Ergänzungen aufgrund von Hintergrundwissen
- den kulturellen Kontext.

Dazu jeweils ein Beispiel:

Man kann schon anhand eines so »harmlosen« Satzes wie »Können Sie mir sagen, wie spät es ist?« zeigen, wie unterschiedlich die Bedeutung dieses Satzes ist – in Abhängigkeit davon, in welchem Kontext er geäußert wird (vgl. *Goffman* 1979). So kann der obige Satz z.B. sein: **1. situativer Kontext**

- Vorbereitung zum Aufbruch
- Vorwurf an einen Zu-spät-Gekommenen
- Beispiel für Fragesatz in einem Deutsch-Lehrbuch
- Frage nach Uhrzeit
- Teil einer Schauspielaufführung
- »Parole« zwischen Spionen.

Der amerikanische Soziologe *Harold Garfinkel* hat für ein Experiment seine Studenten instruiert, Aussagen in alltäglichen Gesprächen streng wörtlich zu nehmen und sich die Bedeutung von Wörtern genau erklären zu lassen. Einer seiner Studenten, Ray, verhielt sich entsprechend, als ihm ein Kommilitone (VP) auf dem Campus begegnete: **2. stillschweigende Ergänzungen**

(VP)   »Hallo Ray, wie fühlt sich deine Freundin?«
(Ray) »Was meinst du mit der Frage, wie sie sich fühlt? Meinst du das körperlich oder geistig?«
(VP)   »Ich meine: wie fühlt sie sich? Was ist denn mit dir los?« (Er wirkt eingeschnappt)
(Ray) »Nichts. Aber erklär doch mal ein bisschen deutlicher, was du meinst.«
(VP)   »Lassen wir das. Was macht deine Zulassung für die medizinische Hochschule?«
(Ray) »Was meinst du damit: *Was sie macht?*«
(VP)   »Du weißt genau, was ich meine. «
(Ray) »Ich weiß es wirklich nicht.«
(VP)   »Was ist mit dir los? Ist dir nicht gut?« (*Garfinkel* 1973, S. 206).

Watzlawick et al. (1967) geben ein Beispiel dafür, dass auch das, was ein Kuss bedeutet, vom jeweiligen Kontext abhängt – und dies Anlass zu gewichtigen Missverständnissen sein kann: **3. die kulturelle Ordnung bestimmt, was etwas bedeutet**

»Unter den während des Krieges in England stationierten amerikanischen Soldaten war die Ansicht weit verbreitet, die englischen Mädchen seien sexuell überaus leicht zugänglich. Merkwürdigerweise behaupteten die Mädchen ihrerseits, die amerikanischen Soldaten seien übertrieben stürmisch. Eine Untersuchung führte zu einer interessanten Lösung dieses Widerspruchs. Es stellte sich heraus, dass das Paarungsverhalten (*courtship pattern*) – vom Kennenlernen der Partner bis zum Geschlechtsverkehr – in England wie in Amerika ungefähr dreißig verschiedene Verhaltensformen durchläuft, daß aber die Reihenfolge dieser Verhaltensformen in den beiden Kulturbereichen verschieden ist. Während z.B. das Küssen in Amerika relativ früh kommt, etwa auf Stufe 5, tritt es im typischen Paarungsverhalten der Engländer relativ spät auf, etwa auf Stufe 25. Praktisch bedeutet dies, daß eine Engländerin, die von ihrem Soldaten geküßt wurde, sich nicht nur um einen Großteil des für sie intuitiv ›richtigen‹ Paarungsverhaltens (Stufe 5 – 24) betrogen fühlte, sondern zu entscheiden hatte, ob sie die Beziehung an diesem Punkt abbrechen oder sich dem Partner sexuell hingeben sollte. Entschied sie sich für die letztere Alternative, so fand sich der Amerikaner einem Verhalten gegenüber, das für ihn durchaus nicht in dieses Frühstadium der Beziehung passte und nur als schamlos zu bezeichnen war. Die Lösung eines solchen Beziehungskonflikts durch die beiden Partner selbst ist natürlich deswegen praktisch unmöglich, weil derartige kulturbedingte Verhaltensformen und -abläufe meist völlig außerbewußt sind. Ins Bewußtsein dringt nur das undeutliche Gefühl: der *Andere* benimmt sich falsch« (*Watzlawick* et al. 1967, S. 20).

Paradebeispiel von Mehrdeutigkeit: Spionage

Aufgrund der kontextuellen Gebundenheit der Bedeutung sind Äußerungen prinzipiell mehrdeutig (ambivalent). Durch Veränderung des Interpretationsrahmens lässt sich die Bedeutung variieren. Ein Paradefall für Mehrdeutigkeiten ist die Welt der Spionage, z.B. folgende Konstellation:

»Wenn, sagen wir, die Briten entdecken, daß einer ihrer Diplomaten ein russischer Spion ist, und ihn zu vierzig Jahren Gefängnis verurteilen, der Spion aber nach fünf Jahren entkommt, was denken dann die Russen? Ist er ihr Mann, und waren die von ihm übermittelten Informationen zuverlässig? War er die ganze Zeit ein Doppelagent, der sie mit falschen Informationen gefüttert hatte und dann kurzzeitig eingesperrt wurde, um sie in der falschen Sicherheit zu wiegen, er habe nicht für die Briten gearbeitet? War er den Russen gegenüber loyal gewesen, aber von den Briten beschattet und ohne es zu bemerken mit falschen Informationen zur Weitergabe an die Russen gefüttert worden? Wurde ihm das Entkommen ermöglicht, um die Russen fälschlich glauben zu machen, er hätte tatsächlich für die Briten gearbeitet und seine Informationen seien falsch gewesen? Und die Briten selbst müssen, um zu wissen, welche Bedeutung die Russen seinen Informationen gaben, auch wissen, ob die Russen denken, ihr Mann sei wirklich ihr Mann, und, wenn ja, ob sie denken, die Briten hätten dies von Anfang an gewußt oder nicht gewußt« (*Goffman* 1981, S. 64).

Wie erfolgt Verstehen?

Untersuchungen zum Verstehen in zwischenmenschlicher Kommunikation ergaben, dass Gesprächsteilnehmer auf eine Vielzahl unterschiedlicher Gesichtspunkte zurückgreifen, wenn sie die Bedeutung einer Formulierung, einer Aussage oder einer Handlung bestimmen (vgl. *Gumperz* 1982). Dazu gehören Annahmen über die mutmaßliche Absicht des Sprechers (Intention), Deutungen von Ausspracheeigenschaften (parasprachliche Merkmale wie z.B. Akzent, Betonung, Sprechpausen), die Position der Äußerung im Gesprächszusammenhang, kulturelles Wissen, etc. Auf der Grundlage all dieser Gesichtspunkte kommen Gesprächsteilnehmer zu Schlüssen (Inferenzen) über die fragliche Bedeutung.

Die kontextuelle Gebundenheit von Verstehensprozessen wird in neueren Studien noch strikter formuliert; in ihnen wird die Auffassung vertreten, dass die wesentliche Funktion von Verstehen in der *Vorbereitung auf situativ angemessenes Verhalten* liegt – während nach der »klassischen« Auffassung Verstehen durch die Funktion bestimmt ist, Informationen zu erfassen und zu speichern (vgl. zum Kontrast zwischen beiden Auffassungen *Barsalou* 1999).

5.3.3.   Prozessualität des interaktiven Geschehens

> Zwei Mitarbeiter einer Abteilung sind in Streit geraten. Der eine wirft dem anderen vor, ihn bei anderer Gelegenheit »Trottel« genannt zu haben. Der Beschuldigte bestreitet das vehement. Das habe er nie gesagt. Beide sind fest von der Korrektheit ihrer Erinnerung überzeugt. Aber es lässt sich nicht mehr überprüfen, was gesagt worden ist.

Soziale Interaktion ist Geschehen in der Zeit. Sie ist eine vergängliche Erscheinung – ein Umstand, der dazu führt, dass wir in Gesprächen auf unsere subjektiven Gedächtnisleistungen angewiesen sind und diese können deutlich von den Erinnerungen anderer Teilnehmer abweichen. Wer kann schon für sich beanspruchen, genau zu wissen, was vor ein paar Minuten in einem Gespräch gesagt worden ist? Wie in der Musik der Ton im Entstehen vergeht, so auch die Äußerung in der Interaktion. Soziale Interaktion ist zugleich eine sich entwickelnde Erscheinung: Nichts bleibt in Gesprächen, wie es ist, jeder weitere Redebeitrag kann die Gesamtkontur eines bis dahin abgelaufenen Gesprächs verändern, Äußerungen, Bemerkungen oder einzelnen Wörtern eine neue, ungeahnte Bedeutung verleihen, Verhältnisse auf den Kopf stellen, für Überraschungen sorgen, dem Gespräch eine neue Wendung geben. Zeitlichkeit bedeutet auch Unübersichtlichkeit – wir sind beim Miteinander-Reden in unserer Aufmerksamkeit gefangen von dem, was gerade gesagt wird und was gerade vor sich geht, und verlieren oft den Zusammenhang, der sich im Gesprächsverlauf entwickelt, aus den Augen – und da das Sprechen vergänglich ist, haben wir keine Chance, »noch einmal nachzublättern«, wo wir gerade sind. Es ist leicht, den Faden zu verlieren. Gleichzeitig messen wir zeitlichen Prozessen aber auch Bedeutung bei. Dies gilt vor allem für Wiederholungen: wir machen einen Unterschied, ob wir etwas zum ersten Mal gesagt haben, zum zweiten Mal oder zum dritten Mal – der Prozess des Sprechens selbst bestimmt die Bedeutung dessen, was wir sagen, mit. Miteinander sprechen spielt sich in der Zeit ab. Das macht die Prozessualität zwischenmenschlicher Kommunikation aus.

Unter *Prozessualität des interaktiven Geschehens* versteht man die Tatsache, dass Gespräche Ereignisse sind, die sich im Verlaufe der Zeit herausbilden und verändern und dass gleichzeitig die einzelnen Gesprächsbeiträge flüchtig und vergänglich sind. **Definition**

Die Flüchtigkeit des Sprechens, die Vergänglichkeit des Tons prägt die »Arbeitsbedingungen« sowohl des Sprechers als auch des Hörers in sozialer Interaktion. **Forschungserkenntnisse**

Die Aufgabe für den Sprecher: der Zwang zur Suggestion

Für den Sprecher gilt: Der Ton vergeht im Entstehen, das Geschehen ist flüchtig und vergänglich. Im Gegensatz zum zeitlich überdauernden Text muss mündliche Rede auf Unmittelbarkeit bedacht sein.

»Daher bedarf es (...) einer besonderen Beredsamkeit, einer Mühelosigkeit der sprachlichen Gestaltung, einer eindringlichen Suggestivkraft und einer durchweg herrschenden Rhythmisierung. Dem folgt der Hörer; zurückbleiben kann er nicht. Die Botschaft muß unmittelbar wirken, was immer ihr angestrebter Effekt ist« (*Zumthor* 1988, S. 708).

Auch das, was wir hören und verstehen, ist von der Flüchtigkeit des Sprechens unmittelbar beeinflusst:

Die Aufgabe für den Hörer: Konstruktion aus dem

»Der rasche Rhythmus der Rede verlangt vom Hörer, daß er wenn er schon nicht alle, so doch den überwiegenden Teil der Elemente erfaßt, um die Aussage verstehen zu können. Bewußt werden die Wörter dem Hörer erst dann, wenn die Einheiten, aus denen sie sich zusammensetzen, schon ausgesprochen worden sind. Und ebenso nimmt er erst nachträglich die Sätze auf, wenn die Wörter, aus denen sie gebildet worden sind, bereits zurückliegen. Er muß seine Aufmerksamkeit auf den Redefluß richten und ihm im selben Augenblick die für das Verständnis des Ganzen unentbehrlichen Elemente entnehmen. Vor genau hundert Jahren hat dies der russische Neurologe und Psychologe *I. M. Secenov* (...) als ›simultane Synthese‹ bezeichnet. Dabei werden die Elemente, die der unmittelbaren Wahrnehmung schon nicht mehr zugänglich sind, sondern im Kurzzeitgedächtnis gespeichert werden, zu immer größeren Einheiten verbunden – die Laute zu Wörtern, die Wörter zu Sätzen und die Sätze zu ganzen Aussagen« (*Jakobson/Pomorska* 1982, S. 65).

Verstehen ist, so lässt sich daraus schlussfolgern, immer eine *Konstruktion* des Hörers *aus dem Stand*, auf der Basis des Gesagten.

5.3.4. Materialität der Redebeiträge

> Eine pakistanische Bedienung im Schnellrestaurant des Londoner Flughafens Heathrow fragt bei manchen Speisen nach, ob die Gäste noch Soße dazu haben wollen. Dazu stellt sie nur die einfache kleine Frage »gravy?«. Aber sie sagt es im Tonfall ihrer Heimatsprache und da geht bei einer Frage nicht die Stimme nach oben, wie es im Deutschen oder Englischen der Fall ist, sondern die Stimme geht leicht nach unten. Die englischen Gäste hören daher die Äußerung nicht als freundliche Frage »Möchten Sie vielleicht noch Soße dazu?«, sondern entsprechend ihren Hörgewohnheiten als barsche Aufforderung »Nun nehmen Sie schon Soße!« und beschweren sich über das »unhöfliche Bedienungspersonal« (*Gumperz* 1982, S. 173).

Definition

Unter Materialität versteht man den gesamten Bereich von Ausdrucksqualitäten, die mit dem Sprechen in zwischenmenschlicher Kommunikation verbunden sind, d.h. jene Qualitäten, die nicht aufgrund ihrer inhaltlichen, wörtlichen Bedeutung bestimmbar sind, sondern aufgrund von Eindrücken, Empfindungen und sinnlichen Erlebnissen.

In Gesprächen hat die Stimme und die Gestik ihr eigenes Gewicht. Die Stimmqualität, die Tönung der Stimme, ihre Lautstärke, ihre Dramatik, ihr Tempo und ihr Timbre bilden eine eigene Dimension des Sprechens, die den Aufbau von Deutungen, die Steuerung von Verstehen und die Herausbildung von Eindrücken und Empfindungen bis hin zu einer körperlichen Resonanz auf das Geschehen in eigener Weise beeinflusst. Zu Recht spricht man auch vom »Klangzauber« des Sprechens.

Der Sprachpsychologe *Karl Bühler* schrieb dem Sprechen einen »speech appeal« zu, den er in Analogie zum Sexappeal setzte (*Bühler* 1934, S. 29).

»Ohne Zweifel stellt die Stimme im Unbewußten des Menschen eine archetypische Form dar: ein schöpferisches Urbild, gleichzeitig Energie und Konfiguration von Zügen, die in jedem von uns die ersten Erfahrungen, die Gefühle, die Gedanken vorherbestimmen, aktivieren und strukturieren. (...) Das Bild der Stimme wurzelt in einer Zone des Erlebten, die den begrifflichen Formulierungen entgeht, die man nur ahnen kann« (*Zumthor* 1990, S. 12). **Die Stimmqualität wirkt im Unbewussten**

Unter Gesichtspunkten der Materialität ist der Ausdruck »sprechen« nicht präzise genug – er hebt nur auf den Aspekt der Informationsübermittlung ab. Was wir tun, wenn wir sprechen, wäre genauer beschrieben mit: flüstern, schreien, hauchen, grölen, giften, zischen, nuscheln, knurren, näseln, fauchen, kreischen, lachen, weinen.

Gut veranschaulichen kann man die materiale Qualität sozialer Interaktion an der Wichtigkeit jener Momente, in denen gerade *nichts* gesagt wird – in Momenten des Schweigens. Wir unterscheiden alltagsweltlich die unterschiedlichsten Weisen des Schweigens:

- beredtes Schweigen
- bleiernes Schweigen
- lähmendes Schweigen
- drückendes Schweigen
- bedeutungsvolles Schweigen
- goldenes Schweigen.

Die Relevanz der materialen Qualität sozialer Interaktion soll im Folgenden an vier Bereichen verdeutlicht werden:

- der Inszeniertheit des Sprechens
- dem Phänomen des »double bind«
- der kulturellen Prägung von Klangmustern
- der Körperlichkeit des Sprechens.

Es gibt Fälle sozialer Interaktion, in denen es in besonderer Weise darauf ankommt, *wie* eine Handlung ausgeführt wird, in denen wir eine Handlung danach beurteilen, ob sie »gekonnt«, »elegant« oder »geschickt« vollzogen wurde oder eher »stümperhaft« oder »wenig souverän«. Wir beurteilen Argumentationen nicht nur nach der Stichhaltigkeit der vorgebrachten Argumente, sondern auch nach der Flüssigkeit, mit der sie vorgetragen werden; **Die Inszeniertheit des Sprechens**

wir beurteilen eine politische Rede nicht nur nach der Überzeugungskraft der vorgetragenen Auffassungen, sondern auch nach dem Auftreten des Sprechers; wir beurteilen die Moderation einer Arbeitsbesprechung nicht nur nach dem Ergebnis, das zum Abschluss herauskommt, sondern auch nach der Atmosphäre, die durch die Art des Moderierens zustande kam.

In manchen Typen sozialer Interaktion ist die Art und Weise des Gesprächsverhaltens sogar wichtiger als der Inhalt dessen, was gesagt wird. Bei Trinksprüchen z.B. ist die hohe Eloquenz des Sprechens wichtiger als die Tiefsinnigkeit des Inhalts. Diese besondere Art und Weise des Sprechens wird in der Kommunikationswissenschaft auch als Inszenierung oder *performance* des Sprechens bezeichnet.

Unser aller Gesprächsverhalten im Alltag ist durchzogen von Momenten, in denen wir unserer gesprächsweisen Darstellung einen besonderen Ausdruck verleihen wollen, wenn wir z.B. andere Personen zitieren und dafür deren Stimmen imitieren, wenn wir Aufmerksamkeit erzeugen wollen und dafür Kunstpausen und Veränderungen in der Stimmstärke vornehmen, wenn wir dem Gesagten Nachdruck verleihen wollen und es dafür durch eindringliche Gesten unterstreichen. Solche Kommunikationsereignisse sind nicht nur in dem Sinne inszeniert, dass der Sprecher sich in Szene setzt und in besonderer Weise seine Stimme einsetzt, sondern auch in dem Sinne, dass *alle* Beteiligten wissen, wann sie »dran sind« und was sie zu tun haben, z.B. im Ablauf eines Gottesdienstes an der richtigen Stelle die richtigen Worte zu sagen, an den richtigen Stellen aufzustehen, sich im richtigen Moment wieder zu setzen. Ausdrucksorientierte Darstellungen eines Sachverhalts, z.B. eines Streits oder eines Problems, erfordern, wenn sie wirksam sein sollen, eine interaktive Beteiligungsweise der Zuhörer, die durch lebhaftes Aufgreifen der Inszenierung gekennzeichnet ist, durch Reaktionen des Erstaunens, der Entrüstung, des Bedauerns, der Empörung, ungläubiges Kopfschütteln, etc. sowie durch emphatische Kommentare. Wichtiger als das Ausreden-Lassen und Zuhören sind Unterbrechungen, in denen die Zuhörer die Äußerungen des Sprechers vorgreifend komplettieren, sowie Fälle simultanen, gleichlautenden Sprechens, die den Beteiligten das Gefühl vermitteln, »auf der gleichen Wellenlänge zu sein«, sowie Fälle des Durcheinanderredens, in denen man zwar kaum noch den anderen verstehen kann, die den Teilnehmern aber das Gefühl vermitteln, *zusammen zu sein*. Solche Fälle sprachlicher Interaktion haben mehr Ähnlichkeit mit Situationen gemeinsamen Singens und Tanzens als mit dem Prototyp herkömmlicher Kommunikationsvorstellungen, der monologischen Informationsübermittlung (vgl. *Nothdurft/Schwitalla* 1995).

Hypothese des double bind

Wesentliche Erkenntnisse erhielt die Erforschung zwischenmenschlicher Kommunikation in den 1950er Jahren aus Studien der Kommunikation in Familien mit schizophrenen Patienten (vgl. *Watzlawick* et al. 1967). Therapeuten fiel auf, dass in diesen Familien häufig eine Diskrepanz zwischen dem, was ein Familienmitglied sagte, und der Art und Weise, wie es gesagt wurde, bestand. So sagte z.B. eine Mutter am Ende eines Streits zu ihrem Kind: »Ich hab Dich doch lieb«, aber der Tonfall, in dem sie dies sagte, war barsch und abweisend. Solche Situationen wurden als *double bind* bezeichnet – das Kind ist in diesen Situationen gleichsam doppelt gebunden: Welche der Interpretationen es auch auswählt – die verbale oder die nonverbale – es erlebt immer eine widersprüchliche Situation. Ist ein Kind solchen widersprüchlichen Situationen häufig ausgesetzt, so vermuteten Familientherapeuten, entzieht es sich ihnen durch eine besondere Art zu kommunizieren und sich mitzuteilen – und diese besondere Art ist dann das, was als schizophrenes Verhalten bezeichnet wird.

Ein Forschungsbereich, in dem die Wichtigkeit der Art und Weise des Sprechens für das Gelingen von Kommunikation erkannt wurde, ist der Bereich der interkulturellen Kommunikation (vgl. z.B. *Gumperz* 1982). In der Erforschung von Missverständnissen in Situationen interkultureller Begegnung stellte sich heraus, dass die Interpretation para- und nonverbaler Signale für die Gesamtinterpretation von Äußerungen von entscheidender Bedeutung ist, dass aber gleichzeitig die konkrete Interpretation solcher Signale sehr stark kulturabhängig variiert. Kulturell unterschiedliche Interpretationen der Klangmuster von Äußerungen führen auch zu unterschiedlichen Interpretationen dessen, was auf inhaltlicher Ebene gesagt wird – der obige »gravy«-Fall ist ein Beispiel dafür.

Klangmuster sind kulturell festgelegt

Die Wichtigkeit materialer Aspekte des Sprechens für das Gelingen von Kommunikation wird zunehmend gesehen. Während früher solche Aspekte eher als »bloßer Zierrat« im Transport der – gewichtigen – Inhalte von Botschaften gesehen wurden, oder als Ausdruck der Persönlichkeit des Sprechers, gilt in der Interaktionsforschung mittlerweile als unbestritten, dass durch die Materialität des Sprechens gleichsam der Humus gebildet wird, auf dem ein Gespräch gedeiht – oder eben nicht. Aspekte der Rhythmisierung des Sprechens, des Sprechklangs und der begleitenden Gestik, durch die die Lebendigkeit des Geschehens und Anschaulichkeit des Gesagten zustande kommen, sind für den Vollzug gelingender Kommunikation von fundamentaler Bedeutung. Durch sie wird eine Beteiligungsweise des *involvement* (vgl. *Tannen* 1989) geschaffen, d.h. eines Engagements an der Interaktion mit – buchstäblich – Leib und Seele.

Die Körpergebundenheit dieser Dimension von Interaktion betont auch *Zumthor*: »...den Vorrang des Rhythmus, die Unterordnung des Sprechens unter das Atmen, der Wiedergabe unter die Handlung, des Begriffs unter die Haltung, der Bewegung des Gedankens unter die des Körpers« (*Zumthor* 1990, S. 30 f.).

Körperlichkeit – die Seele von Interaktion

Neuerdings werden Untersuchungen, die körpernahe Momente sozialer Interaktion in den Mittelpunkt stellen, unter dem Stichwort *embodiment* durchgeführt. Nonverbalen und paraverbalen Momenten und praktischen Handlungsvollzügen wird nicht nur eine sprechbegleitende oder -unterstützende Rolle zugestanden, sondern ihnen wird eine zentrale Funktion für Verstehen und Orientierung in sozialer Interaktion zugeschrieben. Der Psychologe *Adam Kendon* hat in Untersuchungen des Gestikulierens italienischer Sprecher festgestellt, dass diese durch bestimmte nonverbale Gesten markieren, wie der Inhalt ihrer sprachlichen Äußerungen verstanden werden soll, z.B. als Warnung, als Übertreibung, als Ironie (*Kendon* 2000).

Embodiment

5.4. Psychologische Aspekte Sozialer Interaktion

Zwischenmenschliche Kommunikation ist in sehr vielfältiger Weise für unsere Existenz als gesellschaftliche Subjekte bedeutsam. In diesem Kapitel sollen drei aus psychologischer Sicht besonders relevante Aspekte zwischenmenschlicher Kommunikation beleuchtet werden:

- Identität
- Denken
- Macht.

In diesen drei Momenten sind wir zugleich als individuelle Subjekte und als Mitglieder von Gesellschaft und Kultur angesprochen. Genauer müsste man diesen Zusammenhang so formulieren, dass die gesellschaftlichen und kulturellen Rahmenbedingungen die besondere Individualität des Einzelnen schaffen, ermöglichen und erfordern.

Dieser Zusammenhang soziokultureller Rahmenbedingungen und Individualität wird praktisch in sozialer Interaktion gestiftet.

- Über Prozesse der Selbst- und Fremdwahrnehmung erfolgt die Integration des Einzelnen in soziale Gruppen und Verbände wie auch die Binnenstabilisierung sozialer Gruppen und die Abgrenzung nach außen. Gleichzeitig sind Situationen sozialer Interaktion die Gelegenheiten, in denen sich Gruppen faktisch konstituieren und vollziehen.
- Über die in sozialer Interaktion stattfindenden Prozesse der Erfahrungs- und Meinungsbildung schaffen wir unser handlungspraktisches Wissen wie auch unsere Auffassungen über die Wirklichkeit und unsere Einstellungen zu dieser. Gleichzeitig sind Situationen sozialer Interaktion eine wesentliche Quelle unseres Wissens und unserer Erfahrungen.
- Über Macht- und Beeinflussungsprozesse in sozialer Interaktion werden Machtverhältnisse geschaffen, reproduziert und verändert. Gleichzeitig ist soziale Interaktion die Arena, in der Beeinflussung stattfindet und in der Machtkämpfe ausgetragen werden.

Der Zusammenhang zwischen den soziokulturellen Rahmenbedingungen und psychologisch relevanten Momenten sozialer Interaktion ist aber nicht nur ein wechselseitiger, er ist auch ein spannungsgeladener. Denn durch diese Aspekte werden einige Grundüberzeugungen über die Qualität unseres Zusammenlebens bzw. unserer Begegnungen in sozialer Interaktion in Frage gestellt:

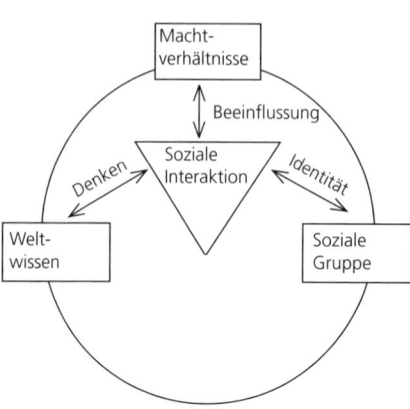

Schema:
Der Zusammenhang von sozialer Interaktion und gesellschaftlicher Existenz

■ durch die Art und Weise, in der in sozialer Interaktion Identitätsbildung erfolgt, werden Vorstellungen über die Autonomie des Individuums und seine Selbstentfaltung in Frage gestellt; **Autonomie?**

■ die Prägung von Denk- und Erfahrungsprozessen durch den kollektiven Diskurs sozialer Interaktion kann Vorstellungen über die Individualität bzw. Einzigartigkeit des Einzelnen in Frage stellen; **Individualität?**

■ der Aspekt von Macht und Beeinflussung stellt die Vorstellung von Freiheit, Gleichheit und Symmetrie in Interaktion in Frage; **Gleichheit?**

■ kulturell vorgegebene Erwartungshaltungen dem Äußern von Gefühlen gegenüber stellen Vorstellungen über Authentizität und Echtheit des Einzelnen in Frage. **Echtheit?**

Wir betonen diese Punkte besonders deswegen, weil zum Thema Kommunikation ein *optimistic bias* beobachtet werden kann derart, dass vorrangig die positiven Leistungen von Kommunikation und Interaktion betrachtet werden und die »dunkle Seite« von Kommunikation den Status von Unglücksfällen und Misslingen erhält. Diese Haltung erscheint uns unangemessen – wir bevorzugen das Bild (die Metapher) einer Medaille mit zwei Seiten – und die dunkle Seite von Kommunikation ist in gleicher Weise zu bedenken wie die Sonnenseite (vgl. *Cupach/Spitzberg* 1994, *Spitzberg/Cupach* 1998). **Kommunikation hat immer zwei Seiten**

5.4.1.   Identität

> Dienstbesprechung. Jürgen Becker braucht jetzt einen Kaffee. Er schraubt den Deckel der Wärmekanne auf, will sich Kaffee in seine Tasse gießen, da löst sich der Deckel von der Kanne und der Kaffee ergießt sich schwungvoll über Tasse, Arbeitsunterlagen und Tisch. Während Jürgen Becker versucht, mit Taschentuch und Servietten dem Schlamassel beizukommen, spürt er die vielsagenden Blicke, die die Kollegen sich zuwerfen, sieht das schadenfrohe Grinsen um sich herum und hört eine Kollegin leise zu ihrer Nachbarin sagen: »Der Kollege Becker hat sich mal wieder nass gemacht.« Wie peinlich, so eine Blamage, wie steht er denn jetzt da – als Trottel, als Tollpatsch?

In Situationen wie dieser spüren wir einen Tatbestand zwischenmenschlicher Kommunikation am eigenen Leibe, gleichsam bis in die Magengrube, der zu den elementaren Grundsätzen zwischenmenschliche Kommunikation gehört: Alles, was wir in zwischenmenschlicher Kommunikation sagen und tun, hat immer auch Bedeutung dafür, wie wir wahrgenommen werden. Alles, was wir sagen und tun, wird von den Beteiligten daraufhin interpretiert, *wer* wir sind und als was wir gelten. Auf der Grundlage solcher Wahrnehmungen und Interpretationen bilden die Anderen sich ihren Eindruck davon, wer wir sind und reagieren entsprechend. Und wir selbst wiederum erfahren aufgrund dieser Reaktionen, für wen wir gehalten werden – ob es uns passt oder nicht. Und wenn die Kollegen von Jürgen Becker schon häufig in der geschilderten Art auf seine Ungeschicklichkeit reagiert haben, ist es wahrscheinlich, dass er die Interpretation, die in den Reaktionen zum Ausdruck kommt, auch übernimmt – ja, er ist der Trottel, dem immer solche Pannen passieren, und auch sonst tritt er in jedes Fettnäpfchen. »Ich bin schon froh, wenn die Kollegen wenigstens über mich lachen – so merke ich immerhin, dass ich noch da bin.«

Wir rechnen immer mit dem Anderen

Unsere Selbstwahrnehmung wird davon beeinflusst, wie andere uns wahrnehmen. Wir müssen es in unserem Handeln berücksichtigen, ob wir wollen oder nicht. Daher versuchen wir, die Wahrnehmung, die andere von uns haben, zu steuern, »einen guten Eindruck zu machen«, uns »ins rechte Licht zu rücken«, uns zu »profilieren« und »in Szene zu setzen«. Wir kalkulieren mit anderen Worten die Wirkung, die wir mit unserem Handeln auf andere machen werden, in unser Handeln mit ein. Unser individuelles Handeln ist in dem Sinne immer schon *sozial*, dass wir die Reaktion unseres Gegenübers mit einkalkulieren. Mit unserer Kalkulation können wir richtig liegen oder uns verrechnet haben – die tatsächliche Reaktion unseres Gegenübers ist häufig anders als von uns erwartet. In diesem Wechselspiel und Spannungsverhältnis zwischen eigenem Handeln und Reaktion der Anderen bilden sich Fremd- und Selbstbilder der Beteiligten im Verlauf von Interaktion heraus.

Die Bildung von Selbstbewusstsein in der Moderne

Der Zusammenhang zwischen Identitätsentwicklung und Selbstbewusstsein auf der einen Seite und gemeinsamem Handeln auf der anderen Seite ist ein großes Thema – eine Entdeckung – von Psychologie, Soziologie und Philosophie im zwanzigsten Jahrhundert. Dass dieses Thema gerade in unserer Zeit so intensiv diskutiert wird, ist kein Zufall. Im neunzehnten und zwanzigsten Jahrhundert haben sich erhebliche gesellschaftliche Veränderungen vollzogen, die die Rahmenbedingungen, unter denen die Menschen sich ihr Bild von sich selbst und von dem Anderen machen, dramatisch verändert haben. Durch diese Veränderungen ist die Rolle zwischenmenschlicher Kommunikation für die Bildung unseres Selbstbewusstseins immer wichtiger geworden. Dies liegt vor allem an den folgenden zwei Faktoren:

1. Faktor: Verlust allgemeiner Orientierungen

Mit Beginn der Industrialisierung lösten sich althergebrachte soziale Zusammenhänge in den mitteleuropäischen Gesellschaften auf und damit auch die Geltung tradierter Normen, Werte und Orientierungen. Bis dahin war die Position des Einzelnen durch tradierte Ordnungssysteme weitgehend vorgegeben und festgelegt, »wer er ist«. Im Grunde stellte sich die Frage gar nicht – die Festlegung war selbstverständlich. Mit der Auflösung tradierter Strukturen ergaben sich massenweise Entwicklungsmöglichkeiten und ungeahnte Karriereverläufe. »Vom Tellerwäscher zum Millionär« ist das geflügelte Wort geworden, das die positiven Versprechungen dieses Veränderungsprozesses auf den Punkt bringt. Die tradierten Werte legten nicht mehr fest, »wer man war«. In dem Ausmaß, in dem diese Werte ihre Gültigkeit verloren, mussten neue Orientierungen gefunden werden, die Antwort auf die Frage gaben, »wer man ist«.

Gleichzeitig haben sich aber auch die Bedingungen, unter denen Menschen sich begegnen, dramatisch verändert:

- Berufliche und verkehrsmäßige Mobilität führten zu einem Anwachsen des »Bekanntenkreises«, also des Kreises derjenigen, mit denen man regelmäßig kommunizierte;
- das Anwachsen der Städte zu Großstädten und Metropolen führte dazu, dass Menschen sich massenweise flüchtig begegneten (z.B. in U-Bahnen, Bussen, Warteschlangen);
- die sich entwickelnden Kommunikationstechniken wie Telegraph und Telefon führten zu neuen Möglichkeiten der Kontaktaufnahme, neuen Formen der Kommunikation (»Telegrammstil« statt »Briefstil«) und veränderten Vorstellungen von z.B. schneller Erreichbarkeit/Zugänglichkeit und Privatheit;
- die Ausdifferenzierung aufgrund zunehmender Arbeitsteilung führte zu einer zunehmend von Zweckgesichtspunkten geprägten und geleiteten Kommunikationsweise (das wortlose Aufladen von Lebensmitteln auf das Fließband statt dem Schwatz im Tante-Emma-Laden).

2. Faktor: Veränderungen unserer Kommunikationskultur

Diese neue Form der Kommunikation ist dadurch charakterisiert, dass es in ihr aufgrund von »Mangel an Gelegenheit, Zeit und gegenseitigem Interesse« nicht zu einer tieferen Verbindung zwischen den Kommunikationsteilnehmern kommt. Zwischenmenschliche Begegnung vollzieht sich in erheblichem Maße als »Verkehr zwischen unverbundenen Menschen« (*Plessner* 1981, S. 80).

Fassen wir zusammen: Die gesellschaftlichen Entwicklungsprozesse in den letzten zwei Jahrhunderten führen zunehmend zu einem Zerfall allgemeingültiger gesellschaftlicher Normen, Werte und Orientierungen. Diese stehen für die Ausbildung von Identität nicht mehr zur Verfügung. Dadurch wird die unmittelbare zwischenmenschliche Begegnung zunehmend wichtiger als Schauplatz der Ausbildung von Selbst- und Fremdbildern. Gleichzeitig verändern sich die Rahmenbedingungen dieser unmittelbaren zwischenmenschlichen Begegnungen. Sie werden zunehmend durch Momente wie Anonymität, Oberflächlichkeit, Zweckgebundenheit, Zeitknappheit und Zufälligkeit bestimmt.

Unter diesen Rahmenbedingungen entstehen Fremdbild, Selbstbild, Selbstbewusstsein und Identität.

Aufgrund der Wechselseitigkeit des Verhaltens in sozialer Interaktion bestimmen wir mit jedem Verhaltenszug, welchen Raum wir dem Anderen lassen, welche Möglichkeiten wir ihm einräumen, welche Gelegenheiten wir ihm verschaffen (oder vermasseln), wie wir mit ihm umgehen und wofür wir ihn halten. Darin liegt unsere *Verantwortung*. Und aufgrund der Wechselseitigkeit des Verhaltens gilt das Gleiche für den Anderen auch. Darin liegt seine Verantwortung. In diesem Sinne sind wir in sozialer Interaktion wechselseitig füreinander verantwortlich. Das macht Verbale Interaktion zu einer »moralischen Anstalt«.

Verantwortung für den Anderen

Der Philosoph *Arthur Schopenhauer* (1788 – 1860) hat die Aufgabe, die sich uns im Umgang mit unserem Gegenüber stellt, in seinem *Stachelschwein-Dilemma* veranschaulicht:

Stachelschwein-Dilemma

»Eine Gesellschaft Stachelschweine drängte sich an einem kalten Winter-
tage recht nahe zusammen, um, durch die gegenseitige Wärme, sich vor dem
Erfrieren zu schützen. Jedoch bald empfanden sie die gegenseitigen Stacheln,
welches sie dann wieder von einander entfernte. Wann nun das Bedürfnis
der Erwärmung sie wieder näher zusammen brachte, wiederholte sich jenes
zweite Übel; so daß sie zwischen beiden Leiden hin und her geworfen wurden,
bis sie eine mäßige Entfernung von einander herausgefunden hatten, in der sie
es am besten aushalten konnten« (*Schopenhauer* 1890, S. 689).

Respekt

Momente, mit denen diese Balance hergestellt werden kann, sind Respekt,
Diplomatie und Takt (vgl. *Plessner* 1981).

Respekt ist die Haltung dem Gesprächspartner gegenüber, die es diesem
ermöglicht, sein eigenes Selbstbild in der Interaktion zu entwickeln und zu
entfalten – sein Image oder »face«. Respektvolles Verhalten dem Anderen
gegenüber ist eine Vorleistung, die den Anderen zur Gegenleistung verpflichtet, sich auch respektvoll uns gegenüber zu verhalten und es damit auch uns
zu ermöglichen, sich unseren Vorstellungen entsprechend zu verhalten (vgl.
Goffman 1971). In diesem Zusammenhang spielen Höflichkeitssysteme eine
wesentliche Rolle. *Schopenhauer* nannte Höflichkeit eine »stillschweigende
Übereinkunft, gegenseitig die moralische und intellektuell elende Beschaffenheit von einander zu ignorieren« (zitiert nach *Safranski* 2001).

Diplomatie

Diplomatie ist eine Haltung, die die Ausbalancierung der Interaktion auch
und gerade in solchen Fällen ermöglicht, in denen Macht, Auseinandersetzung
und die Durchsetzung von Positionen und Forderungen eine Rolle spielen.
Solche Situationen lassen sich typischerweise nicht durch die Herstellung von
Übereinstimmung bzw. Einsicht bewältigen. Verhandlungssituationen sind
ein typisches Beispiel: Jeder der Beteiligten hat sein (subjektiv berechtigtes)
Interesse – ein Übereinkommen bedeutet Nachgeben. In solchen Momenten
kommt es darauf an, es dem Nachgebenden zu ermöglichen, sein Gesicht zu
wahren, ihm Goldene Brücken zu bauen oder das Ergebnis der Verhandlung
als vernünftig und sachgerecht darzustellen.

Takt

Takt ist die Haltung, mit der prinzipiellen Mehrdeutigkeit von Situationen
und der Vielschichtigkeit von Personen umzugehen, Andeutungen und An-
spielungen in ihrer Ambivalenz wahrzunehmen, den Charakter von Situationen offenzuhalten und die Botschaft von Mitteilungen in unterschiedlicher
Lesart interpretieren zu können. Während Diplomatie für Situationen, in
denen es um Macht, Einfluss und Durchsetzen von Positionen geht, relevant
ist, ist Takt vor allem für Momente des spielerischen, entspannten Umgehens
miteinander wichtig. Miteinander flirten ist ein typisches Beispiel. Für den
Flirt ist die »Kultiviertheit der Andeutung« und eine »Ästhetik des Ver-
steckspiels« charakteristisch. *Plessner* hat Takt auch als »Witterung für den
anderen Menschen« beschrieben, die es ermöglicht, »jeden Menschen auf
individuelle Weise zu nehmen und gewissermaßen im Dunkeln seinen Weg
zu finden« (*Plessner* 1981, S. 107).

5.4.2.   Denken und Erfahrung

In der Dienstbesprechung eines Heimes für Behinderte geht es um die Einführung eines neuen Betreuungskonzeptes. Die Debatte ist kontrovers, die Meinungen gehen hin und her, der Gesprächsverlauf wird unübersichtlich. Jürgen Becker bekommt zunehmend das Gefühl, dass das Thema zerredet wird und er selbst immer weniger durchblickt. Da formuliert eine Kollegin: »Um es auf den Punkt zu bringen: Dieses neue Konzept steht für Entmündigung der Bewohner!«. Auf einmal wird für Jürgen Becker alles klar: »Entmündigung« wirkt wie ein Schlüsselwort. Es schließt ihm den Sinn des Konzeptes auf, schafft Ordnung im Geschehen; Jürgen Becker erkennt auf einmal die Zielsetzung des Konzeptes, kann zwei Debattenlager und deren Haltungen und Absichten ausmachen, und bezieht selbst Position – gegen Entmündigung!

Ganz offensichtlich besteht ein wichtiger Zusammenhang zwischen der Art und Weise, wie wir über die Dinge reden und der Perspektive, aus der heraus wir die Welt betrachten.

Der Zusammenhang von Sprechen und Denken

Ein solcher Zusammenhang lässt sich an einem Experiment von *Loftus* und *Palmer* zeigen (*Loftus/Palmer* 1974). Zwei Gruppen von Versuchspersonen wurde eine Videoaufnahme vorgeführt, in der zwei Autos zusammenstießen. Die eine Gruppe wurde danach gefragt, mit welcher Geschwindigkeit die Autos wohl zusammen*gestoßen* waren; die andere Gruppe wurde gefragt, mit welcher Geschwindigkeit die Autos zusammen*krachten*. Diese zweite Gruppe gab eine deutlich höhere Schätzung der Geschwindigkeit ab. Beiden Gruppen war das Gleiche gezeigt worden, aber aufgrund unterschiedlicher sprachlicher Rahmung hatten sie unterschiedliches gesehen.

Sprachliche Bilder bestimmen unser Selbstbewusstsein

Der Zusammenhang von Sprache und Denken ist von enormer praktischer Bedeutung, z.B. für die Selbstwahrnehmung. Sehr häufig erfolgt diese Wahrnehmung in Form sprachlicher Bilder (Metaphern). Die eine sieht sich als »Fels in der Brandung«, der zweite als »Dompteur im Tigerkäfig«, die dritte als »graue Maus«, der vierte als »Boot im Sturm«. Diese Bilder leiten unser Selbstverständnis an, fixieren es aber gleichzeitig auch und führen damit zur Einengung unserer Verhaltensmöglichkeiten. In der Psychotherapie ist es daher ein Ansatz, die Metapher zu bestimmen, mit der ein Klient sich selbst beschreibt, und mit ihm zusammen andere Metaphern für seine Selbstbeschreibung zu entwickeln – möglichst solche, die ihm selbst mehr Handlungsspielräume ermöglichen (vgl. *v. Kleist* 1987).

Sprachlich gebundene Weltsicht

Der Gedanke, dass die Sprache unser Denken beeinflusst, spielt im europäischen Denken seit Jahrhunderten eine Rolle. Eine prägnante Formulierung dafür hat der Sprachphilosoph *Wilhelm von Humboldt* (1776 – 1835) gefunden, der von der *sprachlich gebundenen Weltansicht* sprach. *Humboldt* versuchte so zu erklären, wie es kommt, dass in unterschiedlichen Kulturen unterschiedliche Auffassungen über die Wirklichkeit herrschen. Seine Antwort: Die Kulturen weisen unterschiedliche Sprachen auf und entsprechend stellt sich den Mitgliedern der Kultur die Wirklichkeit in unterschiedlicher Weise dar.

Bestimmt unsere Sprache unser Denken?

100 Jahre später hat dieser Gedanke der sprachlich gebundenen Weltansicht zur Entwicklung einer bis heute umstrittenen Theorie geführt: der Theorie der Linguistischen Relativität. Der US-amerikanische Versicherungsangestellte *Benjamin Lee Whorf* bemühte sich erfolglos, Indianern des Hopi-Stammes Versicherungspolicen zu verkaufen. *Whorf* sprach die Hopi-Sprache, aber es gelang ihm nicht, in dieser Sprache vom Risiko zukünftig eintretender Ereignisse zu sprechen, weil ihre Sprache keine grammatische Form für »Zukunft« hat (kein Futur).

die Hypothese linguistischer Relativität

Diese und ähnliche Beobachtungen zur grammatischen und lexikalischen Unterschiedlichkeit von Sprachen wurden von *Whorf* und dem amerikanischen Völkerkundler *Edward Sapir* zusammengetragen und zur »*Sapir-Whorf*-Hypothese« weiterentwickelt. In ihrer starken Form besagt diese Hypothese: Die Grenzen meiner Sprache sind die Grenzen meiner Welt. Was ich sprachlich nicht ausdrücken kann, existiert für mich nicht. Ein immer wieder zitiertes Beispiel ist die kulturelle Unterschiedlichkeit der Bezeichnung von Sachen; Beduinen, so wird gesagt, haben eine Vielzahl von Wörtern zur Bezeichnung von Sand – also können sie auch unterschiedliche Typen von Sand unterscheiden, während dies in Kulturen, deren Sprache nicht ein so differenziertes »Sand-Vokabular« aufweist, nicht möglich ist (ähnlich das differenzierte Lexikon in Eskimo-Sprachen zur Bezeichnung von »Schnee«.) Dieser starken Hypothese der *Prägung* des Denkens durch Sprache ist später eine schwache Version gegenübergestellt worden, die nur einen *Zusammenhang* postuliert.

Die Debatte um die Gültigkeit und Tragweite der *Sapir-Whorf*-Hypothese hält bis heute an, allerdings mit einer wichtigen Akzentverschiebung: Statt nach dem Einfluss der Sprache auf das Denken zu fragen, steht heutzutage die Bedeutung des Sprechens und damit der Interaktion und Kommunikation für das Denken im Vordergrund. Die Art und Weise, wie wir denken, so ließe sich der aktuelle Stand der Debatte resümieren, ist nicht so sehr an unsere Sprache gebunden, sondern an die Kommunikationsverhältnisse, in denen wir uns bewegen (vgl. *Gumperz/Levinson* 1996).

Vigotski: Denken ist Sprechen

Ein zweiter, wichtiger Gedanke zum Zusammenhang von Sprechen und Denken ist mit dem Namen des russischen Psychologen *Vigotski* verbunden. *Vigotski* vertritt die Auffassung, dass Denken nach innen verlagertes Sprechen ist (siehe Kapitel 4). Die Art und Weise, wie wir denken, ist demnach geprägt durch die Art und Weise unserer Kommunikation. *Vigotski* kleidet diesen Gedanken an einer Stelle in das sprachliche Bild der »Verdampfung von Sprache in Gedanken« (zitiert nach *Hörmann* 1976, S. 286). Die Entwicklung des Denkens beim Kleinkind wird bestimmt durch die Kommunikationsverhältnisse, in die hinein es geboren wird. Denken wird von *Vigotski* also als eine Art Selbstgespräch verstanden.

Die Auffassung, dass es sich bei unserem Denken um eine Art Hineinverlagerung (Internalisierung) von Weisen des Miteinander-Redens handelt, ist vor allem durch *Bachtin* (1981) weiterentwickelt worden. Nach *Bachtin* verkörpern wir in uns die Kommunikationsgeschichte der Kultur, in der wir aufgewachsen sind. Eine wichtige Folgerung dieser Auffassung ist, dass die Muster, in denen wir wahrnehmen, denken, erleben und erinnern,

Übernahmen (Verkörperungen, *embodiment*) gesellschaftlich verbreiteter Kommunikationsformen sind. Zu solchen Kommunikationsformen gehören Gattungen (Genres), die in einer Kommunikationskultur verbreitet sind, z.B. Liebesgeschichten, »der einsame Held«, Märchen, Sagen(figuren). Für unsere gegenwärtige Zeit würde dies bedeuten, dass die Art und Weise, wie wir denken, bestimmt ist durch Muster, die uns in den Medien – insbesondere Film und Fernsehen – vorgeführt werden bzw. die uns durch die Medien geläufig sind.

In radikaler Weise ließe sich der *Bachtin*sche Gedanke formulieren als: **Das Leben – ein Film** Unser Leben ist eine Imitation von Filmen, die wir gesehen haben.

Die dargestellten Forschungen führen also zu dem Resultat, dass es nicht die Sprache per se ist, die unser Denken bestimmt, sondern dass es die kommunikativen Prozesse sind, in denen Sprechen natürlich eine wesentliche Rolle spielt, aber eben nur als Bestandteil eines Ensembles kommunikativer Momente wie Blick, Gestik, Rückmeldesignale, etc.

5.4.3. Macht und Beeinflussung

> Jürgen Becker bereitet eine Koordinationssitzung mehrerer Projektteams vor. Dafür braucht er einen größeren Sitzungssaal. In seiner eigenen Abteilung hat er keinen zur Verfügung. Herr Becker weiß aber, dass der Abteilungsleiter Fritz Litzmann über einen solchen Raum verfügt und dieser zum fraglichen Termin nicht benutzt wird. Also sucht Herr Becker Herrn Litzmann in dessen Büro auf. Zufällig sind gerade zwei Mitarbeiter von Herrn Litzmann anwesend. Jürgen Becker schildert sein Anliegen. Herr Litzmann macht eine sorgenvolle Miene, murmelt etwas von »eigenen Vorhaben« und lässt eine Sprechpause entstehen. Herr Becker schildert die Dringlichkeit des Problems, beschwört die bislang gute Zusammenarbeit zwischen den Abteilungen und erläutert wortreich, warum Alternativen ausgeschlossen sind. Herr Litzmann druckst herum, weist auf eigene Schwierigkeiten hin und lässt wiederum eine Gesprächspause entstehen, ohne sich eindeutig zu äußern. Jürgen Becker würdigt ein mögliches Entgegenkommen, stellt vage eigene Gegenleistungen bei Gelegenheit in Aussicht und schildert nochmals die eigene Notlage (»Ich würde ja gar nicht zu Ihnen kommen, wenn nicht ...«). Daraufhin erklärt sich Herr Litzmann – zögernd – bereit, Jürgen Becker den Sitzungsraum zu überlassen, nicht ohne die eigenen Ungelegenheiten nochmals zu betonen, was Jürgen Becker mit Honorierungen und anerkennenden Worten begleitet.

Eine kooperative Besprechung unter Kollegen – und zugleich ein Machtspiel. Jürgen Becker weiß genau, dass der Kollege den Raum zur fraglichen Zeit gar nicht braucht. Dieser hat ihn sich abhandeln lassen. Herr Litzmann kennt die Zwangslage, in der sich Becker befindet, erkennt, dass Becker von ihm abhängig ist – oder sich jedenfalls im Gespräch abhängig macht – und nutzt dies weidlich aus. Jedenfalls hat Jürgen Becker das unbehagliche Gefühl, dass der Kollege ihn hat »zappeln« lassen – eigentlich findet er das Verhalten unverschämt und entwürdigend, auch, weil die zwei Mitarbeiter dabei waren (wie die wohl in der Mittagspause über ihn herziehen werden?). Herr Litzmann hat Jürgen Becker seine Macht spüren lassen. Außerdem ist Becker ihm jetzt verpflichtet und Litzmann kann versuchen, das auszunutzen. Na ja, aber bei nächster Gelegenheit wird Jürgen Becker sich bei Litzmann für das »Zappeln lassen« revanchieren.

mit Interaktiver Bezogenheit ist Macht verbunden

Für jede zwischenmenschliche Begegnung gilt das Moment der wechselseitigen Abhängigkeit und der Situationsoffenheit. Immer geht es darum, dass man im Gelingen des eigenen Handelns abhängig ist vom Handeln des anderen und immer geht es darum, dass man mit dieser Abhängigkeit aktiv gestaltend unter Bedingungen von Ungewissheit und Offenheit umgehen muss. Damit ist für jede zwischenmenschliche Begegnung die Frage wechselseitiger Beeinflussung und damit von Macht thematisch.

Geflecht der Macht

Fragen der Gestaltung der Interaktionssituation stellen sich in allen Fällen zwischenmenschlicher Kommunikation. Bereiche, in denen sie besonders gut untersucht worden sind, sind solche, in denen mehrere Personen an der Interaktion beteiligt sind: Kommunikation in der Familie und am Arbeitsplatz. Dies ist nicht zufällig so, denn die Möglichkeiten der Gestaltung und Beeinflussung von Kommunikationsverhältnissen nimmt mit der Anzahl der Beteiligten zu. Muster wie z.B. »Koalitionsbildung« oder »Intrige« erfordern eben die Beteiligung von mehr als zwei Personen.

Mikrokosmos der Macht

Wenn man Prozesse der kommunikativen Gestaltung von Arbeitssituationen untersucht, spricht man von *Mikropolitik*. Man versteht darunter die alltäglichen »Machenschaften« der Reproduktion kommunikativer Verhältnisse. »Mit der Konzentration auf Mikropolitik erfolgt eine Akzentsetzung zugunsten der unauffälligen Feinstruktur des politischen Handelns«, schreibt der Organisationspsychologe *Neuberger* (1995, S. 1). Es geht also nicht um »Große Politik« oder das Handeln von Politikern, sondern um »das Arsenal jener alltäglichen ›kleinen‹ Techniken, mit denen Macht aufgebaut und eingesetzt wird, um den eigenen Handlungsspielraum zu erweitern und sich fremder Kontrolle zu entziehen« (*Neuberger*, S. 261).

der Machtmensch

Diese Idee von Mikropolitik steht im Kontrast zu einer gängigen Vorstellung, der zufolge Macht und Einflussnahme Resultate einzelner machtbesessener Persönlichkeiten sind (mit denen man möglichst nichts zu tun haben sollte). Als Musterbeispiel für eine solche Persönlichkeit gilt in dieser Auffassung der Italiener *Nicolo Machiavelli* (1469 – 1527), der im sechzehnten Jahrhundert einen Ratgeber für Fürsten geschrieben hatte, der ihnen dabei helfen sollte, an der Macht zu bleiben. Seitdem gilt *Machiavelli* als Prototyp des zynisch, kalt kalkulierenden Machttaktikers, und manchem Menschen wird ein entsprechender Persönlichkeitszug nachgesagt (sogenannter »Machiavellismus«).

Dieser Vorstellung gegenüber betont der Ansatz der Mikropolitik die Bedeutung der konkreten Kommunikationssituation, die Dynamik, die sich in ihr entfaltet und die Rahmenbedingungen der Situation, um das Zustandekommen von Machtverhältnissen im alltäglichen Umgang miteinander aufzudecken und zu verstehen. Es sollte allerdings nicht der Eindruck entstehen, als würden sich Machtverhältnisse in kommunikative »Spielchen« auflösen lassen. Immer spielen strukturelle Gewaltverhältnisse und übergeordnete Einflusssphären als Rahmenbedingungen des Handelns eine Rolle. Gleichwohl ist dies nur eine Ebene im komplizierten Machtgeflecht – neben ihr kann eine symbolische Ebene unterschieden werden, in der die übergeordneten Gewaltverhältnisse in konkreten Zeichen verdichtet werden (z.B. Hoheitszeichen) und eben die Ebene des kommunikativen Miteinander und Gegeneinander, in der die Machtverhältnisse im kommunikativen Handeln umgesetzt oder »heruntergebrochen« werden. Die Beziehungen zwischen diesen Ebenen können kompliziert sein und voller Widersprüche – und dies selbst in Machtverhältnissen, die als sehr strikt gelten, wie z.B. beim Militär. Die Geschichten des braven Soldaten Schwejk sind wunderbare Geschichten des listenreichen Umgangs mit strukturellen Machtverhältnissen, die Geschichte des Hauptmanns von Köpenick ist eine wundervolle Geschichte der Bedeutung symbolischer Formen von Macht.

Vieles spricht allerdings dafür, dass gerade unter unseren zivilisatorischen Bedingungen die Ebene des interaktiven Geschehens besondere Bedeutung für die Herstellung und Aufrechterhaltung von Machtverhältnissen hat, weil diese in hohem Maße von den Gesellschaftsmitgliedern verinnerlicht (*internalisiert*) werden. *Franz Kafka*, der in Punkto Macht von dem Nobelpreisträger *Elias Canetti* als »der größte Experte unter allen Dichtern« bezeichnet wurde, kommt in seinem Text »Die Abweisung« bei seinem Versuch, die Aufrechterhaltung staatlicher Autorität in einer Kleinstadt zu erklären, zu einer überraschenden Lösung:

»Man schämt sich zu sagen, womit der kaiserliche Oberst unser Bergstädtchen beherrscht. Seine wenigen Soldaten wären, wenn wir wollten, gleich entwaffnet. Hilfe für ihn käme, selbst wenn er sie rufen könnte – aber wie könnte er das? – tage- ja wochenlang nicht. Er ist völlig auf unseren Gehorsam angewiesen, sucht ihn aber weder durch Tyrannei zu erzwingen, noch durch Herzlichkeit zu erschmeicheln. Warum dulden wir also seine verhasste Regierung? Es ist zweifellos: nur seines Blickes wegen« (*Kafka*: Die Abweisung. Zitiert in *Krippendorff* 1990, S. 120).

Insgesamt spielt der Bereich nonverbaler Kommunikation für das Thema Machtausübung eine ganz wesentliche Rolle:

»Die Trivialitäten des täglichen Lebens – andere berühren, näher heranoder weiter wegrücken, den Blick senken, lächeln, jemanden unterbrechen – werden gemeinhin als Hilfsmittel sozialer Kommunikation betrachtet, aber nicht in ihrer Bedeutung als mikropolitische Gesten gewürdigt: als Aufrechterhalter des Status quo, d.h. des Staates, der Reichen, der Autoritäten, all jener, deren Macht in Frage gestellt werden könnte. Aber diese Details gehören zur ständigen sozialen Kontrolle (...)« (*Henley* 1988, S. 14).

In organisations- und arbeitswissenschaftlichen Untersuchungen zur Mikropolitik ist daher die Ebene des interaktiven Geschehens in den Mittelpunkt der Betrachtung gerückt worden. Eine Vielzahl von Untersuchungen war der Frage nach Macht- und Einflusstaktiken gewidmet. Es wurde eine Vielzahl solcher Taktiken angegeben. Nachfolgend einige Beispiele:

Macht- und Einflusstaktiken

Machttaktiken (nach Fairholm 1993):

1. Die Tagesordnung kontrollieren	Im Vorhinein die Fragen, Themen oder Angelegenheiten für Handlungen oder Entscheidungen der Gruppe festlegen.
2. Mehrdeutigkeit nutzen	Kommunikation unklar und vieldeutig halten.
3. Koalitionen bilden	Sich Verbündete sichern – sowohl Angestellte wie andere Interessenten in der eigenen Organisation oder damit verbundene Personen.
4. Mitglieder der Opposition kooptieren	Einen Vertreter der Opposition ins eigene Entscheidungsgremium aufnehmen, um ihn dazu zu bringen, für statt gegen unsere Interessen zu sein.
5. Entscheidungskriterien kontrollieren	Die Kriterien bestimmen, nach denen Entscheidungen gefällt werden, so dass gewünschte Entscheidungen getroffen werden, wer auch immer entscheidet.

An der Vielzahl der aufgeführten Handlungsweisen wird deutlich, wie präsent die Themen »Macht« und »Beeinflussung« in verbaler Interaktion sind. Keine dieser Taktiken aber besitzt eine Erfolgsgarantie.

»Bei der Lektüre der Ratgeber-Literatur entsteht häufig der Eindruck, die Akteure könnten sich aus dem Supermarkt der Möglichkeiten frei bedienen und jene Technik praktizieren, die ihnen am meisten liegt. Damit wird verschleiert, dass Einsatz und Wirkung jeder dieser Taktiken an eine Vielzahl von Voraussetzungen geknüpft sind« (*Neuberger* 1995, S. 139).

Macht hängt immer vom Anderen ab — Aufgrund der interaktiven Bezogenheit des Handelns wird klar, warum dies nicht anders sein kann – es hängt nämlich immer von der Reaktion des Gegenübers ab, was aus einer eingesetzten Taktik wird, d.h. welche Bedeutung sie in einer konkreten Interaktionssituation erhält. Entsprechend geht es auch immer um das Wechselspiel von Aktion und Reaktion – Einfluss*versuch* und Entgegnung. Nochmals *Neuberger*: Es ist »nicht wichtig, *einen* guten Zug zu kennen oder zu machen. Entscheidender ist es, erfolgreich *kontern* zu können und eine *Strategie* zu haben. Die ›flexible response‹ ist wichtiger als der sichere Besitz der sogenannten Bestlösung. Wie jene Praxisfälle, die nicht bloß von einer einzelnen mikropolitischen Episode berichten, zeigen, wechseln die Partner im Laufe ihres ›Spiels‹ die ›Schachzüge‹. Dies rührt her aus der typischen Unsicherheit, Riskantheit und Mehrdeutigkeit politischer Situationen und erzeugt sie andererseits« (*Neuberger* 1995, S. 157).

Macht aus interaktionstheoretischer Perspektive — Aus interaktionstheoretischer Perspektive gilt es immer wieder zu betonen, dass Verhältnisse, in denen eine Person Macht und Einfluss über die andere gewinnt und behält, zustande kommen und aufrechterhalten werden durch

Zutun des »Opfers«, also desjenigen, der beeinflusst wird bzw. der sich auf das Machtverhältnis einlässt.

Beeinflussungsprozesse entstehen in Fällen sozialer Interaktion sehr leicht und entwickeln sehr schnell eine eigene Dynamik, der man sich nur schwer entziehen kann. Anders herum gesagt sind Fälle sozialer Interaktion wegen ihrer grundsätzlichen Eigenarten ein günstiges Terrain für Beeinflussungsprozesse – die Situationen sind mehrdeutig, die Handlungen sind flüchtig, die Aufmerksamkeit ist nicht immer gespannt, das Geschehen ist oft unübersichtlich, wir sind abgelenkt und meist gezwungen, sofort zu handeln. Unter solchen Bedingungen können wir häufig nicht auf der Grundlage einer sorgsamen, ausführlichen Prüfung der Situation und ihrer Besonderheiten reagieren, sondern verlassen uns auf Schlüsselreize, Bekanntes, gewohnte Muster und Routinen. Dadurch erliegen wir häufig psychologischen Mechanismen, die uns anfällig machen für Beeinflussungen. *Cialdini* (2006) hat wesentliche Mechanismen zusammengestellt:

Soziale Interaktion – anfällig für Beeinflussung

1. das Prinzip der Gegenseitigkeit: Jemand tut uns einen Gefallen und verpflichtet uns dadurch dazu, ihm bei ihm passender Gelegenheit in seinem Anliegen zu unterstützen (»Wie Du mir, ...«).
2. der Konsistenzzwang: wir erklären uns zu einer bestimmten Handlung bereit – unser Gegenüber leitet aus dieser Verpflichtung auch die Bereitschaft zu weitergehenden Taten ab (»Wer A sagt, ...«)
3. der Druck der »letzten Gelegenheit«: die Attraktivität eines Gegenstandes wird dadurch erhöht, dass er künstlich verknappt wird (»nur noch heute!«).

Neben der Steuerung unseres Verhaltens durch Mechanismen dieser Art gibt es noch einen weiteren gewichtigen Faktor, der uns für Beeinflussungen empfänglich macht: In sozialer Interaktion sind wir immer mit Haut und Haaren präsent, mit Herz und Seele. Viel von unserem Verhalten wird in sozialer Interaktion auf der Gefühlsebene entschieden und nicht auf der Ebene zweckorientierter Prüfung. Und da jeder von uns seine Lieblingsgefühle hat, ist klar, dass er bei diesen »leicht zu packen« ist: Der Eine reagiert in gewünschter Weise, wenn man seinen Ehrgeiz anspricht, der Andere sehnt sich nach sozialer Anerkennung und ist für diese zu vielem bereit, der Dritte reagiert auf Provokationen, der Vierte ist für Komplimente empfänglich, beim Fünften ist es der »Helfer-Instinkt«. Ein solcher »schwacher Punkt« ist ein idealer Ansatzpunkt für Beeinflussungsmaßnahmen.

Bedeutung von Lieblingsgefühlen

Aus interaktionstheoretischer Sicht sind Beeinflussung und Machtentfaltung Momente im interaktiven Geschehen, die im Zuge komplexer Handlungsmuster oder Spiele zustande kommen.

Machtspiele sind Interaktionen, die in regelhafter Weise zwischen Beteiligten immer wiederkehren und in denen die Beteiligten, unabhängig davon, worum es thematisch geht, untergründig die Machtbeziehung zwischen ihnen regulieren, aushandeln und neu kalibrieren. Man kann auch von Macht*kämpfen* sprechen. Der Begriff des Spiels ist aber vielleicht auch deshalb passend, weil solche Prozesse häufig – mindestens für einen der Partner – durchaus mit

Machtspiele

Lust verbunden sein können. In jedem Fall gilt: Jede Partei will über die andere siegen – und damit wird klar: Es geht um Unterwerfung und Dominanz.

Machtspiele kommen zustande, wenn die Beteiligten einander an ihrem wunden Punkt treffen oder wechselseitig ihre Lieblingsgefühle ansprechen. Wenn dies geschieht, ist sichergestellt, dass es für die Beteiligten eben um mehr geht als nur »um die Sache«, nämlich um die eigene Selbstwahrnehmung, um Selbstbestätigung oder um Lustgewinn. *Berne* (1967) hat eine ganze Sammlung solcher Machtspiele unter dem Titel »Spiele der Erwachsenen« zusammengestellt. Um die Analogie zum Schachspiel zu verdeutlichen, bezeichnet er die Beteiligten in den Spielen stets als »Schwarz« und »Weiß«.

> Ein Klassiker dieser Spiele ist das Spiel WANJA: Warum nicht – ja aber. Es ...
> »kann von einer beliebigen Anzahl von Mitspielern gespielt werden. Der agierende Urheber stellt ein Problem zur Diskussion. Die anderen Mitglieder präsentieren verschiedene Lösungsversuche, von denen jeder mit den Worten beginnt: ›Warum nicht ...?‹ Auf jede dieser Fragen hat Weiß einen Einwand: ›Ja, aber ...‹. Ein guter Spieler ist in der Lage, die Vorschläge der anderen mit seinen Einwänden auf unbegrenzte Zeit hinaus zu parieren; schließlich geben alle das Spiel auf und Weiß gewinnt« (*Berne* 1967, S. 152).

5.5.   Personenwahrnehmung

5.5.1.   Personenwahrnehmung als Konstruktion – das Bild, das wir uns von anderen machen

> Ein Teilnehmer reist zu einem Wochenend-Seminar an. Er betritt den Seminarraum. Einige andere Teilnehmer sind bereits anwesend und haben schon im Halbkreis Platz genommen. Neben wen soll ich mich setzen, schießt es dem Neuankömmling durch den Kopf. In Sekundenschnelle mustert er die Anwesenden und bildet sich seine Eindrücke – der da sieht arrogant aus, die da drüben sieht toll aus, wirkt aber kühl, der da scheint ein gutmütiger Bursche zu sein. Auf der Grundlage solcher Eindrücke treffen wir unsere Entscheidungen.

Im Beispielfall führt dies vielleicht dazu, dass der Neuankömmling im Verlauf des Wochenendes den Kontakt zu seinem Nachbarn (dem gutmütigen) vertieft und zu anderen Teilnehmern der Gruppe kaum Kontakt sucht, z.B. zu dem arroganten Typ oder der schönen Kühlen. Aber ist dieser wirklich arrogant, ist sie wirklich kühl?

Wir orientieren uns in unserer sozialen Umgebung auf der Grundlage unserer Wahrnehmungen anderer Menschen. Diese Wahrnehmung kann trügen – wie jede Wahrnehmung. Die bekannten optischen Täuschungen zeigen dies deutlich.

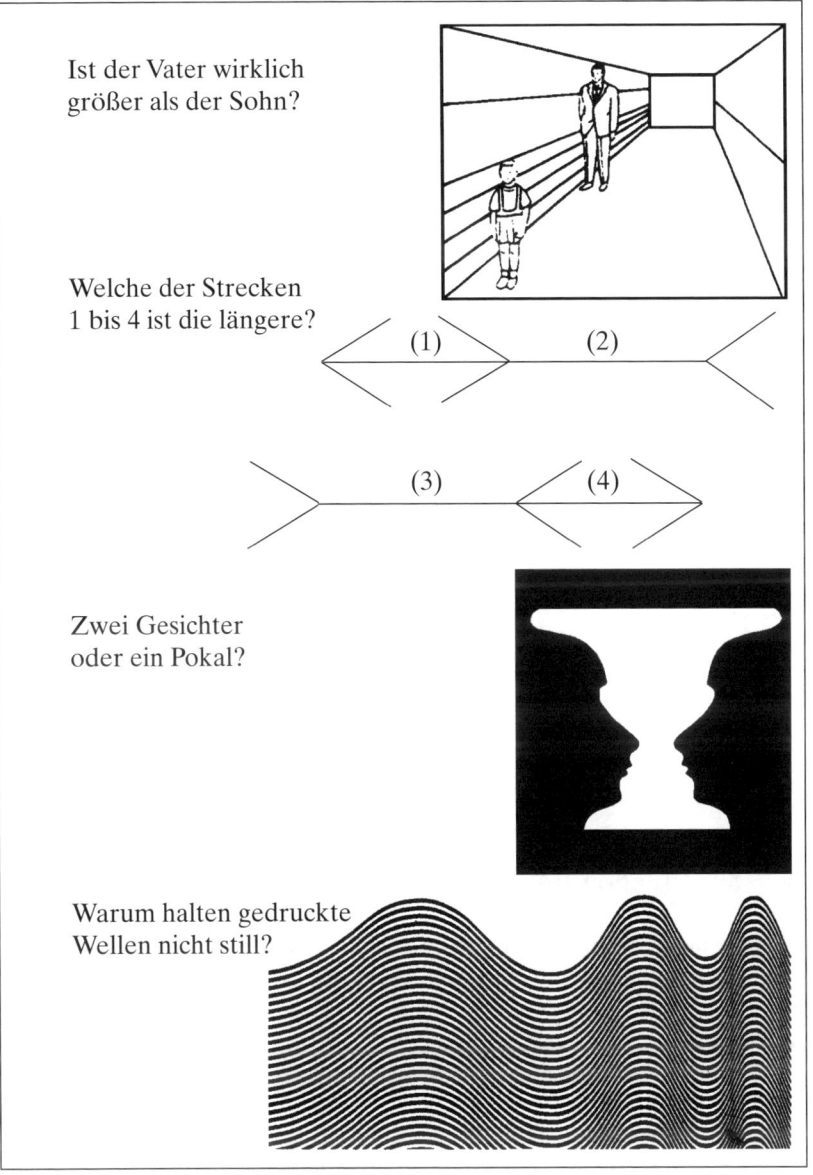

Ist der Vater wirklich
größer als der Sohn?

Welche der Strecken
1 bis 4 ist die längere?

(1)　　　　　(2)

(3)　　　　　(4)

Zwei Gesichter
oder ein Pokal?

Warum halten gedruckte
Wellen nicht still?

Offensichtlich verarbeiten wir die Eindrücke, die wir uns von unserer **Wir konstruieren** Umgebung machen, nach bestimmten internen Prinzipien. Man kann auch **Bilder vom Anderen** sagen: Wir konstruieren uns unsere Wahrnehmungseindrücke.

Wir benutzen dazu Konstruktionselemente, z.B. Persönlichkeitseigenschaften (arrogant, eitel, hilfsbereit), Typisierungen (Macho, Warmduscher, Streber), Modelle (Held, Looser), u.a.m.

Wir nehmen jedoch nie nur einzelne Aspekte eines Menschen wahr, sondern integrieren einzelne Wahrnehmungen in komplexe Zusammenhänge und arbeiten aus einzelnen Wahrnehmungen solche Zusammenhänge heraus.

Wir verarbeiten die Konstruktionselemente durch Selbstbestätigungen, Unterstützungen, Generalisierungen, Rechtfertigungen, Plausibilisierungen, Ausblendungen störender Informationen und andere Aktivitäten der Sinnfindung, durch die für uns als Wahrnehmende ein »rundes Bild« der wahrgenommenen Person entsteht.

Der Beobachter spielt eine Rolle

Das Ergebnis von Prozessen der Personenwahrnehmung ist in jedem Fall eine Leistung, die wesentlich durch die Verarbeitung durch den Wahrnehmenden geprägt ist – so dass man durchaus sagen kann, dass die Wahrnehmung eines Menschen manchmal mehr über den Wahrnehmenden aussagt als über den Wahrgenommenen.

Schema:
Tendenzen der
Personenwahr-
nehmung
(nach *Secord/Back-
man* 1964,
S. 51)

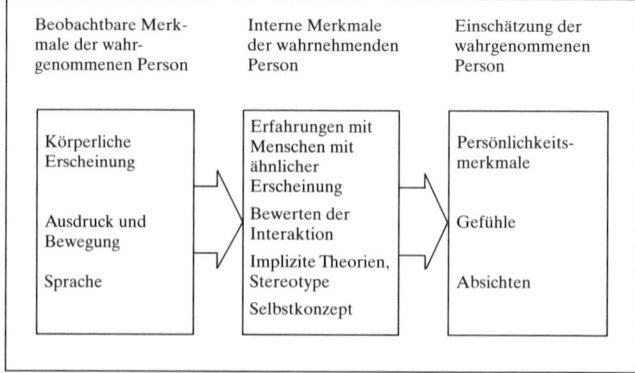

Beobachtbare Merkmale der wahrgenommenen Person	Interne Merkmale der wahrnehmenden Person	Einschätzung der wahrgenommenen Person
Körperliche Erscheinung	Erfahrungen mit Menschen mit ähnlicher Erscheinung	Persönlichkeitsmerkmale
Ausdruck und Bewegung	Bewerten der Interaktion	Gefühle
Sprache	Implizite Theorien, Stereotype	Absichten
	Selbstkonzept	

5.5.2.   Konstruktionsprinzipien der Personenwahrnehmung

Das Thema der Personenwahrnehmung hat die Sozialpsychologie seit langem beschäftigt. Im Laufe der Jahre ist eine Vielzahl von Prinzipien und Mechanismen beschrieben worden, von denen wir im Folgenden die wichtigsten vorstellen.

Positionalität

**Erster Eindruck /
Letzter Eindruck**

Im Eingangsbeispiel des Teilnehmers am Wochenendseminar ging es vor allem um den ersten Eindruck, den sich jemand von seiner sozialen Umgebung macht. In der Tat können gleich zu Beginn einer Begegnung Weichen gestellt werden, die die weitere Eindrucksbildung wesentlich bestimmen. Sehr früh wurde in der Sozialpsychologie der *Primacy-Effekt* beobachtet, d.h. die Wirksamkeit des Ersten Eindrucks auf die Personenwahrnehmung. Korrespondierend untersuchte man auch, ob die letzte Phase einer solchen Begegnung eine besondere Wichtigkeit für die Eindrucksbildung hat, und erkannte so den *Recency-Effekt*, d.h. eine besondere Wirksamkeit von Aspekten, die besonders frisch in Erinnerung sind.

Akzentuierung

Wir neigen bei der Wahrnehmung von Personen dazu, diese als über- oder unterdurchschnittlich wahrzunehmen, d.h. Wahrnehmungseindrücke zu akzentuieren oder zu dramatisieren. Wir verleihen dem Bild, das wir uns von anderen machen, eine besondere Kontur und einen deutlichen Kontrast. Der Kollege ist eben nicht »ein bisschen arrogant«, sondern »unglaublich arrogant«, ein Schüler nicht »etwas gehemmt«, sondern »total gehemmt«.

Kräftige Konturen

Sequenzialität

Was für ein Bild wir uns von einem anderen Menschen machen, hängt auch von der Reihenfolge ab, in der wir Informationen über ihn erhalten. In einem frühen, klassischen Experiment (*Asch* 1946) wurden zwei Personen zwar mit identischen Attributen beschrieben, aber in unterschiedlicher Reihenfolge:

Bedeutung der Reihenfolge

Anton: intelligent, fleißig, impulsiv, kritisch, widerspenstig, neidisch
Bertram: neidisch, widerspenstig, kritisch, impulsiv, fleißig, intelligent.

Während Anton in späteren Charakterisierungen von Versuchspersonen als »intelligent« beschrieben wurde, wurde Bertram als »problematische Persönlichkeit« charakterisiert.

Zentralität

Schon sehr früh ist in der sozialpsychologischen Forschung herausgefunden worden, dass es Wörter für Personeneigenschaften gibt, die eine besondere Wichtigkeit aufweisen und die gleichsam die Kraft haben, andere Elemente heranzuziehen und zu bestimmen, analog den Mittelpunkten magnetischer Kraftfelder. Man sprach von Zentralität.

Mittelpunkte von Kraftlinien

Implizite Persönlichkeitstheorien

Von der Beobachtung der Zentralität ausgehend stellte man weitergehend fest, dass die Eigenschaften, mit denen Menschen ihre Mitmenschen beurteilen, in geordneten Zusammenhängen stehen. Es ist für uns quasi selbstverständlich, dass ein Mensch, den wir als »freundlich« wahrnehmen, auch »hilfsbereit« und »kinderlieb« ist, während ein Mensch, den wir als »kalt« wahrnehmen, auch »berechnend«, »arrogant« und »herzlos« ist. Diese Zusammenhänge aktivieren wir in der Personenwahrnehmung automatisch und stillschweigend (implizit). Man spricht deshalb von impliziten Persönlichkeitstheorien. Gut beobachten kann man die Wirksamkeit von impliziten Persönlichkeitstheorien in Situationen des Telefonierens, in denen wir uns nur aufgrund des Höreindrucks der Stimme im Handumdrehen und automatisch ein weitgehendes Bild unseres Gesprächspartners machen, z.B. zu Alter, Haarfarbe, Aussehen oder Größe.

Automatische Schlussfolgerungen

Stereotypen

Wir können uns ein Bild eines Menschen auch dadurch machen, dass wir ihn nur im Lichte einer einzigen Eigenschaft betrachten. »Er ist nichts als reaktionär«. In solchen Fällen operieren wir mit einem Stereotyp. (Wenn zudem unsere Vorstellung von »reaktionär« noch sehr undifferenziert ist, sprechen

Einfache Bilder

wir von *Vorurteil*.) Aufgrund der eindimensionalen Betrachtungsweise von Personen eignen sich Stereotype besonders, um viele Menschen »in eine Schublade zu stecken«. Stereotypen vereinfachen Wahrnehmungen, Urteilsbildung und Interaktion mit anderen. Nicht in jeder Interaktion halten wir es für nötig, auf der Grundlage eines möglichst differenzierten Bildes der Individualität unseres Interaktionspartners zu handeln. Allerdings kommt es in vielen Situationen professionellen Handelns darauf an, den Interaktionspartner als Individuum zu sehen und möglichst nicht vorschnell zu klassifizieren. Gerade Angehörige sozialer Berufe werden bei ihren beruflichen Interaktionen auf Situationen treffen, in denen die stereotype Sichtweise von Personen unprofessionell ist. Die Forderung, eine sozial verantwortungsbewusste Person solle sich ihrer Stereotype bewusst sein, ist daher naheliegend. Sie zu erfüllen ist jedoch ungleich schwieriger, weil viele Stereotype in hohem Maße konsensfähig sind, d.h. von vielen Personen geteilt werden.

Identifikation

Der Andere – so wie ich

Worauf können wir zurückgreifen, wenn wir uns ein Bild einer anderen Person machen? Nach dem Motto »Jeder ist sich selbst der nächste« ist es eben naheliegend, auf unser eigenes Bild von uns selbst zurückzugreifen und dieses auf den Anderen stillschweigend zu übertragen. Unser Selbstverständnis ist uns so selbstverständlich, dass wir oft gar nicht auf die Idee kommen, der Andere könnte anders sein als wir selbst. Wenn wir für einen Bekannten ein Geburtstagsgeschenk aussuchen, woran orientieren wir uns häufig? – an unserem eigenen Geschmack. »Das findet er bestimmt schön – ich jedenfalls fänd's schön«.

Projektion

Der Andere als Projektionsfläche für meine schlechten Seiten

Unter Projektion versteht man den psychologischen Mechanismus, Anteile des eigenen Selbst, die mit dem eigenen Selbstbild nicht vereinbar sind, auf das soziale Gegenüber zu übertragen und dort negativ zu bewerten. Wenn uns unser Gesprächspartner auf die Nerven geht, weil er so furchtbar dominant ist, könnte es sein, dass wir einer Projektion unterliegen: Dominant zu sein, ist eine unserer eigenen, ungeliebten, Eigenschaften und indem wir sie an unserem Gegenüber »entdecken«, können wir unsere Verachtung ihr gegenüber Ausdruck verleihen, ohne uns selbst zu treffen und uns weh zu tun.

5.5.3.   Die Verschränkung von Selbst- und Fremdwahrnehmung

So, wie wir uns Bilder anderer Menschen machen, sind wir selbst auch Gegenstand der Wahrnehmung durch andere. Gleichzeitig entwickeln wir auch Vorstellungen darüber, wie andere Menschen uns wahrnehmen.

Die einfachste Version dieser Vorstellungen ist zugleich die irreführendste – sie lautet: Andere Menschen sehen mich genau so wie ich selbst mich sehe. Die Version ist irreführend, weil davon auszugehen ist, dass Selbst- und Fremdwahrnehmung differieren – häufig zwar nur minimal und daher unauffällig, aber dennoch mit gravierenden Konsequenzen für Verhalten in der Interaktion.

Ich halte mich für:	ich werde von anderen gesehen als:
zurückhaltend	gehemmt
großzügig	verschwenderisch
impulsiv	grob
zartfühlend	langweilig
vorsichtig	feige
mutig	verantwortungslos
lebenslustig	oberflächlich
reserviert	arrogant
männlich	rücksichtslos
eigenwillig	exzentrisch
hilfsbereit	bevormundend

Die Verhältnisse zwischen Selbst- und Fremdwahrnehmung sind außerdem komplizierter; sie können durch folgenden Formalismus zum Ausdruck gebracht werden:

$A(B)$ mein Bild von B
$B(A)$ Bs Bild von mir
$A(B(A))$ meine Vorstellung von dem Bild, das B von mir hat
$B(A(B(A)))$ Bs Vermutung, welches Bild von mir ich ihm unterstelle

etc.

Die sprachliche Darstellung der Verschränkung von Selbst- und Fremd- wahrnehmung stößt rasch an ihre Grenzen und wir verlieren leicht den Durchblick – aber diese Verschränkungen sind wesentliche Impulse für unser Erleben und Handeln in sozialen Situationen. Der Psychiater *R.D. Laing* hat versucht, solchen Verschränkungen in Texten mit dem treffenden Titel »Knoten« Ausdruck zu verleihen.

Beziehungs- »Knoten«

»Wie kann sie glücklich sein
wenn der Mann, den sie liebt, unglücklich ist

Er fühlt, daß sie ihn erpreßt
Wenn sie ihn sich schuldig fühlen läßt
Weil sie unglücklich ist, daß er unglücklich ist
Sie fühlt, daß er versucht ihre Liebe zu ihm zu zerstören
Wenn er ihr vorwirft selbstsüchtig zu sein
Wo es doch so ist

Daß sie nicht so selbstsüchtig sein kann, glücklich zu sein
Wenn der Mann, den sie liebt, unglücklich ist
Sie fühlt, daß etwas mit ihr nicht in Ordnung sein kann
Jemanden zu lieben, der so grausam sein kann
Ihre Liebe zu ihm zu zerstören
und zu schuldig ist, um glücklich zu sein, und unglücklich ist, weil er Schuld hat

Er fühlt, daß er unglücklich ist, weil er schuldig ist
glücklich zu sein, wenn andere unglücklich sind und daß
es ein Fehler war jemanden zu heiraten, der nur ans Glücklichsein denken kann. «
(*Laing* 1972, S. 34)

5.6.   Einstellungen

**Einstellungen –
unsere Haltung zur
Welt**

Die Welt, in der wir leben, ist für uns bedeutungsvoll. Wir bewegen uns in einer Umwelt, die uns in Teilen vertraut ist und die wir uns vertraut machen, in der wir über vieles Bescheid wissen und Neues erlernen, in der es Dinge gibt, die wir schätzen und gern haben und andere, die wir verachten und missbilligen. Vielen einzelnen Aspekten unserer Mitwelt gegenüber nehmen wir eine solche Haltung ein: wir sind für Meinungsfreiheit, wir mögen Milchreis, wir empören uns über Kinderschänder, wir finden Dire Straits toll, wir verurteilen Beschneidungsrituale, wir sind Fans der Marx-Brothers, wir finden Nierentische abscheulich – oder genau das Gegenteil.

Solche Haltungen einzelnen Gegenständen oder Objekten unserer Mitwelt gegenüber werden in der Psychologie als Einstellungen bezeichnet. Durch sie bestimmt sich unser Verhältnis zur Welt.

Während in der Sozialpsychologie Einstellungen traditionell als nicht-beobachtbare innere Zustände eines Individuums betrachtet werden, wird in neueren Ansätzen das Moment der interaktiven Gebundenheit von Einstellungen hervorgehoben (z.B. *Potter/Wetherell* 1987).

5.6.1.   Der Bauplan von Einstellungen

Einstellungen – dies ist eine Grundüberzeugung der Sozialpsychologie – bestehen aus drei unterschiedlichen Komponenten:

Kognition

■ *kognitive* Komponente: Meinungen, Kenntnisse über das Einstellungsobjekt

Emotion

■ *affektive* Komponente: Emotionen und Bewertungen gegenüber dem Einstellungsobjekt

Verhalten

■ *Handlungs*komponente: Umgang mit dem Einstellungsobjekt, Verhalten gegenüber dem Objekt.

Diese drei Komponenten sind nicht immer gleichgerichtet oder »konsistent«. Es kann sein, dass jemand die spanische Tradition des Stierkampfes aus vollem Herzen widerlich findet (affektive Komponente), aber keine Ahnung von der kulturellen Bedeutung und den Regeln des Stierkampfes hat (kognitive Komponente), sich aber bei einem Urlaub in Spanien von einer unheimlichen Macht angezogen fühlt, sich einen Stierkampf anzusehen (Handlungskomponente). Einstellungen unterscheiden sich also in ihrer *Konsistenz*. Daher ist nicht davon auszugehen, dass wir in allen Fällen »konsequent« handeln.

Stärke

In der Sozialpsychologie wird ferner die »Stärke« von Einstellungen bestimmt. Unter diesem Begriff werden sehr unterschiedliche Gesichtspunkte betrachtet – die Radikalität einer Einstellung (wie extrem ist die Haltung?), die Relevanz der Einstellung für die Weltsicht des Individuums (wie wichtig ist ihm die Haltung?), das Erregungspotential, das mit der Einstellung verbunden ist (wie sehr ist das Individuum emotional beteiligt?) und der Einfluss der Einstellung auf das Handeln (wie stark prägt die Haltung sein Verhalten?).

Schließlich wird in der Sozialpsychologie darauf aufmerksam gemacht, dass Einstellungen nicht homogen sein müssen, sondern durchaus ambivalent sein können – so kann jemand z.B. für ökonomische Globalisierung sein, weil er sich davon die Durchsetzung der Menschenrechte verspricht, gleichzeitig aber auch gegen Globalisierung, weil er eine weitere Verelendung der Dritte-Welt-Länder befürchtet. *Billig* et al. (1988) nehmen an, dass unsere wesentlichen Grundüberzeugungen widersprüchlicher Natur sind – und wir nur dadurch die erforderliche Anpassungsfähigkeit in der Gesellschaft erreichen.

Ambivalenz

Einstellungen sind Haltungen, die wir als Individuen unserer Mitwelt gegenüber einnehmen. Einstellungen entstehen daher stets aus unserer jeweiligen Individualität heraus und sind bezogen auf andere Einstellungen anderen Objekten gegenüber (horizontale/systemische Vernetzung) und eingebunden in globalere Haltungen, mit denen wir unserer Mitwelt begegnen, z.B. übergreifende Wertvorstellungen oder Grundgestimmtheiten wie Optimismus oder Pessimismus (vertikale/hierarchische Vernetzung).

Der systemische Charakter von Einstellungen

In der Sozialpsychologie ist vor allem die horizontale/systemische Vernetzung betrachtet worden. Die Grundüberlegung lautet: Die Ausprägung einer Einstellung ist abhängig von den Beziehungen zu anderen Einstellungen, mit denen sie verbunden ist.

Nehmen wir an, eine Frau (F) ist Katzenliebhaberin – technisch gesprochen: sie hat eine homogene, konsistente, starke, positive Einstellung Katzen (K) gegenüber.

F $\underline{\quad +\quad}$ K

Nun lernt sie einen Mann (M) kennen und heftig lieben, der Katzen aus vollem Herzen widerwärtig findet (technisch: homogen, konsistent, stark, negativ).

M $\underline{\quad -\quad}$ K

so dass

M $\underline{\quad +\quad}$ F
$\diagdown$ $-$ $+$ $\diagup$
$\quad$ K

In der Sozialpsychologie werden solche Konstellationen unter dem Gesichtspunkt der Balance betrachtet. Man nimmt an, dass Menschen dazu neigen, ein solches Einstellungssystem auszubalancieren, und zwar aufgrund unterschiedlicher Gewichtung der Relationen (die »Zuneigungs-Relation« M $\underline{\quad +\quad}$ F könnte eine größere Gewichtung erhalten) und veränderter Interpretationen von Wahrnehmungen (die Katzenfreundin entdeckt auf einmal unschöne Seiten an ihrem vierbeinigen Schmusetier).

Das Prinzip der Balance

5.6.2.   Die Funktionen von Einstellungen

Zu Beginn dieses Kapitels haben wir formuliert, dass sich durch Einstellungen das Verhältnis eines Menschen zu seiner Welt bestimmt. Diese Formulierung soll in diesem Abschnitt noch etwas differenzierter betrachtet werden – Einstellungen erfüllen für unsere soziale Existenz nämlich eine Reihe sehr unterschiedlicher Funktionen:

- Orientierungsfunktion
- Identifikationsfunktion
- Selbstdarstellungsfunktion
- Selbstschutzfunktion.

Einstellungen schaffen Durchblick

Orientierungsfunktion: Die Einstellung einem Objekt gegenüber verhilft uns dazu, Fälle dieses Objektes zu taxieren. Wenn wir z.B. Pizza mit Kapern nicht mögen, werden wir nicht ein Stück einer solchen Pizza, das uns angeboten wird, probieren – wir wissen aufgrund unserer Einstellung, wo wir dran sind und was zu tun ist – nämlich das Stück dankend abzulehnen.

Einstellungen regulieren darüber hinaus eine Reihe unserer kognitiven Aktivitäten, sie bestimmen, welchen Dingen unserer Mitwelt wir uns mit besonderer Aufmerksamkeit zuwenden – und welchen nicht, womit wir uns besonders beschäftigen – und womit nur oberflächlich, und was wir uns besonders gut merken – und was wir rasch wieder vergessen (vgl. ausführlich *Eagly/Chaiken* 1993).

Einstellungen schaffen Gemeinsamkeiten

Identifikationsfunktion: Über identische Einstellungen lässt sich Gemeinschaft und Zugehörigkeit zu anderen Menschen herstellen. Wir neigen dazu, Gemeinsamkeiten mit anderen Menschen als etwas Positives zu empfinden (und die Menschen selbst als sympathisch) – sei es, weil wir uns dadurch im anderen wiederfinden, sei es, dass es uns Bestätigung unserer eigenen Haltung und damit Sicherheit verleiht. Dadurch werden Einstellungen zu einem wesentlichen Moment der Herstellung von Gemeinsamkeit und Zugehörigkeit zu anderen Menschen, insbesondere Gruppen von Menschen. Gleichzeitig vermag eine Gruppe auch die Einstellungen eines Gruppenmitglieds in Richtung auf Homogenisierung zu regulieren. Über diesen Mechanismus entstehen Prozesse sozialer Anpassung (wir kommen darauf unter dem Stichwort Gruppenhomogenität und Konformität in Abschnitt 5.8. zurück).

Einstellungen zeigen, wer man ist

Selbstdarstellungsfunktion: Die Äußerung von Einstellungen ist stets auch eine Möglichkeit, die eigene Identität zum Ausdruck zu bringen, d.h. zu zeigen, wer man ist. Mit jeder Einstellung, die man anderen gegenüber äußert, beleuchtet man eine Facette seines Selbst und trägt damit zur eigenen Image-Arbeit bei. Gleichzeitig hat die Formulierung von Einstellungen einen selbstreflexiven Effekt: zum einen führen sie zu einer Selbstverpflichtung bzw. Selbstbindung an Aspekte, die mit der formulierten Einstellung verbunden sind (oder von denen andere behaupten, sie seien damit verbunden, vgl. *Cialdini* 2002), zum anderen ist die Formulierung von Einstellungen Bestandteil eines Selbstverständigungsprozesses: indem ich die Einstellung formuliere, mache ich sie mir auch selber klar (*Bem* 1972).

Selbstschutzfunktion: Einstellungen können uns auch dazu dienen, Aspekte unserer Mitwelt nicht »an uns ran zu lassen«. Aspekte, von denen wir annehmen, sie könnten uns in unserem Selbstverständnis über die Welt erschüttern, in unseren Annahmen irritieren, unser Gefühlsleben durcheinanderbringen, uns ängstigen oder bedrohen.

Einstellungen bieten Schutz

5.6.3.   Die Interaktionsdynamik von Einstellungen

Wir erwerben unsere Einstellungen durch unsere interaktiven Begegnung im Verlaufe unseres Lebens. Wir entwickeln sie in Auseinandersetzung mit Erfahrungen weiter, wir entscheiden uns für Einstellungen im Kontext von Interaktionsprozessen mit relevanten Anderen, wir versteifen uns auf sie in Begegnungen und Konfrontationen – Einstellungen sind Gegenstand und Mittel der unterschiedlichsten Beeinflussungs- und Wirkprozesse und von daher kontextuell gebunden und in Abhängigkeit vom jeweiligen Kontext veränderlich.

»Deswegen haben mehrere Forscher die Auffassung vertreten, dass sich Einstellungen am besten als kontextabhängige, zeitweilige Konstruktionen begreifen ließen« (*Bohner* 2002, S. 274).

Einstellungen sind kontextabhängig

Folgt man dieser Auffassung, hat dies erhebliche Konsequenzen auch für andere psychologisch relevante Vorstellungen, z.B. was die Stabilität von Kognitionen generell oder auch von »Wissen« angeht.

Einstellungen entwickeln aufgrund dieser kontextuellen Einbindung ihre jeweilige Geschichte – eine Geschichte, die je nach Kontext eine der Stabilisierung oder Veränderung sein kann.

In der Sozialpsychologie sind sehr unterschiedliche Theorien entwickelt worden, mit denen man versucht hat, Stabilisierungs- und Veränderungsprozesse von Einstellungen zu verstehen bzw. zu erklären.

Eine der prominentesten Theorien ist die *Theorie der kognitiven Dissonanz* (*Festinger* 1978). Laut dieser Theorie ist das wesentliche Regulationsprinzip in der Entwicklungsgeschichte einer Einstellung das Prinzip der Balance. Kognitive Dissonanz liegt dann vor, wenn relevante kognitive Elemente sich widersprechen. Konsonanz liegt vor, wenn relevante Elemente sich gegenseitig bestätigen. Das Ausmaß der kognitiven Dissonanz hängt von der relativen Anzahl und der subjektiven Bedeutung (der Wichtigkeit) der dissonanten Elemente ab. Das oben erwähnte Katzen-Beispiel kann als Erläuterung dieser Theorie dienen. Sie sagt voraus, dass Menschen versuchen, Dissonanzen zugunsten von Konsonanzen aufzulösen und in diesem Zuge auch Einstellungen zu verändern.

Kognitive Dissonanz

Im Gegensatz zur Theorie der Kognitiven Dissonanz, in der Einstellungsänderungen als Ergebnis interner Verarbeitungsprozesse eines Individuums betrachtet werden, betont die *Theorie des Einstellungsmanagements* die Relevanz der sozialen Umgebung (*Tedeschi* 1981). Einstellungsänderung wird v.a. als Ergebnis der Orientierung eines Individuums an den Erwartungen seiner sozialen Umgebung (Interaktionspartner, Gruppe) betrachtet.

Einstellungs-management

Eine weitere Theorie bindet die Entwicklungsgeschichte einer Einstel-

Selbstwahrnehmung

lung strikt an das Verhalten des Einstellungs-»Trägers«. Die *Selbstwahrnehmungstheorie* (*Bem* 1972) stellt die gängige Vorstellung, dass das Handeln eines Menschen das Resultat seines inneren Zustandes ist, auf den Kopf. Stattdessen betrachtet diese Theorie eine Person als Beobachter seines Selbst, der aufgrund seines eigenen Verhaltens Rückschlüsse auf die Gründe seines Verhaltens zieht, nach dem Motto: »Wie kann ich wissen, was ich denke, bevor ich sehe, was ich tue?«. Einstellungen werden im Rahmen dieser Theorie entsprechend als nachträgliche Zuschreibungen (Attributionen) begriffen. Wenn ich entsprechend den (interaktiven) Umständen mein Verhalten verändere, verändere ich nachfolgend auch meine damit korrespondierende Haltung, um mir mein verändertes Verhalten selbst erklären zu können.

Reaktanz

Es gibt allerdings auch Fälle, in denen ein verändertes Verhalten nicht zu einer korrespondierenden Einstellungsveränderung führt (Boomerang-Effekt), z.B. dann, wenn ich zu einer Verhaltensänderung gezwungen werde. Für solche Fälle greift die *Theorie der psychischen Reaktanz* (*Brehm* 1972). Nach dem Motto »jetzt erst recht!« distanziert man sich innerlich vom erzwungenen Verhalten, das man dem Zwangscharakter der Situation zuschreibt, und beharrt auf seiner Haltung.

Entwertung

Aber auch Belohnung kann zu nicht-beabsichtigten Veränderungseffekten bei Einstellungen führen, wenn das bestärkte Verhalten ohnehin sehr stark an eine Einstellung gebunden war. In dieser Konstellation kann man die Wirksamkeit von Kontextualisierungseffekten besonders gut beobachten: Die – externe – Belohnung liefert einen externen, zusätzlichen Anreiz für das Verhalten (*overjustification*) und verändert damit die subjektive Gewichtung des Verhaltens, entwertet sie damit und führt dadurch gerade nicht zu einer Bekräftigung der mit dem Verhalten verbundenen Einstellung, sondern zu deren Entwertung – die Einstellung verliert an Wert, weil sie nicht mehr autonom entwickelt wurde, sondern von außen induziert wurde (*Deci* 1971).

Überredungs-versuche

Persuasionstheorien schließlich untersuchen Merkmale von gezielten Beeinflussungsversuchen. Der Erfolg von Beeinflussungsversuchen scheint zum einen mit Eigenschaften zusammenzuhängen, die der beeinflussenden Person zugeschrieben werden (Glaubwürdigkeit, Attraktivität, soziale Macht) und zum anderen davon abzuhängen, dass die Qualität des Beeinflussungsmaterials zu bestimmten Merkmalen der Einstellung »passt«. Man hat festgestellt, dass Personen, die ein großes Interesse an einer bestimmten Einstellung hatten, auf sehr ausgebaute, elaborierte, argumentativ anspruchsvolle Beeinflussungsversuche (»zentrale Route«) empfänglich reagierten, während solche Versuche Personen mit einem geringen eigenen Interesse an ihrer Einstellung eher »kalt ließen«. Andersherum reagieren solche Personen auf Beeinflussungen, die mehr auf Automatismen, Konditionierung, Stereotypen und sozialer Identifikation beruhten (»periphere Route«), empfänglich, während die andere Personengruppe solche Versuche gleichsam »unter Niveau« betrachtete und entsprechend »abschaltete« (Übersicht in: *Petty/ Wegener* 1998).

5.7. Zuschreibung von Ursachen – Attribution in der sozialen Interaktion

5.7.1. Naive Analyse des Verhaltens

Wir Menschen sind sinnerzeugende Wesen. Situationen, auf die wir uns keinen Reim machen können, sind für uns schwer erträglich. Fortwährend sind wir damit beschäftigt, fremdes Verhalten zu deuten, das Leben um uns herum zu normalisieren, Merkwürdigkeiten zu erklären, vermeintlich Unverständliches zu verstehen. Selbst für Fälle, die wir nicht erklären oder verstehen können, haben wir Deutungen parat: das unverständliche Verhalten erklären wir zum Resultat von »Verrücktheit«, unerklärliche Ereignisse zum »Zufall«.

Bei einem klassischen Experiment zur Sinnsuche erhielten Ratsuchende auf ihre telefonisch gestellten Fragen Ja/Nein-Antworten, die sie nachträglich kommentieren sollten. Was die Ratsuchenden nicht wussten, war, dass die Antworten nach dem Zufallsprinzip erfolgten. Gleichwohl vermochten die Ratsuchenden den per Zufall erzeugten Antwort-Sequenzen einen, zum Teil sogar tiefen Sinn abzugewinnen (*Garfinkel* 1967).

Der Psychologie *Viktor Frankl* hat eindringlich gezeigt, wie selbst KZ-Opfer ihre unfassbare Lage noch sinnhaft ausdeuteten (*Frankl* 1990).

Ein bahnbrechender Schritt der psychologischen Erforschung der Mechanismen und Prozesse der Sinnstiftung gelang dem Psychologen *Fritz Heider*. Er zeigte die Bedeutsamkeit von *Alltags*theorien (common sense psychology) für unser Erleben und Verhalten in sozialen Situationen (*Heider* 1977). Auf der Grundlage solcher Alltagstheorien sind wir in der Lage, Ereignisse sinnhaft zu beschreiben und Erklärungen für Verhalten zu finden.

Ein wichtiger Mechanismus ist die Zuschreibung von Absichten bzw. Intentionen. Vor allem bei der Beschreibung kommunikativer Ereignisse kommen wir ohne solche Zuschreibungen kaum aus (»Er wollte doch nur ...«). Sowohl bei Versuchen, Äußerungen oder Handlungen anderer zu verstehen, als auch bei Rechtfertigungen eigenen Handelns spielen Intentionen eine herausragende Rolle. (»Das habe ich nicht gewollt«, »das war nicht meine Absicht«). Für moralische und juristische Bewertungen von Handlungen spielt in unserer Kultur die Absicht, die einer Handlung zugeschrieben wird, eine wesentliche Rolle (»vorsätzlich«).

Ein anderer Mechanismus der Sinnstiftung für Verhalten oder Ereignisse ist die Zuschreibung von Ursachen (Attribution) für das Verhalten bzw. Ereignis.

In der *Attributionstheorie* von *Kelley* (1973) werden drei Typen von Attributionen unterschieden: Attributionen auf

- Person (d.h. die Ursache für das zu erklärende Verhalten wird in Persönlichkeitseigenschaften der handelnden Person gesehen);
- Sachverhalt (d.h. die Ursache für das zu erklärende Verhalten wird in Eigenschaften des Handlungsgegenstandes gesehen);

■ Modalität (d.h. die Ursache für das zu erklärende Verhalten wird in Umständen der Handlungssituation gesehen).

Welche dieser drei Erklärungen für eine Situation von Menschen bevorzugt wird, hängt von weiteren Informationen über die Situation ab. Nach *Kelley* sind Menschen folgende drei Typen von Informationen besonders wichtig:

■ Konsistenz: Verhält sich die beobachtete Person immer oder häufig so? (»Macht sie das *immer* so?«);
■ Konsensus: Verhalten sich andere Personen in solchen Situationen genauso wie die beobachtete Person? (»Machen *alle* es so?«);
■ Distinktheit: Verhält sich die beobachtete Person in anderen Situationen oder gegenüber anderen Personen anders? (»Kann sie auch *anders* sein?«).

Je nachdem, wie diese Fragen beantwortet werden, werden unterschiedliche Attributionen vorgenommen:

■ Ist Konsensus und Distinktheit negativ, Konsistenz dagegen positiv, wird die Personenattribution bevorzugt.
■ Sind Konsensus, Distinktheit und Konsistenz positiv, wird auf den Sachverhalt attribuiert.
■ Ist Konsensus und Distinktheit positiv und Konsistenz negativ, wird auf Modalität attrribuiert.

5.7.2.   Attributionstendenzen

Wie bei der Personenwahrnehmung gibt es auch bei der Ursachenzuschreibung Tendenzen oder Neigungen.

Überschätzen der Person

Überschätzen der Person: Die wesentlichste Tendenz besteht darin, die Ursache für ein Verhalten eher in der Person als in Sachverhalten oder Modalitäten zu suchen.

Überschätzen eigener Normalität

Falscher Konsensus-Effekt: Es gibt eine Neigung, das eigene Verhalten als üblich und normgerecht zu sehen und Verhaltensweisen anderer Personen, die davon abweichen, als nicht-üblich und unangepasst zu betrachten. Aufgrund dieser Neigung werden Attributionen auf Personen wahrscheinlicher und solche auf Sachverhalte unwahrscheinlicher.

Steuerung durch Selbstbild

Eine dritte Neigung besteht in der selbstwertbezogenen Attribution, die besonders in Leistungssituationen relevant wird. Ob ein Erfolg der eigenen Leistungsfähigkeit zugeschrieben wird oder den (glücklichen) Umständen, hängt vom Selbstwertkonzept der attribuierenden Person ab. Personen mit hohem Selbstwert schreiben Erfolg der eigenen Leistung zu, Misserfolg dagegen den (widrigen) Umständen oder der Schwierigkeit der Aufgabe. Bei Personen mit niedrigem Selbstwert ist es umgekehrt: Sie neigen dazu, Erfolg der Leichtigkeit der Aufgabe (Sachverhalt) oder den günstigen Umständen

(»war halt Glück«) zuzuschreiben, Misserfolg aber sich selbst zu attribuieren (»Ich kann's halt nicht.«, »Ich bin eben zu doof.«).

5.7.3. Attributionskomplexe – naive Theorien

Wie an den bisherigen Studien zur Attribution schon erkennbar ist, können Menschen Gründe für ihre jeweiligen Zuschreibungen angeben, mit denen sie diese plausibilisieren, untermauern, stützen und gegen Einwände verteidigen.

Um Angelegenheiten, die uns besonders wichtig sind oder die uns sehr am Herzen liegen, machen wir uns viele Gedanken. Dies führt zu komplexen Attributionszusammenhängen, die in der Psychologie teilweise auch als sog. *Naive Theorien* bezeichnet werden (oder: cognitive models). Mittlerweile liegen eine Reihe von Untersuchungen zu solchen naiven Theorien vor. Untersuchungen zu zwei Bereichen, die für sozialpädagogisches Handeln von Bedeutung sind, sollen im Folgenden vorgestellt werden: Naive Theorien über Selbstmord und Streit.

Alltagsweltliche Selbstmordtheorien

Döbert/Nunner-Winkler (1984) haben Vorstellungen von Kindern und Jugendlichen über Selbstmord untersucht, d.h. Erklärungen für den Vollzug von Selbstmord. In ihrer Untersuchung stellten sie fest, dass diese Vorstellungen mit zunehmendem Alter zunehmend differenzierter und komplexer wurden.

In einem ersten Stadium wird der Vollzug eines Selbstmords allein punktuellen Schwierigkeiten zugeschrieben.

In einem zweiten Stadium bleibt zwar der Gedanke des punktuellen Auslösers dominant; der Gedanke wird aber insofern differenziert, als die subjektive Sichtweise des Selbstmordes in die Vorstellungen mit hinein genommen wird.

Im dritten Stadium erfolgt eine deutliche Differenzierung – das Element des Anlasses wird ergänzt um Gesichtspunkte wie »Disposition« (z.B. Angst, mit schlechten Noten heimzukommen), »Zeithorizont« (z.B. der Druck besteht schon seit Jahren), »Lebensplanung« (z.B. Rückschlag) oder »eigene Standards« (z.B. Leistungsanspruch).

Im nächsten Stadium verschwindet die Dominanz des »Anlasses«. Statt dessen wird ein komplexes Bild der Persönlichkeit entworfen.

Dieses komplexe Bild wird im nächsten Stadium durch Hinzunahme kommunikativer und gesellschaftlicher Kontexte weiter differenziert, z.B. um Gesichtspunkte wie »Hilfsangebote« und »kommunikative Unterstützung«.

Insgesamt zeigt sich im Entwicklungsverlauf

- in Bezug auf den Handelnden eine zunehmende Differenzierung der attribuierten Motive und biographischen Erfahrungen;
- in Bezug auf die Situationsschemata eine zunehmende Differenzierung in Umweltfaktoren und Zeithorizonte;

■ in Bezug auf die Theoriekonstruktion selbst eine zunehmende Reflexivierung.

»Die vorstehenden Beispiele sollen die Behauptung stützen, daß höherstufige Selbstmordtheorien per se insofern schon als Schutzmechanismus gegen Selbstmordgefährdung dienen, als sie die »jeweils überholten« Formen von Selbstmord als unreif deklarieren und damit ausschließen« (*Döbert/Nunner-Winkler* 1984, S. 374).

Konfliktsichtweisen von Streitparteien

Nothdurft (1998) hat auf der Grundlage von Tonbandaufnahmen von Streitgesprächen die subjektiven Konfliktsichtweisen der Streitparteien, ihre *Subjektive Konflikt-Organisation*, untersucht.

Verselbständigung von Attributionen
In der Untersuchung zeigte sich u.a., dass der Prozess der Attribution und Bedeutungszuschreibung (»sie lügt«, »sie verdreht die Sache«, »da will sie mir was anhängen«) eine reflexive Dynamik aufweist derart, dass

■ die Teilnehmer eigene, vorangegangene Deutungsakte zum Gegenstand nachfolgender Interpretationen machen oder
■ im Laufe der Zeit »angesammelte« Deutungen einzelner Verhaltensweisen des Gegners in komplexen Prädikaten (Persönlichkeitsmerkmale, moralische Konstrukte, z.B. »Unaufrichtigkeit« etc.) kondensieren und ihr weiteres Gesprächsverhalten auf diese Deutungen gründen oder
■ der Deutung selbst ihr Hauptaugenmerk zuwenden und sie im weiteren Gesprächsverlauf durchzusetzen, zu bestätigen oder auch zu korrigieren suchen, in jedem Fall aber ihre Gesprächsorientierung auf diese Deutung hin verlagern.

Subjektive Konflikt-Organisationen zeichnen sich ferner durch eine erhebliche interne Stabilität aus; zu solchen Stabilisierungsmomenten gehören:

Annahmen über die Konfliktauffassung des Gegners
Feindbilder
Diese Annahmen können auf unterschiedlichen Reflexionsniveaus liegen. Sie können Attributionen von Motiven und Persönlichkeitsmerkmalen sein, von denen ein Konfliktteilnehmer annimmt, dass sie das Konflikt-Handeln des Anderen steuern; sie können Annahmen darüber sein, wie das eigene Konflikt-Verhalten aus der Perspektive des Anderen wahrgenommen wird, oder sie können Reflexionen darüber sein, welcher Zusammenhang zwischen der eigenen Sicht der Dinge und der fremden besteht und wie sich durch diesen Zusammenhang der Konflikt faktisch konstituiert. Ferner können die Reflexionen danach unterschieden werden, ob sie positive (»er hat es sicherlich nicht absichtlich getan, aber…«) oder negative Bewertungen implizieren (»…nur aus Neid…«).

Konsistenz
Stabilität
Das umstrittene Geschehen, seine Hintergründe, seine – vermeintlichen – Ursachen und Begleitumstände bilden einen stimmigen Zusammenhang. Diese

Konsistenz, wechselseitige Stützung, Ergänzung und Deckung der einzelnen Elemente bildet selbst eine zentrale Stabilisierungsstruktur subjektiver Konfliktorganisation (vgl. *Schwartz* 1976, *Smith* 1976, *Knapp* 1983).

Immunisierung
Unter »Immunisierung« werden solche sprachlichen Konstruktionen verstanden, die es den anderen Beteiligten prinzipiell unmöglich machen, die Konfliktdarstellung zu widerlegen, zu entkräften oder in ihrer Geltung in Frage zu stellen, oder die zu einer ständigen Bestätigung der eigenen Darstellung führen. Immunisierungen bilden quasi eine »Schutzhülle« um die ganze subjektive Konflikt-Organisation oder deren zentrale Teile. Immunisierende Konstruktionen in subjektiven Konflikt-Organisationen bilden sich wahrscheinlich im Verlauf andauernder konfliktärer Auseinandersetzung als Bestandteil einer »Chronifizierung« subjektiver Konflikt-Auffassungen heraus. Studien zur Ausbildung alltagsweltlicher Wahnsysteme zeigen jedenfalls, dass immunisierende Konstruktionen in der Entwicklungskurve einer subjektiven Konflikt-Organisation an relativ später Stelle zu verorten sind, dann nämlich, wenn die Auffassungen reflexiv werden und sich »durch sich selbst ernähren« (*Schwartz* 1976).

Unangreifbarkeit

Mehrdeutigkeit
Subjektive Konflikt-Organisationen weisen außerdem eine Doppelbödigkeit auf derart, dass die vordergründige Organisationsweise eine andere Struktur überlagert, die zwar nicht unmittelbar transparent, aber dennoch handlungsrelevant ist; so kann z.B. eine »offizielle« Auffassung über das Geschehen eine anders geartete Konflikt-Geschichte überlagern, z.B. eine Frau eines Kleingartenvereins wirft dem Vereinsvorstand vor, sich ihr gegenüber unhöflich verhalten zu haben – eine genauere Analyse zeigt, dass das Element »Unhöflichkeit« einen Deutungszusammenhang überlagert, in dem es um unterschiedliche Verteilung von sozialem Status und um Diskriminierung geht. Außerdem können andere Themen latent »miterledigt« werden oder in andere Elemente der Subjektiven Konflikt-Organisation verlagert werden.

Doppelbödigkeit

5.8.   Die soziale Gruppe als Interaktionskonstellation

5.8.1.   Interaktionskonstellationen

Unser Verhalten anderen Menschen gegenüber ist neben den Dimensionen sozialer Interaktion generell (Interdependenz, Kontextualität, Prozessualität, Materialität), ihren psychologisch relevanten Implikationen (Macht, Identität, Denken) und den subjektiven Einstellungen und Wahrnehmungen auch geprägt von den Rahmenverhältnissen, in denen sich unsere Begegnungen vollziehen. Eine Begegnung ist z.B. Teil des alltäglichen Arbeitsprozesses (z.B. eine Arbeitsbesprechung), sie ist eingebettet in einen ritualisierten Handlungszusammenhang (z.B. eine Diplomfeier), sie ergibt sich als zufälliges, momentanes Zusammentreffen mit Fremden (z.B. Passanten in der

Fußgängerzone) oder sie ist Moment eines größeren Ereignisses mit vielen anderen Menschen (z.B. Teilnehmer einer Kundgebung). Nie ist unser kommunikatives Verhalten Kommunikation »im luftleeren Raum«, stets ist es eingebunden in solche Rahmenverhältnisse. Wir nennen sie *Interaktionskonstellationen*.

Für die Psychologie als Wissenschaft vom Individuum folgt daraus, dass ein Individuum, wenn es in Interaktion begriffen ist, stets Bestandteil einer größeren interaktiven Einheit ist, es ist z.B. *Mitglied* einer Arbeitsgruppe, *Teil* eines zeremoniellen Ablaufs, *Moment* einer flüchtigen Begegnung oder *Element* einer Menge.

Solche Interaktionskonstellationen sind verknüpft mit *Erwartungen* der Geltung bestimmter Normen und Regeln, mit *Vorstellungen* über den Handlungsablauf, mit *Wissen* über typische Probleme der jeweiligen Konstellation (z.B. bei Prüfungssituationen), mit *Haltungen* (z.B. Andacht), *Zeithorizonten* und *Affektprofilen*.

Im Folgenden wollen wir auf einige der für unsere Gesellschaft relevanten Interaktionskonstellationen exemplarisch eingehen, um deutlich zu machen, wie wir diesen Begriff verstehen, bevor wir uns dann einer bestimmten Interaktionskonstellation, der sozialen Gruppe, ausführlicher zuwenden:

- Paarbeziehung
- Flüchtige Begegnung
- Ritual
- Verkehrseinheit
- Masse
- Dienstleistungsbeziehung
- Gruppe.

Paarbeziehung

Paarbeziehung, z.B. Ehe, Lebensgemeinschaft: Diese Interaktionskonstellation ist bestimmt durch Vorstellungen über die Exklusivität der Beziehung, Erwartung eines weiten Zeithorizontes (»bis dass der Tod ....«), Vorstellungen hoher Intimität und Vertrautheit. Diese Interaktionskonstellation weist ein charakteristisches Affektprofil auf, das durch Emotionen wie Liebe, Eifersucht, Verlustangst, etc. gekennzeichnet ist.

Flüchtige Begegnung

Flüchtige Begegnung, z.B. Passanten, Menschen im Bus, Warteschlange: Diese Interaktionskonstellation ist ein neuzeitliches Phänomen; sie ist v.a. an die Entwicklung großstädtischen Lebens gebunden mit der typischen Begegnung mit Fremden im öffentlichen Raum. In 5.4.1. sind wir darauf bereits eingegangen (»Veränderungen unserer Kommunikationskultur«). Durch Zwänge des öffentlichen Lebens gerät man zusammen, aber es gibt keine Motivation der Teilnehmer für die Begegnung. Diese Interaktionskonstellation zeichnet sich durch ein hohes Maß an Distanz aus sowie durch einen Zwang zur Oberflächlichkeit. *Bauman* hat diese Interaktionskonstellation treffend als »Vergegnung« bezeichnet, d.h. als Begegnung, die ihre eigene Existenz zu negieren versucht (*Bauman* 1995). Eine typische Situation ist die Begegnung im Lift, bei der alle Beteiligten so tun, als fände sie nicht statt (Wortlosigkeit, größtmögliche Körperdistanz, Ausweichen der Blicke).

Rituale, z.B. Gottesdienst, Trauerfeier, Diplomverleihung, Geisterbeschwö- **Ritual**
rung: Dieser Typ von Interaktionskonstellation zeichnet sich durch besonders festgelegte Ablaufmuster, Rollenverteilungen und Haltungen aus (z.B. Würde). Normalitätserwartungen alltäglicher Kommunikation sind außer Kraft gesetzt. Statt dessen gibt es eine besondere Haltung der Semantisierung: Die Handlungen, die vollzogen werden, bedeuten etwas anderes als ihre beobachtbare Bedeutung (z.B. beim Abendmahl). Rituale weisen besondere Affektprofile auf, bei denen Emotionen wie Andacht, Ergriffenheit, etc. eine besondere Rolle spielen.

Verkehrseinheiten, z.B. Grüppchen, Horden, Prozessionen: Verkehrseinheiten **Verkehrseinheit**
sind mobile Interaktionskonstellationen im öffentlichen Raum (»ambulatory units«, *Goffman* 1983), insbesondere im Straßenraum. Solche Einheiten sind auf die körperliche Präsenz im öffentlichen Raum begrenzt.

Massen, z.B. Zuschauer im Sportstadion, Teilnehmer einer Kundgebung: **Masse**
Auch bei dieser Interaktionskonstellation handelt es sich um ein neuzeitliches Phänomen; es kommt im Zuge der Industrialisierung, der Entwicklung von Großstädten und der politischen Emanzipation zustande. Entsprechend fand diese Interaktionskonstellation die Beachtung der Psychologie um die Jahrhundertwende (z.B. *LeBon* 1919, *Riesman* 1982). Der Interaktionskonstellation der Masse wurde eine besondere Eigendynamik zugeschrieben (die »entfesselte« Masse) sowie eine besondere Steuerbarkeit (die »willenlose« Masse). Während viele dieser Feststellungen heute kritisch gesehen werden, gilt sicherlich die Feststellung einer besonderen Affekt- und Prozessdynamik, die durch Begriffe wie Ansteckung, Panik gekennzeichnet werden kann.

Dienstleistungsbeziehung, z.B. Brötchenkauf, Beratungsgespräch: Diese Kon- **Dienstleistungs-**
stellation ist geprägt von einer strikten Aufgaben- und Zielorientierung des **beziehung**
Handelns, dem Handeln in Gestalt von Rollenmustern mit entsprechender Diffusion von Person und Rolle und durch eine komplementäre Rollenbeziehung. Die Konstellation unterliegt Kriterien der Effektivität und Qualität. Die Konstellation hat sich in modernen Gesellschaften im sozialen Bereich gegenüber der Konstellation »Dienen« durchgesetzt.

Eine weitere Interaktionskonstellation wird im Folgenden unsere Aufmerksamkeit beherrschen. Sie ist gekennzeichnet durch zeitliche Kontinuität auch bei Abwesenheit von Teilnehmern, Rollen- und Aufgabenverteilung, ein geteiltes Gefühl von Gemeinsamkeit (»Wir-Gefühl«), die Ausbildung besonderer Normen und Regeln, eine gemeinsame Geschichte, einen gemeinsam geteilten Jargon, etc. Diese Interaktionskonstellation bezeichnet man als Gruppe oder Team. Beispiele sind etwa:

Soziale Gruppe

- Clique
- Freundeskreis
- Kaffeekränzchen
- Jugendbande
- Burschenschaft
- SPD-Ortsverein
- Dritte-Welt-Arbeitskreis
- Projektteam
- Selbsterfahrungsgruppe
- Familie
- Fußballmannschaft
- Bundeskabinett
- Spionagezelle

Methodische Einschränkungen

Gruppen sind seit langem Untersuchungsgegenstand der Psychologie. Die wesentlichen Erkenntnisse werden wir im Folgenden darstellen. Es ist aber angebracht, vorweg auf einige Einschränkungen psychologischer Erkenntnisse zu Gruppen aufmerksam zu machen, die methodische Ursachen haben (vgl. *Sader* 2002): Aufgrund des weitgehend experimentellen Untersuchungsdesigns hat man eher Gruppen untersucht, die für Zwecke des Laborversuchs gebildet wurden, also Gruppen mit kurzer Lebensdauer. Inwieweit die Ergebnisse solcher Studien auf Gruppen mit langer Geschichte übertragbar sind, ist fraglich. Ferner erfolgt die Gruppenbildung in Laborexperimenten entsprechend der experimentellen Versuchsanordnung. Es ist eine offene Frage, inwieweit sich Gruppenprozesse innerhalb alltäglicher Kontexte von den untersuchten Prozessen unterscheiden. Aber selbst wenn man Gruppen in alltäglichen Kontexten untersucht hat, geschah dies meist über Befragungen der Gruppen*leiter*. Man kann aber gut begründet annehmen, dass deren Sicht des Gruppengeschehens sich von der Sicht anderer Gruppenmitglieder deutlich unterscheidet.

Unter Berücksichtigung dieser methodischen Einschränkungen gibt es eine Vielzahl von Beobachtungen und Ergebnissen, die ein Verständnis der Interaktionskonstellation sozialer Gruppen vertiefen.

Sie werden im Folgenden anhand von drei prozessorientierten Fragen vorgestellt:

- Was bewegt eine Gruppe?
- Wie entwickelt sich eine Gruppe?
- Was organisiert eine Gruppe?

5.8.2.   Die treibende Kraft – Momente der Gruppendynamik

Im Team einer Einrichtung für Behinderte ist eine Kollegin schon seit längerem krank. Kolleginnen müssen einspringen und ihre Freizeit opfern. Einige sind frustriert – sie bedrängen die Leiterin, kurzfristig Ersatz zu organisieren; anderen scheint es nichts auszumachen. Sie unterstützen die Leiterin. Zwischen den Frustrierten laufen nach Feierabend die Telefondrähte heiß. Schleimen die anderen sich bei der Leiterin ein? Eine der Frustrierten sieht »Not am Mann« und erklärt sich zu zusätzlichen Diensten bereit. Sie wird bedrängt. Ihre Bereitschaft wird ihr als unsolidarisches Verhalten ausgelegt. Sie findet anonyme Botschaften in ihrem Fach vor. Der Versuch eines klärenden Gesprächs führt zur Verbreitung gegenseitigen Misstrauens und wechselseitigen Unterstellungen.

Phänomene wie diese haben Sozialwissenschaftler seit langem fasziniert – sie entstehen durch die Begegnung von Menschen in Gruppen und schaffen eine eigene Wirklichkeit, die das Gruppengeschehen in Bewegung hält. Eine gängige Bezeichnung für solche Phänomene ist der Begriff der *Gruppendynamik*. Hinter diesem Begriff steht ein vielschichtiges psychologisches Forschungsprogramm, das wesentliche Impulse aus den Erfahrungen mit der nationalsozialistischen Terrorherrschaft erhalten hat. Wie konnte es – so fragte man sich – möglich werden, dass Menschen so unmenschliche Taten durchführten? Eine Antwort auf diese Frage fand man in der Vorstellung, dass sich in Gruppen besondere Phänomene entwickeln, die das Verhalten von Menschen in starkem Maße beeinflussen können. **[Was bewegt eine Gruppe?]**

Es war vor allem der deutsche Psychologe *Kurt Lewin*, der mit seiner Theorie psychischer Kraftfelder eine Antwort auf diese drängende Frage gab, aus der sich eine ganze Begrifflichkeit zur Beschreibung von Gruppengeschehen ergab – im Mittelpunkt stand die Metapher der Dynamik, mit der man versuchte, dieses Geschehen zu beschreiben und zu verstehen (siehe auch oben die Ausführungen zu Erziehungsstilen, Kapitel 4). Unter dem Begriff der Gruppendynamik entwickelten sich in der Folge sehr unterschiedliche Forschungs- und Therapieprogramme, die heutzutage eher kritisch betrachtet werden. Die Grundbegrifflichkeit, die um die Metapher der »Kraft« kreist, ist jedoch bis heute aktuell. Sie prägt die Begriffe, mit denen man versucht, wichtige Gruppenphänomene zu erfassen: **[Die Gruppe als Kraftfeld]**

Druck: Für uns ist die Vorstellung geläufig, dass eine Gruppe auf ein Mitglied Druck ausüben kann. Die Entwicklung einer einheitlichen Meinung zwischen Mitgliedern eines Teams entwickelt eine eigene Dynamik, die den Einzelnen »unter Druck setzt«. Es bedarf besonderen psychischen Aufwands, sich als Einzelner dagegen zu stellen und anderer Meinung zu bleiben. Sehr schnell handelt man sich das Etikett ein, »unbequem« zu sein, oder »den Prozess zu stören«.

Spannung: Spannungen gelten als Grundlage für die Leistungsfähigkeit von Teams – genauso wie auch ein Zelt unter Spannung stehen muss, um seine Funktion zu erfüllen. Entscheidend ist allerdings, dass mit diesen Spannungen richtig umgegangen wird und es nicht zu Schieflagen, Verzerrungen oder gar zu einem Umkippen kommt. Im Theorieansatz der Themenzentrierten Interaktion (TZI) (vgl. *Cohn* 1975) hat man versucht, diese Spannungsverhältnisse durch ein gleichseitiges Dreieck zu charakterisieren, das zwischen folgenden drei Punkten »aufgespannt« wird:

In dem Maße, in dem einer der drei Punkte Übergewicht bekommt, verzieht sich das Dreieck und gerät aus dem Gleichgewicht.

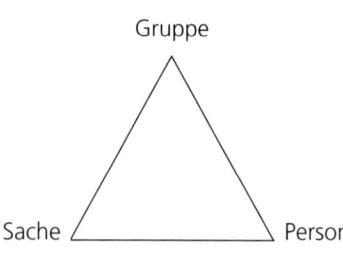

Neben dieser physik-analogen Betrachtungsweise gibt es allerdings auch andere Konzepte, mit denen man versucht, Grundstrukturen von Gruppenprozessen zu erfassen.

Einer dieser Ansätze arbeitet mit dem Gedanken der *Paradoxie*, um Gruppenprozesse zu erklären (*Smith/Berg* 1987). Paradoxa wurden ursprünglich in der Logik diskutiert; es sind verzwickte Probleme – jeder Versuch der Lösung führt zu Widersprüchen, deren Lösung zu neuen Widersprüchen führt.

Die Gruppe als Paradoxon

Smith und *Berg* haben Arbeitsteams untersucht und fanden dort paradoxe Verhältnisse, d.h. sie fanden bestimmte Grundprobleme, die sich als grundsätzlich nicht lösbar erwiesen und deren Lösungsversuche unweigerlich die Ausgangsprobleme wieder erzeugten. Versuche der Gruppenmitglieder, mit diesen Problemen umzugehen, führten immer wieder zu neuen Problemkonstellationen. Insofern kann man diese Paradoxien als »Motor« der Grup-penprozesse verstehen. Zwei solche Paradoxa sind:

– das Paradox von Individualität und Team
Teams arbeiten genau dann am effektivsten, wenn die einzelnen Teammitglieder ihre jeweiligen, spezifischen Kompetenzen und Stärken in die Teamarbeit einbringen können, d.h. wenn sie sich in ihrer speziellen Individualität einbringen. Indem sie dieses aber tun, stellen sie den Grundgedanken von Teamarbeit, das Miteinander, das Aufeinander-Eingehen, in Frage. Teamarbeit beruht darauf, die Gesichtspunkte der anderen Teammitglieder gelten zu lassen und eigene Vorstellungen hinten an zu stellen. Indem man dies aber tut, beschneidet man wiederum die eigene, individuelle Leistungsfähigkeit.

– das Paradox von Loyalität und Illoyalität
Teamarbeit findet in betrieblichen bzw. organisatorischen Kontexten statt. Um größtmögliche Synergie zu schaffen, sind Teams interdisziplinär aus Mitgliedern zusammengesetzt, die in den verschiedensten Betriebsbereichen ihren angestammten Platz haben (im Controlling, in der Materialprüfung, im Marketing, im Design). In dem Maße, in dem Teammitglieder sich mit »ihrem« Team identifizieren, »verraten« sie ihre alte Abteilung (»Weißt Du noch, wo Dein Platz ist?«). In dem Maße, in dem sie während ihrer Teamarbeit auch noch Anforderungen ihrer Abteilung erfüllen, stellen sie ihre Verbundenheit mit dem Team in Frage. Etwas zugespitzt kann man die Lage vergleichen mit jemanden, der in zwei gegnerischen Fußballmannschaften gleichzeitig spielt.

5.8.3.   Prozess-Gestalten – Entwicklungsmuster in Gruppen

Die Interaktionskonstellation der Gruppe ist wesentlich über das Moment **Wie entwickelt sich**
der zeitlichen Kontinuität bestimmt – die Konstellation mit ihren jeweiligen **eine Gruppe?**
Normen, Regeln, Erwartungen etc. bleibt erhalten, auch wenn die Mitglieder
zeitweise nicht präsent sind, es lässt sich immer wieder daran anknüpfen. Gruppen sind dadurch charakterisiert, dass sie relativ dauerhafte Gebilde sind. Diese
Dauerhaftigkeit entsteht im Zuge der Gruppendynamik. Wie kommt diese
Dauerhaftigkeit zustande? *Wie* entsteht aus der Begegnung von Menschen
eine neue soziale Einheit, eine Konstellation mit verbindlichen Normen und
Regeln, mit stabilen Erwartungshaltungen, mit einer eigenen Identität (»Wir-Gefühl«) und einer eigenen Geschichte? Lassen sich Regelmäßigkeiten oder
allgemeine Aussagen darüber formulieren, *wie* im Verlauf eines gruppendynamischen Prozesses eine Gruppe Gestalt annimmt, *wie* sie sich – metaphorisch
gesprochen – im Verlaufe des Interaktionsflusses herauskristallisiert und diese
Kristalle ihrerseits den weiteren Interaktionsfluss steuern und lenken?
　Aus den Antworten der Gruppenpsychologie (vgl. *Sader* 2002) auf solche
Fragen sollen im Folgenden zwei Antworten herausgegriffen und genauer
erläutert werden:

1. Die Gruppenbildung erfolgt in einer Sequenz unterschiedlicher Phasen.
2. Die Gruppenbildung folgt einem Prinzip der Selbstregulation und Autonomisierung.

Phasen der Gruppenbildung
In einer Übersichtsstudie zur Frage der Gruppenbildung formulierte *Tuckman* (1965) ein Phasenmodell der Gruppenbildung. Analog der Vorstellung
der Entwicklungspsychologie, dass ein junger Mensch bestimmte Phasen
durchlaufen muss, bevor er erwachsen ist, durchläuft auch jede Gruppe bestimmte abgrenzbare Phasen, in denen sehr unterschiedliche Themen und
Aufgaben im Vordergrund stehen. Nur wenn eine Phase erfolgreich bewältigt
wurde, kann die Gruppe in die nächste Phase eintreten. Ist die Phase nicht
erfolgreich bewältigt, fällt eine Gruppe immer wieder in diese Phase zurück
bzw. »schlagen« die Themen dieser Phase weiterhin im Gruppengeschehen
durch. *Tuckman* unterschied folgende Phasen:

- forming
- storming
- norming
- performing.

Erst wenn die ersten drei Phasen erfolgreich bewältigt sind, kann eine Gruppe
erfolgreich störungsfrei arbeiten (performing). Die einzelnen Phasen sehen
typischerweise folgendermaßen aus:
　forming: Es handelt sich um die Anfangsphase des Gruppenprozesses. **forming**
Die Mitglieder sind einander noch nicht (sehr) bekannt. Sie verhalten sich

eher vorsichtig, abwartend, zurückhaltend. Sie schätzen einander ein (siehe Abschnitt 5.4.) und »beschnuppern« sich.

storming

storming: Auf der Grundlage dieser ersten Einschätzung und Urteilsbildung formulieren die Mitglieder ihre Vorstellungen, Interessen und Ansprüche; sie bringen sich quasi in Positur und versuchen ihren Platz im sich entwickelnden Gruppengeschehen zu finden. In dieser Phase kommt es typischerweise zu Konfrontation, Auseinandersetzung, Interessenskonflikten, Rangelei um Positionen, Kämpfe um Einflussmöglichkeiten und Machtspiele.

norming

norming: Ist die Positionierung erfolgt, kommt es auf ihrer Grundlage zu förmlichen Absprachen, Regulierungen, Verabredungen und Festlegungen. Es bildet sich das Normgerüst der Gruppe heraus und die Rollen, die die einzelnen Mitglieder einnehmen, werden festgeschrieben.

performing

performing: Ist dies erfolgt, kann die Gruppe daran gehen, sich den Zielen, denen sie sich verschrieben hat, oder der Aufgabe, die ihr übertragen wurde (z.B. Projekt), zu widmen.

Störungen des Gruppengeschehens

Erst muss also die »interaktive Geschäftsgrundlage« geklärt sein, bevor eine Gruppe arbeitsfähig werden kann. Erfolgt diese Klärung nicht hinreichend, kommt es laut diesem Modell in der Phase des performing immer wieder zu Rückfällen, durch die die Arbeitsfähigkeit der Gruppe beeinträchtigt und der Gruppenprozess gestört wird. Erklärt sich z.B. gleich zu Beginn eines Gruppenprozesses ein Mitglied zum Leiter, ist es durchaus möglich, dass ihm dann zwar kein Widerstand entgegengesetzt wird, dass es aber im Verlauf des Arbeitsprozesses immer wieder zu Autoritätskonflikten kommt, die das Arbeitsgeschehen dominieren und überlagern. Oder: Drängt ein Gruppenmitglied zu Beginn des Prozesses auf rasche, zielorientierte Konzentration der Gruppe auf die Aufgabenerledigung, kann das dazu führen, dass die Arbeit an der Aufgabe durch ein ständiges Machtgerangel einzelner Mitglieder erheblich beeinträchtigt wird.

Mithilfe eines solchen Phasenmodells der Gruppenentwicklung lassen sich vor allem Störungen im Geschehen einer Gruppe erklären und verstehen, wenn in ihnen nicht bewältigte Aufgaben aus früheren Phasen der Gruppe »nachgeholt« werden.

Daueraufgaben der Gruppenentwicklung

Die Vorstellung von Entwicklungs*phasen* wirft allerdings auch eine Reihe von Fragen auf: Wann ist eine Phase hinreichend »durchgearbeitet«?, Muss stets jede Phase durchlaufen werden?, Ist eine Phase nach ihrer Bewältigung »erledigt« oder kann sie trotz erfolgreicher Bewältigung wieder auftreten?, Ist die Reihenfolge zwingend? Angesichts solcher Fragen gibt es die Überlegung, statt von Phasen von Entwicklungs*aufgaben* zu sprechen, die je nach den besonderen Umständen mehr im Vordergrund des Gruppengeschehens stehen oder gerade in den Hintergrund treten, bei denen es sich aber um Daueraufgaben handelt, die immer wieder virulent werden können.

Verselbständigung

Ein zweites, allgemeines Entwicklungsmoment für Gruppen besteht in einer Tendenz von Gruppen zu zunehmender Schließung und Autonomisierung. Bei der Untersuchung von Gruppen wurde immer wieder beobachtet, dass diese sich zunehmend von ihrer Umgebung abgrenzen und gleichsam ein Eigenleben entwickeln. Man spricht auch von Gruppen-Kohärenz oder Gruppen-Dichte. Der wesentliche Mechanismus für diese Tendenz wird in der *Selbstregulation* gesehen (*Haken* 1983, *Langthaler/Schiepek* 1997): Im Zuge ihrer Entwicklung schaffen Gruppen ihre eigenen Verhältnisse, die sie zur Basis weiterer Verselbstständigung nehmen, sie bilden ihre eigene Geschichte und ihre besonderen Identifikationsobjekte aus, entwickeln ein Gefühl von Zusammengehörigkeit, grenzen sich zunehmend gegen andere ab, schaffen ihre eigenen Tatsachen und entwickeln eigene Überzeugungen.

Im Zuge dieser Autonomisierung und Schließung schafft eine Gruppe sich ihre eigene Wirklichkeit. Dies kann soweit gehen, dass eine Gruppe sich weitgehend von ihrer Umgebung abkapselt und Haltungen und Orientierungen entwickelt, die »draußen« nicht mehr vermittelbar sind. Sekten sind klassische Beispiele für dieses Phänomen. Aber auch im Bereich der Arbeitswelt findet sich dieses Phänomen, z.B., wenn Projektgruppen den ihnen übertragenen Auftrag intern im Laufe ihres Autonomisierungsprozesses so verändern, dass am Ende das Arbeitsergebnis dem Auftraggeber nicht mehr vermittelbar ist. Solche Schließungsprozesse sollen an einem spektakulären Beispiel erläutert werden:

> Im April 1961 erlebte die Regierung der USA mit der gescheiterten Invasion in der Schweinebucht auf Kuba ein außenpolitisches Fiasko. Diese Invasion, geplant von einem Stab hochrangiger Militärs und Sicherheitsexperten, beruhte auf Entscheidungen und Annahmen, die sich im Nachhinein als geradezu abenteuerlich herausstellten:
>
> ■ Niemand würde, so die erste Annahme, die USA für die Invasion auf Kuba verantwortlich machen, da die Aktion wie ein Umsturz durch verfolgte Exilkubaner aussieht;
> ■ Die 1400 Mann sind in der Lage, so die zweite Annahme, ihr Landungsgebiet gegen die kubanische Armee (200.000 Mann!) zu verteidigen;
> ■ Die Invasion wird, so die dritte Annahme, den kubanischen Untergrund sofort zu Sabotageaktionen und bewaffneten Aufständen animieren, die zum Sturz des Castro-Regimes führen.

Bei nachträglicher Analyse der Entscheidungsprozesse des Planungsstabes stellte sich heraus, dass dieser Planungsstab offensichtlich einem Phänomen zum Opfer gefallen war, das von dem amerikanischen Psychologen *Janis* (1972) als *group think* bezeichnet wurde. Kern dieses Phänomens ist, dass **group think**

■ die Beteiligten einer Gruppe eine *Entscheidung* auf der Grundlage eines gemeinsam geteilten Wunsches *treffen* (»Diese Kommunisten sollen zum Teufel gehen!«),
■ sich *gegenseitig* in ihren Auffassungen *bestätigen*,
■ gemeinsam gute *Gründe* für getroffene Entscheidungen *suchen* und finden,
■ Entscheidungen umso vehementer *verteidigen*, je mehr Energie die Gruppe in sie hineingesteckt hat,

- nur solche Informationen *zur Kenntnis nehmen*, die die Gruppenentscheidungen bestätigen,
- nur zu solchen Außenstehenden *Kontakt suchen*, die die Auffassungen der Gruppe bestätigen,
- sich ansonsten gegenüber der Außenwelt *abkapseln*.

Deutlich wird, dass es kommunikative Prozesse sind, in denen group think zustande kommt und aufrechterhalten wird, und dass durch solche Prozesse eine kollektiv geteilte Sichtweise der Beteiligten zustande kommt, die von diesen zunehmend fraglos für wirklichkeitsangemessen gehalten wird. Externe Beobachter dagegen (oder nachträglich eingesetzte Analytiker) können in manchen Fällen nur den Kopf schütteln über die abstruse Wirklichkeitsvorstellung, der sie begegnen. In Sekten lässt sich ebenfalls gut beobachten, wie bestimmte Vorstellungen von Realität in Gruppen aufrechterhalten werden, z.B. über den Eintritt des Weltuntergangs.

5.8.4.   Sicherheit und Ordnung – Strukturbildung in Gruppen

Was organisiert eine Gruppe?

Eine Interaktionskonstellation, die durch zeitliche Kontinuität bei Nicht-Präsenz ihrer Mitglieder gekennzeichnet ist, benötigt besondere Strukturen, an die die Mitglieder bei jeder neuen Begegnung wieder anknüpfen können, auf die sie sich verlassen können, die dauerhafte Geltung besitzen und über die sich Zusammengehörigkeit stiften lässt, die angesichts einer sich verändernden Umgebung Sicherheit gewährleisten und angesichts interner Unübersichtlichkeit und Unberechenbarkeit Ordnung vermitteln. Der Mechanismus der Selbstregulation erzeugt in Gruppen ihre eigenen Bezugspunkte, ihre eigene Welt, in der sich die Gruppenmitglieder auskennen und in der sie sich einrichten. Jede Gruppe bildet eine Vielzahl von Strukturmomenten aus, durch die die Gruppe gestärkt und stabilisiert wird. Zu solchen Strukturmomenten gehören:

- Rollen
- Netze
- Mythen
- Überzeugungen
- Jargon

Rollen – offizielle und inoffizielle

Menschen werden in der Interaktionskonstellation der Gruppe typischerweise in Gestalt von *Rollen* wahrgenommen, d.h. in Gestalt gruppenbezogener Bilder oder Muster mit ihren prägnanten Charakterisierungen, Verhaltenserwartungen, Bewertungen, etc. Solche Rollen können offizieller Art sein, z.B. der Vorsitzende (eines Vereins), der Leiter (eines Projekts), der Kapitän (einer Fußballmannschaft), der Kopf (einer Spionagezelle), das Oberhaupt (einer Familie). Über solche offiziellen Rollen hinaus spielen für das Gruppengeschehen aber auch inoffizielle Rollen eine wesentliche Rolle, z.B. der Quertreiber, der Sündenbock, der Klassenclown, der Schlichter, der Einpeitscher, der Visionär, die Betriebsnudel oder der Held.

Die Rolle, die ein Individuum inne hat, ergibt sich aus dem Gesamtzu-   **Beispiel Sündenbock**
sammenhang der Gruppenkontur und ist auf diese funktional bezogen. Sie
mag dem Individuum liegen oder nicht. Im zweiten Fall wird das Individuum sich gegen die Rollenzuschreibung auflehnen und es kommt zu einer
Rollenaushandlung, z.B. mag sich ein Gruppenmitglied dagegen wehren,
zum Sündenbock gestempelt zu werden, oder ein Mitglied fühlt sich in die
Rolle des Einpeitschers gedrängt. Rollen bleiben bestehen, auch wenn die
Rollenträger wechseln. So kann es z.B. für eine Gruppe wichtig sein, einen
Sündenbock zu haben. Verlässt nun das Individuum, das gerade diese Rolle
spielt, die Gruppe, wird diese (im Zuge der Neuformierung) einem anderen
Mitglied diese Rolle zuzuschreiben versuchen.

Netze sind die eingefahrenen Bahnen, in denen in einer Gruppe die Kom-   **Netze**
munikation zwischen den Mitgliedern abläuft. Auch hier macht es Sinn, zwischen den offiziellen Bahnen und den inoffiziellen Wegen zu unterscheiden;
viele Prozesse der Einflussnahme erfolgen typischerweise auf dem »kleinen
Dienstweg«, »hintenrum« oder »unter der Hand«. Der Ansatz der Kom-
munikationsnetze untersucht die Wege, die Gruppenmitglieder zueinander
bahnen (z.B. *Röhrle/Sommer/Nestmann* 1997) und die Kriterien, von denen
solche Bahnungen abhängen (z.B. Sympathie, Vertrauen, Attraktivität).
Grundlage für solche Studien waren die Arbeiten der Soziometrie, d.h. Untersuchungen zu den Beziehungen zwischen einzelnen Gruppenmitgliedern.
Der Begründer der Soziometrie, *Jakob Moreno*, sprach von »Anziehungen«
und »Abstoßungen« (*Moreno* 1974, S. 34).

Mythen sind Erzählungen, in denen eine Gruppe ihre eigene Geschichte   **Mythen**
schafft und darstellt; sie dienen wesentlich der Selbstverständigung, Selbst-
identifikation und der Stärkung des Wir-Gefühls. Mythen sind typischerweise
bezogen auf dramatische Momente der Gruppenentwicklung, z.B. der *Schöp-
fungsmythos*, in dem die Geschichte des Zustandekommens der Gruppe
erzählt wird, der *Bedrohungsmythos*, in dem erzählt wird, wie die Gruppe
mit einer Existenzgefährdung fertig geworden ist, der *Schlachtenmythos*,
in dem ein Triumph über einen Gegner gefeiert wird, etc. Mythen werden
typischerweise von Figuren bevölkert wie »der Held«, »die Schlange«, »der
böse Zauberer«, »die gute Fee«, etc. Sie folgen der Erzählstruktur von Hel-
densagen (vgl. als Beispiel *Breuer* 1998).

Überzeugungen schaffen einen Bestand von Gemeinsamkeiten zwischen   **Überzeugungen**
den Gruppenmitgliedern. Überzeugungen können auf das Ziel oder Thema
der Gruppe bezogen sein oder aber auf die Haltungen der Gruppenmitglieder zueinander. Eine wesentliche Rolle spielt hier das Wir-Gefühl
sowie das Selbstverständnis, das eine Gruppe von sich besitzt. Ein solches
Selbstverständnis dient der Schaffung von Gemeinsamkeit, der Orientierung
auf die Zukunft und der Verbreitung eines bestimmten Gefühls oder einer
Stimmung. Ein solches Selbstverständnis wird oft in die Form eines Bildes
bzw. einer Metapher gekleidet, z.B.

- Boot auf hoher See
- Uhrwerk
- Laientheater-Truppe

- Bienenhaus
- steuerloses Schiff im Sturm.

Jargon

Jargon ist die gruppenspezifische Redeweise, mit der sich die Gruppenmitglieder einander zu erkennen geben und über die sie sich mit der Gruppe identifizieren (das Gefühl »die gleiche Sprache zu sprechen«). Der Jargon kann aus einem speziellen Wortschatz bestehen (»Fach-Chinesisch«), in einer bestimmten Redeweise liegen (besonders »cool«) oder in bestimmten Kommunikationsritualen bestehen, die – nur – die Gruppenmitglieder praktizieren (z.B. besondere Formen wechselseitiger Beschimpfungen bei Jugendlichen). Am bekanntesten ist der Jargon von Jugendlichen – und auch am besten untersucht (vgl. z.B. *Schwitalla 1994*). *Aber auch Forschergruppen, Sekten und Kaffeekränzchen bilden ihre jeweils eigene Weise des Sprechens und der Verständigung aus.*

6. Psychologische Diagnostik und Gutachten

Neben der Psychotherapie und der psychologischen Beratung ist die psychologische Diagnostik wahrscheinlich das Gebiet der Psychologie, das im Alltagsleben von Menschen die bedeutendste Rolle spielt. Deshalb beschreiben wir zur Einführung allgemeine Grundlagen der psychologischen Diagnostik (6.1.), bevor wir charakteristische Methoden wie Beobachtung (6.2.), diagnostische Gesprächsformen (6.3.) sowie psychometrische als auch projektive Tests darstellen (6.4. und 6.5.). Ziel jeglicher diagnostischer Bemühungen ist die Lösung eines diagnostischen Problems, die häufig in einem schriftlichen Gutachten mündet. Dieser Lösungsprozess wird in 6.6. formalisiert und an einem Beispiel demonstriert.

6.1. Grundlagen psychologischer Diagnostik

6.1.1. Aufgaben, Ziele, Definition

Psychologische Diagnostik kann, je nach Problemlage, bereits im frühesten Kindesalter notwendig werden. Im gesamten folgenden Lebenslauf können dann immer wieder Situationen auftreten, die eine psychologische Diagnostik erfordern. Dies kann etwa bei Fragen der Schulfähigkeit oder der Förderung behinderter Kinder und Jugendlicher beginnen und muss etwa bei den Problemen einer anstehenden vorzeitigen Pensionierung noch lange nicht enden. In einem Lehrbuch zur psychologischen Diagnostik (*Jäger/Petermann* 1999) wurde eine (sicherlich noch unvollständige) Liste möglicher Anwendungen zusammengestellt. Man erkennt, dass psychologische Diagnostik durch eine Vielfalt möglicher Anwendungen gekennzeichnet ist.

Anwendungen

Angewandte Disziplinen	Diagnostik	Beispiele/Fragestellungen
● Arbeits- und Organisations-psychologie	Management-diagnostik	Auslese und Weiterqualifizierung im höheren und mittleren Management
	Produktdia-gnostik	Erfassung der Anmutungsqualität von neuen Produkten mit dem Ziel einer höchstmöglichen Anpassung des Produkts an den potentiellen Käufer. Testung der Marktchancen eines neuen Produkts
● Verkehrs-psychologie	Verkehrs-eignungs-diagnostik	Erfassen der Fähigkeit, ein Fahrzeug zu führen
● Forensische Psychologie	Diagnostik der Glaub-würdigkeit	Erfassung von Indikatoren der Glaubwürdigkeit von Zeugen

Schema: Anwendungen der Psychologischen Diagnostik und wichtige Fragestellungen (*Jäger/Petermann* 1999, S. 493 – 494)

Angewandte Disziplinen	Diagnostik	Beispiele/Fragestellungen
	Diagnostik der Delikt-fähigkeit	Bestimmung der Verantwortlichkeit für einen Schaden, den ein Minderjähriger einem anderen zugefügt hat
	Diagnostik der Geschäfts-fähigkeit	Bestimmung der Fähigkeit, Rechtsge-schäfte durch eigenes Handeln wirksam vorzunehmen
	Diagnostik der strafrechtlichen Verantwortlichkeit	Ableitung der strafrechtlichen Verant-wortlichkeit eines Jugendlichen
● Ökologische Psychologie	Ökologische Diagnostik	Messung von Wohnumwelt, Schul-umwelt
● Sozial-psychologie	Diagnostik von Gruppenstrukturen	Gewinnung eines Soziogramms zur Feststellung der Beziehungen zwischen den Mitgliedern einer Klasse, einer Gruppe, einer Gang
● Medizinische Psychologie	Diagnostik von Belastung und Bewältigung	Erfassen von Stress- und Copingreak-tionen nach der Mitteilung z. B. der Diagnose »Krebs«
	Schmerzdiagnostik	subjektives Schmerzempfinden
● Entwicklungs-psychologie	Entwicklungs-diagnostik	Gewinnung von Aussagen zur ko-gnitiven, emotionalen, motorischen Entwicklung
● Politische Psychologie	Einstellungs- und Meinungsdia-gnostik	Erfassung von politischen Einstellungen, Meinungen zu Zeitproblemen
● Krankenhaus-psychologie	Suiziddiagnostik	Erfassen von Indikatoren der Selbst-mordgefährdung von Personen
● Gesundheits-psychologie	Gesundheits-diagnostik	Messung des Gesundheitsverhaltens, der subjektiven Zufriedenheit
● Psychiatrie	Pathodiagnostik	Zuordnung von Patienten zu Krank-heitsklassen
	Familiendiagnostik	Erfassung und Darstellung der Fami-lienstrukturen z. B. bei Schizophrenen
● Gynäkologie	Schwanger-schaftsverlaufs-diagnostik	Indikatoren der subjektiven Befindlich-keit der Schwangeren und des Kindes
● Perinatale Medizin	Perinatale Diagnostik	Entwicklungsdiagnostik im Umfeld der Geburt, hier insbesondere Entwick-lungsdiagnostik des Neugeborenen

Je nach Arbeitsplatz werden Angehörige sozialer Berufe aus beruflichen Gründen in unterschiedlicher Weise mit psychologischer Diagnostik konfrontiert. Unter Umständen müssen sie:

- eigene Schlussfolgerungen aus psychologisch-diagnostischen Gutachten ziehen,
- mit Psychologen über psychologische Befunde kommunizieren
- oder gar zusammen mit Psychologen an der Erhebung psychologischer Befunde unmittelbar mitarbeiten.

Entsprechende Arbeitsfelder liegen etwa in:

- der Erziehungs- und Eheberatung,
- der Heimerziehung,
- der Nachsorge psychiatrischer Patienten oder langfristig Pflegebedürftiger,
- der Betreuung von »sozial-schwachen« Familien,
- der Bewährungshilfe,
- der Vormundschafts- oder Sorgerechtsregelung und in
- der Adoptions- oder Pflegefamilienberatung.

Die Berührungspunkte zur psychologischen Diagnostik sind also äußerst vielfältig. Den aufgezählten Situationen ist gemeinsam, dass sie in der Regel für die Betroffenen einschneidende und ernsthafte Folgen nach sich ziehen können. Damit wird jedem Einzelnen im Umgang mit psychologischen Informationen eine hohe persönliche Verantwortung aufgebürdet. Deshalb ist auch ein Mindestmaß an Kompetenz unerlässlich.

Was ist nun psychologische Diagnostik genau? Sie »ist ein theoretisch **Definition** begründetes System von Regeln und Verfahren zur Gewinnung und Analyse von Kennwerten für inter- und intraindividuelle Merkmalsunterschiede,...« (*Tent* 1985, S. 146). Es geht also um die Beschreibung von Individualität und Unterschiedlichkeit von Personen mithilfe geeigneter »Kennwerte«. Damit sollte der Bezug zur Persönlichkeitspsychologie bzw. zur Psychologie der Persönlichkeitsunterschiede deutlich sein.

Um psychologische Diagnostik und ihre Rahmenbedingungen über diese Definition hinaus näher zu beschreiben, kann sie in Analogie zum bereits dargestellten Forschungsprozess (siehe Abschnitt 2.3.) gesehen werden. Auch Diagnostik kann als Prozess verstanden werden, der in einem Entdeckungs-, Begründungs- und Verwertungszusammenhang steht (s. Schema S. 196).

Im *Entdeckungszusammenhang* geht es um die Analyse des individuellen **Entdeckungs-** Problems, das umformuliert werden muss, um als diagnostisches Problem **zusammenhang** behandelt werden zu können. Bereits hier hat ein diagnostizierender Psychologe Wertentscheidungen zu treffen, die persönlich zu verantworten sind: Kann und soll er das diagnostische Problem bearbeiten oder soll er den diagnostischen Auftrag zurückweisen?

Die Problemanalyse führt im *Begründungszusammenhang* zur Formu- **Begründungs-** lierung diagnostischer Hypothesen. Nach dem gegenwärtigen Verständnis **zusammenhang** psychologischer Diagnostik geht es nicht (mehr) um globale Personenbeschreibungen (»Charaktergemälde«), sondern um problemorientierte, hypothesengeleitete Prozesse. Es ist dann die Frage zu klären, mit welchen Mitteln die diagnostischen Hypothesen zu beantworten sind. Der Begutachtende wählt dazu die diagnostischen Methoden aus, führt sie durch, wertet ihre Ergebnisse aus und interpretiert sie.

Verwertungszusammenhang

Psychologische Diagnosen sollen bei der Lösung eines konkreten Problems helfen. Die Antwort auf die Frage: »Wozu wird diagnostiziert?« verdichtet sich im *Verwertungszusammenhang*. Auch hier wird sich ein Psychologe fragen müssen, ob er sich mit bestimmten Zusammenhängen zu identifizieren vermag oder nicht, ob und wie er gegebenenfalls einem möglichen Missbrauch entgegenwirken kann. Für den Fall, dass er ein schriftliches Gutachten erstellt, über dessen weitere Verwendung er keine Kontrolle hat, muss er sich zusätzlich fragen, ob und wie er sicherstellen kann, dass sein Gutachten so verstanden wird, wie er es verstanden haben möchte.

**Schema:
Der diagnostische
Prozess**

Die nachfolgenden Abschnitte haben das Ziel, die Leser und Leserinnen ihrerseits etwas mehr zu befähigen, psychologische Gutachten zu verstehen.

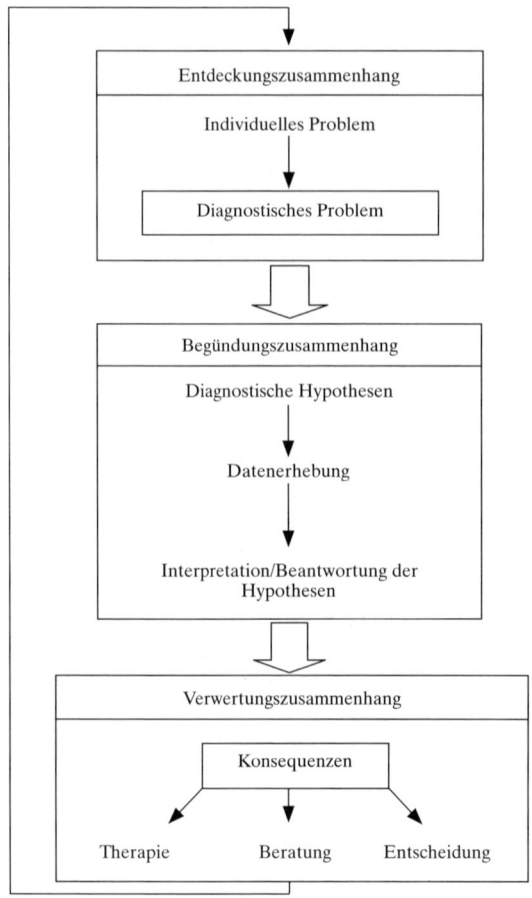

6.1.2. Übersicht über diagnostische Datenquellen

Im Grunde kann jede beliebige Information über Personen diagnostisch bedeutsam sein, d.h. etwas über ihre individuelle Eigenart aussagen. Nun liegt eine Aufgabe psychologischer Diagnostik darin, solche Informationen geplant und systematisch zu sammeln. Dazu bedarf es spezieller Methoden oder Verfahrensweisen, die sich nach unterschiedlichen Gesichtspunkten ordnen lassen.

In der folgenden Übersicht wird eine Ordnung vorgestellt, die sich an der Art des Zugangs zu den Informationen orientiert: Beobachtung, Gespräch und Test. Für jede dieser Zugangsweisen wurden verschiedene Methoden entwickelt, mit denen diagnostisch relevante Daten erhoben werden: Beobachtungs-, Gesprächs- und Testdaten (s. Schema S. 197).

Die *systematischen Beobachtungsdaten* erbringen gezielte Informationen über beobachtbares Verhalten. Wenngleich aus einer zufälligen Gelegenheitsbeobachtung unter Umständen wertvolle Informationen gewon nen werden können, kann sie nicht als diagnostische Methode im engeren Sinne betrachtet werden. Man wäre sonst dem Zufall ausgeliefert.

Die diagnostischen Gesprächsformen sind die *Anamnese* zur Erfassung der Entwicklungsgeschichte eines Problems und die *Exploration* zur differenzierten Beschreibung des aktuellen Zustandes. Gesprächsdaten geben Auskunft über die individuellen Sichtweisen von Personen.

Bei den *Tests* wird unterschieden zwischen projektiven und psychometrischen Testverfahren. Projektive Tests erheben den Anspruch, unbewusste psychische Gegebenheiten zu erfassen. Psychometrische Tests beruhen auf mathematisch-statistischen Grundannahmen. Sie lassen sich weiter grob in Leistungstests und psychometrische Fragebögen unterteilen.

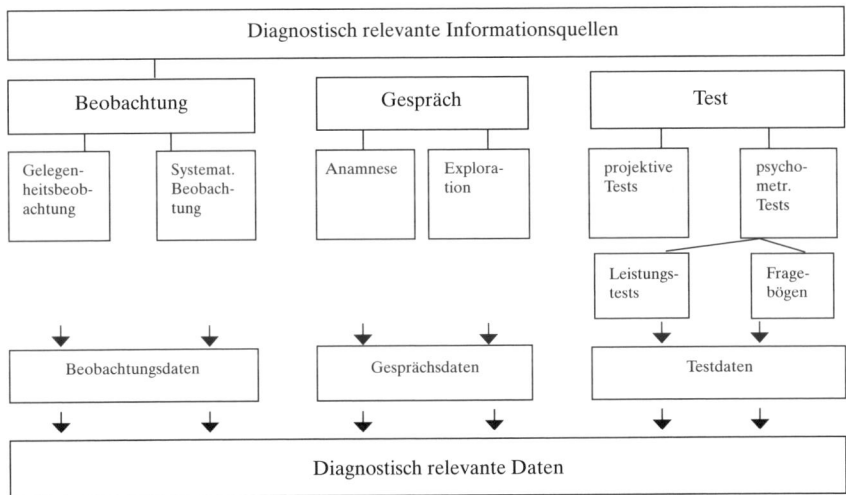

Schema: Übersicht über diagnostisch relevante Informationsquellen

Für alle Methoden zur Erhebung psychologisch-diagnostisch relevanter Daten muss gelten, dass sie für das zu bearbeitende Problem und für die zu beschreibende Person angemessen sein sollten. Mit anderen Worten: Die erhobenen diagnostischen Daten sollten möglichst valide sein. Um dies zu erreichen, müssen sie zugleich objektiv und reliabel sein (siehe die Gütekriterien Objektivität, Reliabilität und Validität).

Der Hinweis, Methoden sollten problemangemessen sein, führt zur Feststellung: Es gibt keine Methode, die bei allen Problemen in allen Situationen gleichermaßen optimal wäre. Die Güte diagnostischer Methoden ist nicht absolut, sondern relativ zu sehen. Bestimmte Informationen lassen sich beispielsweise nur im Gespräch erheben. Wieder andere Daten erhebt man besser durch Beobachten oder Testen. In diesem Zusammenhang spricht man zuweilen von »weichen« und »harten« Daten. Harte Daten entstammen in der Regel psychometrischen Tests oder sonstigen Informationen, die objektiv erhoben und geprüft wurden. Harte Daten erfüllen meist zumindest die Gütekriterien von Objektivität und Reliabilität ganz gut. Weiche Daten tun dies weniger. Trotzdem sind sie nicht wertlos. Nicht selten sind sie gut geeignet, ein Problem soweit zu erhellen, dass die Erhebung harter Daten erst möglich wird. Je nach Fragestellung muss man sich mit weichen Daten überhaupt zufrieden geben. Etwas ungenau zu wissen, ist vielleicht dann immer noch besser als nichts zu wissen.

Der verantwortungsbewusste Einsatz psychodiagnostischer Verfahren setzt immer die Fähigkeit voraus, verschiedene Alternativen sehen, bewerten und die jeweils beste auswählen zu können. Dazu sind spezielle Kenntnisse nötig. Nicht zuletzt deswegen gehören psychodiagnostische Verfahren nur in die Hand ausgebildeter Diplom-Psychologen – auch wenn dies in der Realität leider nicht immer so ist.

6.2.   Beobachtung und Beobachtungsprotokolle

Gelegenheits-beobachtung

In der diagnostischen Situation fallen viele Informationen durch Gelegenheitsbeobachtungen an. Wie ein Proband sich während des Gesprächs verhält, wie er Tests in Angriff nimmt oder welche Körperhaltung er einnimmt, kann dem diagnostizierenden Psychologen erste Eindrücke vermitteln oder Hypothesen nahe legen. Solche Eindrücke unterliegen jedoch stets der Gefahr, sehr fehleranfällig zu sein.

Die Zufälligkeit von Beobachtungen kann reduziert werden, wenn der Beobachtende sich an ein vorgegebenes Beobachtungsschema hält, das die Beobachtungsinhalte definiert. Die dabei vorgenommenen Beobachtungen werden nach festen Regeln protokolliert. Dazu werden häufig sogenannte Rating- oder Schätzskalen entwickelt, die zu mehr oder weniger umfangreichen Listen zusammengefasst werden können.

Datenqualität

Schätzskalen bestehen aus einem sprachlichen Stamm, in dem der zu beobachtende und beurteilende Sachverhalt definiert wird und einem Skalenteil, auf dem die Einschätzung eingetragen wird. Das folgende fiktive Beispiel demonstriert unterschiedliche Möglichkeiten.

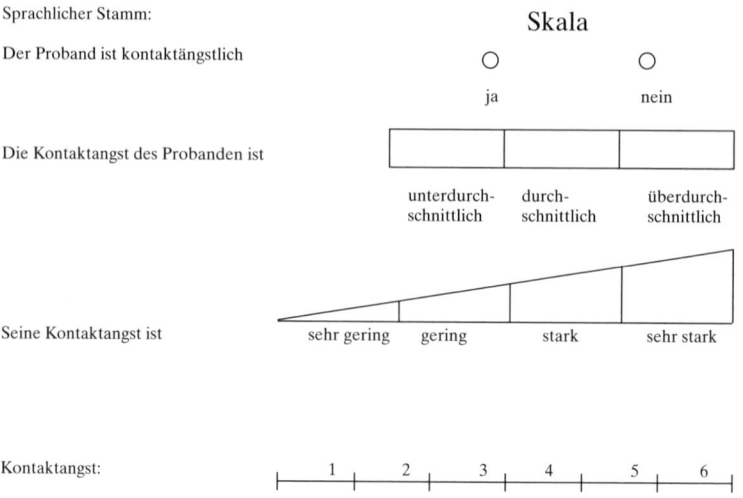

Die Gestaltung des Skalenteils ist relativ beliebig. Die Skala wird jedoch umso tauglicher sein, wenn sie weder zu differenziert noch zu undifferenziert ist.

Der sprachliche Stamm ist, wie die freie Personenbeschreibung auch, in unterschiedlichem Ausmaß mit Schlussfolgerungen und Interpretationen des Protokollierenden behaftet. Auch Schätzskalen lassen sich also mithilfe der vier Modi sprachlicher Beschreibungen charakterisieren (vgl. Kapitel 3). Insgesamt werden die Ergebnisse solcher Schätzskalen eher noch den weichen Daten zuzurechnen sein.

Das Problem interpretationsreicher Eindrücke lässt sich deutlich mindern, wenn einerseits das Verhalten möglichst im verbalen Modus beschrieben wird und andererseits auch die Situation definiert wird, in der das Verhalten beobachtet wird. Die Zusammenfassung mehrerer Beobachtungen in verschiedenen Situationen kann zu Aussagen über ein hypothetisches Konstrukt führen. Als Beispiel einige Situationen (nach *Ehlers/Ehlers/Makus* 1978), in denen Mütter angeben müssen, wie oft sie das Verhalten bei ihrem Kind in den letzten zwei Wochen beobachtet haben:

	In den letzten 2 Wochen beobachtet:
»Geht nicht zu Schulkameraden, die es auf der Straße spielen sieht.«	......................................mal.
»Steht einfach herum, wenn andere Kinder spielen.«	......................................mal.
»Kommt allein, ohne Begleitung anderer Kinder, von der Schule nach Hause.«	......................................mal.
»Isst und trinkt nichts bei fremden Leuten.«	......................................mal.
»Geniert sich, jemand nach dem Weg o.ä. zu fragen.«	......................................mal.

Aufgrund der Häufigkeitsangaben in allen fraglichen Situationen wird auf das Ausmaß der »Kontaktängstlichkeit« des Kindes geschlossen. Der Unterschied zu den fiktiven vorigen Schätzskalen ist offensichtlich. Das Verhalten wird im verbalen Modus so beschrieben, dass es einigermaßen zweifelsfrei beobachtet und registriert werden kann. Ob ein Kind als kontaktängstlich gilt oder nicht, hängt nahezu ausschließlich von den berichteten Häufigkeiten ab und nicht mehr vom subjektiven Eindruck.

Die Verhaltensbeobachtung offenen Verhaltens muss aber nicht zu Annahmen über ein dahinterliegendes Personenmerkmal führen. In der Verhaltenstherapie beispielsweise ist das Verhalten selbst Grundlage und Ausgangspunkt der therapeutischen Intervention. In psychologischen Gutachten sind »reine« Verhaltensdaten jedoch nur selten anzutreffen.

6.3. Diagnostische Gesprächsformen: Anamnese und Exploration

Anamnese und Exploration

Ein diagnostisches Gespräch ist eine zielgerichtete mündliche Kommunikation zwischen einem Diagnostizierenden und einem oder mehreren Befragten, durch die eine Sammlung problembezogener Informationen angestrebt wird. Es wird unterschieden in *Anamnese*, in der die Entwicklungsgeschichte des Problems betont wird und in *Exploration*, die der Analyse des aktuellen Problemstandes dient. Beide können mit demjenigen durchgeführt werden, der vom Problem selbst betroffen ist. In diesem Fall spricht man von Eigenanamnese bzw. Eigenexploration. Fälle, in denen dritte Personen über das Problem befragt werden (z.B. Eltern über ihr Kind, Ehepartner über ihren Partner) werden als Fremdanamnese bzw. Fremdexploration bezeichnet.

Es wird immer wieder darauf hingewiesen, dass derjenige, der diagnostische Gespräche durchführt, über ein hohes Maß an Kompetenzen verfügen muss (vgl. Kapitel 8). Beispielsweise muss er aufmerksam zuhören können, den angemessenen Ton finden, nützliche Fragen stellen, Antworten richtig einordnen können und vieles mehr. Dazu ist u.a. eine ausführliche praktische Ausbildung und Erfahrung nötig. Im folgenden Schema, das in Anlehnung an *Schmidt/Kessler* (1987, S. 125) entwickelt wurde, werden die bedeutsamen Prozesse im diagnostischen Gespräch dargestellt. Daraus können notwendige Fähigkeiten der Gesprächspartner ebenso abgeleitet werden wie mögliche Fehlerquellen.

Zunächst ist das Verhalten des Fragenden und des Befragten durch die gemeinsame Gesprächssituation bestimmt. Durch sie werden beide beeinflusst. Für beide ist die Situation mit höchst unterschiedlichen Zielvorstellungen, Gedanken, Motiven oder Gefühlen verbunden. Die beiden Gesprächspartner beeinflussen sich gegenseitig. Äußeres Auftreten, Sprachverhalten, Mimik und Gestik, Sympathien oder Antipathien werden von beiden wahrgenommen und verarbeitet, und dementsprechend reagieren beide.

Der Befragte berichtet über einen Sachverhalt, der in der Regel außerhalb der Gesprächssituation liegt. Diesen Sachverhalt hatte er wahrgenommen, mit Hilfe seiner Alltagstheorien interpretiert, und das ihm Wichtige behalten. Der berichtete Sachverhalt stellt also seine subjektive Bearbeitung des tatsächlichen Sachverhalts dar. Der Fragende seinerseits nimmt diesen Bericht wahr und interpretiert ihn mithilfe seiner wissenschaftlichen Theorien (und seiner Alltagstheorien). In der Regel werden die Ergebnisse von Anamnese bzw. Exploration nach der Gesprächssituation vom Diagnostizierenden aufgeschrieben. Der niedergeschriebene Sachverhalt ist wiederum eine subjektive Bearbeitung dessen, was wahrgenommen wurde. Welche Beziehung besteht nun noch zwischen dem niedergeschriebenen und dem ursprünglichen tatsächlichen Sachverhalt?

Wenn der Sachverhalt Gefühle und Gedanken der Person selbst betrifft, dann wird es noch schwieriger werden, eine akzeptable Übereinstimmung zwischen tatsächlichem und niedergeschriebenem Sachverhalt zu erreichen.

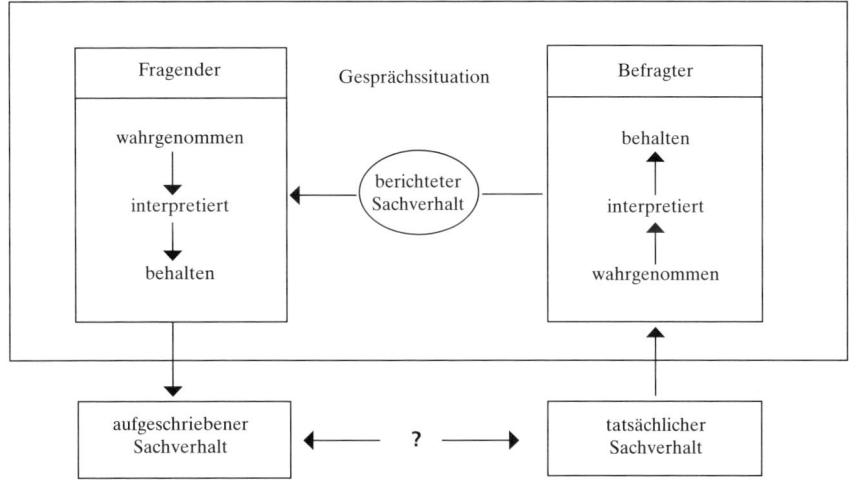

Schema: Prozesse im diagnostischen Gespräch

In der Praxis werden Anamnese und Exploration wohl am häufigsten in **Strukturierung** halbstrukturierter Form durchgeführt, d.h. es werden Fragebereiche vorher festgelegt. Die freie Gesprächsform ohne vorige Festlegung der Gesprächs-inhalte eignet sich eher nur für eine erste gemeinsame Annäherung der Gesprächspartner an das Problem. Vollstrukturierte Gespräche, bei denen die konkreten Fragen festliegen, drohen leicht in Frage-Antwort-Rituale mit unerwünschten sozialpsychologischen Folgen umzuschlagen. Deshalb werden sie vorzugsweise in schriftliche Form gebracht. Dies ist dann nützlich, wenn eher unproblematische Inhalte routinemäßig abgefragt werden sollen oder müssen. Das Gespräch wird dadurch von Routine entlastet und kann sich verstärkt sensibleren Themen zuwenden.

Für die Durchführung halbstrukturierter diagnostischer Gespräche wurden Schemata oder Leitfäden entwickelt, die dem Praktiker zur Verfügung stehen (etwa in einer Sammlung von *Schmidt/Kessler* 1987).

Während des Gespräches fallen dem Diagnostizierenden, praktisch nebenbei, eine Reihe von Beobachtungsdaten auf. Haltung, Mimik, Gestik, Tonfall usw. werden als mehr oder weniger bedeutsam angenommen. Diagnostische Gespräche liefern so Gesprächs- und Beobachtungsdaten gleichzeitig. Sie sind also auf zweifache Weise informativ. Da sie zudem keiner besonderen technischen Vorbereitung bedürfen, sind sie wahrscheinlich dasjenige diagnostische Verfahren, das in der Praxis am häufigsten verwendet wird.

Je nach psychologischer Position wird man darin eine gefährliche Tendenz zur möglichst arbeitsarmen Diagnostik sehen, die aufwendigere Arrangements der systematischen Beobachtung oder des Testens scheut. Dies vielleicht umso mehr, als Gesprächsdaten eher zu den »weichen« Daten zählen. Oder aber man wird sich der Meinung von *Thomae* (1968, S. 111) anschließen, der den diagnostischen Gesprächen eine hervorragende Bedeutung aus der »Einsicht« heraus einräumt, »daß nur das Individuum selbst Zeuge seines Verhaltens im natürlichen Ablauf seines Lebens ist.«

Wie dem auch sei: Diagnostische Gespräche sind unverzichtbar. Selbst wenn andere Zugänge zu den benötigten diagnostischen Daten möglich sind, »sprachlos« lassen Menschen sich nicht diagnostizieren, beraten oder helfen.

6.4.   Psychometrische Tests

6.4.1.   Grundlagen und Überblick

Tests, so scheint es, gibt es viele: Sie reichen von A wie Auto-Tests über D wie Doping-Tests, S wie Schwangerschaftstests bis Z wie Zucker-Tests und eben auch P wie psychologische Tests. Diese wiederum lassen sich in projektive und psychometrische Tests aufteilen. In diesem Abschnitt soll nur von den psychometrischen Tests die Rede sein. Ihre Ergebnisse werden in der Diagnostik zu den eher harten Daten gezählt.

Definition   *Lienert* definierte den psychometrischen Test als »ein wissenschaftliches Routineverfahren zur Untersuchung eines oder mehrerer empirisch abgrenzbarer Persönlichkeitsmerkmale mit dem Ziel einer möglichst quantitativen Aussage über den relativen Grad der individuellen Merkmalsausprägung« (in *Lienert/Raatz* 1998, S. 1). Diese Definition ist es wert, näher erläutert zu werden.

Wissenschaftlichkeit   *Wissenschaftlich* heißt hier, dass Tests auf der Grundlage theoretischer Konzepte entwickelt werden. Die meisten der angewendeten psychometrischen Tests wurden nach den Prinzipien der sogenannten Klassischen Testtheorie entwickelt. Gleichwohl gibt es auch Tests, die auf der Grundlage anderer theoretischer Modelle entwickelt wurden. In der Praxis spielen sie jedoch (noch) eine untergeordnete Rolle. Testtheoretische Konzepte werden in speziellen Lehrbüchern dargestellt (z.B. *Fischer* 1974), die ohne psychologische oder statistische Kenntnisse nicht unmittelbar verständlich sein dürften.

Routine   *Routineverfahren* besagt, dass ein und derselbe Test stets in derselben Weise durchgeführt, ausgewertet und interpretiert wird. Er wird nicht von Testsituation zu Testsituation verändert oder gar neu »erfunden«. Die Testanwendung muss durch den potentiellen Testleiter geübt werden, bis er den Test »routiniert«, d.h. in stets gleicher Weise sicher und fehlerfrei anwenden kann. Routineverfahren oder routinierte Testanwendung bedeutet nicht routinierter oder kaltschnäuziger Umgang mit Personen. Vielmehr sind die praktizierenden Psychologen auch in Testsituationen der Würde des Menschen verpflichtet – es sei denn, sie hätten ihren Beruf verfehlt.

Persönlichkeitsmerkmal   Mit *empirisch abgrenzbarem Persönlichkeitsmerkmal* ist ein hypothetisches Konstrukt gemeint. Der Test enthält in Form einzelner Aufgaben oder Fragen die Indikatoren für das angestrebte Konstrukt. Er stellt damit eine operationale Definition des zu prüfenden Merkmals dar.

Relativität   Wichtig ist auch, sich zu vergegenwärtigen, dass mit den psychometrischen Tests jeweils nur ein relativer Grad der Merkmalsausprägung erfasst werden kann. Testergebnisse beruhen auf Vergleichsprozessen im weitesten Sinne. Entweder wird die Merkmalsausprägung einer Person im Vergleich zu anderen Personen oder im Vergleich zu einem sachlich definierten Standard (Kriterium) angegeben. Im ersten Fall erhält man die Information, ob die individuelle Ausprägung unterdurchschnittlich, durchschnittlich oder überdurchschnittlich ist. Im zweiten Falle erfährt man, wie weit die Person noch vom Kriterium entfernt ist oder ob sie es schon überschritten hat. Den Vergleich mit anderen Personen nennt man normbezogene Testung. Sie wird nach den Regeln der Klassischen Testtheorie durchgeführt. Der Vergleich mit einem sachlichen Kriterium wird als kriteriumsorientierte Testung bezeichnet. Dazu sind spezielle theoretische Modelle notwendig.

Das Ergebnis des Vergleichsprozesses, d.h. die relative Position der Person soll quantitativ, d.h. in Begriffen von mehr oder weniger, größer oder kleiner, stärker oder schwächer ausgedrückt werden. In der Regel wird das Ergebnis quantitativ-numerisch, d.h. in Zahlenwerten, festgehalten.

Diese hier ausgeführte Definition eines psychometrischen Tests ist unabhängig vom Testinhalt, d.h. vom zu überprüfenden Persönlichkeitsmerkmal. Inhaltlich sehr unterschiedliche Tests können entsprechend den in dieser Definition festgehaltenen Anforderungen entwickelt werden. Die Angebotspalette psychometrischer Tests ist daher einigermaßen umfangreich.

Das »Handbuch psychologischer und pädagogischer Tests« von *Brickenkamp* (2002) verzeichnet einige Hundert psychometrischer Tests zu folgenden Inhaltsbereichen:

Leistungstests
Entwicklungstests: Darunter sind Tests gefasst, die Entwicklungsverläufe definieren und unmittelbar darauf abzielen, den Entwicklungsstand des Verhaltens zu erfassen.
Intelligenztests zur Überprüfung der Intelligenz.
Allgemeine Leistungstests zur Erfassung allgemeiner Voraussetzungen der Leistungsfähigkeit, wie z.B. Aufmerksamkeit, Konzentration, allgemeine Aktiviertheit oder ähnlichem.
Schul(leistungs)tests zur Feststellung allgemeiner (z.B. Einschulungstests, Mehrfächertests) oder spezieller (z.B. Lese-, Rechtschreib-, Rechen-, Sprachtests) Schulleistungen.
Spezielle Funktions- und Eignungstests zur Prüfung spezieller Funktionen wie etwa Rechts-Links-Händigkeit oder Psychomotorik und zur Feststellung von Berufseignung für unterschiedliche Berufe.

Psychometrische Persönlichkeitstests (Fragebögen)
Persönlichkeits-Struktur-Tests, mit denen mehrere Persönlichkeitsmerkmale im engeren Sinne erfasst werden sollen.
Einstellungs- und Interessentests: Sie messen die Einstellungen und Meinungen gegenüber bestimmten sozialen Gegebenheiten (z.B. nationale Gruppen, Minoritäten) oder gegenüber eigenen Wünschen und Absichten (Interessen).
Klinische Tests zur Erfassung »problematischer« Verhaltensweisen, die möglicherweise eine Beratung oder Therapie angeraten sein lassen.

Testinhalte

Viele Schritte sind notwendig, um einen psychometrischen Test bis zur Anwendungsreife zu entwickeln. Es beginnt mit einer theoretischen Beschreibung und Definition des zu prüfenden Persönlichkeitsmerkmals, führt über einschlägige Aufgaben- oder Fragensammlungen zur praktischen Erprobung bis schließlich zur Freigabe für die Fachöffentlichkeit. Für das Verständnis ist zunächst nur wichtig zu wissen, dass es sich bei den Ergebnissen psychometrischer Tests um normierte oder standardisierte Testwerte handelt.

Standardisierung

Es ist offensichtlich, dass etwa die Beantwortung von 25 Fragen zur psychischen Stabilität aus einer Sammlung von 50 einschlägigen Fragen allein noch wenig bedeutet. Ebenso wenig weiß man über die mathematische Begabung einer Person, wenn sie von 32 Mathematikaufgaben 19 lösen kann. Erst wenn man wüsste, wie viele Fragen oder Aufgaben »üblicherweise« von vergleichbaren Personen beantwortet bzw. gelöst werden, könnte man erkennen, ob die Person unterdurchschnittlich, durchschnittlich oder überdurchschnittlich

Eichstichprobe

psychisch stabil bzw. mathematisch begabt ist. Um dieses Wissen zu erlangen, wird ein Test nach endgültiger Fertigstellung, aber vor der Veröffentlichung, in einer Norm- oder Eichstichprobe von Personen durchgeführt, die für diejenigen repräsentativ ist, bei denen der Test später angewendet werden soll. Die damit verbundenen Maßnahmen nennt man Normierung oder Eichung eines Tests. Dadurch wird schließlich die individuelle Merkmalsausprägung einer konkreten Person auf den Durchschnittswert der Eichstichprobe bezogen. Das standardisierte Ergebnis beschreibt also die individuelle Abweichung von diesem Mittelwert. Erst jetzt ist eine Interpretation dahingehend möglich, ob und inwieweit die Person im getesteten Merkmal unterdurchschnittliche, durchschnittliche oder überdurchschnittliche Ausprägungen erreicht.

Vertrauensbereich

Obwohl auf diese Weise psychometrische Tests für jede Person exakte standardisierte Werte liefern, werden verantwortungsbewusste Psychologen diese Werte nicht als »wahre« Werte betrachten. Ihnen ist klar, dass Testergebnisse nur mehr oder weniger präzise sind. Diese Präzision lässt sich empirisch schätzen. Man kann eine Art »Messtoleranz« eines Tests angeben, so wie das bei physikalischen Instrumenten auch der Fall ist. Bei psychometrischen Tests wird der Toleranzbereich als Vertrauensbereich bezeichnet. Er gibt den Zahlenbereich an, in dem der wahre Testwert einer Person mit bestimmter Wahrscheinlichkeit liegen wird. Als Folge daraus wird der Psychologe nicht den gefundenen exakten Testwert einer Person interpretieren, sondern den Vertrauensbereich, in dem der Wert mit bestimmter Wahrscheinlichkeit liegt. Die Größe des Vertrauensbereiches hängt von der Güte des Tests ab und schwankt von Test zu Test.

Psychologische Laien werden sich in der Regel darauf verlassen (müssen), dass ein diagnostizierender Psychologe nur möglichst gute Tests anwendet. Der psychologische Fachmann dagegen muss Tests bewerten und ihren Einsatz rechtfertigen. Dazu stehen ihm die Kriterien der Objektivität, Reliabilität und Validität zur Verfügung. Diese können im Laufe der Testentwicklung überprüft werden. Testentwicklung ist u.a. auch ein Optimierungsprozess zur möglichst weitgehenden Annäherung an diese Kriterien.

Kein Test erfüllt die drei beschriebenen Kriterien vollständig, sondern immer nur annäherungsweise. Kein Test ist in jeder beliebigen Situation anwendbar. Der Psychologe muss jeweils problembezogen »seine« Tests auswählen. Diese Auswahl sollte er begründen – und man sollte ihn auch nach seinen Gründen fragen können. Die Einsicht, dass Tests nur immer mehr oder weniger gut sein können, sollte auch davor schützen, sie überzubewerten. Eine weitgehende Abwertung psychometrischer Tests ist allerdings auch nicht angebracht.

6.4.2.   Zwei Beispiele psychometrischer Leistungstests

Als Demonstrationsbeispiele für diese Gruppe von Tests werden zwei gebräuchliche, jedoch sehr unterschiedliche Intelligenztests ausgewählt. Der »Hamburg-Wechsler-Intelligenztest für Kinder, Revision 1983« (HAWIK-R) und der »Grundintelligenztest« (CFT).   **Intelligenztheorie**

Der HAWIK-R (von *Tewes* 2002) geht wie sein Vorgänger (HAWIK) und seine weiteren Überarbeitungen (HAWIK-III; *Tewes* 2003) auf die Tests des amerikanischen Psychologen *David Wechsler* zurück. Zusätzlich existieren je eine Fassung für Vorschulkinder (HAWIVA) und für Erwachsene (HAWIE). Alle drei Tests beruhen auf derselben Definition: **HAWIK-R**

»Intelligenz ist die allgemeine Fähigkeit des Individuums, die Welt, in der es lebt, zu verstehen und sich in ihr zurechtzufinden. Diese Definition unterscheidet sich nach *Wechslers* Meinung nur auf den ersten Blick nicht allzu sehr von den gängigen Ansichten über Intelligenz. Bei genauer Betrachtung enthält diese Definition jedoch zwei bedeutsame Besonderheiten: (1) Intelligenz wird als allgemeine und übergeordnete Einheit gesehen; genauer gesagt als eine Einheit, die vielfältige Erscheinungsformen annehmen kann und durch mannigfaltige Einflüsse in ihrer Entwicklung bestimmt wird. (2) *Wechsler* vermeidet es daher, einzelne Fähigkeiten zu isolieren und ihnen eine entscheidende oder übergeordnete Bedeutung innerhalb seines Konzepts beizumessen« (*Tewes* 2003, Handbuch S. 15).   **Intelligenzdefinition**

Die Tests bestehen jeweils aus einer Reihe von Untertests mit verschiedenen Inhalten. Sie können nur im Einzelversuch durchgeführt werden, d.h. ein Psychologe kann nur jeweils einen Probanden testen. Der Altersbereich des HAWIK-R reicht von 6 Jahren bis 16 Jahre. Jüngere Kinder müssen mit dem HAWIVA, ältere Jugendliche oder Erwachsene mit dem HAWIE getestet werden. Die einzelnen Untertests des HAWIK-R werden in der nachfolgenden Übersicht kurz beschrieben.

Untertests:	Beispiel:
(1) Allgemeines Wissen (AW): Allgemeine Wissensfragen werden gestellt. Geprüft werden soll: kulturell erworbenes Wissen.	»Was ist ein Thermometer?« »Wie entsteht bei einem Klavier ein Ton?«

(2) Allgemeines Verständnis (AV):
Eine Reihe von Warum-Fragen
werden gestellt.
Geprüft werden soll: praktische Urteils-
fähigkeit.

»Warum sollen kranke Kinder zu
Hause bleiben?«
»Warum muss jeder, der einen
Fernseher besitzt, Gebühren
zahlen?«

(3) Rechnerisches Denken (RD):
Rechenaufgaben (Textaufgaben)
müssen im Kopf gelöst werden.
Geprüft werden soll:
Fähigkeit, numerische Operationen
durchzuführen, Konzentration.

»Albert hat 19 Birnen. Er ver-
schenkt 5 an seine Freunde.
Wie viele hat er jetzt noch?«

(4) Gemeinsamkeiten finden (GF):
Wortpaare werden vorgegeben und
das Gemeinsame der beiden Wörter
muss angegeben werden.
Geprüft werden soll: Fähigkeit zur
Begriffsbildung, zum logischen und
abstrakten Denken in Kategorien.

»Straße - Kanal«

»Säge - Kneifzange«

»Meter - Sekunde«

(5) Wortschatz Test (WT):
Die Probanden müssen die Bedeutung einzelner Wörter erklären.
Geprüft werden soll: Sprachentwicklung und Sprachstand.

»Brot«
»rigoros«
»Dialekt«

(6) Zahlennachsprechen (ZN):
Es werden Zahlenreihen im Sekun-
dentakt vorgelesen und festgestellt,
wieviele Zahlen ein Proband richtig
(vorwärts bzw. rückwärts) nachspre-
chen kann. Auf die Durchführung
dieses Untertests kann verzichtet
werden.
Geprüft werden soll: Merkfähigkeit,
Aufmerksamkeit, Selbstkontrolle.

»7 – 4 – 3 – 8 – 2«

(7) Zahl-Symbol-Test (ZS):
Einfache geometrische Zeichen sind
(je nach Altersstufe) anderen einfachen Zeichen oder Ziffern nach
Vorlage zuzuordnen.
Geprüft werden soll: Psychomotorische Geschwindigkeit, visuell-
motorische Koordination.

Vorlage:

1	2	3	4	5	6	7
∴	)		├	¬	V	−

Aufgabe:

Beispiel										
2	1	4	6	3	5	2	1	3	4	2

(8) Bilderergänzen (BE):
Es werden Bilder (etwa Postkarten-
größe) gezeigt, bei denen etwas fehlt.
Das fehlende Teil muss identifiziert
werden. Geprüft werden soll: Fähigkeit,
Bekanntes zu erkennen und Wesentliches von Unwesentlichem zu
unterscheiden.

(9) Bilderordnen (BO):
Einzelne Bilder, die in richtiger
Reihenfolge eine zeitliche Abfolge
(»eine Geschichte«) ergeben, werden
in falscher Reihenfolge vorgegeben.
Es ist eine sinnvolle Reihenfolge herzustellen.
Geprüft werden soll: Fähigkeit,
soziale Handlungsabläufe visuell zu
erfassen.

(10) Mosaiktest (MT):   Vorlage:
Mit Hilfe von kleinen bunten Wür-
feln (Kantenlänge ca. 2,5 cm) muss
ein vorgegebenes geometrisches
Muster nachgelegt werden.
Geprüft werden soll: Räumliches
Vorstellungsvermögen.   Lösung:

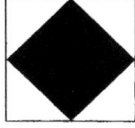

(11) Figurenlegen (FL):   Vorlage:
Das Kind erhält jeweils einen
kleinen Stapel von Puzzleteilen, die
es nach Vorlage zusammenfügen
muss.
Geprüft werden soll: Wahrnehmung
und Reproduktion konkreter Formen, räumliches Vorstellungsvermögen.   Einzelteile:

Für jeden Untertest erhält der Proband auf der Grundlage der richtigen
Lösungen sogenannte (standardisierte) Wertpunkte (Mittelwert M = 10,
Standardabweichung s = 3). Dies ermöglicht eine differenzierte Interpretation des Testprofiles. Es kann ein »Gesamt-IQ« (auf der Basis aller Untertests), ein »Verbal-IQ« (auf der
Basis der Untertests 1 bis 6) und
ein »Handlungs-IQ« (auf der Basis
der Untertests 7 bis 11) angegeben
werden.

Beim nachfolgenden Beispiel
handelt es sich um das Testprofil eines fast zehnjährigen Mädchens, das
u.a. wegen massiven Schulversagens
in allen Bereichen einem Erziehungsberater vorgestellt wurde.

Der erreichte Gesamt-IQ ist 83,
der Verbal-IQ 97, der Handlungs-
IQ 79.

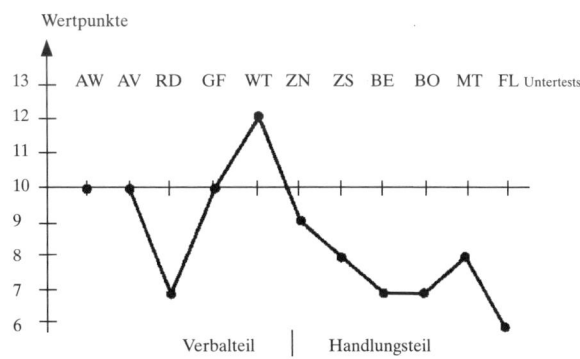

Auffällig sind die durchschnittlichen verbalen Fähigkeiten des Mädchens (die sich übrigens nicht in ihrer Deutschnote niederschlagen), bei gleichzeitig deutlichen Einbußen im rechnerischen Denken (was mit ihrer Rechennote übereinstimmt). Ihre Wahrnehmungsfähigkeit, ihr räumliches Vorstellungsvermögen und ihre soziale Orientierung sind jedoch weit unterdurchschnittlich ausgeprägt.

CFT-20

Das zweite Beispiel eines Leistungstests ist der Grundintelligenztest, Skala 2 (CFT-20) von *Weiss* (1998) für Schüler im Alter von acht bis achtzehn; für jüngere Kinder gibt es eine Version CFT-1, für ältere Jugendliche eine Version CFT-3.

Intelligenztheorie

CFT ist die Abkürzung für »Culture Fair Intelligence Test«. Mit dieser Benennung ist bereits sowohl der theoretische Bezug als auch das praktische Anliegen des Tests gekennzeichnet. Er stellt eine Umsetzung der Intelligenztheorie von *Cattell* (deutschsprachige Zusammenfassung in *Cattell* 1978, S. 262 – 272) dar. In dieser Theorie wird von zwei Faktoren der Intelligenz ausgegangen:

Fluide Intelligenz

(1) Die Fähigkeit der Flüssigkeit (fluid ability), die als allgemeine Kapazität verstanden wird, Beziehungen in allen möglichen Situationen zu erfassen. Im deutschen Sprachgebrauch wird dies mit »Grundintelligenz« bezeichnet. Relativ kulturunabhängiges Verhalten (daher »kulturfair«) wie »schnell schalten«, »schnell durchblicken«, »im Bilde sein«, »Wesentliches erkennen«, usw. sind Indikatoren dafür (vgl. *Wewetzer* 1984, S. 38).

Kristalline Intelligenz

(2) Die Fähigkeit der Kristallisation (crystallized ability) kennzeichnet die Summe aller Einzelfähigkeiten, die auf dem Hintergrund der umgebenden Kultur ausgebildet wurden. Dazu gehören etwa u.a. alle Fähigkeiten, die durch schulische und berufliche Ausbildung erworben wurden.

Die CFT-Tests sollen die Grundintelligenz (fluid ability, fluide Intelligenz) erfassen. Der vorhin vorgestellte HAWIK-R erfasst im Gegensatz dazu eher die kristalline Intelligenz.

Anwendungen

Durch den Einsatz des CFT sollte der Psychologe »leichter verstehen können, wo die eigentlichen Ursachen eines niedrigen oder hohen Leistungslevels eines Schülers zu finden sind. Weiterhin sollte der Diagnostiker auch feststellen können, was jemand in der Zukunft leisten kann, wenn er vor stark veränderte ›Umweltbedingungen‹ gestellt wird oder welche speziellen schulischen Fördermaßnahmen beispielsweise eingeleitet werden sollen, um eine optimale Begabungsentfaltung bei einem Schüler zu ermöglichen« (*Weiss* 1998, Testhandbuch S. 8). Inzwischen ist eine revidierte Fassung (CFT-20 R, *Weiss* 2006) erschienen

Die nachfolgende Beschreibung orientiert sich am CFT-20. Der Test besteht aus vier Untertests: »Reihen fortsetzen«, »Klassifikationen«, »Matrizen« und »topologische Schlussfolgerungen«. Sie sind jedoch nicht getrennt normiert. Die Berechnungsgrundlage für den IQ ist die Summe aller Lösungen aus allen Untertests. Es existiert eine Kurzform (Teil 1), deren Durchführung etwa 30 Minuten in Anspruch nimmt und eine Langfassung (Teil 1+2), die etwa 50 Minuten dauert. Der Test wird als Gruppentest durchgeführt, d.h.

Inhalte

ein Testleiter kann mehrere Personen gleichzeitig testen.

(1)   »Reihen fortsetzen«

Eine nach einem bestimmten Prinzip aufgebaute Reihe geometrischer Figuren wird vorgegeben. Aus fünf weiteren Zeichen (a bis e) muss dasjenige herausgefunden werden, mit dem sich die Reihe logisch richtig fortsetzen lässt.

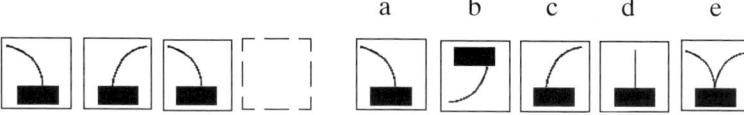

(2)   »Klassifikationen«

Eines aus fünf Elementen passt nicht in die vorgegebene Reihe. Dieses muss herausgefunden werden.

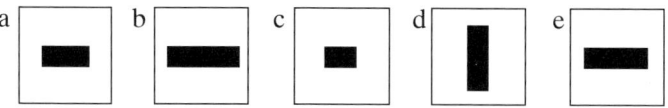

(3)   »Matrizen«

Ein unvollständiges Muster und fünf mögliche Teilelemente werden vorgegeben. Das passende Teil muss identifiziert werden.

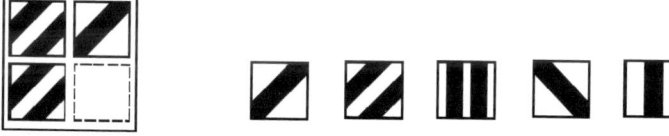

(4)   »Topologische Schlussfolgerungen«

In einer geometrischen Abbildung werden bestimmte topologische Beziehungen dargestellt. Diese müssen erkannt werden. Es ist dann diejenige Alternative zu suchen, in der sich dieselbe Beziehung herstellen lässt. Beispiel: Gegeben sind ein Kreis, ein Quadrat und ein Punkt, die sich in bestimmter Lagebeziehung zueinander befinden. Wie man erkennen kann, liegt der Punkt innerhalb des Kreises, aber außerhalb des Quadrates. Nachdem man dies herausgefunden hat, sucht man diejenige Alternative, in der sich der Punkt in derselben Weise einzeichnen ließe.

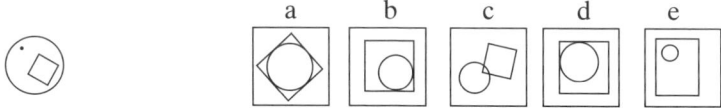

Der Test ist in einer Vielzahl empirischer Untersuchungen geprüft. Die Kriterien der Objektivität und Reliabilität können als erfüllt gelten. Für die Validität des Tests spricht beispielsweise der Befund, dass die durchschnittlichen CFT-20-IQs von Schülern unterschiedlicher Regionen (Großstadt – Dorf) sich deutlich weniger voneinander unterscheiden als IQs aus Intelligenztests, die auch schulische Inhalte erfassen. Der CFT ist also weniger anfällig gegenüber (sub)kulturellen Einflüssen und damit relativ »kulturfair« (*Weiss* 1981, S. 40 – 41).

6.4.3.   Ein Beispiel für psychometrische Fragebögen

Item

Psychometrische Fragebögen versuchen ein oder mehrere Persönlichkeitsmerkmale (Wesenszüge oder Traits) zu erfassen. Indikatoren für die zu erfassenden Konstrukte sind einzelne Statements oder Fragen (Oberbegriff: Items), zu denen auf einer Skala Stellung genommen werden muss. Sehr gebräuchlich sind zweistufige Skalen mit »Ja« oder »Nein«, bzw. »Stimmt« oder »Stimmt nicht« als Antwortalternativen.

> Ein Beispiel: »Manchmal fühle ich mich von meinen Mitmenschen missverstanden.«
>
> Stimmt (Ja) – Stimmt nicht (Nein).

Solche Items können auf unterschiedlichen Ebenen formuliert werden und sich auf Verhaltensweisen, Meinungen, Einstellungen, Wünsche, Gefühle, usw. beziehen. Das vorige Beispiel bezieht sich auf ein Gefühl. Auf anderer Ebene könnte der gleiche Sachverhalt vielleicht so formuliert sein:

> »Ich wünschte manchmal, meine Mitmenschen würden mich besser verstehen.«
>
> Stimmt – Stimmt nicht
>
> »Meine Mitmenschen missverstehen mich manchmal.«
>
> Stimmt – Stimmt nicht
>
> »Ich glaube, dass meine Mitmenschen mich manchmal missverstehen.«
>
> Stimmt – Stimmt nicht

Auswertung

Die individuelle Ausprägung eines Persönlichkeitsmerkmals wird aus der Anzahl entsprechend beantworteter einschlägiger Items erschlossen. Dabei ist die Antwort auf ein einzelnes konkretes Item relativ unbedeutend; wichtig ist nur die Summe der Items. Ein Fragebogen könnte beispielsweise 20 Items zum Merkmal »Schüchternheit« enthalten. Es wird nun angenommen, dass Person A, die mehr Items (z.B. 17) in diesem Sinne beantwortet hat, schüchterner ist als Person B, die auf weniger Items (z.B. 9) entsprechend antwortete. Die Summe einschlägiger beantworteter Items wird nach den Regeln der psychometrischen Tests normiert.

Aufgrund der hohen formalen Ähnlichkeit der verschiedenen Fragebögen reicht die Darstellung eines Beispiels aus. Einen Gesamtüberblick erhält man in dem bereits erwähnten Handbuch von *Brickenkamp* (2002). Als Demonstrationsbeispiel dient der »Persönlichkeitsfragebogen für Kinder zwischen 9 und 14 Jahren« (PFK 9 – 14) von *Seitz/Rausche* (2004).

Der PFK 9 – 14 umfasst 15 Primär-Dimensionen mit je zwölf Items in drei Persönlichkeitsbereichen (Verhaltensstile, Motive, Dimensionen des Selbstbildes). Je nach diagnostischer Fragestellung können sie wahlweise zu vier bzw. fünf Dimensionen zweiter Ordnung zusammengefasst werden. Die 15 Primär-Dimensionen mit Itembeispielen sind:

PFK 9 – 14

Schema: Übersicht über die Skalen der PFK 9-14

Verhaltensstile (VS):

VS1: Emotionale Erreg-
barkeit

»Oft traue ich mich nicht, jemanden um einen Gefallen zu bitten.«

VS2: Fehlende Willens-
kontrolle

»Viele Dinge, die von mir verlangt werden, tue ich ungern.«

VS3: Extravertierte
Aktivität

»Mit Jungen oder Mädchen, die neu in die Klasse kommen, rede ich immer gleich.«

VS4: Zurückhaltung
und Scheu

»In der Gegenwart anderer fühle ich mich gehemmt.«

Motive (MO):

Mo1: Bedürfnis nach Ich-
Durchsetzung, Aggres-
sion und Opposition

»Wenn man mir etwas ver-
sprochen hat, dränge ich darauf, daß ich es sofort bekomme.«

Mo2: Bedürfnis nach Alleinsein und Selbstgenüg-
samkeit

»Ich würde viel lieber allein arbeiten als in einer Gruppe.«

Mo3: Schulischer Ehrgeiz

»Ich meine, es macht Spaß, Klassensprecher(in) zu sein.«

Mo4: Bereitschaft zu sozialem Engagement

»Wenn einem anderen etwas gelingt, dann freue ich mich mit ihm.«

Mo5: Neigung zu Gehorsam
und Abhängigkeit ge-
genüber Erwachsenen

»Ich tue, was meine Eltern sagen, auch wenn ich nicht einsehe, warum ich es machen soll.«

Mo6: Maskulinität der
Einstellung

»Ich mag nicht gern auf kleine Kinder aufpassen.«

Dimensionen des Selbstbildes (SB):

SB1: Selbsterleben von
allgemeiner Angst

»Ich habe Angst davor, etwas zu tun, was ich nicht kenne.«

SB2:	Selbstüberzeugung	»Ich mag es, wenn mich jemand um meine Meinung fragt.«
SB3:	Selbsterleben von Impulsivität	»Ich habe oft viele Fehler in meinen Hausaufgaben.«
SB4:	Egozentrische Selbstgefälligkeit	»Manchmal übertreibe ich ein wenig, wenn ich meinen Freunden und Freundinnen von mir erzähle.«
SB5:	Selbsterleben von Unterlegenheit gegenüber anderen	»Die anderen Jungen und Mädchen haben meistens bessere Einfälle als ich.«

Anwendungen

Als wichtigste Anwendungsgebiete des PFK 9 – 14 werden von den Autoren (*Seitz/Rausche* 2004) genannt:

- Schulische Vorhersage und Einflussnahme auf die schulische Entwicklung;
- Früherkennung von potentiell verhaltensauffälligen und psychisch gefährdeten Kindern;
- Diagnose von bereits auffällig gewordenen Probanden in der Erziehungsberatung und in kindertherapeutischen Zentren;
- Überprüfung pädagogischer oder erzieherischer Programme.

Seit Erscheinen der ersten Auflage des PFK 9 – 14 (1976) wurde er in der Praxis und in der Forschung häufig erfolgreich eingesetzt.

Fallbeispiel

Ein Fallbeispiel (aus *Seitz/Rausche* 2004): E. S. (ein Junge, 9 Jahre alt) erhielt im PKF 9 – 14 folgendes Persönlichkeitsprofil:

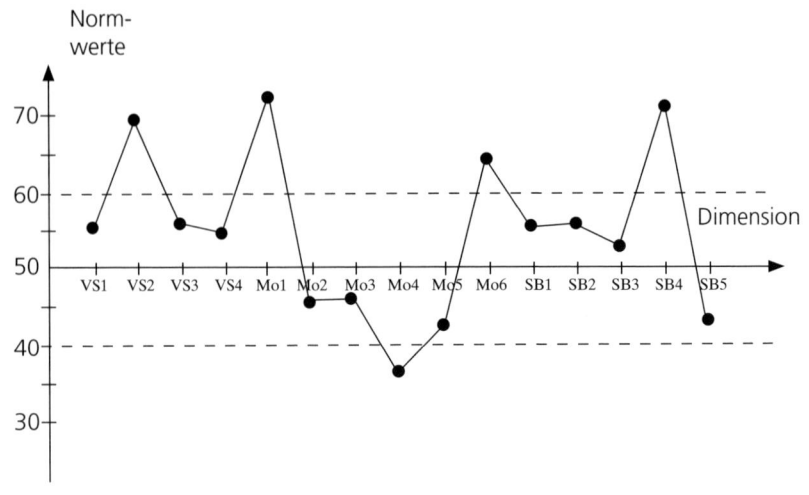

Diagnostisch bedeutsam sind Normwerte über 60 bzw. unter 40. Damit zeichnet sich der Junge aus durch ein jeweils überdurchschnittliches Maß an

fehlender Willenskontrolle (VS2),
Bedürfnis nach Ich-Durchsetzung, Aggression und Opposition (Mo1),
Maskulinität der Einstellung (Mo6) und
egozentrischer Selbstgefälligkeit (SB4)
bei gleichzeitig unterdurchschnittlich ausgeprägter Bereitschaft zu sozialem Engagement (Mo4).

Dieses Profil stimmt in bemerkenswerter Weise mit den berichteten Verhaltensschwierigkeiten überein. »Bisherige auffällige Charakteristika des Pb: Im Kindergarten (während der Zeit bei der ersten Pflegefamilie) ist E. S. dadurch aufgefallen, dass er andere Kinder geschlagen und Inventar zertrümmert hat. In der Schule zeigt er Jähzorn und Aggressivität gegenüber den Klassenkameraden, ist in der Klassengemeinschaft ein Außenseiter und wenig anerkannt. Am ehesten hat er Kontakt zu jüngeren Kindern, die sich nach ihm richten. Insgesamt zeigt E. S. wenig emotionale Anteilnahme und wenig Gefühlsreaktionen, mit Ausnahme der Aggression. Er neigt zum Lügen als Mittel der Selbstverteidigung und beging mehrfache Diebereien (z.B. am Opferstock in der Kirche, am Eigentum von Geschwistern)« (Seitz/Rausche 1992, S. 174).

6.5.   Projektive Tests

6.5.1.   Grundlagen und Überblick

Ein wesentliches Charakteristikum der beschriebenen psychometrischen Tests ist die quantitative Erfassung eines durch den Test selbst definierten Persönlichkeitsmerkmals. Der Proband hat keine Möglichkeit zur eigenständigen freien Bearbeitung des Materials. Er ist in seinen Reaktionsformen festgelegt. Demgegenüber dienen die sogenannten projektiven Tests vorwiegend der qualitativen Erfassung von Persönlichkeitsmerkmalen. Der Proband ist bei ihnen frei in der Art und Weise, wie er reagieren möchte. Deshalb ist das zu prüfende Merkmal vorher nicht oder nur sehr ungenau festgelegt. Was erfasst wird, hängt ausschließlich von den freien Reaktionen des Probanden ab.

Projektionsbegriff

Der Grundgedanke der projektiven Verfahren besteht in der Annahme, dass in uneindeutigen Situationen Personen dazu neigen, unbewusste Anteile ihrer Persönlichkeit in diese Situationen hinein zu interpretieren (projizieren). Das berühmteste Beispiel sind wohl die Rorschach-Tintenkleckse. Tatsächlich scheint es plausibel zu sein, Persönlichkeitsunterschiede anzunehmen, wenn ein und derselbe Klecks von verschiedenen Personen einmal als »böser, alter Riese«, als »Eisbärfell und Bettvorleger«, als »fliegender Hund« oder als »nackte Filmdiva im Nerzcape« gesehen wird. Jedoch, was bedeuten solche unterschiedlichen Interpretationen? Was projizieren die Personen in diesen Klecks?

Kritik

Bei der Durchsicht entsprechender Verfahren stellt sich heraus, dass der Projektionsbegriff eher uneinheitlich definiert und verwendet wird. Die theoretischen Grundlagen projektiver Tests sind demnach unklarer als es der psychoanalytisch eingeführte Begriff der Projektion vermuten lässt. Es ist daher nicht verwunderlich, dass projektive Tests theoretisch und praktisch umstritten sind. War schon bei den psychometrischen Tests zu fordern, dass der Testautor seine theoretische und empirische Grundlage explizit erläutert, so ist in Bezug auf projektive Tests einer Forderung von Rauchfleisch (2005, S. 101) uneingeschränkt zuzustimmen: »Im Hinblick auf die diagnostische Verwendung der Projektionstests müssen wir ... die Konsequenzen ziehen, daß jeder Testautor genau definieren sollte, was er unter ›Projektion‹ versteht und worin der projektive Charakter des betreffenden Verfahrens liegt.«

Unter praktischen Gesichtspunkten ist an projektiven Tests zu kritisieren, dass ihre Objektivität, Reliabilität und Validität eher unklar sind. Daher zählen viele Psychologen die Daten aus projektiven Tests eher zu den weichen Daten oder lehnen sie als diagnostische Methoden überhaupt ab.

Wie dem auch sei: Gerade die projektiven Tests sind für Laien diejenigen Verfahren, die das »Unheimliche« in der psychologischen Diagnostik ausmachen können In scheinbar harmlosen Antworten oder Geschichten geben die Probanden einen (tatsächlichen oder auch nur vermeintlichen) tiefen Einblick in ihre Persönlichkeit – und dies eher unbeabsichtigt und unkontrolliert. Insofern setzen sie ein hohes Maß an Vertrauen des Probanden in die Qualifikation und Seriosität des Psychologen voraus.

Im bereits erwähnten Handbuch von Brickenkamp (2002) werden die projektiven Tests unter dem Titel »Persönlichkeits-Entfaltungsverfahren« in drei Kategorien eingeordnet:

Arten von projektiven Tests

(1) *Formdeuteverfahren*, bei denen den Probanden unstrukturiertes, nicht eindeutig erkennbares Material vorgelegt wird, das sie dann interpretieren (deuten) sollen.

(2) *Verbalthematische Verfahren* konfrontieren den Probanden mit bestimmten »Themen« etwa in Form von einzelnen Wörtern, Satzanfängen oder Bildern. Die Probanden müssen sich dazu äußern (z.B. ein weiteres zugehöriges Wort benennen, einen Satz zu Ende führen, oder eine Bildgeschichte erzählen).

(3) *Zeichnerische und Gestaltungsverfahren* verlangen vom Probanden entweder Zeichnungen (z.B. einen Menschen, einen Baum) oder sie geben Material vor (Spielzeug, farbige Plättchen), das gestalterisch bearbeitet werden muss.

6.5.2.   Zwei Beispiele projektiver Tests

Die beiden vielleicht bekanntesten projektiven Tests sind der sogenannte Rorschach und der Thematische Apperzeptionstest.

Bereits in den zwanziger Jahren entwickelte der Schweizer Psychologe *Hermann Rorschach* den unter seinem Namen bekannt gewordenen *Rorschach*-Test. Dabei erhält der Proband nacheinander zehn Tafeln (etwa DIN A4-Größe) mit Klecksbildern in festgelegter Reihenfolge. Die meisten Tafeln sind schwarz-weiß; graue Schattierungen sind jedoch erkennbar. Wenige Tafeln enthalten auch farbige Kleckse. **Rorschach-Test**

Die Probanden erhalten die Aufforderung, zu sagen, was diese Bilder bedeuten. Dabei sollten sie möglichst unkontrolliert und zwanglos alles angeben, was ihnen einfällt. Die Deutungen werden wörtlich protokolliert. Zusätzlich wird auch der zeitliche Ablauf (z.B. Länge von Sprechpausen) sorgfältig festgehalten. Nachdem alle Tafeln gedeutet wurden, werden die Probanden gebeten, ihre Deutungen anhand der Tafeln noch einmal zu erklären. **Durchführung**

Zur Auswertung der Deutungen wurden eine Reihe fester Richtlinien entwickelt. In der Praxis sind aber auch intuitive Interpretationen durch den Psychologen anzutreffen.

Obwohl die Literatur über den *Rorschach*-Test inzwischen in die Tausende geht, ist seine Bewertung nach wie vor uneinheitlich. Sie reicht von schroffer Ablehnung bis zur uneingeschränkten Zustimmung. Spitznagel (1982, S. 242) vermutet am Ende eines differenzierten Übersichtsreferates, dass dies auch in absehbarer Zukunft so sein wird. Eine Annäherung durch empirische Prüfung scheint jedenfalls nicht in Sicht zu sein. **Bewertung**

Der Thematische Apperzeptions-Test (TAT) wurde von dem amerikanischen Psychologen *Henry A. Murray* in den vierziger Jahren vorgestellt. Seither hat es mehrere Versuche zur Veränderung des Materials und der Auswertungsmethoden gegeben. Auch bei diesem projektiven Verfahren ist in der Praxis mit intuitiver Auswertung zu rechnen. **TAT**

Der TAT besteht aus insgesamt dreißig Bildtafeln, die so gestaltet sind, dass sie vielfältige Interpretationen und Deutungen zulassen. Die Probanden werden aufgefordert, zu erzählen, was auf dem Bild vorgeht, wie es dazu gekommen ist und wie es weiter gehen wird. Die Bildinhalte legen häufig Aussagen über mitmenschliche Beziehungen oder Konflikte nahe. **Durchführung**

Zehn Bildtafeln sind geschlechtsneutral. Männer wie Frauen können sich angesprochen fühlen. Je zehn Tafeln sind speziell für Männer oder Frauen vorgesehen. Dies bedeutet, dass die Probanden bis zu zwanzig Bildtafeln deuten. Es ist jedoch nicht notwendig, ihnen alle zwanzig vorzulegen. Je nach Untersuchungssituation und Fragestellung wird der Untersucher nur eine gezielte Auswahl vorlegen.

Ein bekanntes Bild zeigt einen Jungen vor einer Geige sitzend, den Kopf in die Hände gestützt. Meistens wird dazu eine eher unerfreuliche Geschichte über einen Jungen erzählt, der zum Geigenspiel gezwungen wird. Es scheint intuitiv plausibel zu sein, dass ein Persönlichkeitsunterschied vorliegen könnte, wenn eine Person beispielsweise erzählt, dass der Junge schließlich aus Wut seine Geige zertrümmere und eine andere, dass er sich die Tränen abwischen und dann brav üben werde. Wie bei **Bewertung** allen projektiven Tests ist auch beim TAT die Bewertung uneinheitlich. Relativ unbestritten ist sein Einsatz in der Motivationsforschung, nicht zuletzt deshalb, weil es schwierig ist, angemessene psychometrische Motivationsfragebögen zu entwickeln (vgl. *Kornadt/Zumkley* 1982).

Projektive Tests führen zu Persönlichkeitsbeschreibungen, deren inhaltliche Ausgestaltung je nach Untersuchungsproblem und Untersucher sehr unterschiedlich ausfallen. Unter diesem Gesichtspunkt sind projektive Tests offen für (nahezu jedes denkbare) Ergebnis, ganz im Gegensatz zu den psychometrischen (Persönlichkeits-)Fragebögen, in denen nur vorher definierte Konstrukte abgefragt werden können. Diese »Offenheit« wird von vielen Psychologen als Vorteil gesehen. Wer dagegen die Erfüllung der Gütekriterien von Objektivität, Reliabilität und Validität auch für projektive Tests als unverzichtbar ansieht, wird ihnen nur wenig Positives abgewinnen können.

6.6. Der diagnostische Prozess und das psychologische Gutachten

6.6.1. Der diagnostische Prozess

Psychologische Diagnostik wird häufig in Verbindung mit einem schriftlichen oder mündlichen Gutachten durchgeführt. Dies dürfte die Situation sein, in der Angehörige sozialer Berufe am ehesten mit den Ergebnissen psychologischer Diagnostik konfrontiert werden. Immerhin soll darauf hingewiesen werden. Psychologische Diagnostik muss nicht zu Gutachten führen.

Angehörige sozialer Berufe können je nach Arbeitsplatz jedoch auch selbst aktiv am diagnostischen Prozess beteiligt sein. In vielen Beratungsstellen führen Sozialpädagogen oder Pädagoginnen Anamnesen eigenverantwortlich durch und erheben selbst einen Teil wichtiger diagnostischer Daten. Die Darstellung des diagnostischen Prozesses kann ihnen vielleicht helfen, ihre berufliche Tätigkeit besser in den Gesamtzusammenhang einzuordnen.

Psychologische Gutachten

Auftrag

Ausgangspunkt eines jeden psychologischen Gutachtens ist stets ein Problem oder eine Fragestellung, von der man annimmt, psychologische Information könnte etwas zur Lösung oder Beantwortung beitragen. Gutachten werden also immer für bestimmte Zwecke erstellt. Ein nicht-psychologischer Auftraggeber erwartet von einem Psychologen eine Antwort auf seine Fragen und erteilt einen entsprechenden Auftrag. In der Regel werden psychologische Gutachten nicht die alleinigen Entscheidungsgrundlagen des Auftraggebers sein. Beispielsweise sind für Fragen der Vormundschaft, der Pflegschaft, der Aussetzung einer Strafe auf Bewährung oder der Heimeinweisung nicht nur psychologische Gründe ausschlaggebend, sondern es müssen auch allgemein ethische, gesellschaftliche, rechtliche oder ökonomische Gesichtspunkte abgewogen werden.

Die erste Aufgabe, die ein gutachtender Psychologe zu bewältigen hat, liegt folglich darin, den psychologischen Aspekt der Fragestellung zu identifizieren. Dies ist gleichzeitig der Punkt im Ablauf des diagnostischen Prozesses, an dem er sich zum ersten Mal entscheiden muss, ob er den Gutachtenauftrag überhaupt annehmen soll oder ob nicht gute Gründe für eine Ablehnung sprechen. **Fragestellung**

Diese nun psychologische Fragestellung ist so in spezifische diagnostische Hypothesen zu übersetzen, dass eine Beantwortung mit psychologischen Mitteln und Argumenten als möglich erscheint. An dieser Stelle muss der Psychologe abschätzen, ob das, was zur sinnvollen Bearbeitung der Hypothesen notwendig sein wird, durch ihn auch angemessen realisiert werden kann. Diese Abschätzung sollte gegebenenfalls ebenso dazu führen, dass er den Auftrag ablehnt. **Hypothesen**

Sind die diagnostischen Hypothesen formuliert, beginnt die Planung der Untersuchung. Der Psychologe wählt die Verfahren aus, überlegt, an welcher Stelle und in welchen Situationen er diagnostische Gespräche führen, Verhaltensbeobachtungen vornehmen und welche Tests er anwenden möchte. **Planung**

Die praktische Durchführung der Untersuchung kann sich einfach gestalten (z.B. nur ein Proband wird einmal untersucht) oder auch komplexere Formen annehmen (mehrere Probanden werden mehrmals untersucht). Hierzu braucht der Psychologe neben »psychologischen« Fähigkeiten im Umgang mit Menschen in nicht unerheblichem Maße auch praktisch-organisatorische Fähigkeiten. Zu diesem Schritt kann die Auswertung der Verfahren hinzugezählt werden. Am Ende dieses Schrittes liegen deskriptive Ergebnisse vor. **Durchführung**

Erst im nächsten Schritt werden die Ergebnisse in Bezug auf die diagnostischen Hypothesen interpretiert. Sie werden zu Befunden. Dies führt zur Beantwortung der Hypothesen – oder für den Fall, dass sie sich als nicht beantwortbar herausstellen, zur Rückführung auf modifizierte Fragestellungen und Hypothesen. **Interpretation**

Als letzter Schritt bleibt (nur) noch die schriftliche Abfassung des Gutachtens. Dies setzt die Fähigkeit voraus, psychologische Sachverhalte für Nicht-Psychologen transparent und verständlich darstellen zu können. **Schriftform**

Dieser fortschreitende Prozess des Diagnostizierens lässt sich in groben Zügen in einem Flussdiagramm darstellen. In diesem Diagramm (s. Schema S. 218) könnte praktisch jeder dieser Schritte gleichsam wie unter einer Lupe wiederum als Prozessablauf beschrieben werden (vgl. *Jäger* 1986). Jeder einzelne Schritt muss evaluiert werden, d.h. der diagnostizierende Psychologe muss sich vergewissern, ob er ihn bereits erfolgreich abschließen kann oder ob er gegebenenfalls einen oder mehrere Schritte zurückgehen muss. Der diagnostische Prozess ist also durch eine Vielzahl möglicher Rückkoppelungen gekennzeichnet. Insofern verläuft er über weite Strecken nicht geradlinig, sondern zirkulär. Im Flussdiagramm ist der besseren Übersicht wegen, stellvertretend für alle möglichen, nur eine Rückkoppelung eingezeichnet: An der Stelle, an der der Psychologe feststellen muss, dass er seine Hypothesen (noch) nicht beantworten kann. Ebenfalls stellvertretend für **Diagnostischer Prozess**

Schema:
Der diagnostische
Prozess

Notwendige Kompetenzen

Ablauf

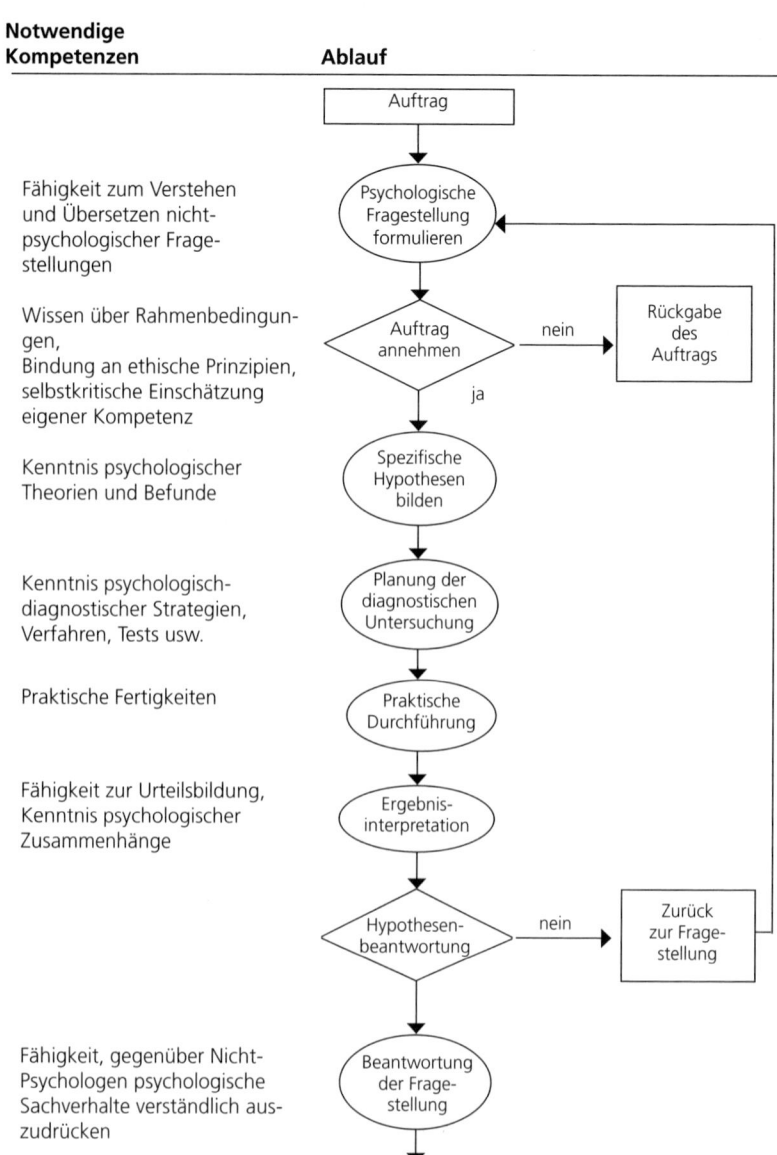

alle anderen Stationen ist auch nur einmal »Rückgabe des Auftrags« eingezeichnet, die prinzipiell bei allen Schritten möglich sein sollte.

In der linken Spalte des Flussdiagramms werden in Stichworten dieje- **Kompetenzen**
nigen Kompetenzen benannt, die ein Diagnostiker zur Bewältigung des
jeweiligen Schrittes braucht. Sie sind vielfältig und anspruchsvoll. Die Fer-
tigkeit, den einen oder anderen Test durchführen und auswerten zu können, ist dabei nur eine unter vielen. Sie allein befähigt ihn allerdings noch
lange nicht zur psychologischen Diagnostik. Auch dies ist ein Argument
dafür, dass psychologische Verfahren nur in die Hand ausgebildeter Diplom-
Psychologen und Diplom-Psychologinnen gehören. Alle diagnostischen Bemühungen verfehlen jedoch ihr Ziel, wenn am Ende der Psychologe nicht in
der Lage ist, im Gutachten seine Erkenntnisse und Interpretationen so zu
formulieren, dass sie vom nicht-psychologischen Leser verstanden werden
können. Der Leser wiederum sollte in der Lage sein, die Qualität und damit
die Glaubwürdigkeit und die Bedeutung eines Gutachtens einzuschätzen. Er
sollte beispielsweise erkennen können, ob der diagnostische Prozess nach
rationalen Regeln gesteuert wurde, ob oder inwieweit die Schlussfolgerungen
ausreichend begründet sind oder, ob sie eher auf schwachen Füßen stehen (s.
Schema S. 218).

Der Berufsverband Deutscher Psychologinnen und Psychologen (1994) **Kriterien für**
hält folgende Einzelangaben innerhalb eines psychologischen Gutachtens **Gutachten**
für erforderlich:

- Präzise Formulierung der Fragestellung, von der das Gutachten ausgeht;
- Nennung des Auftraggebers bzw. Fragestellers;
- Nennung der Untersucher (ggfs. je nach Bereich, den sie untersucht ha-
  ben);
- Nennung der Untersuchungstermine, -dauer und -orte;
- Referierung vorliegender Informationen, z.B. aus Akten oder Vorgut-
  achten;
- Nennung und Charakterisierung der Untersuchungsmethoden;
- Vollständige Darstellung der für die Fragestellung relevanten Unter-
  suchungsergebnisse, soweit nicht rechtliche oder ethische Bedenken
  entgegenstehen;
- Interpretation und Diskussion der Befunde;
- Explizite Stellungnahme zur Fragestellung;
- Unterschrift des verantwortlich zeichnenden Diplom-Psychologen. (...)

Anhand dieses Kriterienkataloges kann man sich davon überzeugen, ob man
ein adäquates Gutachten in Händen hält.

6.6.2. Beispiel eines Persönlichkeitsgutachtens

Das Beispiel bezieht sich auf die Frage der Glaubwürdigkeit einer Zeugin,
die vergewaltigt worden sein soll (gekürzt aus *Langfeldt/Tent* 1999, S. 59 – 64).
Originaltexte des Gutachtens sind im Kleindruck, Kommentare in normaler
Schrift gedruckt.

Persönlichkeitsgutachten über Gitti
Probandin: Gitti K., LA 14;6, 9. Klasse der Gesamtschule E.
Auftraggeber: Das Amtsgericht in A.
Anlaß: Strafsache gegen B.L. aus C. wegen Vergewaltigung u.a. – Der fragliche
Vorfall lag etwa ein Jahr zurück.
Fragestellung: Sind Gittis Aussagen glaubwürdig?
Verfahren und Quellen: Ausdrucks- und Verhaltensbeobachtung, spezielle Test-
verfahren, Exploration zur Person und zur Sache, Auskunft der Schule, Strafakte
(einschließlich psychologischem Vorgutachten).

Der Gutachter beschreibt zunächst das äußere Erscheinungsbild und das
Verhalten von Gitti in der Untersuchungssituation. Danach folgen Ausführungen über die bisherigen Entwicklungen und die Reaktionsformen auf
den infrage stehenden Sachverhalt.

Nach den Angaben der Mutter und den Schilderungen G.s haben sich im zeitlichen und, nach Lage der Dinge, wohl auch im ursächlichen Zusammenhang
mit den Vorfällen am ... deutliche Veränderungen im Verhalten des Mädchens
bemerkbar gemacht. (...) Gegenüber dem Zustand vorher sind im wesentlichen
drei Bereiche betroffen:

(1) anfangs deutlich und (mit nachlassender Tendenz) anhaltend verstärkte Ängst-
    lichkeit (Angstträume, Bedrohtheitserlebnisse, erhöhtes Schutzbedürfnis),
(2) anhaltend verstärkte Aggressionsbereitschaft, insbesondere gegenüber
    Männern und Jungen, mit massiven Wutreaktionen in Bezug auf den An-
    geklagten,
(3) anfangs ausgeprägter und noch (vermindert) anhaltender sozialer Rückzug
    (verringerte Kontakthäufigkeit mit entsprechendem Motivationsrückgang,
    reduziertes Explorationsverhalten, Verlust an sozialem Vertrauen und kindli-
    cher Unbeschwertheit, verstärkte Konzentration auf die Familie; Frau K.: G.
    habe sich »wie eine Schnecke in ihr Haus verkrochen«).
(...)

Zusammenfassender Eindruck:
Die vorstehenden Informationen lassen sich wie folgt zusammenfassen: Die
vierzehneinhalbjährige G. vermittelt den Eindruck eines glatt altersgerecht entwickelten und angemessen reagierenden jungen Mädchens, das in einer intakten
Familie aufwächst und äußerlich gut angepasst ist. Die materielle Versorgung,
die häusliche Pflege und Erziehung sowie das Leistungs- und Sozialverhalten in
der Schule lassen keine Auffälligkeiten erkennen. G. scheint überdurchschnittlich
stark an schulischen und selbstgesetzten Leistungsanforderungen orientiert zu
sein; zugleich ist sie mehr als altersüblich auf die Familie zentriert, jedoch ohne
daß man von einer ausgeprägten Fixierung sprechen könnte.
    Während der Untersuchung war G. jederzeit voll ansprechbar und uneinge-
schränkt kooperationsbereit.

Unter dem Stichwort psychische Leistungsfähigkeit werden die Ergebnisse
verschiedener Leistungstests berichtet und interpretiert. Gitti ist leicht
überdurchschnittlich intelligent, mit einem Schwerpunkt der sprachlichen
Begabung. Sie arbeitet sorgfältig und konzentriert. Sie neigt nicht zu unrealistischen Denkabläufen.

Die Fähigkeit zur Selbstbeobachtung und zur sprachlichen Wiedergabe der eigenen Befindlichkeit kann uneingeschränkt vorausgesetzt werden. Mit dem Begriffsumfeld Recht-Unrecht, Wahrheit – Unwahrheit/Lüge, Verantwortung, Schuld und Strafe ist sie hinreichend vertraut. G. gibt eigenes Versagen und Lügen (an Beispielen) zu. Nach Auskunft der Schule neigt sie aber nicht dazu, häufiger als das bei Kindern ihrer Alters- und Schulstufe vorkommt, bewusst und mit Absicht die Unwahrheit zu sagen oder andere zu beschuldigen. Die möglichen Folgen ihres Aussageverhaltens für den Angeklagten sind der Zeugin hinreichend klar. Im Hinblick auf ihre eigene Strafmündigkeit habe ich ihr erläutert, welche Folgen bewusst falsche Aussagen für sie haben können. Nach allem kann davon ausgegangen werden, dass G. in der Lage und auch bereit ist, subjektiv aufrichtig über ihre Erlebnisse und ihr Verhalten Auskunft zu geben (Hamburger Neurotizismus – und Extraversions-Skala für Kinder und Jugendliche HANES, Kontrollskala; Exploration; schriftliche Mitteilung der Schule.

(...)

Die affektive Ansprechbarkeit der Zeugin bietet ein ziemlich uneinheitliches Bild. Da die Arbeitsfähigkeit offenbar voll erhalten ist und im übrigen keine grob auffälligen Störungen vorliegen, kann von einer massiven neurotischen Fehlentwicklung keine Rede sein. Doch gibt es deutliche Anzeichen der Irritation und der Erlebnisbeeinträchtigung sowohl im Sinne einer verminderten sozial-emotionalen Resonanz als auch im Sinne einer verringerten spontanen Aktivität (HANES).

Die überdurchschnittlich hohe emotionale Labilität schlägt sich in Stimmungsschwankungen und Verletzlichkeit, in Schlafstörungen und belastenden Träumen, sowie in Müdigkeit und Abgespanntheit nieder (HANES, N). Trotz der deutlichen Konfliktbelastung ist G. insofern auch sozial »intakt« geblieben, als es nicht zum Verlust der Selbstkontrolle und damit zu Formen ausgesprochener neurotischer Konfliktverarbeitung gekommen ist. Was sich abzeichnet, ist zwar als ein ausgeprägtes Rückzugs-Syndrom zusammenzufassen; das Gesamtbild erscheint aber nicht so gravierend, dass von einer pathologischen (behandlungsbedürftigen) Selbst-Isolation und/oder Apathie gesprochen werden müßte (TAT; HANES; Exploration).

Im Zusammenhang mit dem Erleben tiefgreifender Verletzung ist das soziale Handlungsvermögen teilweise massiv beeinträchtigt (bis zur »Lähmung« und Empfindungslosigkeit). Die Furcht vor unkontrollierter sozialer »Überflutung«, das Bedürfnis, in Ruhe gelassen zu werden und über einen geschützten Eigenraum zu verfügen, sind ein zentrales Thema. Die Einstellung der sozialen Umwelt gegenüber ist allerdings ambivalent: Neben dieser Tendenz zur Abkapselung und der Furcht vor Beunruhigung oder Störungen durch eine abschreckende Außenwelt werden auch Hilfe und Unterstützung von der Umwelt erwartet (TAT; Picture Frustration Test PFT – Form für Erwachsene).

Der unaufgearbeitete traumatische Einbruch, der in diesem Zusammenhang angenommen werden muß, hat einen umschriebenen sozialen Rückzug mit Abwehrverhalten zur Folge. Die Generalisierung reicht jedoch nicht (mehr) so weit, daß von einer allgemeinen Schwäche der Konfliktverarbeitung gesprochen werden kann. Probleme und Konflikte werden vorwiegend rational, auf realistische und sozial zuträgliche Weise angegangen. Die Mittel dazu sind, neben der eigenen Anstrengung und der Unterstützung durch andere, Einsicht bei den Beteiligten, Wiedergutmachung und Kompromiß. Lösungen durch Ausweichen, durch Zufall oder traumhafte Wunscherfüllung spielen eine untergeordnete Rolle. Die sozialen Normen und das Prinzip der individuellen Verantwortung werden uneingeschränkt anerkannt. Der Wunsch nach sozialer Harmonie nimmt eine zentrale Stellung ein. (...) Trotz ihrer starken Zentrierung auf die Familie (MBI,

Skala 1; Exploration) zeigt sich bei G. gleichwohl die entwicklungsgemäße Tendenz zur Ablösung von den Eltern (TAT).

Die Sexualität ist kein dominierendes – eher ein tabuisiertes (abgewehrtes) Thema. Sie tritt allenfalls indirekt in Form des verdeckten Wunsches nach einem »gefundenen« Kind als eigenem, nachträglich »legalisiertem« Liebesobjekt in Erscheinung. Dies kann als Bestandteil des Rückzugssyndroms mit latent weiterbestehendem Kontaktbedürfnis verstanden werden, für das eine realistische Befriedigung noch nicht in Sicht ist (TAT).

Im Zusammenhang mit dem Rückzugs-Syndrom hat diese Bindung zweifellos eine wichtige Auffang- und Schutzfunktion. Sie sichert die psychologische Wartestellung, in der sich G. zur Zeit befinde, und vermittelt die nötige Geborgenheit. Sie wirkt damit vorläufig (aber vermutlich nicht auf Dauer) stabilisierend und weniger im Sinne einer regressiv-neurotisierenden Anklammerung (TAT). Sollte es G. in absehbarer Zeit nicht gelingen, ihre Rückzugsposition zu überwinden, besteht die Gefahr einer psychosozialen Dauerschädigung. Ansätze zur Überwindung sind erkennbar, doch scheint die Prognose gegenwärtig noch zu unsicher (TAT; Exploration).

Abschließend sei darauf hingewiesen, dass sich das hier beschriebene Rückzugssyndrom bei G. auf drei verschiedene diagnostische Zugänge stützen kann:

(1) auf Aussagen zur vergleichenden Verhaltensbeobachtung insbesondere durch die Mutter (Fremdanamnese),
(2) auf Daten zur Selbstbeobachtung und bewussten Selbsteinschätzung ihres Verhaltens und Erlebens durch die Zeugin (Fragebögen; Exploration), sowie
(3) auf Daten zur (anteilig unbewussten) Konfliktverarbeitung durch die Zeugin (projektive Testverfahren). Es erscheint dadurch diagnostisch besonders gut abgesichert.

Stellungnahme zur Zeugentüchtigkeit
(...) Aufgrund ihres Lebensalters und der Untersuchungsergebnisse muß der Zeugin G. die allgemeine Zeugentüchtigkeit uneingeschränkt zuerkannt werden. Sie verfügt über alle nötigen psychologischen Voraussetzungen, um vor Gericht verwertbare Aussagen machen zu können. Die Zeugin ist sich über ihre Verpflichtung als Zeugin, die Funktion von Zeugenaussagen und die möglichen Folgen wissentlich falscher Aussagen für sie selbst hinreichend im Klaren.
(...)

Der Gutachter sah keinen Anlass, an der Glaubwürdigkeit Gittis zu zweifeln. In der Berufungsverhandlung hat der Angeklagte die Vergewaltigung gestanden.

7. Psychologie der Intervention

von Friedrich Ch. Sauter

Um den Begriff der Psychotherapie oder den Beruf des Psychotherapeuten ranken sich im Alltag eine Reihe von Fehldeutungen und Missverständnissen. In diesem Kapitel werden nach einer kurzen Einführung der rechtlichen Rahmenbedingungen (7.1.) drei „große" psychotherapeutische Schulen beschrieben: Psychoanalyse (7.2.), Verhaltenstherapie (7.3.) und Klienten-zentrierte Psychotherapie (7.4.). Dabei werden jeweils konkrete Beispiele aus der psychotherapeutischen Praxis zur Veranschaulichung mit herangezogen. In den beiden letzten Abschnitten wird versucht, die Fragen zu beantworten, wer eine Therapie braucht (7.5.) und was sie nützt (7.6.).

7.1. Psychotherapie als psychologische Intervention

Psychotherapie wird als ein Heilverfahren gekennzeichnet. Heilverfahren werden in unserer Gesellschaft von zu Ärzten ausgebildeten Medizinern angewandt. Hinzu kommen die Heilpraktiker, deren Tätigkeit per Gesetz jedoch eingeschränkt ist, und die verschiedenen »Gehilfen« des Arztes wie Krankengymnasten oder Masseure, d.h. Personen, die im Auftrag des Arztes arbeiten.

Bemerkenswert ist, dass in Deutschland vor dem Inkrafttreten des neuen Psychotherapeutengesetzes am 1.1.1999 Diplom-Psychologen als solche nicht als Psychotherapeuten tätig werden konnten, da sie nach dem Gesetz keinen Heilberuf ausüben durften. So mussten Psychologen, die z.B. eine Psychotherapeutische Praxis eröffnen wollten, sich als Heilpraktiker beim entsprechenden Landratsamt eintragen lassen. Dies war teilweise mit zu-sätzlichen Prüfungen verbunden.

Das »Gesetz über die Berufe des Psychologischen Psychotherapeuten und des Kinder- und Jugendlichenpsychotherapeuten (Psychotherapeutengesetz – Psych ThG) u.a. in der durch den Deutschen Bundestag am 27.11.1997 verabschiedeten Fassung (BR Drs. 927/97) mit eingearbeiteten Beschlüssen des Vermittlungsausschusses vom 4.2.1998« normiert zwei neue Heilberufe, den approbierten *Psychologischen Psychotherapeuten* und den approbierten *Kinder- und Jugendlichenpsychotherapeuten*. Die wesentlichen Bestandteile dieses Gesetzes sind:

Psychotherapeuten-gesetz

1. Die Titel »Psychotherapeut« und »Psychotherapeutin« sind gesetzlich geschützt und dürfen nur von Ärzten und Diplom-Psychologen geführt werden.

Titelschutz

2. Kinder- und Jugendlichenpsychotherapie erstrecken sich auf Personen, die das 21. Lebensjahr noch nicht vollendet haben.

Ausübung

3. »Die Ausübung von Psychotherapie im Sinne dieses Gesetzes ist jede mittels wissenschaftlich anerkannter psychotherapeutischer Verfahren vorgenommene Tätigkeit zur Feststellung, Heilung oder Linderung von Störungen mit Krankheitswert, bei denen Psychotherapie indiziert ist. Im Rahmen einer psychotherapeutischen Behandlung ist eine somatische Abklärung herbeizuführen. Zur Ausübung von Psychotherapie gehören nicht psychologische Tätigkeiten, die die Aufarbeitung und Überwindung sozialer Konflikte oder sonstige Zwecke außerhalb der Heilkunde zum Gegenstand haben« (Artikel 1, § 1 (3) des Gesetzes 1997/1998.)

Approbation

4. Voraussetzung für die Approbation, d.h. die Zulassung zum Psychologischen Psychotherapeuten, ist der Erwerb eines Diploms in Psychologie, das innerhalb der Europäischen Union erworben sein muss und das Fach Klinische Psychologie einschließt und der Nachweis einer Ausbildung zum Psychotherapeuten, die in der Regel mindestens drei Jahre dauert und mit einer staatlichen Prüfung abgeschlossen wird. Kinder- und Jugendlichenpsychotherapeuten müssen zusätzlich eine Abschlussprüfung in Pädagogik oder Sozialpädagogik an einer Hochschule nachweisen.

Ausbildungs- und Prüfungsordnung

5. Die Ausbildungs- und Prüfungsverordnung wird durch das Bundesministerium für Gesundheit festgelegt. Die Ausbildung umfasst mindestens 600 Stunden Theorie und mindestens 600 Stunden Praxis, wobei wenigstens sechs Patienten behandelt werden müssen. Inhalte der Ausbildung und Prüfung sind »eingehende Grundkenntnisse in den wissenschaftlich anerkannten psychotherapeutischen Verfahren« und schwerpunktmäßig ein ausgewähltes psychotherapeutisches Verfahren, sowie medizinische Ausbildungsinhalte (Artikel 1 § 7 (4) des Gesetzes 1997/1998).

Als ein strittiger Punkt erscheint in der Umsetzung des Gesetzes die Bezeichnung »wissenschaftlich anerkanntes psychotherapeutisches Verfahren«. Da es viele Psychotherapieformen gibt, bemühen sich die Vertreter der unterschiedlichen Richtungen um die Anerkennung ihrer Verfahren.

Gegenwärtig werden drei Therapierichtungen anerkannt und durch die gesetzlichen Kassen finanziert: tiefenpsychologisch fundierte Psychotherapie, psychoanalytische Therapie und Verhaltenstherapie. Im Bedarfsfall kann man sich bei der zuständigen »Kassenärztlichen Vereinigung (KV)« über Kostenerstattungen informieren.

Die Verabschiedung des Psychotherapeutengesetzes zog die Gründung verschiedener Einrichtungen nach sich. Zum Beispiel etablierte sich der Dachverband der in Verbänden und Gesellschaften organisierten Psychotherapeuten, nämlich die »Arbeitsgemeinschaft Psychotherapeutischer Fachverbände (AGPT)«. Als weitere Institutionen wurden 2003 eine »Bundespsychotherapeutenkammer« und ein »Zentralinstitut des Bundes und der Länder für Psychotherapieforschung« ins Leben gerufen.

Geschichte der Psychotherapien

Die ersten Psychotherapien der modernen Zeit wurden am Ende des 19. Jahrhunderts von Ärzten entwickelt. Sie befassten sich mit den Patienten, die in ihrer ärztlichen Praxis Hilfe suchten, an Lähmungen, zeitweiliger Blind- oder Taubheit oder anderen Beschwerden litten und deren Ursache nicht im somatischen Bereich zu finden war. So mussten andere Wege der

Heilung oder Linderung als die medizinisch üblichen gefunden werden. Der Arzt *Sigmund Freud* entwickelte die Erkenntnisse über den Umgang mit derartigen Patienten weiter zu einer Behandlungsmethode und Theorie, die er Psychoanalyse bzw. Tiefenpsychologie nannte. Er siedelte damit sein Heilverfahren weniger in der Medizin, sondern in der als Wissenschaft am Ende des vorletzten Jahrhunderts neu entstandenen Psychologie an, vielleicht auch deshalb, weil er von seinen ärztlichen Kollegen abgelehnt und zum Teil auch angefeindet wurde. Ebenso nannten die beiden bekanntesten Schüler *Freuds*, die sich am Anfang des letzten Jahrhunderts von ihm getrennt hatten, ihre neuen Richtungen ebenfalls »Psychologie«; so entstand *Alfred Adlers* »Individualpsychologie« und *Carl Gustav Jungs* »Komplexe Psychologie« oder »Analytische Psychologie«. Beide Verfahren werden ebenfalls der Tiefenpsychologie zugerechnet.

Heute unterscheidet man drei Hauptströmungen, die nach *Baumann/v. Wedel* (1981, S. 19) »am breitesten fundiert« sind, nämlich die Psychoanalyse, die Verhaltenstherapie und die Gesprächspsychotherapie (klientenzentrierte Psychotherapie). Neuerlich kommen noch die kommunikationsorientierten oder systemischen Therapieformen dazu, die als Familientherapie bekannt sind. Gesprächspsychotherapie und Verhaltenstherapie können als genuin psychologische Verfahren gekennzeichnet werden, die von Psychologen entwickelt wurden. Inzwischen gibt es über 200 unterschiedliche Behandlungsformen, die sich Psychotherapie nennen. Der Interessierte findet einen Teil davon in den beiden Bänden von *Corsini* (1987) beschrieben.

Im Folgenden gehe ich auf die drei Hauptrichtungen ein. Die »Falldarstellungen« sind in abgekürzter Form mir bekannten, tatsächlich stattgefundenen Psychotherapien nachempfunden.

Hauptströmungen

7.2.   Die Psychoanalyse – die erste Schule der Tiefenpsychologie

7.2.1.   Vorgehen und Methode

Stellen Sie sich vor, Sie leiden unter einem neurotischen Symptom und gehen zu einem Psychoanalytiker, um sich von ihm helfen zu lassen. Was wird geschehen? Was wird der Therapeut tun?

Nehmen wir an, er hat sich ausführlich nach Ihren Schwierigkeiten erkundigt; der medizinische Befund hat kein Ergebnis gebracht, das auf eine organische Ursache hindeutet und der Behandlung steht nichts mehr im Wege.

Der Psychoanalytiker wird Ihnen sagen, dass die Behandlung wahrscheinlich zwei Jahre dauern wird, denn eine »große Psychoanalyse« sei nötig. Dreimal in der Woche würden Sie zu ihm kommen. Nach der Lehre der Psychoanalyse käme Ihr Symptom aus einem unverarbeiteten Konflikt aus der Kindheit. Es sei nun Aufgabe der Behandlung, diesen Konflikt aufzuspüren. Durch die Lösung dieses frühen Konflikts könnte Ihr Symptom, Ihr Leiden, beseitigt werden.

Eine therapeutische Sitzung

Der Therapeut bittet Sie, sich auf eine Couch zu legen. Das würde Sie in eine entspannte Lage versetzen. Er selbst nimmt auf einem Stuhl hinter Ihrem Kopf Platz, so dass Sie ihn nicht sehen können. Er bittet Sie, einfach alles auszusprechen, was Ihnen durch den Kopf geht, auch Bilder, Gefühle, Phantasien. Sie sollten versuchen, keine Auswahl zu treffen. Es kann ruhig ein großes Durcheinander sein. Sie bräuchten sich nicht aus Höflichkeit, Scham oder anderen Gründen zurückzuhalten. Es sei eine ungewöhnliche Form zu sprechen, aber Sie würden merken, dass es für die Therapie wichtig und notwendig sei.

Nun liegen Sie auf der Couch. Es schießen Ihnen viele Gedanken durch den Kopf. Immer besser gelingt es Ihnen, diese ohne Vorbehalt und Zensur zu äußern. Auch Träume sollen Sie erzählen und Sie tun es auch.

Es fällt Ihnen auf, dass der Therapeut teilweise sehr wenig zu Ihren Äußerungen sagt. Vor allem möchten Sie gerne wissen, was er dazu meint, dass Sie betrogen werden. Er fragt Sie lediglich, ob Ihnen etwas dazu einfällt bezüglich Ihres Symptoms. – Sie finden das blöd und entwickeln Ärger ihm gegenüber. Es regt Sie sowieso auf, dass er sich so kühl und sachlich verhält. Neulich haben Sie ihn in der Stadt getroffen. Sie hatten sich gefreut, ihn zu sehen, wollten ihn begrüßen. Aber da war nur ein kurzes Kopfnicken auf seiner Seite und schon war er weitergegangen. Ihre ärgerlichen Gefühle steigern sich ihm gegenüber von Stunde zu Stunde. Dann lenkt der Therapeut Ihre Aufmerksamkeit auf Ihren Vater. Zuerst regen Sie sich noch mehr auf, aber dann kommen Ihnen Erinnerungen, Bilder, Gefühle hoch aus Ihrer Kindheit. Träume kommen dazu. – Sie erkennen, dass Sie die gleichen Gefühle gegenüber Ihrem Vater hatten, die Ihnen gegenüber dem Therapeut gekommen waren.

Dann gibt es eine Zeit, da fällt Ihnen gar nichts mehr ein. Sie schweigen. Es ist, als ginge es nicht mehr weiter. Wieder regt es Sie auf, dass der Therapeut Ihnen nicht weiterhilft. Er wartet geduldig. Dieses Mal sind Sie hilfsbedürftig, traurig, enttäuscht. Er wirft Sie immer wieder auf sich zurück. – Da, plötzlich beim Hinausgehen kommt Ihnen noch ein wichtiger Gedanke. Der Therapeut bedeutet Ihnen mit zurückhaltender Freundlichkeit, Ruhe und Bestimmtheit, dass jetzt die Stunde abgeschlossen sei. Übermorgen könnten Sie die Gedanken mitteilen. – Na so was, denken Sie.

In der nächsten Stunde macht er Sie darauf aufmerksam, dass Ihnen dann nichts mehr einfällt, wenn es um Ihre Mutter und Schwester geht. Dreimal hätten Sie in diesem Zusammenhang versucht, die Stunde zu verlängern wie beim letzten Mal.

Das macht Sie nachdenklich. Sie hatten das gar nicht bemerkt... und dann fällt Ihnen doch noch manches zu diesem Thema ein.

Manchmal empfinden Sie die Stunden langweilig, manchmal aufregend, manchmal als harte Arbeit, manchmal als Befreiung.

Die Gefühle gegenüber Ihrem Therapeuten wechseln. Manchmal sind Sie schrecklich ärgerlich, manchmal möchten Sie ihn am liebsten umarmen. Er zeigt Ihnen, dass diese Gefühle etwas mit Ihrer Vergangenheit zu tun haben.

Dabei kommen Ihnen immer mehr Erinnerungen. Es ist Ihnen, als ob Sie manche Erlebnisse noch einmal durchlebten. Dann wird Ihnen Stück für Stück klar, warum Sie in dieser oder jener Situation sich so oder so verhalten, warum Sie diese oder jene Befürchtungen oder Ängste, Sehnsüchte oder Vorlieben haben. Dass da z.B. immer noch der Vater mit dem drohenden Zeigefinger, die Mutter mit dem enttäuschten Gesicht Sie von einer Handlung abhalten, was Sie unglücklich und unzufrieden sein lässt.

Durch diese Erlebnisse in den therapeutischen Sitzungen und durch die Einsichten, die Sie zusammen mit dem Therapeuten erarbeiten, ist es Ihnen möglich, Ihr Verhalten zu ändern. Ihre Leiden haben sich zeitweise sogar verschlimmert, aber dann sind sie nach und nach verschwunden.

Sie haben sich an die therapeutischen Sitzungen gewöhnt und möchten gar nicht mehr aufhören. Wieder kommen die Erinnerungen an das Elternhaus, an Trennung, Alleinsein auf. Aber dann ist es so weit, dass Sie auch diesen Lebensabschnitt abschließen können.

So oder ähnlich könnte Ihre Therapie nach dem klassischen psychoana- **Methode** lytischen Verfahren (Standardtechnik) ablaufen. Es braucht nicht betont zu werden, dass keine Therapie wie die andere verläuft, kein Symptom, kein Leiden, kein Individuum dem anderen gleicht. Dies gilt für die Psychoanalyse wie für andere Verfahren.

Führen wir uns das methodische Vorgehen des Psychoanalytikers nochmals zusammenfassend vor Augen:

1. Der Patient liegt auf einer Couch.
2. Er sieht den Therapeuten nicht, da er sich hinter seinem Kopf aufhält,
3. Der Therapeut verhält sich weitgehend passiv.
4. Er lässt die Äußerungen des Patienten in einem entspannten Zustand auf sich wirken. Der Begriff *gleichschwebende Aufmerksamkeit* wurde dafür geprägt.
5. Die Haltung des Psychoanalytikers dem Patienten gegenüber ist von einer gewissen *Neutralität* und *Distanziertheit* gekennzeichnet. Trotzdem ist er ihm wohlwollend zugewandt.
6. Der Therapeut hält sich an die *Abstinenzregel*. Das bedeutet, dass er keinerlei Kontakte außerhalb der therapeutischen Sitzungen mit dem Patienten pflegt. Während der Therapiestunden geht er auf emotionale, körperliche oder kommunikative Wünsche des Patienten bezüglich seiner Person nicht direkt ein.

Die verbalen Interventionen des Psychotherapeuten bestehen aus folgenden **Verbale Inter-** Aspekten: **ventionen:**

1. Er gibt eine *Instruktion* über Sinn und Zweck des psychoanalytischen **Instruktionen** Verfahrens und fordert auf, frei, d.h. ohne Zensur, zu assoziieren.
2. Er *konfrontiert*. Das bedeutet, dass der Therapeut den Patienten auf **Konfrontation** ein bestimmtes Verhalten aufmerksam macht, damit auch er es bewusst wahrnimmt.

> *Beispiel*: »Sie haben gerade den Traum erzählt, in dem es um Ihren verpaßten Sieg im Autorennen geht. Dann versuchte ich etwas dazu zu sagen, aber Sie haben mich fast unterbrochen und sofort von Ihrem gestrigen Erlebnis mit Ihrer Freundin erzählt. Ich gewann den Eindruck, daß Sie eigentlich nicht hören wollten, ob ich etwas dazu zu sagen hätte« (*Hoffmann* 1978, S. 994).

Klärung

3. Er *klärt*. Das bedeutet, dass der Therapeut ein bestimmtes Phänomen nochmals zur Sprache bringt und präzisierende Fragen stellt. Dadurch soll ein Thema herausgearbeitet werden. Diese Intervention ist mit der Konfrontation verwandt.

Deutung

4. Er *deutet*. Das heißt, dass der Psychoanalytiker zu gegebener Zeit dem Patienten seine Sichtweise über den Zusammenhang zwischen den bewussten beobachtbaren Phänomenen und den unbewussten Ursachen darlegt. Es wird unterschieden zwischen Inhaltsdeutungen, Symboldeutungen, Abwehrdeutungen und Übertragungsdeutungen.

> Folgende Beispiele sind bei *Hoffmann* (1978, S. 995) zu finden: »Als Sie nach Erzählen des Traumes sofort das Thema wechselten, fürchteten Sie, ich könnte etwas für Sie Unangenehmes dazu sagen. Diese Befürchtung ließ Ihnen den Traum so unwichtig und die Begebenheit mit Ihrer Freundin so wichtig erscheinen« (Abwehrdeutung).
> »Sie wechselten nach Erzählen des Traumes sofort das Thema, weil Sie eigentlich fürchteten, daß ihr Ärger und ihre Wut, die Sie dem siegreichen Rivalen gegenüber verspürten, hier deutlich werden könnten« (Inhaltsdeutung).
> » … daß Ihr Ärger, den Sie gegenüber dem siegreichen Rivalen verspürten, etwas mit Ihren Empfindungen mir gegenüber zu tun haben könnte« (Übertragungsdeutung).

Durcharbeiten

5. Bei einer weiteren Intervention wird von *Durcharbeiten* gesprochen. Sie besteht in der Nacharbeit zur Deutung. Nachdem der Patient eine gewisse Einsicht gewonnen hat, geht es darum, diese für eine Veränderung zu nutzen. Dagegen hat der Patient meist einen Widerstand und deshalb erfordert es viel Geduld auf Seiten des Therapeuten und des Patienten, die entsprechende Thematik immer und immer wieder zu besprechen und zu bearbeiten.

Rekonstruktion

6. Unter *Rekonstruktion* wird der Versuch des Therapeuten verstanden, »Lücken« in den Erinnerungsstücken des Patienten aufzufüllen. Dies ist notwendig, um den Zusammenhang zwischen den Symptomen und den zugrundeliegenden Konflikten ganz zu verstehen.

Dieses Vorgehen des psychoanalytischen Psychotherapeuten ist durch die Theorie der Psychoanalyse zu erklären. Darum müssen wir uns mit einigen theoretischen Grundannahmen dieser Richtung befassen.

7.2.2. Psychoanalytische Theorie zur Entstehung psychischer Störungen

Die psychoanalytische Theorie *Freuds* wurde in diesem Buch bereits beschrieben (siehe Abschnitt 3.2.2.). An dieser Stelle wird der Akzent auf diejenigen Aspekte gelegt, die für die Entstehung und Behandlung psychischer Störungen wichtig sind.

Das Therapiegebäude ist aus den Erfahrungen entstanden, die *Sigmund Freud* in seiner Praxis gesammelt hat. Er arbeitete eine Theorie zur Entstehung und Behandlung von Neurosen aus. Bis zu seinem Tode hat er seine Theorie erweitert, modifiziert und verfeinert. Die Grundkonzeption hat sich dabei erhalten. Ist auch manches aus den zeitgeschichtlichen Strömungen heraus zu verstehen, so gibt es einen Kernbestand von Erkenntnissen, die die Zeit überdauert haben.

Wie bereits seine Vorgänger fand *Freud*, dass die Neurosen etwas mit frühkindlichen Erlebnissen zu tun haben. Diese Erlebnisse sind vorläufig nicht mehr bewusst. Freud unterschied daher zwischen Unbewusstem und Bewusstem.

Warum sind diese Erlebnisse nicht mehr bewusst? Sind sie doch so bedeutsam und folgenreich!

Nach den Annahmen der Psychoanalyse handelt es sich bei diesen Erlebnissen um Konflikte, die mit starken Emotionen verbunden waren. **Bedeutung des Unbewussten** Diese Konflikte können hervorgerufen werden durch unvereinbare Triebe des Individuums oder durch Triebansprüche und den moralisch-sittlichen Anforderungen, die durch das sogenannte ÜBER-ICH vertreten werden. Möglich wäre auch ein Konflikt zwischen Triebanspruch und Realität. Kann der Konflikt nicht gelöst werden, so wird von dem ICH eine mögliche Lösung gesucht, die im Falle der Neurose einerseits eine schlechte Lösung (= Symptombildung), andererseits die beste Lösung darstellt, zu der das Individuum unter den gegebenen Umständen fähig ist. Diese Lösung des Konflikts besteht darin, dass das ICH die jeweilige Vorstellung von den dazugehörenden Affekten trennt. Diesen Vorgang nennt man Dissoziation (Trennung). Die von den ursprünglichen Affekten getrennten Vorstellungen werden verdrängt, d.h. sie werden unbewusst. Die mit den Affekten verbundene Energie ist aber damit nicht ausgeschaltet, sie wirkt weiter. Sie kann sich bemerkbar machen in einem körperlichen Symptom (z.B. Blindheit, Lähmung, Hörbeschwerden). Es ist auch möglich, dass sich die »Erregungssumme« mit anderen Vorstellungen verbindet. Dann kommt es zu Zwangsgedanken, bzw. Zwangshandlungen oder zu Phobien. Das ins Unbewusste Verdrängte zeigt sich auch in Fehlleistungen (wie Versprechern, Vergessen, Verlegen, Unfällen), in Trauminhalten und in der Therapie (im Phänomen der *Übertragung*).

Zur Erläuterung möchte ich das bekannte, von *Freud* beschriebene Beispiel der Patientin »Anna O.« verwenden. Anna sitzt am Krankenbett ihres Vaters. Da hört sie durch das Fenster aus der Ferne Tanzmusik. Es erwacht in ihr der Wunsch, zum Tanzen zu gehen (Wunschvorstellung I). Gleichzeitig ist in ihr die Vorstellung vorhanden, eine brave, aufopferungsbereite Tochter zu sein (ÜBER-ICH, Wunschvorstellung II), die am Krankenbett ihres schwerkranken Vaters solche Gedanken und Wünsche gar nicht haben darf. Damit kommt es zum Konflikt. Das ICH muss einen Ausgleich finden in dieser psychisch bedrohlichen Situation. Es verdrängt die Gedanken (Tanzvergnügen; Lustgewinn). Anna bekommt einen schweren Husten und andere körperliche Symptome.

Widerstand

Die Aufgabe der Psychoanalyse ist es, die ursprünglichen Vorstellungen und die dazugehörenden Affekte wieder zu vereinen. Das ICH setzt diesem Vorhaben *Widerstand* entgegen, da die ursprüngliche Situation so bedrohlich und unangenehm war, dass es sich gegen die Wiederbelebung in Form der Erinnerung wehrt.

Im Sinne der Instanzenlehre (siehe Abschnitt 3.2.2.) ist die Neurose dadurch gekennzeichnet, dass einem schwachen ICH die übermächtigen Forderungen des ES und des ÜBER-ICH gegenüberstehen. Psychotherapie in diesem Sinne heißt Stärkung des ICH.

Bildhaft könnte man das so darstellen:

Schema:
Bildhafte
Darstellung von ES,
ICH und ÜBER-ICH

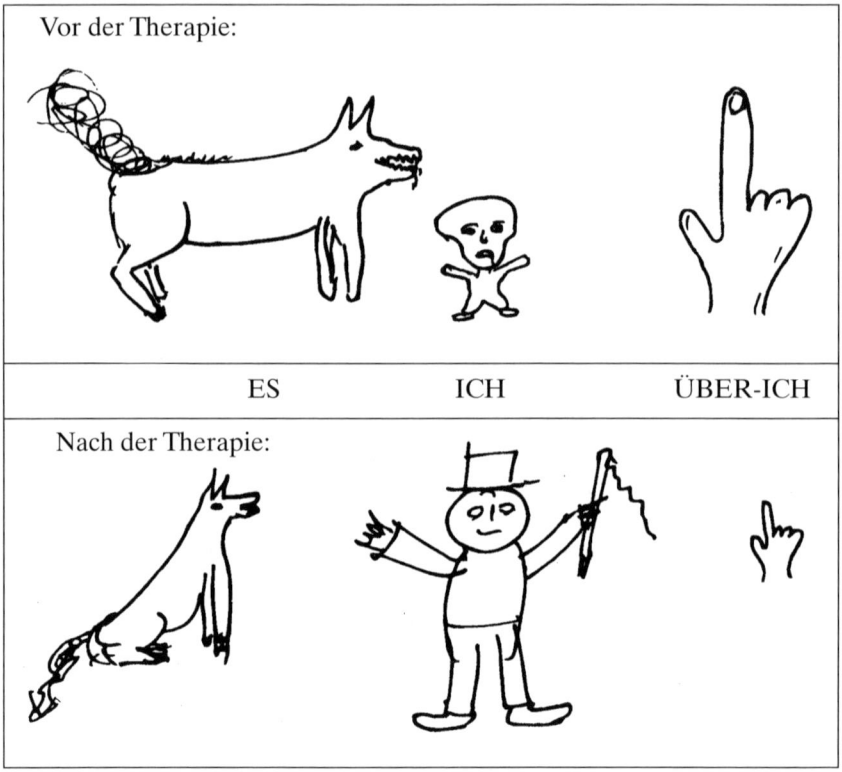

Sigmund Freud fand bei seinen Patienten heraus, dass ihre Störungen aus Erlebnissen und Situationen in unterschiedlichen Lebensabschnitten zu erklären sind. Störungen und unbewältigte Konflikte (Versagen, Frustration oder Verwöhnung) in den jeweiligen Entwicklungsphasen (siehe Abschnitt 3.2.2.) ordnete er bestimmten psychischen Fehlformen zu. **Entwicklungsphasen und Störungen**

Das erste Lebensjahr wird gekennzeichnet als orale Phase. Das bedeutet, dass der Lustgewinn, die Befriedigung der Libido durch den Mundraum erfolgt. Im zweiten Halbjahr ist es dem kleinen Menschen schon möglich, aggressive Impulse zu erleben. Daher wird die zweite Hälfte des ersten Lebensjahres auch *oral-sadistische Phase* genannt. Störungen in dieser frühen Zeit sind besonders schwerwiegend. *Freud* nimmt an, dass Schizophrenie und Depression dort ihre Wurzeln haben. **Orale Phase**

Das zweite und dritte Jahr wird als *anale Phase* oder auch als *anal-sadistische Phase* bezeichnet. Die Aufmerksamkeit des Kleinkindes wendet sich den Ausscheidungsvorgängen, dem Anus zu. Von dorther bezieht es nun auch seinen Lustgewinn. In dieser Phase werden Verfolgungsneurosen und Zwangsneurosen angesiedelt. **Anale Phase**

Zwischen dem 4. und 6. Lebensjahr kommt der Mensch in die *phallische Phase*. Diese Phase wird auch erste oder kleine Pubertät genannt. Manipulationen am Genital werden lustvoll erlebt. Der gegengeschlechtliche Elternteil ist nach der Lehre Freuds Sexualobjekt (Ödipuskonflikt). In dieser Phase haben Hysterie und Angstneurosen ihren Ursprung. Die phallische Phase wird durch die Kastrationsdrohung oder den Kastrationskonflikt beendet. **Phallische Phase**

Nach den bewegten Phasen der Vorschulzeit, die für Charakterprägung und Neurosenentwicklung ausschlaggebend sind, folgt eine ruhige, ausgewogene Phase, die *Latenzzeit*. Sie dauert bis zur Pubertät oder zur *genitalen Phase*. Dann werden die Themen und Konflikte aus der Vorschulzeit wieder aufgegriffen und aktualisiert. Die Libido wendet sich normalerweise Sexualobjekten außerhalb der Familie zu. **Latenzzeit**
Genitale Phase

Da die Libido auf den entsprechenden Stufen der Entwicklung bedrohliche Einschränkungen erfahren kann (Konflikte), werden die affektgeladenen, unlustvollen Vorstellungen verdrängt. Die libidinöse Energie wirkt jedoch weiter und sucht sich ihren Weg. Kommt es im späteren Leben zu einem gravierenden seelischen Konflikt, so kann der Konflikt auf der früheren Stufe reaktiviert werden. Diesen Vorgang nennt man *Regression*. Aus dem bisher Gesagten geht hervor, dass es von Bedeutung ist, auf welcher Entwicklungsstufe der ursprüngliche Konflikt verdrängt wurde. **Regression**

Genauso wie eine Frustration der Libido kann ein übermäßiges Ausleben der infantilen Sexualität, wie das bei Verwöhnung geschieht, eine Störung im späteren Leben zur Folge haben. Tritt später eine größere Schwierigkeit auf, so flüchtet sich das Individuum in die frühere, angenehme Phase seiner Entwicklung. Die aktuelle Schwierigkeit kann nicht adäquat gelöst werden. Das Individuum ist durch eine *Fixierung* bestimmt. **Fixierung**

Nochmals soll betont werden, dass diese Vorgänge alle unbewusst sind.

Vielleicht wird sich der Leser fragen, ob es nicht Schicksal der Libido ist, verdrängt zu werden. Damit müssten alle Menschen Neurotiker werden. Nach *Freud* ist es auch möglich, dass die Libidoenergie einen »erlaubten« **Sublimierung**

Ausweg findet. Die sexuelle Energie wendet sich Zielen zu, die von der Gesellschaft anerkannt und erwünscht sind. Damit werden von Freud alle Kulturleistungen erklärt. Den Vorgang der Verwertung der Sexualenergie für gesellschaftsfähige, vom ÜBER-ICH anerkannte Ziele nennt man *Sublimierung*. So gesehen ist es Aufgabe einer psychoanalytischen Therapie, den Neurotiker fähig zu machen, zu sublimieren.

7.2.3. Zusammenfassung

Zusammenfassung Die psychoanalytische Theorie ist aus der nervenärztlichen Praxis von *Sigmund Freud* entstanden. Er postuliert, dass unsere bewussten seelischen Vorgänge, unser Tun und Handeln, oftmals vom Unbewussten gesteuert werden.

Neurosen oder Störungen, unter denen das Individuum und/oder seine Mitwelt leiden, sind durch die Verdrängung der Triebimpulse Libido und Aggressivität entstanden. Aus dem Unbewussten heraus wirken die aus dem Bewusstsein verdrängten Energien und kommen über Träume, Fehlleistungen und neurotische Symptome wieder zum Vorschein.

Die Entwicklung der kindlichen Sexualität in Form der Libido bestimmt die Eigenart der Persönlichkeit wie der Neurose.

Die Libido ist anfangs an die erogenen Zonen des Körpers gebunden. Es wird eine orale, anale und phallische Phase in der Vorschulzeit unterschieden. Danach folgen Latenzzeit und genitale Phase (Pubertät). Durch Störungen, d.h. übermäßige Frustration der libidinösen Bedürfnisse, oder durch Verwöhnung kommt es zur Fixierung an die entsprechende Entwicklungsphase und damit zur Möglichkeit der Wiederbelebung des ursprünglichen Konflikts.

Dieser Vorgang ist nicht bewusst, d.h. der Neurotiker wiederholt agierend unbewusst den ursprünglichen Konflikt. Das neurotische Symptom stellt einen Lösungsversuch des Konflikts dar.

Aufgabe der psychoanalytischen Therapie ist es, die ursprünglichen Erlebnisse bzw. den ursprünglichen, in der Kindheit entstandenen Konflikt wieder zu erinnern, d.h. bewusst zu machen, erneut zu erleben und kognitiv zu verarbeiten. Das ICH setzt diesem Vorhaben Widerstand entgegen, weil es die unangenehme ursprüngliche Situation vermeiden will. Eine Form dieses Widerstandes ist die Übertragung. Das bedeutet, dass der Patient auf den Therapeuten die Gefühle überträgt, die er einst gegenüber seinen Eltern oder Geschwistern hegte. Damit versucht er, die Beschäftigung mit der unbewältigten Vergangenheit zu umgehen.

Der Therapeut muss mit dem Patienten diesen Widerstand bearbeiten, d.h. den affektiv erlebten Zusammenhang zwischen dem aktuellen Leiden und dem infantilen Konflikt bewusst machen. Aus der Einsicht in diese Zusammenhänge erfolgt dann schließlich die Verhaltensänderung und das Verschwinden des Leidens.

7.3.   Verhaltenstherapie

7.3.1.   Vorgehen und Methode

Das Vorgehen eines Verhaltenstherapeuten soll auch hier wieder anhand eines anschaulichen Beispiels aus der Sicht des Patienten konkretisiert werden.   **Fallbeispiel**

Stellen Sie sich vor, Sie sind auf dem Marktplatz Ihrer Stadt in einen Autounfall verwickelt worden. Das war ein ziemlicher Schock für Sie. Die körperlichen Verletzungen, eine leichte Quetschung am Bein, hielten sich in Grenzen. Nach zwei Tagen Krankenhausaufenthalt konnten Sie wieder nach Hause. Etwas unerwartet Schlimmeres stellte sich erst etwas später ein, dann nämlich, als Sie das erste Mal nach dem Unfall wieder über den Marktplatz fuhren. Zuerst war es ein komisches Gefühl in der Magengegend, dann merkten Sie, dass Ihnen Schweiß auf der Stirn stand, Angst kam auf und wurde immer schlimmer. – Endlich hatten Sie den Platz hinter sich. Zuerst fanden Sie das komisch, lächerlich, ja beschämend. Gut, sagten Sie sich, das sind noch die Folgen des Unfalls, aber deswegen brauche ich mich nicht so anzustellen. Dann aber merkten Sie, dass dieses Gefühl Sie schon überfiel, wenn Sie mit ihrem Wagen in die Nähe des Marktplatzes kamen. Sie mussten diesen Platz immer weiträumiger umfahren. Schließlich versuchten Sie es zu Fuß. Dieses Phänomen muss doch in den Griff zu bekommen sein, sagten Sie sich. Aber es war vergeblich. Auch zu Fuß überfiel Sie der Magendruck, der Schweißausbruch, das Zittern – die Angst. Es wurde immer schlimmer.   **Vorgeschichte**

Heute ist es nun so, dass Sie gar nicht mehr ans Autofahren denken können. Schließlich hat die Angst so von Ihnen Besitz ergriffen, dass Sie sich nicht mehr trauen, alleine aus dem Haus zu gehen.

Es ist so unerträglich geworden, dass Sie sich entschlossen haben, nun doch einen Psychotherapeuten aufzusuchen.   **Eine therapeutische Sitzung**

Sie schildern ihm den Unfall und die Ausweitung Ihrer Angst. Es fällt Ihnen schwer, Ihre Niederlage einzugestehen. Die verschiedensten Versuche haben nichts genützt. Fast etwas verwundert sind Sie, dass der Therapeut Ihnen aufmerksam zuhört, Sie nicht komisch ansieht oder gar belächelt. Er erklärt Ihnen, dass Ihre jetzige Lage durch eine Generalisation der Unfallsituation zustande gekommen sei. In der Verhaltenstherapie gebe es Verfahren, um diese Reiz-Reaktionsverknüpfungen zu lösen. Zuerst müsse er jedoch noch weitere Fragen stellen. Außerdem müssten Sie einige psychologische Fragebögen ausfüllen.

Er interessiert sich für Ihre Lebensgeschichte und familiären Beziehungen. Die Fragebögen füllen Sie zu Hause aus. Es geht Ihnen schon ein bisschen besser. Die Sachlichkeit und Sicherheit des Therapeuten haben Ihnen gut getan. Trotzdem können Sie die zweite Stunde wiederum nur in Begleitung besuchen.

Der Therapeut sagt Ihnen, dass er die Behandlung übernehmen könne. Die Voruntersuchung sei ausgewertet. Die Informationen vom Hausarzt und vom Facharzt seien eingeholt. Er erklärt Ihnen, dass er die Reiz-Reaktionsverbindung »Marktplatz-Angst« bzw. »Straßen-Angst« durch die Methode der systematischen Desensibilisierung lösen werde. Dabei käme es jedoch auf Ihre Mitarbeit und auf Ihren Einsatz an. Von der Krankenkasse seien 35 Stunden genehmigt. Jede Woche gibt es einen Termin für Sie. Bei gravierender Verschlechterung Ihres Zustandes würde ein weiterer Notfalltermin eingerichtet.

Der Verhaltenstherapeut erklärt Ihnen, dass die körperlichen Angstsymptome, die Sie nicht mehr kontrollieren können, durch die Aktivität des vegetativen Nervensystems, speziell durch den Sympathikus hervorgerufen werden. Das bewirkt eine Verengung der Blutgefäße und eine Verkrampfung. Dem müsse entgegengewirkt werden durch die Aktivierung des parasympathischen Systems. Dieses bewirkt Entspannung und Erweiterung der Blutgefäße, d.h. Verminderung der subjektiv erlebten Angst.

Entspannungstechnik

Der Therapeut sagt Ihnen, dass er jetzt mit Ihnen eine Entspannungstechnik durchgehen werde, die Sie erlernen und zu Hause täglich dreimal üben müssten. Er übt mit Ihnen die progressive Muskelentspannung nach *Jacobson* (2002), die darin besteht, dass verschiedene Muskelgruppen, beginnend mit der rechten Hand, nacheinander bewusst und mit konzentrierter Aufmerksamkeit angespannt und dann wieder entspannt werden. Bei dieser Übung merken Sie, wie verspannt einige Ihrer Muskeln sind. Sie empfinden es angenehm, in verschiedenen Bereichen Ihres Körpers bereits eine Lockerung und Entspannung zu verspüren. Der Therapeut sagt Ihnen, dass Sie diese Technik üben müssten, damit Sie immer schneller in einen entspannten, gelösten und damit angstfreien Zustand kämen. In einer angstauslösenden Situation könnten Sie diese Technik dann bewusst einsetzen. Als weitere »Hausaufgabe« gibt er Ihnen auf, festzustellen, wann Sie bereits einen leisen Anflug von Angst wahrnehmen können. Sie sollten solche Situationen möglichst genau schriftlich festhalten, wenn möglich auch beschreiben, was diesen Situationen vorausgegangen ist. Weiterhin sollten Sie versuchen, sich in ein stilles Zimmer zurückzuziehen und die gelernte Technik zu üben. Als Sie das nächste Mal zur Therapiestunde kommen, haben Sie mit der Kassette, die Ihnen der Therapeut mitgegeben hat, fleißig geübt. Es ist Ihnen schon ganz gut gelungen, sich zu entspannen. Der Therapeut

Angsthierarchie

liest Ihre Aufzeichnungen durch und bespricht sie mit Ihnen. Heute will er nun mit Ihnen eine sogenannte Angsthierarchie aufstellen. Situationen, die Sie am meisten fürchten, sollen auf der Skala mit 100 angegeben werden, Begebenheiten, die nur einen leichten Anflug von Angst aufkommen lassen, werden mit 5 oder 10 auf der Skala eingereiht. Nach einiger Zeit haben Sie mit dem Therapeuten zehn Situationen in eine Rangreihe gebracht. Ihre Hierarchie ist fertiggestellt.

Der Therapeut erklärt Ihnen, dass er mit Ihnen nun wiederum die Entspannung üben werde. Wenn Sie dann ganz entspannt seien, sollten Sie aus Ihrer Vergangenheit ein Bild vor Ihrem inneren Auge entstehen lassen, das Sie an eine besonders schöne und angenehme Zeit erinnert. Da kommt Ihnen das Bild von Ihrem letzten Urlaub in den Alpen. Sie stehen auf einer Anhöhe, unter Ihnen ein klarer Bergsee, dahinter eine Bergkette. Ein Bild des Friedens und der majestätischen Ruhe. Der Therapeut fordert Sie auf, noch ein Wort für dieses Bild bzw. für diesen angenehmen Zustand zu finden. Sie wählen das Wort »Mittagskogel«. Es ist der Berg, der hinter dem Bergsee aufragt.

Nun üben Sie zusammen mit dem Therapeuten die progressive Muskelentspannung. Auf dem Höhepunkt der körperlichen Entspannung werden Sie aufgefordert, das Urlaubsbild entstehen zu lassen und dann Ihr »Wort« auszusprechen.

Als Hausaufgabe bekommen Sie wiederum die Übung dreimal täglich auf. Weiterhin sollen angstmachende Erlebnisse genau notiert werden.

In den weiteren Stunden geht der Therapeut Schritt für Schritt Ihre **Systematischer** Angsthierarchie mit Ihnen durch. Sie versetzen sich mit Hilfe der Ent- **Angstabbau** spannungstechnik in einen gelösten Zustand, Bild und Wort verstärken das angenehme Gefühl. Dann befiehlt Ihnen der Therapeut, sich die schwächste »Angstsituation« deutlich vorzustellen. Wenn Sie das erste Anzeichen von Angst bemerken, heben Sie den rechten Zeigefinger. Der Therapeut macht daraufhin mit Ihnen die progressive Muskelentspannung. Sie lassen Ihr »Bild« und Ihr »Wort« kommen.

Sie haben inzwischen gelernt, den entspannten Zustand sehr schnell herbeizuführen. Manchmal gelingt es Ihnen schon, sich zu entspannen, wenn Sie nur das Bild vor Ihrem inneren Auge entstehen lassen und das Wort »Mittagskogel« aussprechen. Als Hausaufgabe bekamen Sie auf, sich den angstmachenden Situationen in kleinen Schritten zu nähern. Wie jetzt in der Therapiestunde beobachten Sie sich dabei genau. Bei den ersten Anzeichen der Angst setzen Sie die gelernte Entspannungstechnik ein. Es geht zwar langsam, was Sie manchmal etwas ungeduldig macht, aber immerhin können Sie zu Fuß wieder alleine aus dem Haus gehen. Nur den Marktplatz müssen Sie noch meiden.

Dann kommt der Tag, an dem Ihnen der Therapeut sagt, dass er mit Ihnen **Aufbau des** zum Marktplatz gehen werde. Zuerst bekommen Sie einen Schrecken, aber **Verhaltens** die Sicherheit und Bestimmtheit des Therapeuten helfen Ihnen. Zuerst entspannen Sie sich nochmals in der Praxis. Dann geht es los. Sie gehen auf den Marktplatz zu. Hier und da bleibt der Therapeut stehen, erkundigt sich nach Ihrem Befinden, fordert Sie auf, das Wort auszusprechen und gleichzeitig an das Bild zu denken. Schließlich sind Sie da. Ihr Herz klopft schneller, aber Sie sind ganz verwundert, dass die Angst nicht mehr da ist. Jetzt fordert Sie der Therapeut auf, mit ihm zur Verkehrsinsel mitten auf den Platz zu gehen. Sie gehen hinüber. Sie stehen auf der Insel. Da kommt Ihnen wieder die Erinnerung an den Verkehrsunfall und damit beginnt auch das Gefühl in der Magengegend spürbar zu werden. Der Therapeut fordert Sie auf, die Fäuste zu ballen und wieder zu entspannen, Ihr Wort auszusprechen und sich das »Entspannungsbild« vorzustellen. Tatsächlich verschwindet das unangenehme Gefühl wieder. Der Therapeut gratuliert Ihnen. Sie haben es sich bewiesen.

Als Hausaufgabe dürfen Sie den Gang über den Marktplatz allein probieren. Sie sollen dabei nur so weit gehen, wie es Ihr Zustand erlaubt. Natürlich sollten Sie immer wieder die Entspannungstechnik üben und anwenden.

Beim ersten Versuch gehen Sie nur um den Platz herum, später schaffen Sie es, ihn allein zu überqueren.

Dann kommt der Tag, an dem Sie mit dem Therapeuten als Beifahrer Ihr Auto durch die Straßen Ihrer Stadt steuern... und dann sogar über den vorher so gefürchteten Marktplatz. Sie haben es geschafft. Das Gefühl der Machtlosigkeit ist verschwunden.

7.3.2. Theoretische Grundlagen der Verhaltenstherapie

Sieht man sich Darstellungen zur Theorie der Verhaltenstherapie an, so wird betont, dass es sich bei dieser Therapierichtung nicht um einen, sondern um verschiedene, heterogene Ansätze handelt, die jedoch unter dem Sammelnamen Verhaltenstherapie zusammengefasst werden können.

Lernen als Grundlage Die Grundannahme dieser Richtung lautet: der größte Teil des Verhaltens ist gelernt. Darum ist es möglich, dieses Verhalten wieder zu verlernen, umzulernen oder durch neuerlich gelerntes Verhalten zu ersetzen. Anlagefaktoren werden zwar nicht geleugnet, aber man beschäftigt sich mit der Veränderbarkeit des Verhaltens.

Klassisches Konditionieren Wenden wir uns wieder dem oben geschilderten Beispiel »Straßenangst« zu. Die Entstehung dieser Störung kann mit Hilfe des *klassischen Konditionierens* im Sinne der *bedingten Reaktion* erklärt werden (siehe Abschnitt 4.4.2.).

In unserem Beispiel wurde die ursprünglich angstfreie Reizsituation: »Marktplatz und Autofahren« mit einem Schmerz- und Angstreiz verknüpft. In Laborexperimenten konnte nachgewiesen werden, dass bereits eine einmalige Angst/Schmerz-Reizdarbietung zu einem »Konditionieren« führen kann, d.h. zu einer Verknüpfung von bestimmten Reizgegebenheiten mit einer entsprechenden Reaktion.

Reizgeneralisierung Im beschriebenen Fall kam es zu einer Reizgeneralisierung. Die ursprünglich eng umschriebene Reizsituation »Marktplatz, Autofahren, Verkehr« wurde ausgeweitet. Alles, was mit den ursprünglichen Reizen zu tun hatte, konnte die Reaktion Angst auslösen. Während sich die Verhaltenstherapeuten in den Anfängen nur um das »reine«, d.h. beobachtbare Verhalten gekümmert haben (Behaviorismus), setzte sich die *kognitive Verhaltenstherapie* immer mehr durch. Es ist für uns alle nachvollziehbar, dass sich der Mensch durch kognitive Vorgänge, in diesem Fall durch Vorstellungen, die erlebte Situation vergegenwärtigen kann. Das wurde auch bei der beschriebenen Therapie berücksichtigt.

Hinweisen möchte ich noch darauf, dass neben dem *klassischen Konditionieren* das Lernen von Verhalten auch durch das *instrumentelle Konditionieren* oder durch *Imitationslernen* erklärt werden kann (siehe Abschnitte 4.4.2. und 4.4.3.).

In unserem Fall interessiert die Verhaltensmodifikation bzw. Verhaltenstherapie, die im Sinne der Lerntheorie ein Umlernen bzw. eine Modifikation des beobachtbaren störenden Verhaltens bewirken soll, nämlich die Vermeidung der Straße und die Angstreaktion wie Zittern, Schweißausbruch oder »Herzklopfen«.

Der Verhaltenstherapeut wählte die Methode der systematischen Desensibilisierung. Bereits Anfang des letzten Jahrhunderts wurde diese Methode formuliert und praktiziert. Bekannt wurde sie durch *Joseph Wolpe*, einen Mediziner an der Universität in Johannesburg (Südafrika), später USA. Im Laborexperiment konnte er bei experimentell neurotisierten Katzen nachweisen, dass sich die Angst der Tiere verringern ließ, wenn er sie in Käfigen fütterte, die dem Käfig, in dem die Neurose erzeugt wurde, ziemlich unähnlich waren, dann aber schrittweise immer ähnlicher wurden. Schließlich konnten die Katzen in demselben Käfig gefüttert werden, in dem sie die negativen Erfahrungen machen mussten. Für *Wolpe* war damit der Nachweis erbracht, dass Fressen und neurotische Reaktionen sich gegenseitig hemmen. Er nannte diesen Vorgang *reziproke Hemmung*, später *Gegenkonditionierung*. Bei diesem Vorgehen kann man auch an den Aufbau eines Verhaltens in kleinen Schritten im Sinne von *Skinner* denken, wobei jeder kleine Schritt in Richtung Zielverhalten verstärkt wird (Fressen).

Systematische Desensibilisierung

Gegenkonditionierung

Bei der Therapie von Menschen wurde »Fressen« durch Entspannung ersetzt. Die Angstreaktion, hervorgerufen durch das vegetative Nervensystem, die unter anderem in einer Anspannung des Muskeltonus und Erhöhung der Herzschlagfrequenz besteht, ist unvereinbar mit einem Entspannungszustand. Daher musste der Patient eine Entspannungstechnik erlernen. Um sich dem Ziel in kleinen Schritten nähern zu können, musste eine Angsthierarchie aufgestellt werden. Unser Verhaltenstherapeut verließ sich aber nicht alleine auf diese Technik. Er nahm Techniken der kognitiven Verhaltenstherapie zu Hilfe. Untersuchungen (*Florin/Tuner* 1975) hatten nämlich gezeigt, dass die Überzeugung bzw. der Glaube, entspannt zu sein, wirksamer ist als die Entspannung selbst. Außerdem war es wichtig, dass der jeweilige Patient an den Erfolg glaubt und überzeugt wird, ein wirksames Mittel zur Bekämpfung der Störung zu erlernen. Somit legte unser Verhaltenstherapeut Wert darauf, dem Patienten die Zusammenhänge und die Vorgehensweise der Therapie zu erklären. Neben der »mechanischen« Entspannungstechnik wurde ein Vorstellungsbild (Bergsee, Mittagskogel) zur Gegenkonditionierung eingesetzt. Hausaufgaben wurden gegeben. Hierbei sollte sich der Patient selbst beobachten, Übungen durchführen und diese selbst bewerten. In der Therapiestunde wurden Rückschritte besprochen und Gegenmaßnahmen eingeleitet. Die Fortschritte wurden auf sozialer und kognitiver Ebene, verstärkt.

Ebenso wurde mit Selbstverstärkung gearbeitet, d.h. der Patient hatte eine bestimmte Übung auszuführen (z.B. vom Haus bis zu einem bestimmten Punkt zu gehen), sich selbst zu bewerten und durfte sich danach selbst »verstärken« in Form einer Belohnung, z.B. sich eine halbe Stunde Zeit zu gönnen und eine Sinfonie von Mozart genießen.

Verstärkung

Die Prinzipien der Selbstüberwachung, Selbstbewertung und Selbstverstärkung wurden u.a. von *Kanfer* (1979) in die Verhaltenstherapie eingeführt. »Selbstmanagement, Selbstregulation, Selbststeuerung« stehen für diese Begriffe. Damit wird dem Patienten wieder Eigenverantwortung für sein Verhalten bzw. für den Therapiefortschritt zugeschrieben.

Selbstmanagement

So wurde in unserem Fall der sogenannte »innere Dialog« im Sinne von

Innerer Dialog

Meichenbaum (1979) verwendet, um die Situation neu zu bewerten. Wo vorher ein:

Beispiel

»Ich kann ja nie mehr alleine auf die Straße. Schon wieder habe ich den Beweis, dass ich es nie mehr schaffe. Ich bin ein Idiot! Ich muss mich vor anderen Menschen schämen, weil ich mich so blöd anstelle. Das kann ich keinem Menschen erzählen. Ich benehme mich ja unmöglich!«

war, kam die kognitive Umbewertung in der Form:

»Für die Entstehung und Ausweitung meiner Angst gibt es eine plausible Erklärung. Ich kann umlernen. Ich mache die ersten Schritte auf das gewünschte Ziel. Bisher habe ich immer nur auf das Negative gesehen, jetzt ist es meine Aufgabe, mich über jeden kleinen Fortschritt zu freuen.«

Gedankenstopp

Im Sinne von *Beck* et al. (2004) wurde der Patient sensibilisiert gegenüber seinen automatisch ablaufenden Gedanken, die selbstzerstörerischen Charakter hatten. In der Form des Tagebuches wurde der Patient angehalten, seine Gedanken festzuhalten, die vor kritischen Ereignissen auftraten. Er lernte, sich besser zu beobachten. Daraus erwuchs die Erkenntnis, dass die Angst vor der Angst durch die entsprechenden Gedanken erzeugt wurde, die die »schreckliche« Situation vorweg nahmen. Die automatisch ablaufende Gedankenfolge konnte dadurch gestoppt (*Gedankenstopp*) und andere Gedanken konnten bewusst und gezielt dagegen gesetzt werden.

Weiterentwicklung

Aus dem einfachen Reiz-Reaktions-Modell ist in der modernen Verhaltenstherapie ein sehr komplexes Gebilde geworden, das z.B. bei *Kanfer/Schefft* (1988) als *General Systems Model* an ein Regelkreismodell der Informationstheorie erinnert. Bereits bei der Reizaufnahme (Input) wird der Reiz nicht nur durch externe Gegebenheiten bestimmt, sondern durch die biologischen und intrapersonalen Eigenheiten des Individuums. Diese beeinflussen durch ein *feedforward* die Reizaufnahme. Verschiedene Reaktionsarten stehen untereinander in Verbindung, ebenso die verschiedensten Konsequenzen. Beide stehen durch ein Feedback-System (*corrective feedback*) mit dem Organismus in Verbindung, in dem das *Self-Regulation-System* installiert ist.

7.3.3.   Zusammenfassung

Zusammenfassung

In der Verhaltenstherapie kommen verschiedene Techniken zum Einsatz. Gemeinsam ist diesen heterogenen Methoden, dass sie sich auf experimentelle, lernpsychologisch begründete Prinzipien berufen. Das Symptom wird als das Ergebnis eines Lernprozesses aufgefasst. Es wird durch die Techniken der Verhaltenstherapie abgeschwächt und verändert. Es findet also ein Umlernen oder ein »Neulernen« statt.

Im vorliegenden Beispiel wurden folgende Methoden beschrieben:

- Systematische Desensibilisierung,
- Gegenkonditionierung durch progressive Muskelentspannung,
- Erstellen einer Angsthierarchie,
- Positive, soziale Verstärkung,
- Selbstüberwachung, Selbstbewertung, Selbstverstärkung, »Innerer Dialog«,
- Gedankenstopp und
- Aufbau einer Verhaltensweise in kleinen Schritten.

7.4. Klientenzentrierte Psychotherapie (Gesprächspsychotherapie)

7.4.1. Vorgehen und Methode

Stellen Sie sich vor, Sie leiden an einer »Weihnachtsdepression«. Richtig aufmerksam sind Sie auf diesen Zustand erst durch ihre Partnerin geworden. Die ist voll Freude und möchte Weihnachten am liebsten mit vielen Menschen verbringen.

Sie sagte zu Ihnen: »In der Weihnachtszeit wirst Du immer ganz anders. Man kommt nicht mehr an Dich ran. Du wirst immer bedrückter. Was ist mit Dir los? Das schlägt einem ja auf's Gemüt.«

Das hat Sie wachgerüttelt. Sie dachten immer: Weihnachten ist ein Fest der Besinnung, der Innerlichkeit und der Sammlung, Sie wollten den Weihnachtsrummel nicht mitmachen, Weihnachten nur im engsten Kreis feiern, um die Besinnlichkeit zu pflegen. Es wird Ihnen aber nun bewusst, dass zur Weihnachtszeit und besonders an Weihnachten ein wehmütiges, schmerzliches Gefühl Ihre Brust durchzieht. Das gehört bei Ihnen zu Weihnachten wie der Tannenbaum, die Krippe oder das »Stille Nacht, heilige Nacht«. Von »Oh du fröhliche ... « ist bei Ihnen nichts zu merken. – Durch Ihre Partnerin wird Ihnen deutlich, dass andere Menschen ganz andere Empfindungen bei diesem Fest haben. Das Schlimmste für Sie ist, dass Sie sich sagen müssen: »Durch meine Stimmung und durch mein Rückzugsverhalten beeinträchtige ich die Festtagsfreude von mir liebenswerten Menschen.« Das wollen Sie ändern.

Ihnen ist ein Psychotherapeut bekannt, der sich als *Gesprächspsychotherapeut* ausweist. Nach dem üblichen Vorgespräch und der Absolvierung diagnostischer Verfahren kommen Sie mit ihm überein, dass Sie mit dem ersten Advent Ihre Gespräche mit ihm beginnen wollen. Gegenwärtig fühlen Sie sich ja wohl und es gibt für Sie keinen Anlass, Hilfe in Anspruch zu nehmen.

Die Adventszeit ist gekommen. Sie erscheinen zum vereinbarten Termin. Aufgeregt sind Sie schon etwas, obwohl der Therapeut einen vertrauenerweckenden Eindruck gemacht hat. Komisch ist, dass Sie ausgerechnet jetzt diese gedrückte Stimmung nicht empfinden. **Eine therapeutische Sitzung**

Der Therapeut empfängt Sie so ruhig und freundlich wie beim Vorgespräch. Er erklärt Ihnen, dass er versuchen werde, Sie möglichst gut zu verstehen. Er werde Ihnen auch mitteilen, wie er Ihr inneres Erleben verstehe. Dadurch werde es für Sie möglich, selbst einen Weg aus Ihrer schwierigen Situation zu finden. Er werde Ihnen also keine Ratschläge oder Anweisungen geben, weil letztendlich nur Sie selber herausfinden könnten, was für Sie nützlich und hilfreich sei. Er werde nach seinen Kräften gerne dabei helfen. Er fordert Sie auf zu berichten, was Sie jetzt bewege. Sie sagen, dass Sie ja wegen der Weihnachtsdepression gekommen seien. Sie berichten nun etwas ausführlicher, wie es Ihnen bisher zur Weihnachtszeit gegangen sei.

Der Therapeut hört aufmerksam und interessiert zu und versucht immer wieder einmal, Ihren Bericht zusammenzufassen. Schon bald sagt er Ihnen jedoch, dass er den Eindruck habe, dass Sie jetzt gar nicht bedrückt seien. – Sie stutzen. – Pause. Ja, das stimmt. Die bedrückende Weihnachtsstimmung ist jetzt nicht da. Sie kommen sich blöd vor – und dann spricht der Therapeut auch noch genau das aus, was Sie sich im Augenblick nicht auszusprechen trauen. Hmm – das ist ungewöhnlich für Sie, etwas fremd, aber doch verwunderlich, dass das alles so sein darf. Sie sprechen dann über den Druck, den Sie sich in dieser Situation gemacht haben, über den Druck, den Sie zur Zeit in Ihrem Beruf haben und über den Ärger, den Sie heute hatten. Das ist Ihnen viel näher als Ihr Weihnachtsschmerz. Offenbar ist das in Ordnung so. Der Therapeut fordert Sie nicht auf, zum eigentlichen Thema zurückzukommen.

Nach der ersten Stunde ist es Ihnen schon ein bisschen komisch. Die Atmosphäre gefällt Ihnen ganz gut. Sie fühlen sich auch etwas erleichtert. Es ist sehr angenehm, dass Ihnen jemand so ganz intensiv zuhört. Dass der Therapeut aber gar keine Anweisungen gibt, nicht äußert, wie seine Meinung zu den Problemen im Betrieb aussieht, ist für Sie schon eigenartig. Außerdem wollten Sie ja nicht wegen Ihres Ärgers im Betrieb kommen, sondern wegen der Weihnachtsdepression.

Das nächste Mal geht es Ihnen wieder so. Sie sind von ganz anderen Dingen in der Stunde bewegt. Das schmerzliche Gefühl, das Sie zu Weihnachten empfinden, ist weg. Das Gespräch war gut, aber zum »Thema« sind Sie nur am Rande gekommen. Etwas verwundert sind Sie, dass Sie sich so schnell an diese Art des Gesprächs gewöhnt haben. Sie fangen an, es zu genießen, dass Sie reden können, ohne von anderen Gedankengängen unterbrochen zu werden.

In der dritten Stunde bringen Sie Ihren Adventskranz mit. Das ist Ihnen eingefallen; denn Sie wollen ja an Ihre »Weihnachtsgefühle« herankommen. Der Therapeut hat nichts dagegen, dass Sie die Kerzen des Adventskranzes anzünden. Schließlich bringen Sie sich annäherungsweise in Ihre Weihnachtsstimmung. Mit Hilfe des Therapeuten, der verbal auf Ihre Gefühle und Gedanken eingeht, wenden Sie sich ganz bewusst diesem inneren Zustand zu. Es kommen Ihnen Bilder von Weihnachten in Ihrem Elternhaus. Manche Begebenheit sehen Sie vor Ihrem inneren Auge. Auch damals war dieses wehmütige Gefühl vorhanden. Dann entdecken Sie, dass dieses Gefühl etwas mit Sehnsucht zu tun hat. – Sehnsucht wonach? Nach Frieden? – Nein, vielleicht eher Wärme – Geborgenheit – ja, das passt schon besser. – ja, hatten Sie das nicht? Doch ja, es war immer schön feierlich. Es gab Geschenke, gutes Essen, den Weihnachtsbaum, aber… irgendeine Spannung war immer da. Nie konnten Sie sicher sein, dass Ihr Vater sich nicht über etwas aufregte. Da fällt Ihnen ein, dass er gerade an Weihnachten gerne gereizt reagierte. Dann gab es da immer wieder die Spannung zwischen Mutter und Vater. Ihnen wird bewusst, dass Sie sich ein glückliches Elternpaar gewünscht haben. – Dieses Thema beschäftigt Sie nun einige Sitzungen. Immer klarer wird Ihnen, dass Sie an Weihnachten einer alten Sehnsucht nachhängen, dass Sie aber die Augen vor der Gegenwart verschließen. Sie haben nun eine Partnerin, mit der Sie sich verstehen, bei der Sie auf andere Weise das Gefühl der Spannungsfreiheit oder der Geborgenheit immer wieder erleben können. – Damit wollen Sie aber die Therapiestunden nicht abschließen. Sie sind auf viele andere für Sie wichtige Themen gekommen. Da ist das Thema Beruf mit dem Verhältnis zum Vorgesetzten und den Kollegen. Sie haben Träume, die Sie in der Therapiestunde besprechen. Sie zeigen Ihnen plötzlich sehr deutlich, dass Sie sich gezügelt und eingeschränkt in Ihrem Beruf vorkommen. Sie denken an einen Wechsel mit all den Unsicherheiten und Ängsten.

Es fällt Ihnen auf, dass Sie oft sehr kritisch mit sich selbst umgehen. Sie finden es z.B. verachtungswürdig, dass Sie so zaghaft und ängstlich an Veränderungen in Ihrem Beruf herangehen. Ein Mann Ihres Alters und Ihrer Erfahrung müsste das doch mutig und bestimmt anpacken. In diesem Punkt sind Sie überhaupt nicht mit sich zufrieden – ja noch mehr, Sie können sich nicht leiden.

Der Therapeut geht bei all Ihren Gedanken, Bildern und Gefühlen mit. Er zeigt Ihnen, dass er Sie verstehen will, dass er ein wenig mit betroffen ist von Ihren Selbstvorwürfen. Sie verwundert es jedoch, dass er Sie nicht verachtet oder unzufrieden mit Ihnen bei Themen und Punkten ist, bei denen Sie selbst mit sich unzufrieden sind und sich selbst verachten und natürlich überzeugt sind, dass jeder andere das auch so tun müsste. – Es tut Ihnen gut, dass der Therapeut Sie so annimmt wie Sie sind, Ihnen zuhört, sich bemüht, Ihr inneres Erleben zu verstehen und in schwierigen Situationen immer wieder nachfragt, wie Sie dieses und jenes Erlebnis empfinden. Sie merken, dass Sie bewusster die unangenehmen Gefühle wahrnehmen und sich ihnen stellen, anstatt sie zu übergehen oder vor ihnen davonzulaufen. Es ist auch nicht richtig, dass alle Menschen Sie wegen Ihrer Schwäche verachten. Sie sind es selbst, der so strenge Maßstäbe anlegt und der Sie nicht leiden mag. Immer mehr kommt Ihnen während und zwischen den Therapiestunden in den Sinn. Sie wagen es immer mehr, das auch auszusprechen, was Sie bewegt und was Sie empfinden.

Sogar bei Ihrer Partnerin haben Sie es gewagt, über Ihre Ängste zu sprechen. Statt Verachtung, wie Sie es erwartet hatten, kam Verständnis und eher Freude, dass Sie Vertrauen haben. Und außerdem waren Sie viel »offener« geworden als früher. Das machte Sie noch liebenswerter für Ihre Partnerin.

Dann gibt es eine Therapiestunde, die ganz entscheidend und unvergesslich für Sie ist. Sie sprechen mit Ihrem Therapeuten über Ihre Kindheit, über schöne Erlebnisse und Freuden. Plötzlich werden Sie ganz traurig. Es ist wie ein Einbruch. Der Satz steht vor Ihnen, schmerzlich und in aller Schwere seiner Bedeutung: »Mein Vater hat mich als Kind nicht gemocht!« Da ist er wieder, der tiefe Schmerz in der Brust, die Traurigkeit und Bedrücktheit.

Sie hatten zwar aus Erzählungen gewusst, dass sich Ihr Vater nicht gefreut hatte über Ihre Geburt, dass er lieber ein Mädchen wollte, dass er sich nicht gekümmert hätte, als Sie klein waren..., aber dass Sie es so als Schmerz erlebt hatten wie heute, daran können Sie sich nicht erinnern.

Ihr Therapeut ist bei Ihnen, gefühlsmäßig. Sie haben den Eindruck, dass er Ihren Schmerz mitfühlt. Er begleitet Sie auch in Ihren weiteren Gedankengängen, die sich um dieses Thema spinnen. Schließlich stellt er eine für Sie entscheidende Frage, die Sie nicht vergessen: »Wie ist es heute? Fühlen Sie sich auch heute nicht geliebt?« – Ja, das ist es! Es wird Ihnen klar, dass Sie einer alten Sehnsucht nachhängen. Deshalb können Sie die Gegenwart nicht so wahrnehmen, wie sie ist. Heute gibt es Menschen, die Sie mögen, manche sogar sehr. Es ist Ihnen sehr deutlich geworden, dass Sie immer wieder eine Vaterfigur gesucht haben, dass Sie auf der Suche waren, aber auf der Suche nach etwas, das es so wie in der Kindheit nicht mehr geben kann.

Später wird Ihnen auch deutlich, dass Weihnachten die Geburt des Kindes bedeutet, ein Kind, das geliebt wird, das in der äußeren Armut eine Geborgenheit erfährt. Es ist ein Kind, das aber ebenfalls von einem mächtigen Mann nicht gemocht wird, so dass seine Eltern mit ihm nach Ägypten fliehen müssen.

Sie beenden die Therapie; denn der Therapeut hatte Ihnen gesagt, dass Sie selbst bestimmen, wann Sie den Schlusspunkt setzen. Ihnen ist manches deutlich geworden. Das folgende Weihnachten konnten Sie schon ganz anders feiern. Sie konnten sich sagen: Jetzt gibt es Menschen, bei denen ich mich geborgen fühle, die mich mögen. Ich kann das bekommen, wonach ich Sehnsucht hatte. Es ist vorbei.

Sie besprechen in einem Abschlussgespräch Ihre Erlebnisse in und mit der Therapie mit Ihrem Therapeuten. Sie haben den Eindruck, dass es Ihnen genügt. Sie könnten wiederkommen, wenn Sie es nötig fänden, aber Sie wollen nicht mehr. Sie haben den Eindruck, Sie könnten Ihren Lebensweg selbstständig weitergehen. Der Therapeut überlässt es Ihnen und freut sich mit Ihnen.

7.4.2. Theorie der klientenzentrierten Gesprächspsychotherapie

Begründer dieser Richtung ist *Carl R. Rogers* (1902 – 1987). Er begann 1928 seine beratende und therapeutische Tätigkeit. 1940 stellte er sein Therapiekonzept der Öffentlichkeit erstmals vor.

Ausgangssituation Er hatte sich die Frage gestellt, was bei einer Beratung oder Therapie für den Hilfesuchenden wirklich hilfreich sei. Oder anders ausgedrückt: Welche psychologischen Interventionen erweisen sich als effektiv? Aus diesem Grund hatte er seine Gespräche mit den Ratsuchenden auf Tonband aufgenommen. Dieses Vorgehen ist heute nichts Außergewöhnliches mehr. Damals erzeugte dieses Vorgehen eine Welle der Empörung. Die »Intimsphäre« einer Therapiestunde sollte nicht angetastet werden.

Die Tonbandprotokolle wurden anschließend von *Rogers* und seinen Mitarbeitern analysiert. Seine grundlegende Erkenntnis war: Es ist für den

Patienten weniger nützlich, als Therapeut direktiv in sein Leben einzugreifen, ihm Vorschriften zu machen oder »weise« Ratschläge zu geben. Diese Vorgehensweise kann in der entsprechenden Situation hilfreich sein, ändert aber nichts an den Verhaltenskonzepten des Hilfesuchenden. In der nächsten schwierigen Situation ist er wieder auf einen Berater angewiesen.

Wesentlich wichtiger schien für die Veränderung des Patienten zu sein, ihm Bedingungen zu bieten, sein Problem oder seine Schwierigkeiten selbst zu meistern. – Man wird an das Prinzip von *Maria Montessori* erinnert: »Hilf mir, es selbst zu tun!« Darum nannte *Rogers* anfangs seine Psychotherapie »Non-direktive Therapie« (non-directive therapy). Später wurde ihm eine andere Haltung wichtiger, nämlich das Ernstnehmen der Person, ihrer Würde, Individualität und Einmaligkeit. Er bezeichnete die Hilfesuchenden und Leidenden nicht als Patienten, sondern als Klienten. Daher wählte er den Namen *Klientenzentrierte Psychotherapie* (clientcentered therapy). *Reinhard Tausch* hat in Deutschland den Ausdruck *Gesprächspsychotherapie* für diese Therapieform geprägt. Heute bestehen beide Bezeichnungen in Deutschland nebeneinander.

Rogers gewann die Überzeugung, dass in jedem Menschen eine Kraft vorhanden ist, den für ihn optimalen Lebensweg zu suchen und einzuschlagen. Er nannte diese Kraft die Aktualisierungstendenz (siehe Abschnitt 3.2.3.). Die aktuellen Schwierigkeiten oder Leiden können als Barrieren auf diesem Weg oder als Störungen einer Entwicklung oder eines Wachstums aufgefasst werden.

Wie kann nun ein Psychotherapeut die Aktualisierungstendenz freisetzen und damit einen therapeutischen Prozess in Gang bringen?

7.4.3.   Bedingungen des therapeutischen Prozesses

Nach der intensiven und langjährigen Analyse der Tonbandprotokolle kam *Rogers* zu dem Ergebnis, dass folgende sechs Bedingungen vorhanden sein müssen, um einen positiven therapeutischen Prozess in Gang zu setzen:

1. Zwei Personen, nämlich Therapeut und Klient, befinden sich in Kontakt.   **Kontakt**
Das bedeutet, dass es dem Therapeuten gelingt, zum Klienten einen psychischen Kontakt, d.h. eine minimale Beziehung, herzustellen. Vielleicht erscheint dies auf den ersten Blick selbstverständlich und trivial. Stellen Sie sich aber die Situation meines Kollegen vor, der an einem Blindeninstitut arbeitet. In dieser Einrichtung hat er es z.T. auch mit Kindern zu tun, die nicht nur blind, sondern auch taub sind und noch weitere Störungen haben. Diese schwergestörten Kinder sind oft gar nicht »erreichbar«, d.h. es ist schwer möglich, einen »Kontakt« herzustellen. Sie scheinen teilnahmslos vor sich hinzuvegetieren. Mein Kollege sieht es als seine Aufgabe an, die oft sehr schwer ist, einen Zugang zu diesen Kindern zu bekommen. In einem Fall ist es ihm z.B. gelungen, die Situation zu simulieren, die der intrauterinen Gegebenheit ähnlich gewesen sein dürfte, in der die Störung und Behinderung eingetreten ist. Darauf habe das Kind angesprochen. Ein Kontakt

konnte auf diese Weise Schritt für Schritt aufgenommen werden. Das Kind wurde wieder aktiv. Ebenso ist es oft schwierig, mit Menschen, die an einer schweren Psychose leiden, Kontakt aufzunehmen. Denken Sie nur an eine chronische Schizophrenie. *Prouty (Prouty/ Pietrzak* 1988) beschreibt in seinen Arbeiten sehr eindrucksvoll, wie es ihm gelungen ist, auf der Grundlage der klientenzentrierten Psychotherapie diese kontaktlos scheinenden Menschen psychisch zu erreichen. Das alleine stellt einen großen Erfolg dar.

Inkongruenz

2. Die hilfesuchende Person befindet sich in einem Zustand der *Inkongruenz*. Sie leidet, ist in psychischer Not, ist verletzlich oder voller Angst.

Kongruenz

3. Der Psychotherapeut ist kongruent in der Beziehung zum Klienten. Das bedeutet, dass der Therapeut keine professionelle Rolle spielt, sondern in seinem Sein als Person dem Klienten begegnet. Wichtig ist vor allem, dass der Therapeut frei von Abwehr, Wahrnehmungsverzerrungen oder Wahrnehmungsleugnungen in der Beziehung zum Klienten ist. Der Therapeut hat Zugang zu seinen Empfindungen dem Klienten gegenüber. Er ist echt und eindeutig. (Auf den Begriff Kongruenz bzw. Inkongruenz wird weiter unten noch eingegangen.)

Wertschätzung

4. Der Psychotherapeut empfindet dem Klienten gegenüber bedingungslose positive Wertschätzung (*unconditional positive regard*). Das bedeutet, dass der klientenzentrierte Therapeut seinen Klienten als Person mit seinen Meinungen und Ansichten, Empfindungen, Wahrnehmungen, Gedanken und Gefühlen akzeptiert. Das heißt nicht, dass er diese als gut und richtig anerkennen muss. Er akzeptiert sie als zur Person gehörig, die ihre individuellen Ansichten und Gefühle haben darf. Es werden aber keine Wertungen vorgenommen. Schwächen, Nöte, irrationale Ängste usw. werden weder verurteilt noch abgetan, sondern ernst genommen.

Empathie

5. Der Psychotherapeut versteht empathisch den inneren Bezugsrahmen des Klienten und vermittelt ihm sein Verständnis. Diese Bedingung wurde im Deutschen auch als *einfühlendes Verstehen* bezeichnet. Das bedeutet, dass sich der Therapeut bemüht, sich in die innere und äußere Situation des Klienten zu versetzen, die Dinge mit seinen Augen zu sehen. Er versucht, den inneren Bezugsrahmen des Klienten einzunehmen. Dabei muss sicher gestellt sein, dass er sich nicht vollkommen mit dem Klienten identifiziert. Dies ist ein schwieriges Unterfangen und gelingt oft nur teilweise. Der Therapeut teilt sein Verständnis dem Klienten mit. Dies wurde oft missverstanden in dem Sinne, dass diese Mitteilung in Form eines Widerspiegelns geschehen müsse, d.h., dass der Therapeut mechanisch die Aussagen des Klienten zusammenfasse. Die Übermittlung des Verständnisses kann jedoch auf vielfältige Weise geschehen.

Wahrnehmung

6. Der Klient nimmt zumindest in geringem Maße die Kongruenz, Akzeptanzbereitschaft und Empathie des Therapeuten wahr. Das bedeutet, dass der Klient die Zuwendung des Therapeuten als solche

erleben kann. Dies ist z.B. dann nicht der Fall, wenn der Klient so in seiner Eigenwelt lebt, dass ihn die Worte des Therapeuten gar nicht erreichen. Es ist auch vorstellbar, dass die therapeutische Intervention anders interpretiert wird. Fühlt sich der Klient aber durch den Therapeuten verstanden und akzeptiert, so wird dadurch ein Prozess im Klienten in Gang gesetzt. Wesentlich ist dabei, dass der Klient wahrnimmt, dass der Therapeut kongruent ist, dass er der Mensch sein kann, der er ist, keine Rolle und kein »Spiel« spielt, und es ehrlich mit ihm meint.

7.4.4.   Entstehung psychischer Störungen

Bei jedem lebendigen Wesen ist eine Aktualisierungstendenz zu beobachten. Es hat die Tendenz, sich zur größtmöglichen Entfaltung zu bringen. Dies ist nur dann möglich, wenn die äußeren Bedingungen optimal sind.

Aktualisierungstendenz

Beim Menschen sind für eine positive Entwicklung sowohl biologische als auch psychisch-soziale Voraussetzungen nötig. *Rogers* geht davon aus, dass der Mensch in seiner frühen Entwicklung Liebe, Geborgenheit und positive Beachtung (need of positive regard) durch die Beziehungspersonen zum Aufbau seines Selbst oder Selbstkonzepts nötig hat. Sind seine Bedürfnisse, seine organismischen Bewertungen, im Widerstreit mit dem Wertsystem der Beziehungspersonen, so kann die positive Zuwendung ausbleiben. Das stellt für das heranwachsende Individuum eine immense Bedrohung dar. Bei entsprechender Wiederholung ähnlicher Situationen wird das Kind seine organismischen Bewertungen selektiv verzerrt oder gar nicht mehr wahrnehmen. Das Selbst wehrt die Impulse und Bedürfnisse ab, weil inzwischen ein Selbstkonzept aufgebaut wurde, das sich nach dem Wertesystem oder Wünschen der Beziehungspersonen richtet. Nur so kann das Kind sicher sein, die lebensnotwendige positive Beachtung zu erhalten.

Voraussetzungen für optimale Entwicklung

Werden ursprüngliche Bedürfnisse, Gefühle, *organismische Bewertungen* selektiv, überhaupt nicht mehr oder nur verzerrt wahrgenommen, so bezeichnet dies *Rogers* als Inkongruenz.

Inkongruenz

Ein Beispiel: Ein Kind spürt in sich den Impuls, den Bruder zu schlagen. Durch das Verhalten der Eltern wird dem Kind vermittelt, dass man solche Gefühle nicht haben darf. Da das Kind auf die Zuneigung und positive Beachtung angewiesen ist, wird sich sein Selbstkonzept entsprechend aufbauen. In diesem Falle: Ich schlage keine Geschwister, Kinder oder andere Menschen. Ich verurteile Aggressionen, ich bin ein friedliebender Mensch. Damit kann der Mensch zufrieden sein. Das Bedürfnis nach positiver Selbstachtung ist befriedigt (need of positive self-regard).

Da dadurch jedoch Impulse des Ärgers, der Wut oder der Aggression nicht ausgeschaltet sind, diese aber nicht oder nur verzerrt wahrgenommen werden, wird es z.B. zu körperlichen Spannungen im Körper kommen können. Als Symptome wären Nägelbeißen, Ticks, Autoaggression oder Depression möglich.

Dringen die ursprünglichen Impulse und Gefühle ins Bewusstsein durch, so werden sie als Bedrohung erlebt, oft auch als fremd und nicht mehr zur Person gehörig. Als eine typische Aussage einer Sozialarbeiterin in einer Supervisionsgruppe kann folgende Aussage gelten: »Ich kann mich gar nicht auf mich verlassen. Ich kann mir einfach nicht trauen. Ich tue dann Dinge, die ich gar nicht tun will. Danach befinde ich mich wieder in einer unmöglichen Lage. Jetzt bin ich oft so energielos und müde.« Es ist der Eindruck entstanden, als ob es noch eine Person in der Person gäbe. Der Konflikt zwischen den widersprüchlichen Tendenzen erzeugte in diesem Falle das Gefühl der Energielosigkeit und Lähmung (s. Schema S. 248).

Reorganisation des Selbstkonzepts

Geht nun der Therapeut empathisch auf diesen Zustand ein, so kommt ein Prozess in Gang, der dadurch gekennzeichnet ist, dass der Klient Zugang zu seinen Gefühlen bekommt, sie verbal oder handlungsmäßig freier ausdrücken kann und sich der Inkongruenz zwischen bestimmten Erfahrungen und seinem Selbstkonzept und der damit zusammenhängenden Bedrohung bewusst wird. Dadurch wird eine Reorganisation des Selbstkonzepts möglich, so dass die Erfahrungen, die vorher abgewehrt werden mussten, aufgenommen und assimiliert werden können. Es besteht eine höhere Kongruenz zwischen Selbst und Erfahrung.

Auffallend und enttäuschend für den Leser mag es sein, dass wir bei *Rogers* keine spezifische Störungslehre (Neurosenlehre) und auch keine differenzierte Vorgehensweise im Sinne einer speziellen Interventionsmethodik oder Interventionsstrategie vorfinden. Dies hat seinen Grund darin, dass *Rogers* der Ansicht ist, er habe allgemeine Prinzipien der Therapie und der psychischen Störungen analysiert und dargestellt. Zum anderen kommt in der Bezeichnung klienten- oder personenzentrierter Ansatz die Auffassung zum Ausdruck, dass jede Person einmalig ist. Eine gestörte Person kann sich von einer anderen Person mit derselben »Krankheitsbezeichnung« wesentlich unterscheiden. Daher ist es die Aufgabe des nach der klientenzentrierten Methode arbeitenden Beraters, Sozialarbeiters oder Psychotherapeuten, sich in die äußere und innere Situation des Klienten »einzuarbeiten«, einzufühlen, sie zu verstehen. Dann kann er sein Verständnis entsprechend zum Ausdruck bringen. Dies kann im Bereich der Sozialarbeit auch in Form einer Handlung bzw. Maßnahme bestehen. Ziel ist dabei, dem Hilfesuchenden im Sinne einer Selbsthilfe zu einer Reorganisation seiner Wahrnehmungs-, Bewertungs- und Handlungsstrukturen zu verhelfen.

Das bedeutet allerdings nicht, dass der Berater oder Therapeut über die entsprechende Störung keine Kenntnisse zu haben braucht. Im Gegenteil: Er soll einerseits ein Wissen über die entsprechende Krankheitsform oder Störung erworben haben, um den Menschen besser verstehen zu können. Andererseits soll er sein Wissen nicht dazu verwenden, um den Hilfesuchenden in eine entsprechende diagnostische Schublade zu stecken. Die individuelle Situation verlangt das spezifische Verständnis und die auf das Individuum zentrierte Intervention.

Fallanalyse »Weihnachtsdepression«

Wenden wir uns abschließend nochmals dem geschilderten »Fall« der »Weihnachtsdepression« zu. Wie kann nach dem klientenzentrierten Modell die Entstehung dieser Störung beschrieben werden?

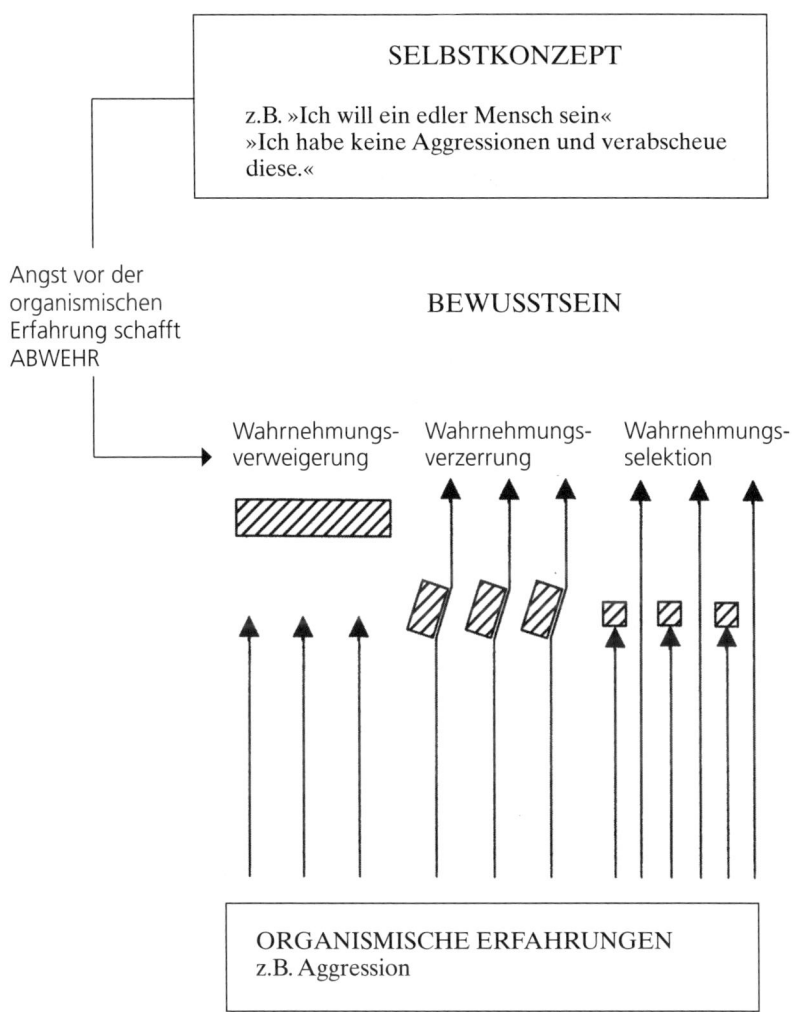

Schema:
Die Beziehung zwischen Selbstkonzept und Organismus im Zustand der Inkongruenz

Der Klient hatte als Kind die Ablehnung des Vaters erlebt. Der Vater hatte in dieser Familie eine ausgesprochen dominante Position. Daher war seine ablehnende Haltung eine große Bedrohung für das Kind.

Dem steht der Wunsch entgegen, vom Vater geliebt und geachtet zu werden, denn das Bedürfnis nach positiver Beachtung ist mit der Entwicklung des Selbst verbunden. Wie sieht das Selbstkonzept unseres Klienten hinsichtlich seines Verhältnisses zum Vater und in Bezug auf seine Weihnachtsdepression aus? – Wenn ich das Selbstkonzept in Aussagen ausdrücke, dann komme ich zu den folgenden Sätzen:

»Ich bin nicht gewollt.«   **Selbstkonzept**
»Ich muss ohne die Anerkennung des Vaters zurechtkommen.«
»Ich bin nur unter bestimmten Bedingungen anerkannt.«
»Ich möchte angenommen, beachtet, geliebt sein.«

Abwehr

Wie sieht die Abwehr des Klienten aus? – Die gestörte Wahrnehmung zeigt sich darin, dass er nicht wahrnehmen kann,

1. dass er von seinem Vater nicht gewollt war (Bedürfnis nach Beachtung und Selbstbeachtung);
2. dass er stattdessen seinen Vater ablehnt und dessen späte Bemühungen nicht annehmen und positiv bewerten kann (Verteidigung der Selbstachtung; Angst vor Änderung des Selbstkonzepts);
3. dass er seine Sehnsucht nach dem liebenden Vater und seine Trauer über das Mangelerlebnis an Weihnachten wiederholt;
4. dass die jetzige Realität anders aussieht, d.h. dass er nun ein Zuhause besitzt mit Menschen, die ihn beachten und achten;
5. dass er sich zurückziehen muss, weil er so verletzlich geworden ist und eine Enttäuschung der Sehnsucht nach Geborgenheit, Sicherheit, Liebe und Anerkennung nicht verkraften könnte.

Durch die Bedingungen, die der klientenzentrierte Psychotherapeut dem Hilfesuchenden bot, konnte die Angst vor den abgewehrten Gefühlen und Gedanken abgebaut werden. Schritt für Schnitt konnten die ursprünglichen Wahrnehmungen zugelassen werden. Die Erkenntnis: »Ich bin nicht gewollt. Mein Vater hat mich nicht gewollt« wurde wie ein Dammbruch in leidvoller Plötzlichkeit erlebt.

Aus dem Verständnis der inneren Situationen heraus spricht der Therapeut den Klienten auf die Gegenwart an. Dadurch wird dem Klienten einsichtig, dass er der Vergangenheit nachtrauert und die jetzige Situation nicht in dem Maße erleben kann, wie er es sich wünscht.

Verändertes Selbstkonzept

Nicht zufällig hatte der Klient sich einen Therapeuten gesucht, der für ihn eine Vaterfigur darstellte. In der persönlichen Beziehung zu ihm konnte die Sehnsucht nach der väterlichen Bezugsperson aktualisiert werden. Das veränderte Selbstkonzept dürfte die Sätze beinhalten:

»Ich werde von einigen Menschen sehr geliebt und geachtet.«
»Ich brauche die Vergangenheit an Weihnachten nicht mehr zu wiederholen.«
»Mein Vater hat mich nicht gewollt.«
»Später hat er sich sehr um mich bemüht.«
»Ich musste ihn damals ablehnen.«
»Ich kann Nähe und Zuneigung annehmen.«
»Ich brauche keine Angst zu haben, wenn mich jemand nicht mag und schätzt. Ich bin deswegen nicht verachtenswert.«

Damit ist der Klient nicht frei von jeglicher Inkongruenz. Wahrnehmungsverzerrungen und Wahrnehmungsleugnungen auf anderen Gebieten werden weiterhin vorkommen. Jedoch verspürt der Klient eine deutliche Verbesserung seines Zustandes und hat den sicheren Eindruck, ohne weitere Hilfe weiterleben zu können. Er ist offener und entwicklungsfähiger geworden. Das Prinzip, für sein Leben selbst verantwortlich zu sein, die Aktualisierungstendenz zu fördern und freizusetzen, wird auch am Ende der Therapie bewusst verwirklicht. Der Klient bestimmt das Ende der Zusammenkünfte.

7.4.5.   Zusammenfassung

Carl R. Rogers ist im Laufe seiner beratenden Tätigkeit zu der Überzeugung gelangt, dass in jedem Lebewesen eine Kraft vorhanden ist, die das Bestreben hat, das Individuum zur bestmöglichen Entfaltung zu bringen. Er nannte diese Kraft die Aktualisierungstendenz.

Ein ratsuchender oder leidender Mensch ist fähig, seinen eigenen Weg zu finden, wenn in Beratung oder Therapie folgende Bedingungen erfüllt sind:

1. Therapeut/Berater und Klient befinden sich in Kontakt.
2. Der Hilfesuchende nimmt bei sich den Zustand der Inkongruenz wahr.
3. Der Therapeut/Berater ist kongruent in der Beziehung zum Klienten.
4. Der Therapeut empfindet dem Klienten gegenüber bedingungslose positive Wertschätzung,
5. Der Therapeut versteht empathisch den inneren Bezugsrahmen des Klienten und vermittelt ihm sein Verständnis.
6. Der Klient nimmt die Kongruenz, Akzeptanz und Empathie des Therapeuten wahr.

Kommt der Mensch auf diesem Wege zu seiner wahren Identität, so ist er durch Individualität, Kreativität und positives Sozialverhalten gekennzeichnet.

Ist die Entwicklung durch einen Mangel an positiver Beachtung gestört, so baut der Mensch ein Selbstkonzept auf, das sich nach dem Wertsystem der Beziehungspersonen richtet. Die Erfahrungen des eigenen Organismus werden dadurch verzerrt, nur in Ausschnitten oder überhaupt nicht wahrgenommen. Sind die Erfahrungen des Organismus jedoch so stark, dass sie die Abwehr des Selbstkonzepts durchbrechen, so erlebt der Mensch seine Inkongruenz, fühlt sich verwirrt und leidet.

7.5.   Indikation: Wer braucht eine Psychotherapie?

Kommt ein Mensch in eine Institution mit einem Problem oder Leiden, so stellt sich die Frage der Indikation.

In der Medizin wird Indikation wie folgt definiert: »Indikation (lat. indicare **Definition** anzeigen) f: (engl.) indication; Abk. Ind. sog. Heilanzeige; Grund zur Anwendung eines best. diagnostischen oder therapeutischen Verfahrens in einem Erkrankungsfall, der seine Anw. hinreichend rechtfertigt, wobei grundsätzlich Aufklärungspflicht gegenüber dem Pat. besteht. Es werden unterschieden: zwingender Grund (absolute I.), insbes. bei Lebensgefahr (vitale I.); besteht nur eine bedingte Gefährdung des Pat. od. kommen sinnvolle alternative Maßnahmen in Betracht (relative I.), so sind hinsichtlich der Beachtung von Nebenwirkungen strenge Maßstäbe anzulegen. Vgl. Kontraindikation.« (*Pschyrembel* 2002, S. 550)

Man hat versucht, diesen Indikationsbegriff auch auf die Psychotherapie zu übertragen, die ja auch eine Art Heilbehandlung darstellt.

Alternativen

In einer Beratungsstelle muss der wie immer ausgebildete Berater entscheiden, ob dem hilfe- oder ratsuchenden Menschen durch eine Beratung geholfen werden kann oder ob

a) eine medizinische Maßnahme,
b) eine Psychotherapie,
c) eine Intervention im sozialen Sektor oder
d) eine Veränderung der Lebensbedingungen angezeigt ist (*Bastine* 1981).

Bei den psychologisch begründeten Interventionen, zu denen psychologische Beratung und Psychotherapie gehören, steht zur Indikationsstellung das anamnestische Gespräch (vgl. Abschnitt 6.3) im Vordergrund. Hierbei ist zu eruieren, ob

a) das erlebte Problem oder Leiden aus der Lebensgeschichte zu erklären ist,
b) Einsicht in die Zusammenhänge und Ursachen besteht und
c) Fähigkeiten vorhanden sind, die Lebensumstände zu verändern.

Beratung

Eine Beratung hat die Aufgabe, nicht gesehene oder unbekannte Lösungsmöglichkeiten aufzuzeigen, die der Ratsuchende mit oder ohne Hilfestellung selbstständig ausführen kann.

Psychotherapie

Sind diese Voraussetzungen nicht gegeben, so ist zu fragen, ob eine Psychotherapie angezeigt ist. Dies ist besonders dann der Fall, wenn der Hilfesuchende seelisch leidet, die Ursachen seines Leidens nicht durchschauen kann oder wenn er sich aus seinem sozialemotionalen Beziehungsgeflecht nicht lösen bzw. sich in ihm nicht entsprechend behaupten kann. Der psychisch leidende Mensch hat in den meisten Fällen auch körperliche Beschwerden zu beklagen. Es ist eine Selbstverständlichkeit, dass eine ärztliche Untersuchung organische Ursachen der Beschwerden ausschließen muss. Andererseits wird auch behauptet, dass körperliche Krankheiten zu einem hohen Prozentsatz psychisch bedingt sind.

Nach dem Bericht zur Lage der Psychiatrie in Deutschland von 1975 (*Baumann/v. Wedel* 1981, S. 10) suchen wegen psychischer Störungen von je 1000 Einwohnern 140 den Hausarzt auf. Nur 10 Einwohner suchen Hilfe beim Psychiater und Psychotherapeuten. Vor dem ärztlichen wie vor dem psychologischen Psychotherapeuten (als Psychotherapeut ausgebildeter Diplom-Psychologe) besteht bei vielen Menschen noch große Angst. Es wird befürchtet, als nicht mehr normal, als »Spinner« im sozialen Umfeld abgestempelt und entsprechend diffamiert zu werden. Noch schlimmer erscheint es, in eine »Klapsmühle«, d.h. ein Nervenkrankenhaus eingewiesen zu werden. Offensichtlich herrscht bei vielen Menschen ein äußerst negatives Bild vor. Nervenkrankenhaus oder psychosomatische Klinik werden mit geschlossenen Anstalten gleichgesetzt, über die manche Horrorgeschichte verbreitet ist.

Nehmen wir an, der Berater ist zu der Überzeugung gelangt, dass dem Ratsuchenden am besten durch eine Psychotherapie geholfen werden könne, so hat er damit bereits eine Indikationsentscheidung zur Psychotherapie getroffen. Diese müsste dann von dem entsprechenden Fachmann, dem Psychotherapeuten, bestätigt werden. Dieser wird seine Entscheidung von der Prognose über den vorhersehbaren Therapieerfolg abhängig machen. Man spricht daher auch von *prognostischer Indikation*.

Entscheidung für Psychotherapie

Prognostische Indikation

Nehmen wir weiter an, der hilfesuchende Mensch ist nach entsprechender Beratung bereit, einen Psychotherapeuten aufzusuchen, so stellt sich für den Berater die Aufgabe einer *selektiven Indikation*. Das bedeutet, dass für die bestimmte Person mit dem so gearteten Leiden oder der beobachtbaren Störung ein entsprechender Psychotherapeut (ambulante Therapie) oder eine psychotherapeutische Klinik (stationäre Psychotherapie) zu suchen ist, um adäquate Maßnahmen (Art der Psychotherapie) zur Anwendung kommen zu lassen. Dies stellt den Idealfall dar. In der Realität, besonders in vorwiegend ländlich strukturierten Gegenden, wird der Sozialarbeiter für die verschiedenen Problemgruppen von Störungen nicht die entsprechenden Therapeuten finden. Selektive Indikation bedeutet in diesem Fall nicht eine Selektion von Maßnahmen, sondern eine Selektion von Patienten. Diese Form der Selektion wird auch der Einzeltherapeut durchführen, da er aus Erfahrung weiß, mit welcher Art von Störungen und Menschen er am besten arbeiten kann.

Selektive Indikation

Wie gewinnt nun der Psychotherapeut in der Praxis seine Kriterien, um zu der Indikation: »Behandlung durch Psychotherapie angezeigt« zu kommen?

In der Wissenschaft ist man sich nicht einig, wann eine Psychotherapie zu empfehlen ist und wann nicht. So kann man bei *Bastine* (1981, S. 159) den Satz finden: »Es fehlen unbestrittene, wissenschaftlich fundierte Kenntnisse darüber, wann eine Psychotherapie indiziert ist.« Auf der anderen Seite ist durch zahlreiche Untersuchungen wissenschaftlich belegt, dass Psychotherapie wirksam ist. Um eine Indikation zu stellen, wird der praktisch arbeitende Psychotherapeut nach der medizinischen Untersuchung

Indikationsstellung

1. eine Anamnese und eine Exploration durchführen;
2. sich die Störung genau beschreiben lassen, die Häufigkeit des Vorkommens registrieren und eventuell in vivo beobachten;
3. psychologische Testverfahren anwenden (projektive Verfahren oder Fragebögen, siehe Abschnitt 6.5.);
4. unter Umständen physiologische Messungen durchführen.

Danach wird er entscheiden, ob er den hilfesuchenden Menschen selbst behandelt oder zu einem Kollegen schickt, dessen psychotherapeutische Methode dem Fall angemessener erscheint.

Von der Seite der Wissenschaft wird allerdings dazu bemerkt: »Der wissenschaftliche Wert der schulenspezifischen Indikation erscheint gering: Die Indikation für die Verhaltenstherapie, die klientenzentrierte Psychotherapie oder die Psychoanalyse kann im Einzelnen nicht gestellt werden, solange die therapeutischen Konzepte in sich heterogen sind und im Zuge einer zunehmenden Anpassung an die Praxiserfordernisse ihre theoretischen Ansätze, ihre Methoden und Vorgehensweisen immer mehr erweitern und teilweise einander angleichen« (*Bastine* 1981, S. 160).

In der mir bekannten Realität der Psychotherapeuten kommen zwei Formen der Indikation zum Tragen, nachdem die grundsätzliche Indikation zur Therapie gestellt wurde, nämlich die selektive und die adaptive, prozessuale oder verlaufsorientierte Indikation.

Indikation: Verhaltenstherapie

Ein Gesprächspsychotherapeut (klientenzentrierte Therapie) oder ein tiefenpsychologisch orientierter Psychotherapeut (Psychoanalyse, Individualpsychologie, komplexe Psychologie) wird eine Person mit einem klar umrissenen Symptom (z.B. Prüfungsangst, Redeangst) eher zu einem Verhaltenstherapeuten »überweisen«. Weitere Kriterien für die Empfehlung wären: Der Klient ist vorwiegend handlungsorientiert, verlangt nach Handlungsanweisungen und ist »schwer zugänglich«.

Indikation: Gesprächstherapie

Eine Gesprächspsychotherapie, neuerlich klientenzentrierte Psychotherapie, ist nach *Biermann-Ratjen/Eckert/Schwartz* (2003, S. 148 – 149) dann indiziert, wenn:

»(1) die Störung eine psychische ist, Inkongruenz zur Grundlage hat,
(2) ein Selbstkonzept und ein gewisses Ausmaß von Beziehungsfähigkeit zu sich selbst beim Klienten gegeben sind,
(3) der Klient das gesprächspsychotherapeutische Beziehungsangebot zumindest in Ansätzen wahrnehmen kann und
(4) in der Aufhebung der Inkongruenz im Erleben des Klienten wenigstens ein erster Schritt zur Lösung seiner Probleme gesehen werden kann und sei es nur die Klärung des Problems.«

Indikation: Psychoanalyse

Was *Sigmund Freud* bereits 1905 ausgedrückt hat, dürfte auch heute für manchen Psychotherapeuten noch zutreffen: »Die Indikation und Gegenanzeigen dieser Behandlung sind infolge der vielen praktischen Beschränkungen, die meine Tätigkeiten getroffen haben, kaum endgültig anzugeben« (*Freud* 1905a, S. 20). Im Übrigen hält er eine Psychoanalyse bei »chronischen Formen der Hysterie mit Resterscheinungen, für das große Gebiet der Zwangszustände und Abulien und dergleichen« (S. 22) für angezeigt. Kontraindiziert sei Psychotherapie auch bei Menschen mit geringem Bildungsgrad, neuropathologischen Regenerationen, fehlender Therapiemotivation, Psychosen, hohem Alter oder bei der Notwendigkeit, drohende Erscheinungen rasch zu beseitigen.

Zusammenfassend kann man feststellen: Obwohl in der wissenschaftlichen Forschung noch keine eindeutigen Kriterien für die Indikation zur Psychotherapie und für die Selektion gefunden wurden, muss in der Praxis die Indikationsfrage täglich neu entschieden werden. Man greift zurück auf einigermaßen gesicherte Ergebnisse der Wissenschaft und auf den jeweiligen Erfahrungswert, der naturgemäß von Berater zu Berater, von Psychotherapeut zu Psychotherapeut unterschiedlich ist.

Adaptive Indikation

Aus diesem Grund findet man bei vielen Psychotherapeuten die adaptive, prozessuale oder verlaufsorientierte Indikation. Dies bedeutet, dass der

Psychotherapeut nach einem positiven Ergebnis aus den vorher angeführten Verfahren (Tests o.ä.) zwischen drei oder fünf »Probesitzungen« anberaumt. In einer Therapie nach gesprächspsychotherapeutisch oder tiefenpsychologisch orientiertem Muster kann das Explorationsgespräch schrittweise in ein therapeutisches Gespräch übergehen. Am Schluss der jeweiligen Sitzung können sich Klient und Therapeut über die Wirkung der Interventionen unterhalten. Der Therapeut wird sich die Frage stellen, ob der psychotherapeutische Prozess in Gang gekommen ist oder nicht. Der Klient wird ausdrücken können, wie die Sitzung auf ihn wirkt und ob er bereits eine Erleichterung seines Leidensdruckes verspüren kann. Nach Untersuchungen von *Eckert/ Schwartz/Tausch* (1977) kann man bereits nach der zweiten Therapiesitzung mittels eines Verlaufsfragebogens erfolgreiche und nicht erfolgreiche Klienten in der Gesprächstherapie signifikant unterscheiden.

In der Praxis wird der Therapeut nach der fünften Stunde zusammen mit dem Klienten entscheiden, ob die Therapie fortgeführt bzw. vielleicht im eigentlichen Sinne begonnen wird. Zu diesem Zeitpunkt wird in der Regel auch der Antrag an die Krankenkasse gestellt.

Eine verlaufsorientierte Indikation wird sich nicht nur auf den Anfang des Therapieprozesses beschränken. Im Laufe der »Behandlung« sind unterschiedliche Maßnahmen zu ergreifen. In einer bestimmten Phase können beispielsweise Medikamente notwendig werden. Darum ist die Zusammenarbeit zwischen Psychotherapeut und Mediziner unumgänglich.

Anschließend sei die Indikationsstellung als Entscheidungsverlauf quasi als Prozess auf verschiedenen Ebenen dargestellt (siehe auch *Baumann/v. Wedel* 1981):

Indikation als Prozess

Als Erstes wird die Person ein Leiden, ein Symptom an sich selbst feststellen. Meist kommt es hier bereits zu einer *Selbstindikation.*

In seltenen Fällen wird die Person von Verwandten, Mitbewohnern oder Bekannten auf ein Symptom oder Fehlverhalten aufmerksam gemacht. Nicht selten wendet sich die betroffene Person aber an diesen Personenkreis mit der Schilderung der Störung und mit der Bitte um Rat. Hier kommt es zu einer *Indikation im Laiensystem.*

Bereits auf diesen Stufen kann es zur Einleitung bestimmter Therapiemaßnahmen kommen, sei es durch Verhaltensänderungen (Bewegungsverordnungen oder Ruhe), Veränderungen des sozialen Umfeldes (Urlaub bis Arbeitsplatzwechsel) oder durch Selbstmedikation.

Als nächster Schritt ist die Konsultation von Personen zu beobachten, die z.T. eine inoffizielle Beratungsfunktion ausüben wie etwa der Pfarrer, die Gemeindeschwester, der Lehrer, vielleicht auch einmal der Jurist, oder Personen, denen man eine gewisse Kompetenz zutraut und die Vertrauen genießen. Hier spricht man von *Indikation durch halbprofessionelle Berufsgruppen.*

Die nächste Anlaufstation ist dann meist der Hausarzt, d.h. der Arzt für Allgemeinmedizin, der Heilpraktiker, vielleicht auch schon der Psychologe ohne psychotherapeutische Spezialausbildung im Arbeitsamt oder in einer anderen Beratungsstelle, vielleicht auch der Sozialarbeiter. Es erfolgt eine weitere

Indikation durch Fachleute des Gesundheitssystems: Oft auf Umwegen, nachdem bereits die verschiedenen Ratschläge und Verordnungen im Sinne einer selektiven oder prozessualen Indikation erteilt wurden, oder andere medizinische Maßnahmen durchgeführt wurden, kommt die Person schließlich zum Psychotherapeuten. Aufgrund der verschiedenen diagnostischen Maßnahmen kommt es zu einer

Indikation durch den Psychotherapeuten: Durch seine fachliche Kompetenz wird er eine bestimmte Prognose treffen, nämlich eine

Prognostische Indikation: Er wird entscheiden, ob er den Fall selbst übernimmt, d.h. ob er für das diagnostizierte Störungsbild die durch ihn beherrschte Methodik für adäquat hält. Andernfalls wird er den Fall an einen entsprechenden Kollegen abgeben. Außerdem ist zu entscheiden, ob eine ambulante oder stationäre Behandlung angezeigt ist. Es handelt sich also um eine *Selektive Indikation.*

Falls er die Behandlung übernimmt, wird es während des Therapieablaufs immer wieder zu einer *Prozessualen Indikation* kommen müssen, d.h. der Therapeut wird sich Rechenschaft darüber abgeben müssen, ob die Person auf die Therapie anspricht, ob im Verlauf zusätzliche Maßnahmen eingeleitet werden müssen oder ob sich die Art der Behandlung ändern muss.

7.6. Effektivität und Wirkungsweise von Psychotherapie

7.6.1. Wirkt Psychotherapie überhaupt?

Der unvoreingenommene Leser mag sich wundern, warum über die Effektivität von Psychotherapie in einem weiteren Kapitel etwas gesagt werden muss. Schaut er sich in der Fachliteratur um, so wird er auch heute noch eine Menge von Abhandlungen finden, die sich mit dem Erfolg psychotherapeutischer Interventionen beschäftigen.

Der Grund ist einmal darin zu suchen, dass auch heute noch in unserer Gesellschaft ein großer Widerstand gegen Psychotherapie vorhanden ist. Hämisch wird dann erzählt, dass bei X eine Psychotherapie nicht geholfen habe. Genauso gut könnte man die Wirkungsweise von Penizillin in Abrede stellen, da es Menschen gibt, die darauf allergisch reagieren.

Auf der anderen Seite gibt es auch eine Reihe von Medizinern, die der Psychotherapie skeptisch gegenüberstehen und allein auf die Wirkungsweise von Pharmaka setzen.

Dies spiegelt sich auch in der Bevölkerung wider, wie mir in den letzten Tagen an einem nahezu klassischen Beispiel demonstriert wurde: Von der Ehefrau eines psychisch leidenden älteren Mannes unserer Gemeinde wurde ich gerufen. Er litt unter Herzrhythmusstörungen, Angstzuständen und Schlafstörungen. Ausgelöst war dieser Zustand durch die Krebserkrankung seiner Frau. Obwohl ich während der beiden etwa einstündigen Besuche durch Gespräch und anschließender »Progressiver Muskelentspannung« erreichen konnte, dass Schweißausbrüche, Atemfrequenz und der Tremor in den Händen sich deutlich verbesserten und diese Verbesserungen auch subjektiv wahrgenommen werden konnten, bat mich der Mann am Schluss des zweiten Besuches, nicht mehr in sein Haus zu kommen. Er hatte Angst, von den anderen Bewohnern des Dorfes für verrückt erklärt zu werden. Wenn schon ein Psychologe kommen muss, dann ist es schlimm um einen bestellt. Die weitere Behandlung des Mannes erfolgte durch Psychopharmaka, was ihm wesentlich lieber war.

In der heutigen Zeit wird sich diese Einstellung sicher langsam ändern, da eine immer größere Zahl von Medizinern und Psychologen eine Ausbildung in Psychotherapie absolviert. Damit wird diese Heilmethode auch in Deutschland sicher weniger abschreckend werden.

Die noch immer vorherrschende Skepsis und Angst sind sicher ein Grund, **Skepsis** warum die Forschung angehalten wurde, die Wirkungsweise von Psychotherapie zu belegen. Ein weiterer Anlass kam aus den Reihen der psychologischen Forscher selbst. So hatte *Eysenck* (1952) in seinem inzwischen berühmt gewordenen Aufsatz »The effects of psychotherapy. An evaluation.« behauptet, es gebe keine Beweise dafür, dass psychotherapeutische Behandlungen überhaupt wirksam seien. Vergleiche man nämlich die Veränderungen von unbehandelten psychisch leidenden Menschen im Laufe der Zeit, so könne man dort die gleichen »Erfolge« nachweisen, wie bei behandelten. Er spricht von spontanen Remissionen der neurotischen Störungen.

Diese Aussage wirkte wie ein Paukenschlag. Hatten doch die zahlreichen Fallstudien und Beschreibungen von *S. Freud*, *A. Adler* und *C. G. Jung* am Anfang des letzten Jahrhunderts den Erfolg der sogenannten Tiefenpsychologie sehr anschaulich vor Augen geführt. Sehr einleuchtend wird anhand dieser Beispiele die Wirkungsweise der seelischen Mechanismen beschrieben und das Talent des in die Tiefen des Unbewussten sehenden und helfenden Therapeuten aufgezeigt.

Nun war die Forschung aufgefordert, die Behauptung *Eysencks* zu wi- **Therapieforschung** derlegen. Tatsächlich wurde in den darauffolgenden Jahren intensiv in diese Richtung geforscht. *Grawe* (1987) gibt an, dass bis 1983 circa 3.500 kontrollierte Forschungsprojekte über die Effektivität unterschiedlicher Psychotherapieformen vorlagen. Folgende Ergebnisse sind erwähnenswert:

1. Es konnte überzeugend nachgewiesen werden, dass Psychotherapie wirksam ist. Neurotische Patienten profitieren im Gegensatz zu nichtbehandelten (Kontrollgruppen) sehr deutlich von einer psychotherapeutischen Behandlung.

2. Die bekanntesten Psychotherapiemethoden können inzwischen wissenschaftlich fundierte Beweise für ihre Wirksamkeit vorlegen. Nachdem diese Tatsache gesichert schien, waren es vor allem die Vertreter der Verhaltenstherapie, zu denen auch *Eysenck* gehört, die beweisen wollten, dass die Verhaltenstherapie den anderen Psychotherapieformen überlegen ist. Das Ergebnis dieser Forschungsintentionen, die übrigens auch bei den Fallstudien der Tiefenpsychologie zu finden sind, war für die Forscher enttäuschend. Es stellte sich nämlich heraus, dass

3. keine der bekanntesten Therapieformen der anderen überlegen ist. Etwa zwei Drittel der behandelten Personen waren deutlich gebessert. Dieses unter dem Stichwort *Erfolgsquotenkonstanz* bekannte Ergebnis schien darauf schließen zu lassen, dass in allen Therapieformen letztendlich das Gleiche geschieht. So kam man z.B. zu dem Ergebnis, dass

4. eine gut funktionierende Therapeut-Klient-Beziehung eine notwendige Bedingung für Veränderungsprozesse bei allen Therapien ist. Zufrieden wollte man sich auf Seiten der verschiedenen therapeutischen Schulen mit diesem Ergebnis nicht geben. Die entsprechenden Vorgehensweisen, begründet auf divergenten theoretischen Konzepten, wurden als zu unterschiedlich erlebt. So kam man zu dem Schluss, dass die bisherigen Forschungsmethoden nicht geeignet sind, das Psychotherapiespezifische, d.h. die jeweilige Veränderung durch die spezielle Methode bei der spezifischen psychischen Störung zu erfassen oder abzubilden. Zur Zeit ist man auf der Suche nach neuen adäquaten Methoden. Interaktionsanalysen, Einzelfallforschung mit unterschiedlichen methodischen Ansätzen oder Prozessanalysen weisen in die neue Richtung. Als Ergebnis der neuesten Arbeiten zur Prozessforschung kann man festhalten:

5. Im Sinne einer »differentiellen Prozessanalyse« kann man sagen, dass Therapieerfolg bei verschiedenen Therapien etwas qualitativ Unterschiedliches ist. Außerdem kommt er auf völlig unterschiedliche Weise zustande. Es sind Menschen mit unterschiedlichen Symptomen und Persönlichkeitsstrukturen, die bei der einen und bei der anderen Psychotherapieform eine Besserung ihrer Leiden erfahren (*Grawe* 1989).

Trotz dieser Ergebnisse ist man noch nicht so weit, dass exakt bestimmt werden kann, für welche Person mit welchem spezifischen Leiden welche Psychotherapieform am besten geeignet ist. In der Praxis ist zu beobachten, dass Psychotherapeuten nicht starr nur eine Methode anwenden. Es kommt zu einer Methodenintegration. Dadurch wird eine gewisse Flexibilität des Vorgehens zum Wohle des Hilfesuchenden erreicht. *Bastine* (1981, S. 160) geht sogar so weit, dass er sagt:

Fazit

»Der wissenschaftliche Wert der schulenspezifischen Indikation erscheint gering: Die Indikation für die Verhaltenstherapie, die klientenzentrierte Psychotherapie oder die Psychoanalyse kann im Einzelnen nicht gestellt werden, solange die therapeutischen Konzepte in sich heterogen sind und im Zuge einer zunehmenden Anpassung an die Praxiserfordernisse ihre theoretischen Ansätze, Ihre Methoden und Vorgehensweisen immer mehr erweitern und teilweise einander angleichen. In der vergleichenden Psychotherapieforschung können daher auch lediglich Abstraktionen der einzelnen Therapieschulen untersucht werden, die häufig mit der therapeutischen Realität nur wenig übereinstimmen.

Zudem scheinen sich im therapeutischen Handeln die Grenzen zwischen verschiedener Schulzugehörigkeit der Therapeuten – vor allem bei Gesprächs- und Verhaltenstherapeuten zu verwischen. Dies wird durch den starken internationalen Trend zum eklektischen Vorgehen belegt (vgl. *Garfield* und *Kurtz* 1974, 1977; *Dvorak*, *Fichter* und *Wittchen* 1978). In einer eigenen Studie, in der wir Reaktionsweisen von 33 Psychotherapeuten auf einen schriftlich vorgegebenen Therapiefall untersuchten, hatten wir erwartungsgemäß erhebliche Schwierigkeiten, die Schulenzugehörigkeiten der Therapeuten eindeutig zu definieren.«

7.6.2. Wie wirkt Psychotherapie?

Herschbach kommt noch 1988 (S. 33) zu dem Schluss: »Wir wissen immer noch nicht, unter welchen Bedingungen Psychotherapie wirkt.« Er zeigt daraufhin vier allgemeine Bedingungen auf, die interkulturell und therapieübergreifend für einen Behandlungserfolg verantwortlich zu sein scheinen:

Bedingungen für Therapieerfolg

1. Das gemeinsame Weltbild oder der gemeinsame konzeptuelle Rahmen von Therapeut und Klient

Gemeinsames Weltbild

Der Therapeut hat die entsprechende Diagnose, das Erklärungsmodell und den möglichen Besserungsweg dem Patienten vorgestellt. Falls der Patient dieses Konzept anerkennt, kann der therapeutische Prozess in Gang kommen. Dabei ist es unerheblich, ob das Weltbild ein wissenschaftlich begründetes oder ein mystisches ist.

2. Die Therapeutenmerkmale

Therapeuten-merkmale

Der Helfer, Heiler oder Psychotherapeut hat in allen Kulturen einen relativ hohen sozialen Status inne. Dadurch ist der Rollenunterschied festgelegt. Des Weiteren werden dem Therapeuten verschiedene Merkmale zugeschrieben vom »Charisma« bis zu den bekannten »*Rogers*-Variablen«.

3. Setting, Rituale, Techniken

Setting

In allen Kulturen gibt es bestimmte Kennzeichen und Örtlichkeiten für den »Heiler«. Die angesetzten Rituale oder Techniken zeichnen den Therapeuten aus. *Torrey* (1972) gibt viele Beispiele für Ähnlichkeiten oder Parallelen zwischen westlichen Therapietechniken, Ritualen oder Maßnahmen in anderen Kulturen, ja er behauptet sogar, dass es keine einzige westliche Therapietechnik gebe, die nicht auch in anderen Kulturen angewandt wurde oder wird.

4. Das Hervorrufen emotionaler Erregungszustände

Emotionale Erregung

Wie wir aus der Sozialpsychologie wissen, kann eine Einstellungsänderung am ehesten auf dem Wege einer emotionalen Umstimmung erreicht werden. Auch für den Therapieerfolg und eine Verhaltensänderung ist eine Änderung der Einstellung notwendig. So finden wir in den meisten Therapien eine Provozierung von Gefühlszuständen. Eine Ausnahme bildet dabei die Entspannungstherapie.

Wenden wir uns nun dem leidenden Menschen selbst zu. Wie erlebt er seine »Störung« und deren Besserung? Er leidet an einer bestimmten Verhaltensweise wie Nägelkauen, Waschzwang, an einem bestimmten Gefühlszustand wie ständige Angst, Angst in bestimmten Situationen, Gedrücktheit und Traurigkeit, an somatischen Beschwerden wie Kopf- oder Magenschmerzen, Herzrasen, Schweißausbrüchen. Diese Beschwerden werden deshalb als bedrohlich erlebt, weil sie aus eigener Kraft nicht zu meistern oder zu lindern sind. Oft wurde bereits »alles versucht«, aber es nützt nichts. Nach meiner Erfahrung ist der Hilfesuchende auf der Flucht vor seinem Symptom, möchte es nicht mehr sehen und hätte am liebsten eine Tablette oder einen Zauberspruch, um das Unheimliche zum Verschwinden zu bringen. Mit Hilfe des Therapeuten wird der Patient dazu gebracht, sich gerade mit diesem leidbringenden Symptom zu beschäftigen, wenn man von den sogenannten »zudeckenden Verfahren« absieht, die im Einzelfall und in der entsprechenden Situation angebracht erscheinen. Aus einer Flucht wird eine Konfrontation, ein »Sich stellen«, ein Hinterfragen, eine Überwindung oder Möglichkeit des Umganges mit dem Symptom. Dies kann auf verschiedene Weise geschehen.

Aus meiner praktischen Erfahrung möchte ich drei Beispiele schildern. Es handelt sich um Menschen mit psychosomatischen Störungen.

1. Fallbeispiel

Ein Mann zwischen 30 und 40 Jahren kam zu mir wegen akuter Kreislaufbeschwerden, Erregungszuständen, Schweißausbrüchen und Leibschmerzen unspezifischer Art, meist in der Galle-Leber-Gegend. Gepaart waren diese Zustände mit Schlafstörungen und partieller oder totaler Arbeitsunfähigkeit. Nach einem Kollaps wurde er in einer Klinik behandelt und untersucht. Die Diagnose lautete: »Kein organischer Befund«.

Da der Mann bereits in der ersten therapeutischen Sitzung akute Symptome zeigte, entschloss ich mich, als erste therapeutische Technik die progressive Muskelentspannung nach *Jacobson* anzuwenden. Es handelt sich dabei um ein Entspannungsverfahren aus der Verhaltenstherapie. Dabei werden mit den Händen beginnend die einzelnen Muskelgruppen angespannt und daraufhin wieder entspannt. Bei genügender Wiederholung und regelmäßiger Übung kommt man dabei immer schneller in einen entspannten Zustand. Bei meinem Klienten zeigte diese Methode recht schnellen Erfolg.

Gleichzeitig wurde ihm die Aufgabe aufgetragen, seinen Erregungszustand mindestens stündlich in eine Tagesgraphik einzutragen. Bei einem Ansteigen des unangenehmen Zustandes war ein Eintrag in die Graphik und eine Pause fällig, in der die gelernte Übung und eine weitere entspannende Tätigkeit durchgeführt werden musste. Weiterhin wurde ein Wochenplan mit den entsprechenden Ruhepausen »verordnet«.

Schon nach kurzer Zeit konnten die chemischen Beruhigungsmittel weggelassen werden, mit denen sich mein Klient »über Wasser« gehalten hatte. Eine entsprechende Arbeits- und Urlaubsplanung folgte. Zwei Dinge fielen mir auf:

1. Der Klient kam nach seinen Aussagen nur dann in die tiefste Entspannung, wenn er bei mir war und ich mit ihm zusammen die entsprechenden Übungen durchführte und verbal begleitete. Das änderte auch eine für ihn speziell besprochene Tonbandkassette nicht, die ich ihm mit nach Hause gab. Offensichtlich war der unmittelbare persönliche Therapeut-Klient-Kontakt von Bedeutung.
2. Die Entspannungsübungen wurden von diesem Klienten benützt wie ein Medikament. Die Ursachen für die Symptomatik waren nach meinem Dafürhalten ein Minderwertigkeitsgefühl und Eheschwierigkeiten. Daraus resultierte ein Überanspruch an Erfolg und eine Flucht in die Arbeit.

Diese Schwierigkeiten wurden nur am Rande erwähnt oder ganz geleugnet. Für diesen Klienten war es wichtig, in körperlichen Notsituationen ein entsprechendes Gegenmittel zur Hand zu haben.

Bei dem zweiten Klienten handelt es sich um einen Architekten. Er litt **2. Fallbeispiel** unter starken Angstzuständen, die sich in immer mehr Situationen zeigten, vor allem dort, wo er keine »Fluchtmöglichkeiten« sah, z.B. beim Frisör, in Sitzungen oder im Auto. Er stellte sich dann vor, unangenehm aufzufallen. Gleichzeitig litt er unter Essstörungen, d.h. er konnte in bestimmten Situationen nur ganz kleine Bissen herunterbringen. Er geriet in Panik, weil er dadurch auffiel, dass er den Teller immer noch voll hatte, während die anderen schon fertig waren. Dann hatte er Angst, zu erbrechen und sich noch mehr zu blamieren. Sein Unsicherheitsgefühl und seine Angst manifestierten sich vor allem in Magenschmerzen, d.h. Druckbeschwerden oder Krämpfen.

Ausgelöst wurde diese Reihe von Beschwerden durch eine Erektionsstörung bei einer für den Klienten sehr attraktiven Partnerin. Obwohl der Sexualverkehr bisher zur vollen Zufriedenheit verlaufen war und die Frau in diesem Falle sehr verständnisvoll reagierte, empfand mein Klient diesen Vorfall als große Blamage, fürchtete weiteres Versagen, kam in immer größere Anspannung und Stress und musste sich schließlich von seiner Partnerin trennen. Er konnte kein weiteres Verhältnis mehr eingehen, obwohl er Sehnsucht danach hatte. Er bekam in den verschiedenen Situationen am Arbeitsplatz oder in der Öffentlichkeit immer häufiger Angstzustände und fürchtete schließlich, seinen Beruf nicht mehr ausüben zu können. In einer Gesprächstherapie arbeiteten wir heraus, dass er in sich den Druck verspürte, ein »Supermann« zu sein. Hatte er z.B. eine »Superfrau« gefunden, so wurde der Druck noch verstärkt, sich auf allen Gebieten hervorzutun. Schritt für Schritt kam er zu der Einsicht, dass er im Innersten seines Herzens Sehnsucht nach etwas anderem hatte.

Sein körperliches Symptom, die Magenschmerzen, wurde zusätzlich mit der Technik des *Focusing* nach *E. Gendlin* (1981) »bearbeitet«. Ich ließ den Klienten die angstauslösende Situation genau beschreiben und sich vorstellen. Sofort stellten sich die Beschwerden ein. Dann forderte ich ihn auf, sich gerade auf seine körperlichen Beschwerden zu konzentrieren. Schon bald setzte ein Prozess der Veränderung ein, den ich verbal begleitete. Der Klient öffnete sich immer mehr seinen »Körpersignalen« und konnte sie auch immer besser interpretieren. Er lernte dadurch, seinen Körper nicht mehr als Feind zu betrachten, der ihm mit Symptomen einen Strich durch die Rechnung machte, sondern als Teil seiner selbst. Es war ihm möglich, die für ihn schwierigen Situationen immer besser zu meistern. Es half ihm auch, sich nach der Methode der *Rationalemotiven Therapie* vorzusagen: »Ich brauche kein Supermann zu sein.« Im weiteren Verlauf der Gespräche wurden noch weitere Themen wichtig, die ich hier nicht erörtern möchte.

3. Fallbeispiel

Als weiteres Beispiel möchte ich das Erlebnis mit einer mir bekannten Frau unseres Dorfes schildern, die ich seit langer Zeit kenne. Sie rief mich eines Tages an und klagte über Depressionen. Zum Zeitpunkt des Anrufes hatte sie »Herzrasen«, was sie sehr ängstigte. Sie sagte mir, dass alles psychisch bedingt sei. Sie wolle nicht zum Arzt und keine Tabletten schlucken. Ich sagte ihr, dass ich meine Arbeit am Schreibtisch unterbrechen und mir eine Stunde Zeit nehmen würde. Bei dem Gespräch stellte sich heraus, dass ihre Beschwerden mit dem Tod ihrer Mutter begannen. Kurze Zeit später sei auch noch der Hund an einer Vergiftung gestorben. Das Leben erschien ihr sinnlos, da sie doch nicht helfen konnte. Zuerst hatte ich den Impuls, dem »Herzrasen« mit einer Entspannungstechnik »zu begegnen«, entschloss mich dann jedoch zu einer »reinen« Gesprächspsychotherapie. Ich sagte der Bekannten, dass ich versuchen werde, sie im Gespräch zu verstehen und ganz zu akzeptieren. Dadurch werde sie befähigt, selbst einen Weg aus ihrer Krise zu finden.

Im Laufe dieses Gespräches stellte sich bei ihr die Erkenntnis ein, dass sie immer nur für ihre Familie gesorgt habe und nie an sich denke. Sie war es immer gewesen, die andere getröstet habe, nie hatte sie so etwas für sich in Anspruch genommen. Beim Schmerz über den Tod ihrer Mutter hätte sie gerade diesen Trost und Beistand einmal gebraucht, ihn aber nicht bekommen.

Am Ende dieser Gesprächsstunde fragte ich nach dem Herzrasen. Es war verschwunden. Schon vorher konnte ich feststellen, dass ihre Hände nicht mehr zitterten. Zwei oder drei Tage später hatten wir einen weiteren Termin vereinbart. Die starken körperlichen Symptome waren nicht mehr aufgetaucht. Wir besprachen noch weitere Themen. Ich wollte aber eine weitere »Behandlung« nicht übernehmen, da wir mit der Familie weitläufig befreundet sind und eine Therapie eine besondere Situation schaffen würde. Die Frau suchte sich eine therapeutische Gruppe, in der sie sehr gute Erfahrungen machte.

Schlussfolgerung

Das wollte ich mit der Schilderung dieser drei Fälle ausdrücken:

1. In allen Beispielen hatte ich es mit körperlichen Symptomen zu tun. Ich wendete unterschiedliche Methoden an, die jeweils zu einem Verschwinden der Symptome führten.
2. Bei allen Methoden beschäftigten wir uns mit dem Symptom bzw. den schmerzlichen Problemen. Der leidende Mensch sucht dem Symptom zu entfliehen, indem er sich ablenkt oder dieses und jenes Mittel nimmt. Mit Hilfe des Therapeuten stellt sich der Klient dem Problem, beschäftigt sich aktiv damit und findet einen Weg und dessen Bewältigung.

3. Die Therapie bewirkte eine Entspannung der verkrampften Muskulatur, wirkte einer Verengung der Gefäße entgegen und machte somit ein schmerzfreies Funktionieren der Organe möglich.

4. In den drei Situationen musste ich eine Indikation hinsichtlich der Wahl der anzuwendenden Methode stellen. Im ersten Fall hatte ich den Eindruck, dass der Mann zwar viel redet, aber seine eigentliche zugrundeliegende Problematik verschweigt oder verdrängt und es sehr schwer sein und lange Zeit brauchen würde, bis er zu dem Kernpunkt seines Problems vorstoßen würde. Ich entschloss mich daher zu einer Entspannungstechnik, um dem Mann ein Mittel gegen das angstmachende und bedrängende Symptom an die Hand zu geben.

In den beiden anderen Situationen konnte ich die Bereitschaft der Klienten erkennen, sich mit den Ursachen der Problematik gedanklich und emotional auseinander zu setzen.

Wie erlebt der Klient die Veränderung oder seine »Heilung«? Bei somatischen Beschwerden wird diese Veränderung oft als Befreiung erlebt. Das Symptom ist verschwunden.

Anfangs ist meistens die Befürchtung vor der Rückkehr des Symptoms zu beobachten. Nach einiger Zeit kann sich mancher Klient gar nicht mehr so genau erinnern, wie es »damals« war. Vielleicht ist es mit anderen körperlichen Schmerzen zu vergleichen. An den Zahnschmerz, der einen so geplagt hat, kann man sich später auch nicht mehr so konkret erinnern. So berichtete mir eines Tages z.B. der oben beschriebene Architekt, der ein Therapietagebuch führte, dass er nochmals die ersten Seiten seiner Aufzeichnungen gelesen habe. Dabei kam ihm zu Bewusstsein, wie schlecht es ihm vor einem halben Jahr gegangen war. Er hatte es fast schon vergessen.

Ähnlich mag es anderen Klienten gehen, vor allem dann, wenn sich die Symptome langsam wieder »ausschleichen«, wie das bei Angstzuständen oder Depressionen der Fall sein kann. Durch eine Psychotherapie wird keine neue Person geschaffen. Man kann in Analogie zu Behandlung eines komplizierten Beinbruchs sagen: Die Schmerzen haben aufgehört, das Bein ist wieder funktionstüchtig, aber der Patient kann nicht völlig anders gehen und laufen als vorher. Die Persönlichkeit ist in ihrem Wesen die gleiche geblieben. Die Beeinträchtigungen und Leiden sind verschwunden oder gemildert. Die Auseinandersetzung mit dem Leben muss geleistet werden. Dazu gehören auch Krisen und Schwierigkeiten. Durch die Therapie werden neue Strategien der Bewältigung erarbeitet und Kraftreserven erschlossen.

8. Psychologische Aspekte sozialer Professionalität

In diesem Kapitel sollen vier Aufgabenbereiche professionellen, insbesondere sozialen, Handelns zum Thema gemacht werden. Dabei soll gezeigt werden, inwieweit psychologisches Wissen für die Bewältigung dieser Aufgaben von Nutzen sein kann. Diese vier Bereiche sind:

- Umgang mit Problemen – am Beispiel von Beratungsgesprächen (8.1.)
- Umgang mit Fremdheit – am Beispiel interkultureller Begegnungen (8.2.)
- Umgang mit Konflikten – am Beispiel von Konfliktmediation (8.3.) und
- Umgang mit Emotionen – am Beispiel der Begleitung von Sterbenden (8.4.).

8.1. Gesprächsgestaltung – am Beispiel von Beratungsgesprächen

8.1.1. Die Forderung nach kommunikativer Kompetenz

Angehörige sozialer Berufe erledigen einen großen Teil ihrer beruflichen Tätigkeit gesprächsweise, sei es im Beratungsgespräch mit einem Klienten, in einer Teambesprechung mit Kollegen, in der Supervision eines Falles, in Gesprächen im Rahmen von Betreuungsarbeit oder in einem Mitarbeitergespräch mit dem Vorgesetzten. Die Fähigkeit zur Gestaltung solcher Gespräche oder die kommunikative Kompetenz ist daher eine vielbeschworene Fähigkeit, die von Angehörigen sozialer Berufe erwartet wird. Diese Forderung wird zunehmend drängender. Betrachtet man aktuelle gesellschaftliche Debatten, so wird man feststellen, dass der Ausdruck *Gesprächsfähigkeit* – mitsamt verwandter Ausdrücke wie *Kommunikative Kompetenz* oder *Soziale Kompetenz* – gegenwärtig hoch im Kurs steht. Es sind insbesondere zwei Debatten, in denen Gesprächsfähigkeit eine zentrale Rolle spielt: In der einen geht es um die grundlegenden Strukturen unseres Gemeinschaftslebens – in dieser Debatte wird Gesprächsfähigkeit als eine Art Bindemittel unserer gesellschaftlichen Verfasstheit betrachtet. In der anderen Debatte geht es um die veränderte Anforderungsstruktur moderner und zukünftiger hochentwickelter Arbeitswelt – hier wird Gesprächsfähigkeit als Schlüsselqualifikation zukünftiger Berufstätigkeit bestimmt und Arbeitnehmern abverlangt.

Kommunikative Kompetenz – hoch im Kurs

Gesprächsfähigkeit als Bindemittel unserer Gesellschaft? Sozialwissenschaftler stellen gegenwärtig ein Verschwinden verbindlicher sozialer Werte innerhalb der Gesellschaft fest und rücken angesichts dieser Diagnose *Kommunikation*

Kommunikative Kompetenz als Erfordernis

als Mittel zur Stiftung sozialer Kohärenz in den Mittelpunkt gesellschafts-theoretischer Betrachtungen. Erfolgreiche zwischenmenschliche Kommu-nikation wird zur regulativen Idee, auf die die Chance zu gesellschaftlichem Zusammenleben gegründet wird. Diese anspruchsvolle Erwartung der gesell-schaftsfundierenden Funktion von Kommunikation ist nicht auf akademische Debatten beschränkt. Vielmehr zeigt sie sich auch – nicht unbeeinflusst von diesen Debatten – in einer Vielzahl von Fachbüchern, Richtlinien oder auch Lehrplanformulierungen, in denen deutlich wird, was alles man sich als Ergeb-nis der Förderung von Gesprächsfähigkeit erwartet: Mündigkeit, Solidarität, Demokratisierung der Gesellschaft, Toleranz, Emanzipation (vgl. *Neuland* 1995). Angesichts solcher anspruchsvollen Vorstellungen sei die skeptische Frage erlaubt, ob Gesprächsfähigkeit als Mittel zur Erreichung dieser Ziele nicht überfordert ist.

Gesprächsfähigkeit als Schlüsselqualifikation zur Lösung von Arbeitsplatzan-forderungen? Gesprächsfähigkeit ist Bestandteil eines Begriffsfeldes, das gegenwärtig unter dem Stichwort *Schlüsselqualifikationen* diskutiert wird. Neben Gesprächsfähigkeit finden sich in diesem Begriffsfeld Formulierungen wie Teamfähigkeit, Konfliktfähigkeit, Kreativität, Vernetztes Denken, u.a.

Die Notwendigkeit der Ausbildung solcher Fähigkeiten wird in Struktur-veränderungen der gegenwärtigen Arbeitsplatzanforderungen gesehen:

- Die zunehmende Einführung von Gruppenarbeit bedingt, so wird gesagt, die Fähigkeit zur Selbststeuerung, Eigenorganisation, Konfliktbewältigung sowie zur Interessenwahrnehmung, -artikulation und zum Interessen-ausgleich. Die abteilungs- und berufsübergreifende Zusammenarbeit in Teams kann aber, so heißt es, nur gelingen, wenn die daran Beteiligten über Teamfähigkeit, Konfliktfähigkeit, Kooperationsfähigkeit und Verständnis anderer Fachkulturen und -perspektiven verfügen.
- Die kulturelle Vielfalt in unserer Gesellschaft bedingt, so wird erklärt, die Fähigkeit zur Zusammenarbeit mit Menschen, die anderen Kulturen angehören, und verlangt eine hohe Sensibilität und Wachheit in kultureller und kommunikativer Hinsicht.
- Professionelle Rollenkonzepte sind heute wesentlich durch die Idee von Dienstleistung geprägt und erfordern daher eine verstärkte Sensibilität Klienten (oder »Kunden«) gegenüber.

Ob berechtigt oder nicht – die Forderung nach kommunikativer Kompetenz als Fähigkeit professionellen Handelns besteht. Forderungen von Berufsver-bänden zeigen dies ebenso deutlich wie entsprechende Formulierungen in Stellenanzeigen. Dieser Forderung nachzukommen erweist sich allerdings als nicht so einfach, schon allein deshalb, weil die Vorstellungen, die sich mit diesem Begriff verbinden, sehr unterschiedlich sind.

Kommunikative Kompetenz: Eine wechselvolle Begriffsgeschichte

Der Ausdruck kommunikative Kompetenz ist heutzutage über seine Ver-wendung in bestimmten Wissenschaften (Philosophie, Psychologie, Linguistik, Pädagogik) hinaus Bestandteil der Alltagssprache geworden. Das bedeutet allerdings nicht, dass die Bedeutung des Ausdrucks hinreichend klar wäre – im

Gegenteil: Im Verlauf seiner unterschiedlichen Verwendungsweisen haben sich unterschiedliche Bedeutungen an den Ausdruck »angelagert«, die zum Teil in Widerspruch zueinander stehen oder jedenfalls nicht miteinander vereinbar sind.

Der Ausdruck *Kompetenz* war lange Zeit der Militär-, Rechts- und Verwaltungssprache vorbehalten. Im Gebrauch der Verwaltungssprache war der Ausdruck Kompetenz auf Staats- oder andere Verwaltungsorgane bezogen. Wir alle kennen diese Verwendungsweise, wenn es um »Kompetenz-Streitigkeiten« zwischen Verwaltungseinheiten geht oder zwischen Personen, dann aber in ihrer Eigenschaft als Amtsträger. Die Bedeutung des Ausdrucks *Kompetenz* hatte also ursprünglich und für sehr lange Zeit mit persönlichen Fähigkeiten nichts zu tun.

1959 taucht der Begriff *competence* in der Psychologie bei dem amerikanischen Motivations- und Entwicklungspsychologen *R. W. White* auf und bezeichnet dort das Ergebnis von Fähigkeiten, wirkungsvoll mit seiner Umwelt interagieren zu können. Kompetenz in diesem Sinne ist also selbst keine Fähigkeit, sondern ein Bündel bestimmter Verhaltensweisen. Diese Verwendungsweise des Begriffs scheint in der weiteren psychologischen Wissenschaftsentwicklung verschwunden zu sein. »In der neueren Motivationspsychologie sind zwei weitgehend synonyme Begriffe für das kompetenzbezogene Wirksamkeitsmotiv eingeführt worden, *persönliche Verursachung* (personal causation) und *intrinsische Motivation* (intrinsic motivation)« (*Behse* 1976, S. 923).

In dieser Zeit, um 1960, erfährt der Kompetenzbegriff jedoch aus einer anderen Wissenschaft heraus einen entscheidenden neuen Impuls: Der Linguist *Noam Chomsky* versuchte, das Vorkommen grammatisch korrekter Sätze, aber auch das Entstehen grammatischer Fehler zu erklären, und nahm dazu eine folgenreiche Unterscheidung in *Kompetenz* und *Performanz* vor. Kompetenz bezeichnet die Fähigkeit von (...) idealisierten Sprechern/Hörern, die in einer homogenen Sprachgemeinschaft leben, mit Hilfe eines begrenzten Inventars von Kombinationsregeln und Grundelementen potentiell unendlich viele (...) grammatische Sätze zu bilden und zu verstehen. (...) Kompetenz ist die wirkliche Kenntnis ihrer Sprache, über die reale Sprecher/Hörer intuitiv verfügen, über die sie aber nur in seltenen Fällen explizit Rechenschaft able gen können« (*Behse* 1976, S. 923). Die Umsetzung dieses Systems im aktuellen Sprachgebrauch war die Performanz. Diese Performanz ist allem Unbill und allen menschlichen Schwächen wie Übermüdung, Unkonzentriertheit oder Gedächtnisschwäche unterworfen. Daraus erklären sich laut *Chomsky* grammatische Fehler bei der Bildung sprachlicher Sätze.

Brüche in der Begriffsgeschichte

Gegen die *Chomskysche* Sprachtheorie wurde in der Folge eingewendet, dass die Art und Weise, wie jemand spricht, wesentlich von sozialen Bedingungen und Umständen der Situation abhänge, und, dass man sprachliche Äußerungen *verstehen* könne, auch wenn sie grammatisch nicht korrekt sind. Also, so folgerte man gegen *Chomsky*, aber in seinem gedanklichen Fahrwasser, bedarf es neben der sprachlichen Kompetenz auch einer, die diese Gesichtspunkte mit umfasst. Dies war die Geburtsstunde des Begriffs der kommunikativen Kompetenz. »An die Stelle von Sätzen (...) idealisierter

Sprecher in der bisherigen syntaktisch-semantischen Theorie treten Äußerungen von Sprechern in idealisierten Sprechsituationen« (*Behse* 1976, S. 928).

Diese Vorstellung kommunikativer Kompetenz wurde in Deutschland v.a. von dem Soziologen und Philosophen *Jürgen Habermas* aufgegriffen und bekannt gemacht. Er nutzte den Begriff als Grundlage einer bestimmten Theorie von Gesellschaft. Für moderne Gesellschaften, so *Habermas*, ist es erforderlich, dass die Gesellschaftsmitglieder sich über die Geltung sozialer Normen, die Kriterien für den Ausgleich von Interessen und die Verfahren zur Legitimation von Ansprüchen miteinander verständigen können. Dies gelingt in idealen Sprechsituationen, wie sie der Theorie Kommunikativer Kompetenz vorschweben.

Diese Überlegungen führen schließlich – in pädagogischer Absicht gewendet – zu der Vorstellung kommunikativer Kompetenz als individueller *Fähigkeit,* »die Fähigkeit zu kommunizieren und auf die kommunikativen Akte von Partnern einzugehen« (*Behse* 1976, S. 930).

Keine Angst vor großen Worten! Angesichts dieser Entwicklungsgeschichte mit ihren Brüchen, Analogien, Verschiebungen und Vereinfachungen hat der Ausdruck kommunikative Kompetenz mittlerweile etwas gespenstisches, chimärenhaftes. Es gibt jedenfalls gute Gründe, sich den Begriff nicht umstandslos »anzuziehen« und sich z.B. von der Forderung, die »eigene kommunikative Kompetenz auszubilden«, nicht beeindrucken zu lassen. Vielmehr muss sich eine solche Forderung die Frage nach ihrer eigenen theoretischen Fundierung gefallen lassen. Dies bedeutet jedoch nicht, dass man den Begriff der kommunikativen Kompetenz über Bord werfen sollte – er ist Bestandteil unserer Alltagssprache, und Versuche einer Sprachregulierung sind selten von Erfolg gekrönt. Stattdessen erscheint es klüger, den Begriff vorsichtiger zu definieren.

8.1.2.   Eine Rahmentheorie kommunikativer Kompetenz

Aufgrund der bisherigen Darstellung zum Begriff der kommunikativen Kompetenz sollte deutlich geworden sein, dass wir es bei diesem Begriff nicht mit einem logisch konsistenten Konzept zu tun haben. Entsprechend wäre es ein Fehler, dem Begriff eine Konsistenz und Fundiertheit zu unterstellen, die zwar manche, die ihn verwenden, gerne mit ihm assoziieren würden, die er aber eben nicht hat. Gleichwohl hat der Begriff gesellschaftliche Geltung erlangt in dem Sinne, dass er zum Standardrepertoire des Redens über Fähigkeiten und Qualifikationen gehört und in diesem Repertoire einen erheblichen »Marktwert« besitzt. Die Rede von kommunikativer Kompetenz – wie auch von sozialer Kompetenz – ist in aller Munde. Es muss also darum gehen, den Begriff der kommunikativen Kompetenz auf dem Hintergrund seiner Begriffsgeschichte und auf der Grundlage kommunikationstheoretischer Betrachtungen in sinnvoller Weise zu verwenden. Dazu greifen wir auf die Darstellung in Kapitel 5 zurück und erinnern an die Dimensionen sozialer Interaktion.

Kommunikative Kompetenz soll im Folgenden als Fähigkeit zur Bewältigung komplexer Anforderungssituationen in sozialer Interaktion verstanden werden. Kommunikative Kompetenz heißt zu allererst: Fähig sein, mit den Problembereichen, die sich in jeder Situation sozialer Interaktion stellen, produktiv umzugehen.

Die Eigenschaft der *kontextuellen Gebundenheit* führt dazu, dass Äußerungen und Handlungen in Gesprächen in ihrer Bedeutung prinzipiell unterbestimmt bzw. mehrdeutig sind. Als Gesprächsteilnehmer muss man daher fähig sein, diese Ambivalenzen zu ertragen bzw. konkurrierende Deutungen von Äußerungen und Handlungen so weit es geht parallel aufrechtzuerhalten und fähig sein, angesichts von Ungewissheit Geduld und Gelassenheit zu entwickeln. **Umgang mit Mehrdeutigkeit**

Die Eigenschaft der *Prozessualität* des Geschehens führt dazu, dass das Gesprächsgeschehen nicht auf Dauer fixiert ist (im Gegensatz zu einem schriftlichen Text). Als Gesprächsteilnehmer muss man daher fähig sein, das vergängliche Geschehen durch besondere (metakommunikative) Ordnungsanstrengungen für alle Beteiligten sicherzustellen, Gesprächen Gestalt zu verleihen und Gedächtnisfähigkeiten ausbilden, die es erlauben, vergangenes Geschehen sich selbst und anderen Gesprächsbeteiligten wieder vor Augen zu führen. **Übersicht gewinnen**

Die Eigenschaft der *interaktiven Bezogenheit* führt dazu, dass individuelle Handlungen in ihrem Vollzug und in ihrer Bedeutung immer abhängig sind von der Handlungsweise der anderen Beteiligten. Als Gesprächsteilnehmer muss man daher fähig sein, mit dieser prinzipiellen Interdependenz eigenen Handelns umzugehen, Eigenverantwortlichkeiten beim Zustandekommen von Gesprächsresultaten zu erkennen und Handlungsspielräume für die anderen Beteiligten zu organisieren, die es diesen ermöglichen, so zu handeln, dass man mit seinen eigenen Interessen anschließen kann. **Umgang mit Abhängigkeit**

Die Eigenschaft der *Materialität* führt dazu, dass sich wesentliche Anteile interaktiven Geschehens auf para- und nonverbaler Ebene vollziehen. Als Gesprächsteilnehmer muss man daher in der Lage sein, die Ausdrucksmöglichkeiten, die ein sprachliches, parasprachliches und nonverbales Register bietet, auszuschöpfen und para- und nonverbale Kommunikationsphänomene in ihrer Bedeutung und in ihrer sinnlichen Wirkung bewusst wahrzunehmen und zu interpretieren. **Genau zuhören**

Tückischerweise wird der produktive Umgang mit diesen Gesprächsmerkmalen durch eine dominante kulturelle Haltung erschwert: durch eine Fixierung auf Texte. In dem Maße, in dem der schriftliche Text als Prototyp von Sprache behandelt wird, wird einer Vorstellung von Kommunikation Vorschub geleistet, die sich angesichts der Merkmale mündlicher Kommunikation bzw. des Gesprächs als kontraproduktiv erweist. In dem Maße, in dem Vorstellungen über die Eindeutigkeit von sprachlichen Zeichen, der feststehenden Bedeutung von Wörtern, der Betonung des Inhaltsaspekts von Kommunikation und der Möglichkeit der Wirkungsbestimmung propagiert werden, wird eine Haltung erzeugt, die in Gesprächen zu unrealistischen Erwartungen führt und – vor allem – in kritischen Situationen zu unangemessenen Reaktionen, zu Zuspitzungen der Situationen und damit zur Herausbildung eines Problemfelds, das dann typischerweise mit an Schriftlichkeit orientierten Vorstellungen bewältigt werden soll. **Kommunikative Kompetenz – mehr eine Tugend als eine Fähigkeit**

Schema:
Das Problemfeld
von Gesprächen

	Kontextuelle Gebundenheit	Interaktive Bezogenheit	Prozessualität	Materialität
Gesprächsmerkmal	Mehrdeutigkeit von Botschaften	Unkontrollierbarkeit des Gegenübers	Flüchtigkeit des Geschehens	materiale Bedeutungskonstitution
Gesprächshaltung	Eindeutigkeitserwartung (Worte auf Goldwaage legen)	Kontrollierbarkeitserwartung	Fixierung von Bedeutung	Fixierung auf »Inhalt«
kritische Gesprächsphänomene	Missverständnis	Umdefinitionen Schuldzuweisungen Enttäuschungen	Bedeutungsveränderungen	Indirektheit Zwischentöne Klangzauber Inszenierungen

Probleme im neuen Licht

Eine Betrachtung von Gesprächen aus einer Theorie sozialer Interaktion heraus führt auch dazu, dass kommunikative Phänomene, die in bisherigen Ansätzen den Status notorischer Probleme hatten, in anderem Licht erscheinen. Statt zu fragen: »Wie drücke ich mich unmissverständlich aus?« würde im Rahmen einer Theorie sozialer Interaktion gefragt: »Wie gehe ich mit der – prinzipiellen – Mehrdeutigkeit/Nichteindeutigkeit von Äußerungen um?«; statt zu fragen: »Wie vermeide ich Missverständnisse?« würde gefragt: »Wie gehe ich mit Missverständnissen als dem Normalfall von Kommunikation um?«; statt zu fragen: »Wie kann ich den Anderen beeinflussen?« würde gefragt: »Wie gehe ich mit der Unberechenbarkeit des Anderen um?«.

8.1.3.   Anwendungsfeld: Beratungsgespräche

In der modernen, westlichen Organisation gesellschaftlichen Lebens spielt Beratung eine wesentliche Rolle. Die gesellschaftliche Relevanz von Beratungstätigkeit zeigt sich schon anhand einer Liste von Einrichtungen mit Beratungsauftrag:

- Erziehungsberatung
- Drogenberatung
- AIDS-Beratung
- Nicht-Sesshaften-Beratung
- Genetische Beratung
- Krebsberatung
- Allgemeine Studienberatung
- Berufsberatung
- Mieterberatung
- Unternehmensberatung
- Organisationsberatung
- Vermögensberatung
- Verbraucherberatung

Tätigkeiten in Beratungskontexten zählen auch zum Kernbereich sozial-pädagogischer Praxis – sei es in Institutionen der Beratung (z.B. Drogenberatung), sei es in Arbeitsfeldern, die einen erheblichen Anteil an Beratungstätigkeit aufweisen (z.B. Sozialamt), sei es in professionellen Beziehungen, in denen mit Beratungsaufgaben stets zu rechnen ist (z.B. Heimerziehung).

Relevanz von Beratung

An dieser Stelle soll nicht auf unterschiedliche Konzepte von Beratung eingegangen werden, also nicht darauf, wie Beratung ablaufen *sollte* (theoretische Betrachtung). Statt dessen stützen wir uns auf Beobachtungen, wie Beratungsgespräche *faktisch* ablaufen (empirische Betrachtung, vgl. *Nothdurft* 1984, *Nothdurft* et al. 1994). Bei aller Unterschiedlichkeit, die sich aus dem jeweiligen institutionellen Zuschnitt der Beratungstätigkeit bzw. dem Konzept von Beratung, dem sich der Berater verpflichtet fühlt, ergibt, lässt sich doch ein allgemeines *Handlungsmuster* von Beraten angeben sowie eine *Grundkontur* kommunikativer Aufgaben und Probleme, mit denen sich BeraterInnen auseinandersetzen müssen.

Dieses *Handlungsmuster* lässt sich folgendermaßen darstellen:

Das allgemeine Handlungsmuster

- Definition der Beratungssituation (»Ich brauch mal Deinen weisen Rat...«)
- Problempräsentation (»Und zwar ist Folgendes: Ich wollte doch...., nun ist aber ..., was soll ich denn nun machen?«)
- Problemaushandlung (»Entscheidend scheint mir zu sein, dass ...« – »Na ja, das find ich nun weniger wichtig. Mir geht es doch um ...« – »Ja schon, aber gerade deswegen ...«)
- Lösungsentwicklung (»Also was man machen könnte, ist ...«)
- Lösungsabnahme (»OK, ja, das könnte ich versuchen ....«)
- Ratifizierung (»Schönen Dank, da hast Du mir aber wirklich geholfen.«)

Die *Grundkontur* von Aufgaben und Problemen beruht auf dem komplementären Beziehungsverhältnis zwischen Berater und Klient. Dieses Beziehungsverhältnis ist durch folgende Aspekte gekennzeichnet:

Die Problemkontur von Beratungsgesprächen

Differenz von Wissen: Der Kenntnisstand über das Problem unterscheidet sich bei den Beteiligten, Klient und Berater, und zwar in zweierlei Hinsicht: Der Klient ist derjenige, der sein Problem kennt, während der Berater als in der Regel nicht Betroffener kein Wissen über das konkrete, ihm angetragene Problem besitzt. Der Klient ist in gewissem Sinne »blinder Experte« für sein Problem, denn es ist *sein* Problem: Es ist für ihn ein Problem seines eigenen Verhaltens, seiner Sichtweise usw. Das Problem ist Bestandteil der Erfahrungswelt des Klienten. Der Klient hat sich aufgrund seines bisherigen Umgangs mit »seinem Problem« bereits einen Reim darauf gemacht, d.h. er hat ein alltagspraktisches Ursachen-Modell (siehe Kapitel 5) seines Problems entwickelt. In aller Regel unterscheiden sich solche Modelle deutlich von Theorien der Experten: Sie sind einfacher, »robuster« und beruhen auf anderen Wirkungsvorstellungen als die der Experten – und sie verfügen nicht über eine Lösung!

Der Klient kennt Details

Dichotomie der Diskurse: Der Klient spricht typischerweise nicht in professionellen Fachbegriffen über sein Problem, sondern in einem Voka-

Zusammengestrickte Beschreibung

bular, das alltagspraktisch »zusammengestrickt« ist, d.h. das sich aus den alltäglichen Kommunikationsgewohnheiten des Klienten ergeben hat. Es ist dementsprechend unsystematisch, enthält ad-hoc-Bezeichnungen, kürzelhafte Wendungen und metaphorische Formulierungen. Zwar werden auch Fachtermini vorkommen, es ist aber damit zu rechnen, dass diese gerade nicht strikt im Sinne einer professionellen Terminologie verwendet werden, sondern in (gegebenenfalls geringfügig) anderer Bedeutung. Dies ist von besonderer Tücke, weil die Verwendung eines Fachausdrucks den Berater dazu verleiten kann, anzunehmen, dass der Klient den Ausdruck im Sinne der Fachterminologie verwendet.

Sachfremde Gesichtspunkte

Diversifikation der Sichtweisen: Für den Klienten ist sein Problem eingebunden in seine alltäglichen Lebens- und Arbeitszusammenhänge und von diesen mitgeprägt; es geht ihm um Bewältigung persönlicher Schwierigkeiten, Erleichterungen seines Arbeitsablaufs, um die Durchsetzung bestimmter Arbeitsvorhaben, um die Erlangung von Prestige oder um einen Vorsprung gegenüber seinen Konkurrenten. Für den Berater sind dies häufig Dinge, »die *mit der Sache* nichts zu tun haben«. Sie bestimmen aber dennoch die Problemsichtweise des Klienten und die Gesichtspunkte, die sich für ihn mit seinem Problem verbinden.

Der Klient leidet

Divergenz in Betroffenheit: Der Klient »hat« das Problem in dem Sinne, dass er unmittelbar in seinem Arbeitszusammenhang davon betroffen und in seinem professionellen Handeln beeinträchtigt ist. Der Klient *leidet* in irgendeiner Weise unter seinem Problem, es behindert ihn, es ärgert ihn, es wurmt ihn oder es blockiert ihn. Der Berater demgegenüber erlebt das Problem in der distanzierenden Form der sprachlichen Mitteilung und es tangiert ihn – wenn überhaupt – nur in seiner Eigenschaft als Berater. Diese Diskrepanz in dem Ausmaß an Betroffenheit kann sich in Beratungsgesprächen häufig produktiv auswirken und vom Klienten gesucht sein, z.B. wenn seine Betroffenheit oder Aufregung so groß ist, dass er zu eigenen Lösungsanstrengungen oder gar zur eigenen kognitiven Ordnung des problematischen Sachverhalts nicht in der Lage ist. Freilich kann sich die Divergenz für den Vollzug von Beraten auch als problematisch erweisen, z.B. dann, wenn der Berater der emotionalen Befindlichkeit des Klienten nicht hinreichend Rechnung trägt bzw. tragen kann. Der Berater als distanzierter Beobachter des problematischen Sachverhalts geht mit dem Problem auf eine Weise um, die mit der aktuellen emotionalen Befindlichkeit des Klienten nur schwer zu vereinbaren ist (»er versteht mich nicht«); der Klient ist durch Problemaspekte erregt, die dem Berater in distanzierter Betrachtung bedeutungslos erscheinen. In solchen Fällen ist die kommunikativ so wichtige Beziehungsgrundlage gestört, auf der eine sachgerechte Beratung überhaupt erst entwickelt werden kann.

Der Berater ist zu schnell

Diskrepanz im Können: Klient und Berater unterscheiden sich, wenn es um Probleme der technischen Handhabung geht, in der Gewandtheit im Umgang mit dem Problem. Es besteht die Gefahr, dass der Klient den Handlungen des Beraters nicht mehr folgen kann, gleichsam den Anschluss verliert, und ihm der Problem- und Lösungszusammenhang verloren geht. Als Folge davon »gibt er auf« und überlässt »sein« Problem dem Experten. Damit gibt er die Rolle desjenigen, der lernt und in die Lage versetzt wird, selbstständig mit seinem Problem umzugehen, auf und stabilisiert das Beratungsverhältnis hin zu einem dauerhaften Betreuungsverhältnis.

Aufgrund dieser Komplementarität kann Beraten als gesellschaftlich anerkanntes Muster der Problembearbeitung überhaupt erst die gewünschte Leistungsfähigkeit erreichen. Zugleich ist diese Asymmetrie aber auch die Ursache für die Vielzahl von Kommunikationsproblemen, Missverständnissen oder Irritationen, die mit Beraten assoziiert sind.

Die prekäre Verstehensbasis von Beratung: Kommunikationspsychologische Untersuchungen zu Verstehensleistungen in zwischenmenschlicher Kommunikation belegen, dass Verstehen ein wesentlich durch Konstruktionen geprägter Prozess ist, d.h. dass Verstehensleistungen zu einem erheblichem Maße auf Eigenleistungen des Hörers, z.B. Ergänzungen, Interpretationen oder Umwandlungen gehörter Äußerungen beruhen (vgl. *Hörmann* 1976, vgl. auch Kapitel 5). Dies ist generell für zwischenmenschliche Kommunikation der Fall. Im Falle von Beratung wird diese Situation noch zugespitzt durch die Aspekte der komplementären Beziehungsrelation. Aufgrund dieser komplementären Rahmenbedingung kann man nicht davon ausgehen, dass Berater und Klient »sich verstehen« bzw. dass der Berater »versteht, worum es dem Klient geht«. Jeder Berater ist eingesponnen in sein Netz professionellen Wissens, eigener Interessen, Fremdwahrnehmungen des Klienten etc. und versteht das Problem des Klienten aus diesem Zusammenhang heraus.

Problematische Verstehensbasis

Eine spezielle Gefahr ist die des »zu schnellen Verstehens«, bei dem der Berater aufgrund seiner Routine sehr schnell zu einem bestimmten Problemverständnis kommt, ohne noch weiter auf Zwischentöne in der Problemschilderung des Klienten zu achten – um sich dann an einem Problem »abzuarbeiten«, das nicht das Problem des Klienten ist.

Der Aushandlungscharakter des Beratungsgegenstandes: Gegenstand des Beratungsprozesses ist das Problem des Klienten. Gesprächsanalytische Untersuchungen von Beratungsgesprächen zeigen, dass das Profil dessen, was als Problem im Beratungsprozess gilt, im Verlauf des Prozesses selbst erheblichen Veränderungen unterworfen ist. Dies deckt sich in einem gewissen Sinne mit dem Auftrag einer Beratung, dem Klienten eine neue Sichtweise auf sein Problem zu vermitteln. Die andere Seite der Medaille ist jedoch, dass die Gefahr besteht, dass dem Klienten durch diesen Prozess sein Problem »entfremdet« wird bzw., dass ihm ein Problem »verschrieben« wird. In jedem Fall wird das Problem, um dessen willen die Beratung in Gang gesetzt wurde, zum Aushandlungsgegenstand zwischen Klient und Berater.

Was das Problem ist, wird ausgehandelt

So beobachtete z.B. *Rosenberg* (1991) in Beratungsgesprächen zwischen HIV-infizierten Drogenabhängigen und Ärzten Aushandlungsprozesse um die Gewichtung der Problemaspekte »Drogenkonsum« einerseits und »HIV/AIDS« andererseits: »Da die HIV/AIDS-Thematik im Vergleich zur Drogenproblematik (...) deutlichere Anknüpfungspunkte zum klassischen medizinischen Krankheitsverständnis aufweist, besteht die Gefahr, den infizierten oder erkrankten Abhängigen ausschließlich unter dem Gesichtspunkt seiner AIDS-Problematik wahrzunehmen und entsprechend mit ihm umzugehen. Neben einem Aktionismus auf diagnostischem Gebiet (mangels therapeutischer Möglichkeiten dem einzig verbleibenden Ansatz ärztlichen Handelns) kann dies vor allem dazu führen, sämtliche Aussagen und Reaktionen des Infizierten oder Erkrankten auf das Thema AIDS zurückzuführen oder damit in Verbindung zu bringen: Jede Konzentrationsstörung des Betreuten kann beim Arzt die Angst auslösen, es könne sich um den Beginn eines Befalls des Zentral-Nervensystems mit dem AIDS-Virus handeln; jede depressive Verstimmung ist geeignet, als Ausdruck der AIDS-Todesfurcht des Patienten interpretiert zu werden« (*Rosenberg* 1991, S. 104 f.).

Die Doppelbödig-keit des Geschehens — *Der Inszenierungscharakter von Beratung*: Gelegenheiten der Beratung sind Gelegenheit zur Selbstdarstellung aller Beteiligten – und werden in diesem Sinne von den Beteiligten auch genutzt. Die Beteiligten stehen unter Darstellungszwängen und folgen in ihrem Verhalten gesellschaftlich ausgeprägten, kulturell festgelegten Inszenierungsmustern (siehe Kapitel 5). Begegnungen im Rahmen von Beratung unterscheiden sich in dieser Hinsicht nicht grundsätzlich von anderen Typen zwischenmenschlicher Begegnung – sie weisen nur besondere Akzente auf.

An dieser Stelle soll nur auf den Aspekt der »Inszenierung von Normalität« aufmerksam gemacht werden, bei dem Berater, wie Klient, das Ansprechen unangenehmer, peinlicher oder angstauslösender Aspekte des Problems umgehen.

Auch hierzu ein Beispiel aus der Beratung von HIV/AIDS-Infizierten: »Da auch der Abhängige oft dazu tendiert, die Auseinandersetzung mit der HIV/AIDS-Thematik zu meiden, wird in einer Art stillschweigender – und oft auch unbewusster – Vereinbarung zwischen Klient und Berater so getan, als existiere die Todesbedrohung durch AIDS überhaupt nicht und sei die Abhängigkeitsproblematik das einzige Thema. Eine solche Vorgehensweise liegt auch deswegen nahe, weil die Abhängigkeitsproblematik des Betreuten für sich allein genommen bereits oft ausreicht, den Berater vollauf zu ›beschäftigen‹« (*Rosenberg* 1991, S. 103).

8.2.   Selbst- und Fremdwahrnehmung – am Beispiel interkultureller Arbeit

8.2.1.   Einführungsbeispiel: Eine gescheiterte Aussprache

Gesprächsbeispiel — In einer Einrichtung der Erwachsenenbildung kommt es zu einem Gespräch zwischen einer Mitarbeiterin, Kathrin, und einem Kursteilnehmer, Said. Said ist pakistanischer Migrant und wollte sich in einem Deutschkurs zur Verbesserung seiner Sprachkenntnisse einschreiben. Als der Kurs angeboten wurde, hatte Said Kathrin telefonisch gebeten, ihm die Anmeldeunterlagen zuzusenden. Sie sagte zu, riet aber gleichzeitig vom Besuch des Kurses ab, weil er ihrer Ansicht nach zu anspruchsvoll für Said war. Einige Tage später entdeckte Said bei einem Besuch in der Einrichtung, dass die Anmeldeunterlagen bereits verteilt wurden, er aber keine zugesandt bekommen hatte. Er stellte daraufhin Kathrin in dem Gespräch zur Rede.

Kathrin erklärte in dem Gespräch, dass sie selbst die Unterlagen erst vor kurzer Zeit erhalten hatte, so dass noch keine Zeit war, sie Said zu schicken. Für sie ist die Angelegenheit eigentlich erledigt, weil Said sich inzwischen auch ohne die Unterlagen zu dem Kurs angemeldet hat. Obwohl an dieser Stelle alles geklärt sein könnte, entsteht im weiteren Gesprächsverlauf ein Streit, der soweit eskaliert, dass die Beteiligten sich der Lüge, Anmaßung und Feindseligkeit bezichtigen.

Dieser Streit entsteht aufgrund der Wahrnehmungsweise der Beteiligten und ihrer Deutungen des Gesprächsverhaltens. Es beginnt damit, dass Kathrin Said bittet, ihr zu erläutern, warum die Angelegenheit mit den Kursunterlagen ihn so erzürnt habe. Said stellt die Sache nochmals dar und schließt seine Darstellung mit der Feststellung ab, dass Kathrin ihm die Unterlagen nicht zugeschickt habe. Da wird Kathrin laut und deutlich – dies war ja ein Punkt, von dem sie meinte, ihn geklärt zu haben. Wenn Said nun wieder darauf zurückkam, schien er sie irgendwie »auf dem Kieker« zu haben. »Er hat was gegen mich!«. Auf der Grundlage dieser Interpretation hört Kathrin Saids Erläuterung dann nur noch als nochmaligen Vorwurf, sie habe ihm die Bewerbungsunterlagen bewusst vorenthalten, und reagiert auf die so interpretierte Äußerung entsprechend gereizt. Trotzdem bemüht sie sich weiterhin um einen sachlichen Ton und erläutert die Kursanforderungen. Als Said jedoch an einer Stelle dieser Erläuterung widerspricht, empfindet sie dies als Infragestellen ihrer Sachkompetenz. Als Said kurz darauf ihren Einfluss auf die Zulassung zu den Kursen besonders betont, betrachtet sie dies wiederum als Eingriff in ihre Sachkompetenz und weist ihn zurecht. Said beharrt jedoch auf der Betonung ihrer Einflussmöglichkeiten. Für Kathrin ist dies ein Infragestellen ihrer Glaubwürdigkeit; sie wirft Said vor, sie der Lüge zu bezichtigen und bricht das Gespräch ab (Beispiel nach *Nothdurft* 1998, S. 123 ff.).

8.2.2. Mechanismen der Eindrucksbildung und Personenwahrnehmung

Die Eskalation bis hin zum Gesprächsabbruch in diesem Gespräch ist »hausgemacht«, d.h. sie kommt zustande aufgrund der Eindrucksbildung und Personenwahrnehmung, die sich bei den Beteiligten vollzieht. Prozesse der Eindrucksbildung erfolgen ausgesprochen schnell, gleichsam automatisch, und gleichzeitig »raumgreifend«, d.h. mit einer starken Tendenz zur Verallgemeinerung bzw. Generalisierung. Die Wahrnehmungs- und Eindruckskategorien ergeben sich häufig aus stillschweigenden Annahmen und unausgesprochenen Schlussfolgerungen der sprachlichen Formulierungen, die mit der gleichen Geschwindigkeit, in der die Redebeiträge der Beteiligten einander folgen, das Interpretationsnetz aufspannen, in dem sich dann die weitere Eindrucksbildung vollzieht (vgl. *Nothdurft* 1998). Außerdem haben sie die Tendenz, sich zu bestätigen und zu verfestigen. Dies ist auch als Tendenz beschrieben worden, labile und unbestimmte Einzelwahrnehmungen »gleichsam für sich selbst zu verfestigen, zu begrenzen, konstant zu halten und ihnen den Charakter bestimmter Dinge zu verleihen« (*v. Allesch* 1942, S. 33).

Für Gesprächs- und Personenwahrnehmung sind die folgenden Wahrnehmungs-»apparate« besonders wichtig:

- Interpretationsgewohnheiten
- Kommunikationskonzepte
- Basiskonzepte

Interpretations-gewohnheiten

Interpretationsgewohnheiten sind psychische Routinen, mit denen wir das Verhalten unserer Mitmenschen deuten und verstehen. Diese Routinen beziehen sich auf alle Aspekte des sprachlichen, parasprachlichen (Intonation, Klangcharakteristik der Stimme) und nichtsprachlichen Verhaltens (Mimik, Gestik, Körperbewegungen). Deutungen auf der Grundlage von Interpretationsgewohnheiten erfolgen weitgehend automatisch und sind zum Teil bewusster Kontrolle entzogen bzw. ihr nur schwer zugänglich. Sie haben etwas Intuitives bzw. Instinkthaftes. Solche Deutungen auf der Grundlage von Interpretationsgewohnheiten bilden die Basis unserer Eindrucksbildung und Personenwahrnehmung in sozialen Situationen (vgl. *Gumperz* 1982).

Kommunikations-konzepte

Einen weiteren wichtigen Wahrnehmungsmechanismus bilden die *Kommunikationskonzepte*, an denen man sich in einer sozialen Situation orientiert, d.h. die Vorstellungen darüber, wie Kommunikation ablaufen sollte (z.B. partnerschaftlich oder nach dem Prinzip von Befehl und Gehorsam oder als Kampf oder offen und ehrlich), welche Regeln herrschen (z.B. ausreden lassen) und welches Zielgrößen von Kommunikation sind (z.B. ergebnisorientiert, beziehungsorientiert). Solche metapragmatischen Vorstellungen (siehe Kapitel 5) sind in hohem Maße kulturell festgelegt und können sich zwischen Kulturen erheblich unterscheiden.

Basiskonzepte

Verhaltensdeutungen auf der Grundlage von Interpretationsgewohnheiten und Kommunikationskonzepten werden im weiteren Verlauf der Eindrucksbildung miteinander verbunden und zu stimmigen Eindrücken zusammengeschmolzen. In diesem Prozess spielen *Basiskonzepte* eine wichtige Rolle, d.h. Vorstellungen über die wesentlichen Dinge des Lebens. Hierzu gehören Vorstellungen über den Umgang mit Zeit (u.a. Aspekte wie Pünktlichkeit, Wichtigkeit von Zeit, Metaphern wie »Zeit ist Geld«), Macht oder (persönliche) Freiheit. Basiskonzepte erscheinen den Beteiligten selbstverständlich, unterscheiden sich aber ebenfalls zwischen verschiedenen Kulturen erheblich (vgl. *Hofstede/Hofstede* 2006).

Prozesse der Eindrucksbildung zeichnen sich aufgrund ihrer gewohnheitsmäßigen, instinktiven Natur und aufgrund der Selbstverständlichkeit der Deutungsgrundlagen durch ein hohes Maß an subjektiver Sicherheit aus: »Es kann nicht anders sein«. Es gibt aber Fälle, in denen diese Selbstverständlichkeit und Sicherheit erschüttert wird – in Fällen interkultureller Begegnung ist sogar systematisch damit zu rechnen.

8.2.3.   Kulturelle Unterschiede in der Eindrucksbildung

Das Eingangsbeispiel von Kathrin und Said ist ein Paradefall dafür, wie die Personenwahrnehmung und Eindrucksbildung zwischen den Beteiligten eines Gesprächs divergieren kann und zu Gesprächskomplikationen bis hin zum Gesprächsabbruch führt. In dem vorgestellten Beispiel spielen besonders kulturell bestimmte Interpretationsgewohnheiten und Basiskonzepte eine wesentliche Rolle.

Nachfolgend werden einige Beispiele für kulturell unterschiedliche Interpretationsgewohnheiten gegeben, um die Bandbreite der Bedeutung vertrauter kommunikativer Phänomene zu demonstrieren (im Bereich der Mimik bedeutet »Lächeln« in der einen Kultur »Freude«, in der anderen »Verlegenheit«).

Im Folgenden soll am Eingangsbeispiel gezeigt werden, wie diese Gewohnheiten und Konzepte das Gesprächsverhalten und die Eindrucksbildung anleiten und bestimmen.

Folgende zwei Muster spielen in dem Beispielfall eine wesentlich Rolle:

Kulturell unterschiedliche Muster für Ereignisschilderungen

Als Kathrin Said aufforderte, zu erklären, warum er sich so geärgert habe, tut er dies in dem ihm vertrauten Darstellungsmuster einer chronologischen Schilderung. Entsprechend diesem Muster schließt er seine Darstellung damit ab, dass Kathrin ihm die Unterlagen nicht geschickt hat. Kathrin dagegen interpretiert seine Schilderung in dem ihr vertrauten Muster, in dem am Ende einer Darstellung die Pointe das Wesentliche zusammenfasst. Entsprechend hört sie auf der Grundlage dieses Musters seine Darstellung als Vorwurf an sie, ihm die Unterlagen nicht geschickt zu haben.

Kulturelle Unterschiede

Kulturell unterschiedliche Statuszuschreibungen

Im weiteren Verlauf des Gesprächs betont Said mehrmals die Wichtigkeit von Kathrin für die Kursorganisation. Kathrin versteht dies als Anmaßung – Said mischt sich in Angelegenheiten ein, von denen er nichts versteht und die ihn nichts angehen, und als Angriff auf ihre Kompetenz – Said mischt sich in *ihre* Angelegenheiten ein. Für Said dagegen ist die Zuschreibung eines

	Beispiel	Kultur A	Kultur B
Mimik	Lächeln	Freude	Verlegenheit
Gestik	Kopfschütteln	Zustimmung	Ablehnung
Parasprache	fallende Intonation	Behauptung	Frage
Körperhaltung	räumliche Nähe der Beteiligten	neutral	aufdringlich

Schema: Beispiele kulturell unterschiedlicher Interpretationsgewohnheiten

hohen Status ein selbstverständliches Mittel, jemanden für sich gewogen zu machen. Er kann auf seinem kulturellen Hintergrund (Basiskonzepte) nicht ahnen, dass Kathrin dies als Statusattacke verstehen wird.

Diese beiden Muster erklären nicht das gesamte Gesprächsgeschehen, sie *leiten* jedoch die Wahrnehmungen der Beteiligten *mit an* und sind in besonderer Weise »gefährlich«, weil sie den Beteiligten so selbstverständlich und »natürlich« sind, dass die Differenzen unbemerkt zu Fehldeutungen des jeweils Anderen führen.

8.2.4. Die Bedeutung interkultureller Arbeit für soziales Handeln

Im Jahre 1998 lebten in Deutschland über sieben Millionen Menschen ohne deutsche Staatsbürgerschaft. Aus den EU-Mitgliedsstaaten kamen 25% (Italien 8%, Griechenland 5%), aus der Türkei 30%, aus dem ehemaligen Jugoslawien 17% und aus Polen 4%. Hinzu kommen nicht abgeschobene Asylbewerber, Kriegsflüchtlinge, ausländische Studierende u.a. Außerdem leben in Deutschland rund 3,2 Millionen Aussiedler, also Angehörige volksdeutscher Minderheiten aus Osteuropa. Insgesamt sind ca. 10% der Wohnbevölkerung Deutschlands eingewandert (*Münz/Seifert/Ulrich* 1999).

Schon diese Zahlen machen deutlich, dass interkulturelle Arbeit ein erhebliches Feld sozialpädagogischer Tätigkeit darstellt. Es stellt sich im Rahmen von Kindergartenarbeit, SchülerInnen-Betreuung, Jugendarbeit, Flüchtlingsbetreuung und Integrationsprojekten.

Interkulturelle Arbeit ist aber noch aus einem zweiten Grund für sozialpädagogische Tätigkeit von Bedeutung, weil es sich hier um einen »zugespitzten Fall« handelt, was die Unterschiedlichkeit der Wahrnehmungen und Deutungen zwischen SozialpädagogInnen und ihrem Klientel angeht. Denn in unserer Gesellschaft gibt es viele unterschiedliche »Kulturen« – in der Subkultur von Drogenabhängigen, Obdachlosen oder straffälligen Jugendlichen herrschen andere Regeln, gelten andere Gesetze, spielen andere Dinge eine Rolle als in der Welt eines akademisch ausgebildeten, mittelschichtzugehörigen Sozialarbeiters. Insofern können Erkenntnisse über Eindrucksbildung und Personenwahrnehmung, die man am Fall interkultureller Arbeit gewinnen kann, anregend für die Betrachtung dieser anderen Fälle sein.

8.2.5. Fremde Welten vor Ort – Streetwork und Ethnographie von Jugendgruppen

Jugendliche, deren Eltern nach Deutschland einwanderten, sind Pendler zwischen verschiedenen Welten – der Welt ihrer Herkunftsfamilien mit deren kulturellen Traditionen und der Welt ihrer aktuellen sozialen Umgebung, die sich in ihren Werten, Orientierungen und Gewohnheiten deutlich davon unterscheidet. Jugendliche tendieren unter diesen Bedingungen dazu, sich in Gruppen gleicher ethnischer oder kultureller Zugehörigkeit zusammenzuschließen. Solchen Gruppen gelingt der Zugang zu klassischen Einrichtungen der Jugendarbeit eher schwer. Dies liegt zum einen an der eigenen Neigung zur Abgrenzung und zum anderen daran, dass ihnen aufgrund ihrer Verhaltenseigenarten der Zugang verwehrt wird. Daher wählen solche Gruppen häufig den öffentlichen Straßenraum als Ort ihrer Begegnungen und ihres Gruppenlebens. Die öffentliche Wahrnehmung ihres Gruppenlebens und -verhaltens führt dann oft zu Eindrücken von Passanten wie »störend«, »aggressiv« oder »bedrohlich«. »Durch einen oftmals rauhen Umgangston, ihr äußeres Erscheinungsbild und ihr Verhalten gerade auf öffentlichen Plätzen – wo sie anscheinend sinnlos, vor allem jedoch die Öffentlichkeit störend herumlungern – vermitteln diese Jugendlichen zuweilen ein aggressives Bild, wodurch selbst bei professionellen Mitarbeitern Bedrohlichkeitsgefühle aufkommen« (*Dölker* 2002, S. 20). Diese Jugendlichen sind Zielgruppen von Streetwork.

Streetwork wird dort eingesetzt, wo Jugendliche störend wirken und ein sozialpädagogischer Intervenierungsgrund gegeben erscheint (vgl. *Klose/ Steffan* 1997; *Specht* 1987). In dieser Arbeit sind Sozialpädagogen mit einer besonderen Rollenaufgabe konfrontiert: Um sinnvoll agieren zu können, müssen sie zum einen das Innenleben einer solchen Gruppe verstehen können (Verhalten angemessen einschätzen, Orientierungen erkennen, Sichtweisen nachvollziehen) und zum anderen müssen sie die Rollendistanz zu der Gruppe aufrechterhalten. Damit befinden sie sich in der typischen Situation eines Ethnographen (siehe Kapitel 2), der in vergleichbarer Weise durch teilnehmende Beobachtung eine genaue Beschreibung des Innenlebens seines »Stammes« schafft, ohne jedoch gleichzeitig Mitglied dieses Stammes zu werden. Eine besondere Herausforderung besteht darin, die eigenen Wahrnehmungs- und Interpretationsmuster bei der Beobachtung der Gruppe zu kontrollieren und zu reflektieren.

Aufgabe des Sozialpädagogen

Tertilt (1996) hat die »eigenen Gesetze« einer türkischen Jugendbande untersucht und dabei u.a. die Bedeutung von »Männlichkeit« als Kriterium für die Statuszuweisung des Einzelnen in der Gruppe herausgearbeitet. Aktivitäten, wie z.B. Beleidigungsduelle, Anmache, »hektisch machen« und »ausflippen«, sind innerhalb dieser Jugendbande Momente der Demonstration von Männlichkeit, während sie von außen als Ausdruck von Aggressivität und als Ausweis der Bedrohlichkeit der Gruppe erscheinen mögen.

Dölker (2002) setzt die Methode der Ethnographie als Dokumentations- und Reflexionsmethode ein, um die eigenen Wahrnehmungen solcher Jugendgruppen zu überdenken. Im Folgenden werden drei Beispiele für die Unterschiedlichkeit der Wahrnehmung einzelner Verhaltensaspekte gegeben:

Unterschiedliche Wahrnehmungen

Intonationsmuster: »Gerade bei Peter, einem Jugendlichen mit einem russlanddeutschen Kulturhintergrund, fällt mir auf, wie fremd sein Kommunikationsverhalten auf mich wirkt, im Vergleich zu meinen Hörgewohnheiten. Er redet oft sehr abgehackt und betont völlig anders als andere Jugendliche aus anderen Kulturkreisen. Er wird an Stellen laut, wo andere nicht laut werden, und spricht mit einer ausgeprägten Mimik. Ich habe dies auch schon bei anderen Russlanddeutschen beobachten können und emp-

1. Beispiel Sprechmuster

fand dieses Kommunikationsverhalten anfangs sehr bedrohlich« (*Dölker* 2002, S. 88).

2. Beispiel Umgang mit Zeit

Umgang mit Zeit: »Was den Umgang mit Zeit angeht, sind meine Erfahrungen bei den Jugendlichen, (...) dass die südländischen Jugendlichen eher zum Zu-Spät-Kommen neigen (...) *Hofstede* erklärt in seinem Kulturmodell, dass Menschen aus Kulturkreisen, die kollektivistisch orientiert sind, sich so verhalten, dass sie der Beziehung zu Familie und Freunden mehr Bedeutung beimessen, als z.B. ihrer Arbeit. Dies könnte erklären, dass Jugendliche, die zu spät kommen, weil sie noch auf einen Freund warten, der sich aber verspätete, sich durchaus aus ihrer Sicht richtig verhalten« (*Dölker* 2002, S. 89).

3. Beispiel: Wertorientierung

Wertorientierung (Konsum): »Wenn ich mit diesen Jugendlichen in Großstädten bin, erlebe ich eigentlich immer wieder dasselbe Muster. Zuerst wird ein offizielles Programm ›abgehakt‹ und dann viel Zeit in Shopping Centern verbracht. Jugendliche verfügen über erstaunlich viel Energie und Geduld, viele Stunden (...) in Shopping Centern oder Fußgängerzonen zu verbringen. Was sie dort fasziniert, habe ich noch nicht herausgefunden. Oft ist es die Warenvielfalt, oft aber auch, dass dort viel Bewegung stattfindet, viel ›abgeht‹. Für Sozialarbeiter/Jugendarbeiter, die traditionell Konsum gegenüber eher kritisch eingestellt sind, liegt hier eine große Schwierigkeit in der Akzeptanz und im Verstehen-Wollen und -Können von Jugendlichen. Angebote von Jugendarbeit scheitern meiner Ansicht nach oft daran, weil Sozialarbeit/Jugendarbeit die Konsumorientierung von Jugendlichen völlig unterschätzt und der Glaube besteht, dass dieser Konsumorientierung etwas ›Anderes‹ entgegengesetzt werden müsste« (*Dölker* 2002, S. 84).

Fazit

»Ich habe gelernt, dass oft ein distanzierter Forscher mehr zustande bringt als ein ständig agierender Sozialarbeiter« (*Dölker* 2002, S. 114).

8.3.   Konfliktbewältigung – am Beispiel Mediation

8.3.1.   Ein ganz normaler Konflikt

Sozialpädagogen sind mehr als andere Berufsgruppen in ihrem professionellen Handeln mit Aufgaben der Konfliktbewältigung konfrontiert – zum einen aufgrund der Tätigkeitsgebiete, die häufig durch Problemlagen, Spannungen, Kontroversen, »Ausnahmezustände« oder »schwierige Fälle« bestimmt sind, zum enderen durch ihre Ressourcen und ihr Selbstverständnis, von dem sie sich in ihrer Tätigkeit leiten lassen. Hinzu kommen ganz »normale« Konfliktkonstellationen in beruflicher Praxis, wie z.B. in folgendem Fall:

Die Vorstandsarbeit des Trägervereins einer sozialen Einrichtung ist blockiert. Zwischen einem ehrenamtlich tätigen Mitglied des Vorstands, Herrn Scharf, und dem angestellten Geschäftsführer des Vereins, Herrn Hardt, ist es zu einer krisenhaften Entwicklung von Auseinandersetzungen gekommen. Auf der Sachebene geht es um Fragen der Arbeitsorganisation, der Aufgaben- und Kompetenzverteilung, der Transparenz finanzieller Vorgänge, um Fragen der Weiterentwicklung der

Einrichtung, etc. Auf der Beziehungsebene geht es – meist unausgesprochen – um Fragen von Einfluss, Macht, Misstrauen, Missachtung, Rivalität, etc. Diese Auseinandersetzungen lähmen die Arbeit aller Vorstandsmitglieder, sie vergiften das Arbeitsklima in den Vorstandssitzungen, ruinieren die Nerven aller Beteiligten (einschließlich der »Streithähne« selber) und beeinträchtigen die Reputation der sozialen Einrichtung nach außen. Der Vorstand insgesamt fordert die beiden Streithähne auf, mithilfe eines Dritten einen Ausweg aus dieser Lage zu suchen und bittet ein ehemaliges Vorstandsmitglied, zwischen den beiden zu vermitteln. Die beiden Beteiligten signalisieren Skepsis zu dem Vorschlag einer Schlichtung, stimmen aber zu.

8.3.2. Schlichtung und Mediation

In Fällen, in denen die Positionen festgefahren sind, die Beteiligten sich »eingegraben« haben, die Feindbilder stabil und das Gesprächsklima eisig ist, in denen schließlich »Funkstille« herrscht, erfolgt regelmäßig der Ruf nach einem Dritten, einem Schlichter, der versuchen soll, zwischen den Beteiligten eine Einigung oder Lösung zustande zu bringen oder wenigstens das Gespräch zwischen ihnen wieder in Gang zu setzen.

Lon Fuller, ein bedeutender amerikanischer Rechtstheoretiker, hebt vor allem folgende kommunikative Qualitäten von Schlichten hervor (zitiert in: *Nothdurft* 1995, S. 3):

Intervention eines Dritten

- Schlichten ist ein *sozial kreatives* Verfahren der Konfliktbearbeitung, weil die Streitbeteiligten aktiv an der Regelung ihrer zukünftigen Beziehung beteiligt sind.
- Schlichten ist ein *verständigungsorientiertes* Verfahren, weil die Beteiligten eine Lösung nur über wechselseitiges Einverständnis erreichen können.
- Schlichten ist ein *erkenntnisfortschrittliches* Verfahren der Konfliktlösung, weil die Beteiligten ein naives Wahrheitskonzept praktisch überwinden müssen.

In allen Kulturen beteiligt sich ab einem gewissen Entwicklungsstand eines Streits das soziale Umfeld an der Konfliktaustragung bzw. -bewältigung, sei es, dass Partei ergriffen wird oder sich Lager bilden, sei es, dass eine unabhängige Instanz von sich aus einschreitet, z.B. die Polizei, sei es, dass von den Beteiligten selbst eine besondere Instanz angerufen wird. Schlichtungsaktivitäten gehören dazu. Sie sind stets eingebunden in einen übergeordneten Kontext. Nur aus diesem übergeordneten Zusammenhang heraus erhalten Schlichtungsaktivitäten die »Kraft der Autorität«, die sie benötigen, um die Beteiligten zu einer Einigung bewegen zu können. Es ist daher wichtig, die kulturelle Gebundenheit von Schlichtungsaktivitäten zu berücksichtigen (vgl. *Nothdurft/Spranz-Fogasy* 1986). So gibt es eine große Vielfalt im Selbstverständnis des Dritten Mannes:

Der Schlichter kann sich als *Moderator* verstehen, der seine Aufgabe darin sieht, das Gespräch zwischen den Beteiligten wieder in Gang zu bringen, oder als *Berater* bei der Suche nach einer gemeinsam akzeptablen Lösung oder als (vorgerichtliche) Entscheidungsinstanz (*Schiedsrichter*).

Was eine solche dritte Partei dann tut, tun soll, tun kann und tun darf, welche Zielsetzung sie mit ihrer Intervention verbindet und über welche Autorität sie bei ihrem Tun verfügt, all dies unterscheidet sich von Kultur zu Kultur dramatisch.

Die Mode der Mediation

In unserer Kultur gehören in diesen Bereich der Intervention eines Dritten in einen Streit auch die vielen Ansätze der Mediation, die sich in den letzten Jahren auch in Deutschland entwickelt haben. Die Anwendungsbereiche der Mediation in Deutschland erstrecken sich mittlerweile auf:

- Gerichte,
- lokale, gemeinwesenorientierte Zentren, die sich kommunaler Konflikte und solcher zwischen Bürgern einer Gemeinde annehmen,
- Familienberatungsstellen, Jugendämter und dergleichen, die sich Konflikten zwischen Familienmitgliedern annehmen,
- Anwaltspraxen,
- Einrichtungen des Täter-Opfer-Ausgleichs,
- Arbeits- und Wirtschaftsmediation,
- Mediation in Umweltkonflikten oder anderen politischen Streitfällen.

Inzwischen gibt es auch Einrichtungen, die sich auf die Aus- bzw. Weiterbildung von Mediatoren spezialisiert haben, Fachtagungen und Zeitschriften. 1992 wurde die Bundesarbeitsgemeinschaft für Familienmediation, 1996 der Bundesverband für Mediation in Wirtschaft und Arbeitswelt gegründet (vgl. *Altmann* et al. 2005).

Gemeinsam ist diesen Ansätzen, dass ein Mediator versucht, gemeinsam mit den Betroffenen in konstruktiver Weise eine einvernehmliche Lösung oder Regelung eines Streitfalles herbeizuführen. Konstruktive Konfliktaustragung bedeutet, eine Lösung für ein Problem zu finden, ohne die Person des Gegenüber anzugreifen. Alle Konfliktbeteiligten übernehmen gemeinsam Verantwortung für den Bewältigungsprozess. Der Prozess der konstruktiven Konfliktaustragung soll auf beiden Seiten zu Zufriedenheit führen und die Beziehung der Kontrahenten zueinander verbessern (vgl. *Besemer* 2007).

Erfolgsbedingungen

Aus dieser Bestimmung von Mediation lassen sich Rahmenbedingungen für das Handeln eines Mediators ableiten, die von ihm berücksichtigt werden müssen, wenn er sich erfolgreich um eine Einigung bemühen will:

- Die Akzeptanz des Mediators muss gesichert sein, d.h. er muss von allen Beteiligten in seiner Rolle als Schlichter anerkannt werden. Wer sich in einen Streit »einmischt«, muss damit rechnen, dass sich der Zorn der Streithähne gegen ihn statt gegen den Streitgegner richtet (»Was geht Sie das an, wenn mein guter Mann mich schlägt!«).
- Die relevanten Beteiligten müssen erfasst werden, d.h. es muss sichergestellt sein, dass alle »am Tisch sitzen«, die in den Konflikt verwickelt sind. Andernfalls läuft der Mediator Gefahr, dass er an den relevanten Beteiligten »vorbei« handelt und dass er für zusätzlichen Streit sorgt, indem er relevante Beteiligte ausschließt.
- Die Implementierung muss sichergestellt sein, d.h. das Konfliktumfeld muss so gestaltet sein, dass in der Mediation entwickelte Einigungen auch

praktisch umgesetzt werden können. Andernfalls produziert die Mediation Scheinlösungen oder entpuppt sich als Alibi-Veranstaltung – ein Phänomen, das gerade bei Mediationen im umweltpolitischen Kontext immer wieder beobachtet werden kann.

■ Der Status der Mediation muss geklärt sein, d.h. der Mediator muss seine eigene Position im Konfliktfeld analysieren und bestimmen, welches Spiel dort mit ihm gespielt wird. Andernfalls riskiert der Mediator, von Konfliktbeteiligten funktionalisiert zu werden und für eine Konfliktpartei zum »nützlichen Idioten« zu werden.

Statt an dieser Stelle ein abstraktes Schema anzugeben, wie solche Mediationen ablaufen sollten (vgl. dazu *Nothdurft* 1995), soll anhand des obigen Fallbeispiels der Vorstandsauseinandersetzung eine ausführliche Schilderung aus der eigenen Praxis (*W. Nothdurft*) erfolgen.

Ziel dieser Falldarstellung ist es nicht, zu suggerieren, wie eine Schlichtung abzulaufen habe, sondern ein Anschauungsbeispiel zu liefern, das eigene Überlegungen anregen soll. Bei dem Beispielfall spielen vor allem Gesichtspunkte der Selbst- und Fremdwahrnehmung, der Attribution und der Beziehungsdynamik eine Rolle, auf die wir in Kapitel 5 in allgemeiner Form eingegangen sind.

8.3.3.   Ein Anwendungsbeispiel

Mit der Zustimmung der beiden Streithähne, Herrn Scharf und Herrn Hardt, zur Mediation ist eine erste, wesentliche Hürde des Vermittlungsversuchs genommen. Andersherum: Wenn es dem Schlichter nicht gelingt, eine Anfangsakzeptanz *aller* Beteiligten zu gewinnen, sind seine Anstrengungen zum Scheitern verurteilt.

Ich entwickele einen Schlichtungsplan und stimme diesen mit den beiden Beteiligten ab. Beide akzeptieren. Ich lege den Schlichtungsversuch in vier Schritten an:

In einem *ersten* Schritt will ich die Sichtweisen der beiden Beteiligten kennenlernen. Dazu vereinbare ich mit jedem der Beteiligten ein Einzelgespräch.

In einem *zweiten* Schritt will ich jedem der beiden Beteiligten die Sichtweise des anderen darstellen. Auch dies soll wiederum in Einzelgesprächen erfolgen. Ich wähle diese Konstruktion, um durch *meine* Darstellung der Sichtweisen der Parteien die Formulierung der Darstellung zu entschärfen und den Konflikt auf seine wesentlichen Punkte zuzuspitzen.

Schritte der Mediation

Erst im *dritten* Schritt soll es dann zu Gesprächen zu dritt kommen, in denen gemeinsam nach Lösungen gesucht werden soll. Zwischen den einzelnen Runden verteile ich Hausaufgaben an die beiden Beteiligten, die diese vor dem nächsten Gespräch bei mir abliefern müssen.

Schließlich will ich in einem *vierten* Schritt dem Vorstand einen Bericht über den Schlichtungsversuch geben.

1. Schritt: Kennenlernen der Sichtweisen
Einzelgespräch Nothdurft – Hardt
Thema: Wie sehen Sie, Herr Hardt, die Dinge?

Einzelgespräch Nothdurft – Scharf
Thema: Wie sehen Sie, Herr Scharf, die Dinge?

Erteilung von Hausaufgaben

2. Schritt: Spiegelung der Sichtweisen
Einzelgespräch Nothdurft – Hardt
Thema: Wie Herr Scharf die Dinge sieht

Einzelgespräch Nothdurft – Scharf
Thema: Wie Herr Hardt die Dinge sieht

3. Schritt: Gemeinsame Behandlung des Konflikts und Entwicklung
   von Verabredungen
1. Gespräch zu dritt, Thema: Gemeinsame Behandlung des Konflikts
2. Gespräch zu dritt und Entwicklung von Perspektiven

4. Schritt: Bericht an den Vorstand

Sichtweisen verstehen

1. Schritt: In den Einzelgesprächen der ersten Runde gebe ich meinem jeweiligen Gesprächspartner die Gelegenheit, »auszupacken« und die Dinge, die ihn bewegen, ärgern, am Herzen liegen und die ihm Sorgen machen, darzustellen. Beide Erstgespräche laufen ähnlich ab. Natürlich wird die Darstellung immer detaillierter, komplizierter, auch verworrener. Ich höre zunächst weitgehend »nur« zu und versuche, die Sichtweise meines Gesprächspartners zu verstehen. Wie es in Fällen zugespitzten Konflikts üblich ist, fügt sich für meinen Gesprächspartner »seine Geschichte« zu der Botschaft zusammen, dass mit dem Anderen einfach nicht mehr zu reden ist. Daher ist neben meinem Ziel, die Sichtweise meines Gesprächspartners zu verstehen, ein zweites Ziel, diese *Globalhaltung* aufzulösen und das Konfliktfeld zu differenzieren. Dies versuche ich, indem ich folgende Fragen ins Gespräch einführe:

Haltungen differenzieren

- Was muss in der Vorstandsarbeit getan werden?
- Wo sehen Sie Ihre Ziele?
- Wo liegen Ihrer Ansicht nach die Schwierigkeiten?
- Wo sehen Sie gemeinsame Auffassungen mit Ihrem Konfliktpartner, wo Differenzen?
- Wie, meinen Sie, sieht Ihr Konfliktpartner Sie?
- Wie, meinen Sie, sehen die anderen Vorstandsmitglieder Sie?
- Wie, meinen Sie, sehen die anderen Vorstandsmitglieder Ihren Konfliktpartner?
- Unter welchen Bedingungen würde die Zusammenarbeit klappen?

Die Darstellungen meines Gesprächspartners zu diesen Fragen ermöglichen mir ein genaueres Verständnis seiner Sichtweise, Haltung und Position, und sie erleichtern es mir, im zweiten Schritt, beiden Beteiligten die Sichtweise des jeweils anderen darzustellen.

Am Ende der beiden Erstgespräche hat jeder der Beteiligten das Gefühl, dass sich etwas bewegt und dass es zu einer Einigung kommen könnte.

Zum Abschluss des Erstgesprächs gebe ich jedem der Beteiligten noch eine Liste mit Punkten auf den Weg, die sie in den nächsten Tagen bearbeiten sollen. Diese Bearbeitung will ich ebenfalls zur Vorbereitung der nächsten Gesprächsrunde nutzen. Auch diese Liste zielt darauf ab, den komplexen, alles übergreifenden Streitzusammenhang aufzulösen und verschiedene Aspekte in ihrer Relevanz und Dringlichkeit zu differenzieren.

Die Liste beinhaltet folgende Punkte: »Was ist...

- ...organisatorisch zu regeln   **Hausaufgaben**
- ...persönlich zu regeln (gravierende Beziehungsprobleme)
- ...konkret miteinander zu betreiben
- ...einzuklammernde Wahrnehmung (»kann sein, kann nicht sein, ist aber egal«)
- ...Petitesse und Peanuts (Kleinigkeiten)
- ...allein meine Sache
- ...offen, aber später zu regeln
- ...nicht lösbar, aber erträglich
- ...nicht lösbar, aber gravierend?«

Meine Auswertung der Hausaufgaben ergibt, dass die Beteiligten sehr unterschiedliche *subjektive Landkarten* der Tätigkeitsbereiche der Vorstandsarbeit haben. Dieser Befund erleichtert die weitere Arbeit in den folgenden Gesprächen, weil sich so ein Bereich von Konfliktaspekten ergibt, der einem der Beteiligten nicht wirklich wichtig ist – und entsprechend schnell in unseren weiteren Gesprächen »abgehakt« werden kann, und sich andererseits ein »harter Kern« von Konfliktaspekten herauskristallisiert, auf den ich mich in den weiteren Gesprächen konzentrieren will.   **Differenzen bieten Einigungsmöglichkeiten**

2. Schritt: In der zweiten Gesprächsrunde stelle ich jedem der Beteiligten die Sichtweise des Anderen (so wie *ich* sie verstanden habe) dar. Diese Darstellungen provozieren auf Seiten meiner Gesprächspartner Widerspruch, Entgegnungen, Versuche der Richtigstellung, Rechtfertigungen eigenen Handelns, Hinweise auf – vom Anderen nicht bedachte – Gesichtspunkte, Reaktionen der Empörung und des Unverständnisses. Aufgrund dessen, was ich bisher von den Beteiligten gehört und aus den Hausaufgaben gelesen habe (und aufgrund meiner persönlichen Präferenzen), gewinne ich an dieser Stelle den Eindruck, dass ein wesentlicher Motor für die ständigen Auseinandersetzungen zwischen den beiden in einer besonderen Verschränkung von Selbst- und Fremdwahrnehmung liegt (vgl. Kapitel 5).

Die folgende Übersicht über Selbst- und Fremdwahrnehmungen zeigt, wie massiv die Divergenzen sind und wie tief die Kontroverse geht:

1. *Selbstwahrnehmung und Fremdwahrnehmung von Herrn Scharf:*
Selbstwahrnehmung (wie Herr Scharf sich selbst sieht)
- ich bin der Mahner in der Wüste angesichts fataler Entwicklungen
- ich bin der scharfe Wachhund, der bei Gefahr anschlägt
- ich habe – als Vorstandsmitglied – den Auftrag, aufmerksam zu wachen
- ich trage Verantwortung
- aber ich werde von Herrn Hardt nicht ernst genommen

Fremdwahrnehmung (wie Herr Scharf Herrn Hardt wahrnimmt)
- er macht, was er will
- er beschönigt
- er blockiert
- er verschleiert

Nun die Reaktionen von Herrn Hardt dazu, wie er von Herrn Scharf wahrgenommen wird.

wie Herr Scharf Herrn Hardt wahrnimmt:	was Herr Hardt zu diesen Wahrnehmungen sagt:
- er macht, was er will	- ich muss alles allein machen
- er beschönigt	- ich mache Mut
- er blockiert	- ich verhindere Alleingänge
- er verschleiert	- ?

2. *Selbstwahrnehmung und Fremdwahrnehmung von Herrn Hardt:*
  Selbstwahrnehmung (wie Herr Hardt sich selbst sieht)

- ich bin der Einzelkämpfer, der die Fäden in der Hand hält
- ich bin der – gutmütige – Strippenzieher
- ich bin unverzichtbar
- ich habe mir Vertrauen erworben
- ich habe meine Position ausgebaut
- aber ich sehe mich in meiner Position durch Herrn Scharf beschädigt

Fremdwahrnehmung (wie Herr Hardt Herrn Scharf wahrnimmt)

- er bedroht meine Arbeit
- er kritisiert mich
- er misstraut mir
- er bringt mich öffentlich in Misskredit

Nun die Reaktionen von Herrn Scharf dazu, wie er von Herrn Hardt wahrgenommen wird:

wie Herr Hardt Herrn Scharf wahrnimmt	was Herr Scharf zu diesen Wahrnehmungen sagt
- er bedroht meine Arbeit	- ich muss was tun
- er kritisiert mich	- ich sehe, was falsch läuft
- er misstraut mir	- ich muss als Vorstand auch ohne ihn handeln können
- er bringt mich in Misskredit	- ich engagiere andere in die gemeinsame Arbeit

Der Gesamtprozess gerät in dieser Phase der *Spiegelung* in ein kritisches Stadium. Enttäuschung und Resignation breiten sich aus. Beiden Beteiligten wird die Tiefe der Differenzen erst richtig deutlich, sie gewinnen den Eindruck, vom jeweils anderen tiefgehend nicht verstanden zu werden. Beide Beteiligten erklären, »nun erst recht« so weiterhandeln zu wollen, wie sie es bislang schon getan haben und beide Beteiligte beurteilen die geplante nächste Gesprächsrunde äußerst skeptisch. Dennoch vereinbaren wir einen Gesprächstermin.

Ein typischer Zwischenstand: »jetzt erst recht«

3. Schritt: Nun beginnt die dritte Runde – die Gespräche unter sechs Augen. Trotz der gesunkenen Hoffnung erscheinen beide Konfliktpartner zum vereinbarten Termin. (Hier mag der Druck der sozialen Umgebung eine Rolle gespielt haben – keiner der beiden konnte es sich dieser gegenüber »leisten«, nicht zu kommen.)

Für mich ist in diesem ersten gemeinsamen Gespräch wichtig, die Beziehungsdynamik zwischen den beiden Kontrahenten »in Aktion« zu sehen. Ich beobachte, dass die Interaktion zwischen den beiden auf der Handlungsebene von bestimmten Mustern geprägt ist, die eine eigene Dynamik entwickeln, die regelmäßig zu Teufelskreisen führt. Dazu gehört:

Teufelskreise der Beziehungsdynamik

Ein Handlungsmuster kontroverser Entgegnungen: Dieses Handlungsmuster ist folgendermaßen gekennzeichnet: Einer der beiden Beteiligten macht einen Vorschlag, beschreibt einen Vorgang im Arbeitsgeschehen oder äußert einen Wunsch für die Zukunft. Der jeweils andere reagiert mit einer Entgegnung, die die erste Äußerung in der einen oder anderen Weise durch einen Einwand relativiert. Der erste Beteiligte reagiert darauf seinerseits mit einer Entgegnung, die die Relativierung ihrerseits relativiert. Dann gerät das Gespräch in eine Flaute und es entsteht betretenes Schweigen, beide Beteiligte machen Gesten der Art »na, hab ich nicht recht?«.

> Ein Beispiel:
> Scharf: Unsere Vereinsmitglieder sind nicht aktiv genug.
> Hardt: Aber es gibt Aufwind.
> Scharf: Aber nur mit großer Mühe.

Auf der Beziehungsebene wird durch diese Entgegnungen die Botschaft signalisiert, die Äußerung des Anderen – und damit ihn selbst – nicht gelten zu lassen bzw. zu entwerten.

Disqualifizierungen

Meine Empfehlung lautet, die Äußerungen des Anderen zu würdigen und Einwände produktiv zu wenden, z.B.:

> Scharf: Unsere Vereinsmitglieder sind nicht aktiv genug.
> Hardt: Stimmt. Mehr Unterstützung durch die Mitglieder wäre hilfreich. Ich sehe da Anlass zu Optimismus. Ich glaube, es gibt Aufwind.
> Scharf: Na, dann hätten die Anstrengungen sich ja schon gelohnt. Was könnten wir noch tun?

Die Tücke des Frage-Formats

Eine besondere Weise, Fragen zu stellen: Diese besondere Art, Fragen zu stellen, beobachte ich auf Seiten des Vorstandmitglieds Herrn Scharf. Dieser formuliert seine Vorstellungen und eigenen Ideen für die Arbeit in Form von Fragen an den Geschäftsführer, Herrn Hardt. Dieser fasst die so formulierten Vorstellungen aber als Sachfragen auf, die an ihn gerichtet sind und beantwortet sie inhaltlich. Damit entzieht er ihnen ihren Appellcharakter, und der Impuls, der für Herrn Scharf mit den Fragen verbunden war, stößt ins Leere. Auf der Beziehungsebene signalisiert die Frageform ein Interaktionsmuster von Vorschlag und Entscheidung: Das Vorstandsmitglied, Herr Scharf, legt dem Geschäftsführer, Herrn Hardt, Vorschläge vor und wartet auf dessen wohlwollende positive oder eben negative Entscheidung. Herr Scharf war sich im Gespräch, wie sich herausstellte, dieses Frageformats nicht bewusst. Als ich ihn darauf hinweise, wird ihm aber klar, warum er sich während der Gespräche mit Herrn Hardt von diesem »unter Wert« behandelt fühlte. Herr Hardt seinerseits wird klar, warum er oft das Gefühl hatte, Herrn Scharf »Dinge erklären zu müssen.«

Meine Empfehlung an Herrn Scharf geht dahin, seine Vorstellungen als Vorstellungen zu formulieren; meine Empfehlung an Herrn Hardt geht dahin, solche in Frageform formulierten Vorstellungen an Herrn Scharf zurückzugeben.

Der Teufelskreis der Hypererklärung: Herr Hardt hat offensichtlich (wodurch auch immer veranlasst) den Eindruck, dass Herr Scharf seine (Hardts) Situation im Vereinsgeschehen nicht richtig erkennt. Dieser Eindruck führt bei ihm bei vielen Gesprächsanlässen dazu, dass er sich anstrengt, Herrn Scharf seine Situation ausführlich zu erklären. Diese ausführlichen Erklärungen (Hypererklärung) erlebt Herr Scharf indes als »volllabern«. Um die ohnehin schon angespannte Situation nicht durch Unhöflichkeiten zu verschärfen, unterbricht Herr Scharf Herrn Hardt bei dessen Hypererklärungen aber nicht. Er hört aber auch nicht

Hypererklärung

aufmerksam zu, sondern schaltet innerlich ab. (Und er bemüht sich verstärkt, Gespräche mit Herrn Hardt zu vermeiden.) Herr Hardt seinerseits, ausgehend vom üblichen Verstehensoptimismus (»ich hab's ihm ja erklärt«) und bestärkt von Herrn Scharfs Zuhöreraktivitäten, stellt regelmäßig fest, dass Herr Scharf offenbar dennoch ohne Kenntnis von Hardts Situation handelt und redet, was bei ihm zu verstärkten Erklärungsanstrengungen führt, die wiederum ... etc.

Meine Empfehlung an Herrn Hardt lautet, weniger zu erklären und zu reden und Erklärungen eher auf Nachfragen des Gegenübers »nachzuschieben«. Meine Empfehlung an Herrn Scharf lautet, Hypererklärungen zu unterbrechen.

Frontenbildung

Hausgemachte Frontenbildung: Herr Scharf neigt in seinen Formulierungen zu polarisierenden Darstellungen der Art »wer nicht für mich ist, ist gegen

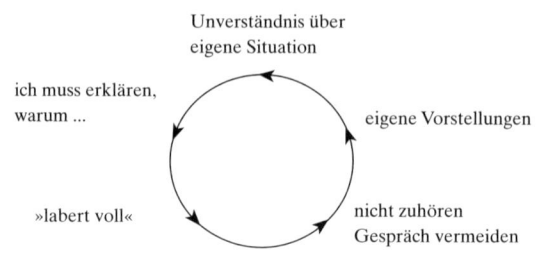

Schema:
Teufelskreis
Hypererklärung

mich«. Dadurch fühlt sich Herr Hardt bei vielen Gelegenheiten veranlasst, sich »auf der Gegenseite einzureihen«, und zwar auch in Fällen, in denen dies nicht zwingend ist. Die so entstehende Frontbildung wird von Herrn Scharf als Bedrohung und Zuspitzung einer Konfrontation erlebt, auf die er wiederum polarisierend reagiert, etc.

Die Empfehlung geht dahin, auf polarisierende Formulierungen zu verzichten.

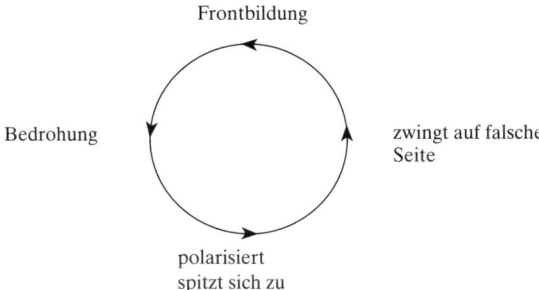

Schema: Teufelskreis Polarisierung

Eine besondere Kontrolldynamik: Die Kontrolldynamik beruht darauf, dass der Geschäftsführer, Herr Hardt, den Eindruck hat, ihm wird seitens des Vorstands misstraut. Er reagiert darauf mit einer Blockadehaltung – er »genießt seine Macht« (wie er selbst sagt) und »schaltet auf stur«. Dieses Verhalten wiederum wird vom Vorstandsmitglied Scharf als »Verschleierung« und »Verschleppung« wahrgenommen und interpretiert, worauf er mit verstärkten Kontrollanstrengungen und zunehmender Ungeduld reagiert, was von Hardt wiederum als Ausdruck von Misstrauen interpretiert wird etc.

Der Teufelskreis von Kontrolle und Misstrauen

Zu diesen Gesprächsmechanismen kommt ein typischer Effekt über stabiler Image-Sicherheit. Das Zustandekommen dieses Effekts ist etwas kompliziert; es lässt sich folgendermaßen beschreiben: Ich schließe aus dem Verhalten meines Gegenüber auf das Bild, das er von mir hat (»wenn er sich soundso verhält, hält er mich wohl für ...«). Dieses Bild vergleiche ich mit meinem Selbstbild, von dem ich stillschweigend annehme, dass der Andere es mit mir teilt (»er kennt mich doch, er weiß doch, dass ich ...«). Beide Bilder stimmen nicht überein – daraufhin empöre ich mich über die (vermeintliche) Unterstellung: »Wie kann er nur glauben, ich würde ...«.

Ein Effekt trügerischer Sicherheit

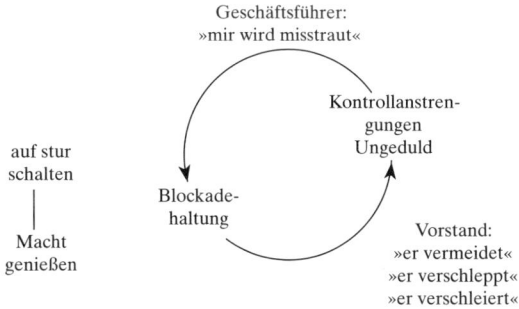

Schema: Machtspiele auf der Kontrollebene

Zur Veranschaulichung ein Beispiel: Vorstandsmitglied Scharf treibt die Sorge um die finanzielle Stabilität des Vereins um. Deshalb verfolgt er finanzielle Transaktionen des Geschäftsführers Hardt mit großer Aufmerksamkeit. Hardt selbst erlebt diese »Aufmerksamkeit« jedoch als Kontrolle und als Ausdruck von Misstrauen gegenüber seiner Zuverlässigkeit. Da für ihn selbst seine Zuverlässigkeit und Integrität außer Frage steht, ist er angesichts der wahrgenommenen Kontrolle fassungslos und kann die Handlungsweise von Scharf nur noch als schäbigen, persönlichen Angriff und als bewusste Rufschädigung interpretieren.

Erwartungsdivergenz   Schließlich werden in dem Gespräch auch noch unterschiedliche Erwartungshaltungen deutlich, die mit unterschiedlichen Rollenvorstellungen assoziiert sind. Auch hierfür ein Beispiel:

Herr Scharf erwartet, dass ihm als Vorstandsmitglied von dem Geschäftsführer Hardt »die Bücher gezeigt werden«. Herr Hardt ist aber stets davon ausgegangen, dass Herr Scharf (eben weil er Vorstandsmitglied ist) »Bescheid weiß«. Herr Scharf interpretiert aus seiner Haltung heraus Herrn Hardts Verhalten als Verheimlichung und Vertuschung, und versucht, über *andere* Kanäle an seine Informationen zu kommen. Herr Hardt, von der Annahme ausgehend, dass Herr Scharf Bescheid weiß, interpretiert dessen Verhalten, sich über andere Kanäle Informationen zu verschaffen, als Ausdruck von Misstrauen ihm gegenüber (»Er ist doch informiert; wenn er trotzdem weitersucht, heißt das doch, dass er annimmt, dass ich ihm etwas verheimliche«).

Überschätzung von Macht   In *Einem* allerdings haben die Beteiligten Hochachtung voreinander – und zwar fatalerweise: Beide schätzen den Einfluss des jeweils anderen auf den Verein insgesamt als außerordentlich hoch ein. Dies führt dazu, dass beide das Gefühl bekommen, sich gegen den als übermächtig wahrgenommenen Einfluss des Anderen wappnen zu müssen – und diese Maßnahmen werden vom jeweils Anderen dann wieder als »Aufrüstungsmaßnahmen« wahrgenommen – und führen zu entsprechenden Gegenreaktionen.

Soweit meine Beobachtungen in dem ersten gemeinsamen Gespräch. Ich konfrontiere die beiden in dem Gespräch mit diesen Beobachtungen, ohne sie ausführlich mit ihnen zu diskutieren. Zum Abschluss des Gesprächs vereinbaren wir einen weiteren Gesprächstermin und ich gebe beiden wieder Hausaufgaben mit auf den Weg:

Hausaufgaben   ■ Gibt es etwas, worauf Sie Wert legen, dass der Andere es in seinem zukünftigen Verhalten berücksichtigt?
■ Gibt es etwas, was Sie zusammen mit dem Anderen jetzt gerne in Angriff nehmen möchten?
■ Gibt es etwas, was Sie (bei Risiko des Scheiterns) so weit es geht allein bearbeiten wollen, und aus dem der Andere sich erst einmal raushalten sollte?
■ Gibt es etwas, was gemeinsam im Vorstand besprochen werden sollte?

Beim zweiten gemeinsamen Gespräch sprechen wir die Antworten der beiden auf diese Fragen durch. Ziel dieses Gesprächs ist es,

- sich gegenseitig Verhaltenskonzessionen zuzusichern (»ich werde mich bemühen, Sie nicht mehr tot zu reden« – »und ich, meine Fragen nicht so aggressiv zu formulieren«),
- neue Vorhaben ins Auge zu fassen, an denen die beiden kooperativ zusammenarbeiten können,
- sich gegenseitig »geschützte Bereiche« zuzusichern, d.h. Tätigkeitsbereiche, in denen es nicht zu Interventionen des Anderen kommt (in die er sich nicht »einmischt«);
- das weitere Umfeld »in die Pflicht zu nehmen« und bei der Konfliktbewältigung mit ein zu beziehen; dies v.a. deshalb, weil ich den Eindruck gewinne, dass es sich bei dem Konflikt *auch* um einen Stellvertreterkonflikt handelt, den die beiden *für andere* Vorstandsmitglieder ausfechten.

Im Verlaufe des Gesprächs kommt es zu entsprechenden Zusicherungen, Vereinbarungen und Absprachen. Dennoch signalisieren beide Beteiligten ihre Skepsis, was die gelingende praktische Umsetzung angeht. Ich schließe mich dem an.

4. Schritt: Ich berichte dem Vorstand in seiner nächsten Sitzung (die beiden »Streithähne« sind nicht dabei) über den Verlauf des Schlichtungsversuchs und die getroffenen Vereinbarungen zwischen den beiden. Ich nutze den Bericht aber auch dazu, den Vorstand auf strukturelle Defizite der Gremienarbeit aufmerksam zu machen, an denen sich aus meiner Sicht der Konflikt zwischen den beiden mitentzündet hat (unübersichtliche Vernetzung unterschiedlicher Gremien, fehlende Festlegung von Zuständigkeiten, unzulängliches Management der Vorstandssitzungen, etc.).

Der Stand ein halbes Jahr später: Die beiden »kommen« – so ihre eigenen Worte – »so miteinander aus«, sie behandeln sich auf der Basis »roher Eier« und rechnen mit Empfindlichkeiten des Anderen, was sie als anstrengend erleben. Inzwischen haben sich andere Konflikte zwischen anderen Vorstandsmitgliedern entwickelt. Möglicherweise »braucht« dieses Gremium Auseinandersetzungen – und jetzt sind andere Spieler in den Ring gestiegen.

8.4. Umgang mit Emotionen – am Beispiel der Betreuung von Sterbenden

8.4.1. Sozialpädagogen sind Gefühlsarbeiter

Die Erzieherin im Kindergarten tröstet ein weinendes Kind; einem Bewohner einer Behinderteneinrichtung gelingt ein Vorhaben und sein Betreuer freut sich mit ihm; der Mitarbeiter einer AIDS-Beratung zeigt sich betroffen von der Lebenserzählung eines Klienten; in jedem sozialpädagogischen Arbeitsbereich ist der Umgang mit Gefühlen Bestandteil der beruflichen Tätigkeit. Damit gehört sozialpädagogische Tätigkeit zum Bereich der *Gefühlsarbeit*, d.h. der Tätigkeit, für die eine Begegnung von Angesicht zu Angesicht, das Hervorrufen von Gefühlszuständen und die Kontrolle solcher Gefühlserzeugung charakteristisch ist. Neben Sozialpädagogen zählen in die Sparte der Gefühlsarbeit u.a. Ärzte, Anwälte, Verkäufer, Pfarrer, Prostituierte, Bestattungsunternehmer, Polizisten, Hotelportiers, Lehrer und Frisöre.

Professionelle Emotionalität

Für alle diese Professionen gilt, dass sie mit einem charakteristischen emotionalen Profil verbunden sind, das im Zuge der beruflichen Tätigkeit relevant wird. Insofern handelt es sich um professionalisierte Emotionalität, die auszudrücken oder mit der umzugehen zur Berufstätigkeit mit dazugehört, unabhängig davon, ob dem Berufstätigen gerade »danach ist« oder nicht.

Hochschild zitiert aus einer Studie über die Ausbildung von Personal in einem Heim für gestörte Kinder: »Man bringt ihnen (dem Personal) also das richtige Empfinden gegenüber den Kindern bei: Der Arzt darf niemals in Wut (...) reagieren. (...) Vor allem wird eine warme und zugewandte Art vom Personal erwartet, die immer von einer ›klinischen Haltung‹ getragen ist. (...) Einem Kind, das Tritte austeilt, das einen anschreit und beleidigt, kurz, dessen Verhalten alles andere als liebenswert ist, Wärme und Zuneigung zu schenken erfordert Gefühlsarbeit« (*Hochschild* 1990, S. 69).

> Ein prägnantes Beispiel für den Umgang mit Gefühlen stellt die Arbeit eines Inkasso-Eintreibers dar (*Hochschild* 1990, S. 112 ff.). Das emotionale Profil dieser Tätigkeit ist bestimmt durch Gefühle wie Ärger, Furcht, Bedrohungsgefühl und Wut. Aggressivität ist die emotionale Normallage dieser Tätigkeit. Auf der anderen Seite müssen Emotionen wie Sympathie und Mitgefühl unterdrückt werden, weil sie bei der erfolgreichen Ausübung des Jobs hinderlich wären.
>
> »Die Arbeit geht leichter, wenn man schnell spricht«, erklärte mir ein Mitarbeiter. »Sie stellen die Identität fest und sagen dann, wer sie selbst sind. Damit ist man auch schon beim Kern der Sache angelangt und man kann es schnell erledigen, etwa indem man sagt: Sie müssen den Betrag bis morgen beibringen. Dann macht man eine Sekunde Pause. Sie müssen versuchen, ihn aus der Ruhe zu bringen. Wenn Sie zu freundlich sind, dann haben Sie harte Arbeit vor sich, das können Sie mir glauben« (*Hochschild* 1990, S. 114).

»Echte« Gefühle?

Gefühlsarbeit ist eng verknüpft mit der Frage von Identität auf der einen Seite und institutioneller Macht (siehe Kapitel 5) auf der anderen Seite. Die professionell bestimmte Erzeugung von Gefühlen oder das professionell geforderte Eingehen auf Gefühle stellt die Person vor die Frage der Authentizität ihrer Gefühle. Institutionelle Macht zeigt sich in der Tiefe, in der die Organisation in den Gefühlshaushalt der Person eingreift. Die Institution hat ein Interesse daran, dem Mitarbeiter die Haltung zu vermitteln, das geforderte Gefühl »echt« zu empfinden. Allerdings besteht die Gefahr, dass die Angestellten ihre Verbindung zu diesen Gefühlen verlieren – und dies führt zu dem oft beklagten Burn-out-Syndrom.

8.4.2.   Hospiz als Ort des Sterbens

Im Folgenden wollen wir das besondere Profil von Gefühlsarbeit an einem speziellen Tätigkeitsbereich von Sozialpädagogen erläutern – dem Umgang mit sterbenden Menschen. Es handelt sich hier um eine Tätigkeit, die in den letzten Jahrzehnten aufgrund gesellschaftlicher Veränderungen (demographischer Wandel, Auflösung von Familienstrukturen, medizinische Innovationen) zunehmend relevant geworden ist und die nunmehr zum Einsatzbereich von Sozialpädagogen gezählt werden kann. Ein institutioneller Ort, an dem sie erfolgt, ist das Hospiz (als Einführung: *Stappen/Dinter* 2000).

Menschen in der Phase ihres Sterbens zu begleiten, stellt eine besondere emotionale Herausforderung für Helfende dar. Das Thema Sterben ist in unserer westlichen Kultur in einer Weise bestimmt, die den Umgang mit dem Thema erschwert: durch *Tabuisierung* und *Privatisierung*. Tabuisierung bedeutet, dass das Thema verdrängt und vermieden wird, Privatisierung bedeutet, dass das Thema »Privatangelegenheit« ist, an der sich niemand beteiligen soll oder darf, also auch nicht in der Weise der Sterbebegleitung. Diese kulturellen Rahmenbedingungen wirken sich auch auf die Begegnungssituation mit einem Sterbenden aus und erschweren den Umgang mit dieser Situation. **Tabuisierung und Privatisierung des Sterbens**

Die Hospizbewegung ist angetreten mit der Zielsetzung, den Prozess des Sterbens in unserer Kultur menschenwürdig zu gestalten. Man unterscheidet zwischen ambulanter und stationärer Hospizarbeit. Bei der ambulanten Hospizarbeit besuchen die Mitarbeiterinnen die Sterbenden in ihrer Wohnung; im stationären Hospiz ziehen die Sterbenden in ihrer letzten Lebensphase in die Einrichtung und werden dort bis zum Tode betreut. **Aufgaben der Hospizarbeit**

»Hospizarbeit zeichnet sich durch 4 Schwerpunkte aus: Die *psychosoziale Begleitung* umfasst die emotionale Unterstützung der Sterbenden und ihrer Angehörigen. Sie hilft bei der Verarbeitung der Gefühle, die bei der Auseinandersetzung mit dem bevorstehenden Tod auftreten. (...) Durch *spirituelle Begleitung* haben Sterbende die Möglichkeit, Raum zu finden, sie selbst zu sein und ihr Leben bis zuletzt zu leben. (...) Zur Sterbebegleitung gehört in notwendigem Umfang auch die Trauerbegleitung. Die Aufgabe der *palliativen Medizin* und der *palliativen Pflege* ist es, Schmerzen und andere Beschwerden, die in der letzten Lebensphase auftreten können, zu behandeln und zu lindern und dadurch die Lebensqualität sterbender Menschen zu verbessern« (*Müller* 2001, S. 16).

8.4.3.   Sterbe-Begleitung als Grundkonzept für Gefühlsarbeit im Hospiz

Die Situation der Begegnung eines Helfenden mit einem sterbenden Menschen ist typischerweise durch Gefühle bestimmt wie:

- ■ Angst vor eigenem Tod,   **Typische Gefühle**
- ■ Ohnmacht, Hilflosigkeit, Versagensgefühl angesichts von Beschwerden, z.B. Atemnot, des Sterbenden,

- Verlegenheit, Beklommenheit, Verzweiflung angesichts der Endgültigkeit des Geschehens,
- Irritation angesichts von Gefühlsschwankungen des Sterbenden zwischen Hoffnung und Resignation.

Verdrängung von Gefühlen

Angesichts dieser Emotionen liegt es nahe, das Thema des Sterbens in der Begegnung zu vermeiden, davon abzulenken oder den Sterbenden zu beschwichtigen, eine Schonhaltung zu vermitteln und/oder sich in Aktionismus zu stürzen. Eine Folge dieser Reaktionen wäre aber gerade eine Verdrängung der Thematik und damit der Person des Sterbenden selbst. Das Verdrängen der Person aber steht im Widerspruch zu dem institutionellen Auftrag des Hospizes, den sterbenden Menschen in den Mittelpunkt zu stellen.

Konzept: Begleitung

Es bedarf daher eines Konzeptes, das es Menschen ermöglicht, mit diesen Emotionen im Sinne der Hospizarbeit umzugehen und eine emotionale Haltung zu entwickeln, die den Zielsetzungen der Hospizarbeit entspricht. Dieses Konzept ist das Konzept der Begleitung.

Begleitung wird durchaus in Analogie zur musikalischen Begleitung verstanden – der Sterbende gibt den Ton an und der Sozialpädagoge ergänzt zu einem harmonischen Ganzen bzw. unterstützt den »Solisten«.

Präsent sein

Ein erstes wichtiges Moment eines solchen Konzeptes von Begleitung ist die Präsenz des Helfenden. Begleitung bedeutet, für den Sterbenden da zu sein und diese Präsenz spürbar zu machen. Der Theologe und Poet *Kurt Marti*: »Ich glaube in dieser Situation nicht an Worte. Zeit haben, Präsenz, Nähe, Wärme sind wohl wichtiger, werden vielleicht so etwas wie sakramentale Bezeugungen der Nähe und Liebe Gottes« (zit. in *Voss-Eiser* 1991, S. 91).

Autonomie wahren

Ein weiteres wesentliches Moment des Konzeptes von Begleitung ist die Autonomie des Sterbenden. Aufgabe des Sozialpädagogen ist es, diese Autonomie zu ermöglichen, zu wahren, zu schützen und zu fördern.

Anteil nehmen

Ein drittes wesentliches Moment von Begleitung ist die Anteilnahme am Leben des Sterbenden. Eine Begleiterin berichtet: »In meiner ersten Begegnung mit einer hochbetagten sterbenden Frau ließ sie mich unter Tränen wissen, sie sei sehr elend, und tief verzweifelt. Aus meiner Bitte, mich doch ein wenig Anteil nehmen zu lassen an ihrem Leben, wer sie sei und was ihr wichtig sei, entstand eine tiefe zwischenmenschliche Nähe und Freundschaft« (*Stappen/Dinter* 2000, S. 20). Zu diesem begleitenden Anteilnehmen kann z.B. auch das Mitvollziehen von – unrealistischen – Besserungsphantasien gehören oder das Mitträumen von Hoffnungsträumen des Sterbenden.

Klärungen ermöglichen

Ein viertes Moment von Begleitung besteht darin, dem Sterbenden einen emotionalen Raum zu schaffen, in dem er sich mit seinem Leben und seinem Schicksal auseinandersetzen kann. Die Aufgabe für den Sozialpädagogen besteht in der Klärung. »Die Auseinandersetzung mit Sterben und Tod ist im Wesentlichen eine Emotionsarbeit, in der komplexe Reaktionsweisen entwirrt und Teilschritte emotionaler Bewältigung erarbeitet werden. Diese Strukturierung des Verarbeitungsprozesses ermöglicht es dem Sterbenden klarer zu sehen« (*Stappen/Dinter* 2000, S. 33). Diese Strukturierung kann durch Gespräche erfolgen, aber auch durch Anregungen zu künstlerischer, z.B. bildnerischer Gestaltung oder durch die gemeinsame Suche nach Symbolen (z.B. ein Vogel als Symbol fürs Sterben).

Ein solches Konzept von Begleitung ermöglicht es, mit auftretenden negativen Gefühlen in produktiver Weise umzugehen. Im Konzept der Begleitung besteht die Rolle des Helfenden wesentlich darin, präsent zu sein – nicht so sehr darin, etwas zu tun. Das reduziert das Ausmaß an Ohnmachts-, Hilflosigkeits- und Versagensgefühlen: **Umgang mit Gefühlen**

- Im Konzept der Begleitung werden Zurückweisungen von Angeboten durch den Sterbenden nicht als Kränkung von Hilfsbereitschaft erlebt, sondern als Intensivierung von Autonomie und Selbstbestimmung des Sterbenden interpretiert und dadurch positiv bewertet.
- Im Konzept der Begleitung werden alle Äußerungen des Sterbenden auch als Gabe betrachtet, mit der der Sterbende dem Sozialpädagogen Teilnahme an seinem Lebensprozess schenkt. Diese Gaben lösen entsprechend Gefühle der Dankbarkeit aus, die simultan Angst oder Bedrohungsgefühle zu kompensieren vermögen.
- Im Konzept der Begleitung wird der gesamte Sterbeprozess als Erfahrungs- und Lernprozess für das eigene Leben – und Sterben (das eigene Sterbe-Konzept) – des Sozialpädagogen begriffen. Diese Lernhaltung ermöglicht es, auch mit angstauslösenden Momenten im Prozess eines Sterbenden in produktiver Weise umzugehen.

Zum Tätigkeitsbereich der Begleitung sterbender Menschen kann zusätzlich nach dem Tode noch die Betreuung der trauernden Angehörigen kommen. Auch diese Tätigkeit weist ihr spezifisches emotionales Profil auf. Es ist gekennzeichnet durch:

- Angst vor dem »Durchdrehen« der Angehörigen,
- Angst vor dem Wiedererleben eigener Trauererfahrungen.

Hier stellen sich dem Sozialpädagogen folgende Aufgaben (vgl. *Student* 1991):

Den Trauernden ermöglichen, die Realität des Todes deutlich wahrzunehmen: Hinterbliebene sind in der Situation des Todes ihres Angehörigen schwach und folgen gerne Empfehlungen, der Realität des Todes aus dem Weg zu gehen (»Behalten Sie ihn lieber so in Erinnerung, wie Sie ihn gekannt haben.«). Aufgabe des Sozialpädagogen ist es daher, die Hinterbliebenen so zu stärken, dass diese sich in der ihnen gemäßen Weise von dem Toten verabschieden können (z.B. ihn noch einmal zu sehen oder ihn zu waschen und anzukleiden). **Traueraufgaben**

Die Hinterbliebenen den Schmerz der Trauer spüren lassen: Viele Trauernde stehen nach dem Tod eines nahen Angehörigen zunächst unter Schock – ein sinnvoller Zustand, der sie vor psychischer Überlastung schützt. Die Umgebung von Trauernden neigt dazu, auch später einen solchen Schonraum zu erzeugen (das Thema nicht ansprechen, den Namen nicht erwähnen, Erinnerungsstücke wegräumen). Aufgabe des Sozialpädagogen ist es stattdessen, den Hinterbliebenen den Schmerz des Verlustes zu ermöglichen. »Eltern, deren Kind gestorben ist, fühlen sich ständig an seinen Tod erinnert. Was ihren Schmerz lindern kann, ist die Erlaubnis, diese Erinnerung zuzulassen. Sie spüren einen tiefen Drang, wieder und wieder über das verstorbene Kind zu sprechen, das vergangene Ereignis wieder lebendig werden zu lassen. Sie möchten über gute und schlimme Erinnerungen sprechen, Bilder wieder lebendig werden lassen, auch wenn es noch so schmerzlich ist. Schlimmer noch ist der Schmerz, wenn all dies unterdrückt werden muss« (*Student* 1991, S. 117).

Den Trauernden Neuorientierung ermöglichen: Dies wird auch als »letzte Traueraufgabe« beschrieben: Einen Teil der intensiven Gefühle vom Verstorbenen abzuziehen und in die soziale Umgebung einzubringen. Die Rolle des Trauerbegleitenden kann es sein, dem Trauernden die Freisetzung dieser Gefühle zu ermöglichen oder gar zu erlauben und dem Trauernden Möglichkeiten aufzuzeigen, die Trauer nicht übermächtig bleiben zu lassen. Eine Möglichkeit ist die Umfokussierung, z.B. durch einen Dialog mit der Trauer, wie ihn eine betroffene Mutter beschreibt:

»Würde ich Dich beschreiben ›Trauer‹, wärst Du eine schattenhafte, schwarze Gestalt. Ich habe mit Dir gelebt, seit ich geboren bin, aber in den letzten drei Jahren haben wir miteinander gerungen, und Du hast deine Gestalt verändert. Immer wenn ich nach dem Warum fragte: dann wurdest Du groß, größer als ich – übermächtig! Aber wenn ich nach dem Was fragte: dann wurdest Du kleiner, faßbarer – verhandlungsbereiter. Wir haben gekämpft und verhandelt – bis heute. Manchmal mehr und manchmal weniger. Du kommst immer noch unangemeldet, überraschend. Aber wir haben uns angefreundet und Kompromisse geschlossen. Ich habe Dich akzeptiert als meinen Wegbegleiter, der mich auch an die Wurzeln erinnert und mahnt: Mein Weg aus der Erstarrung in den Prozess des Wachstums war mir nur möglich, indem ich mich nach Dir umdrehte, Dich ansah, mich Dir stellte und so versuchte, Dich zu begreifen« (*Hoyer*, zitiert in *Student* 1991, S. 119 f.).

8.5.   Der Beitrag psychologischen Wissens für das Verständnis professioneller Praxis

Psychologisches Wissen ist einer zweifachen, strengen Prüfung ausgesetzt – den Anforderungen wissenschaftlicher Standards und der Bewährung im praktischen Handeln. Wir haben in diesem Kapitel versucht zu zeigen, wie psychologisches Wissen zum Erkennen professionell-sozialer Tätigkeitsfelder, zum Verstehen ihrer Funktionsweise und zur Bewältigung der damit verbundenen Anforderungen beitragen kann. Gleichsam nebenbei haben wir aber auch versucht zu zeigen, dass zur Anwendung psychologischen Wissens stets auch eine kritische Prüfung der eigenen Denkvoraussetzungen gehört und dass das Verstehen eigener und fremder sozialer Praxis desto besser gelingt, je mehr theoretische Perspektiven man bei der Betrachtung dieser Praxis in Anschlag bringen kann. Die angebotenen Aussichtspunkte für solche Betrachtungen und Wegweiser für psychologische Erkundungen sollen zu einer bewussteren und verantwortungsvolleren professionellen Praxis beitragen.

Literatur

Adorno, T. W. (1989): Studien zum autoritären Charakter (Original 1950). Suhrkamp, Frankfurt/M.

Allesch, G. v. (1942): Über das Verhältnis des Allgemeinen zum realen Einzelnen. Archiv für die gesamte Psychologie 111, 23–38

Altmann, G., Fiebiger, H., Müller, R. (2005): Mediation. Konfliktmanagement für moderne Unternehmen. 3. überarb. Aufl. Beltz, Weinheim

Amelang, M., Bartussek, D. (2001): Differentielle Psychologie und Persönlichkeitsforschung. 5. Aufl. Kohlhammer, Stuttgart

Argyle, M. (1976): Soziale Interaktion. Kiepenheuer & Witsch, Köln

Asch, S. E. (1946): Forming impressions of personality. Journal of Abnormal and Social Psychology 41, 258–290

Ash, M. G., Geuter, U. (1985): Geschichte der deutschen Psychologie im 20. Jahrhundert. Westdeutscher Verlag, Opladen

Ausubel, D. P., Sullivan, E. V. (1974): Das Kindesalter. Fakten – Probleme – Theorien. Juventa, München

Bachtin, M. M. (1981): The dialogic imagination. Four essays. University of Texas Press, Austin

Badinter, E. (1981): Die Mutterliebe. Geschichte eines Gefühls vom 17. Jahrhundert bis heute. Piper, München

Baltes, M. M., Maas, I., Wilms, H.-U., Borchelt, M. (1996): Alltagskompetenz im Alter: Theoretische Überlegungen und empirische Befunde. In: Mayer, K. U., Baltes, P. B. (Hrsg.): Die Berliner Altersstudie. Akademie, Berlin, 525–542

Baltes, P. B. (1990): Entwicklungspsychologie der Lebensspanne. Theoretische Leitsätze. Psychologische Rundschau 41, 1–24

–, *Baltes, M. M.* (1989): Optimierung durch Selektion und Kompensation. Ein psychologisches Modell erfolgreichen Alterns. Zeitschrift für Pädagogik 35, 85–105

Bandura, A. (1979): Sozial-kognitive Lerntheorie. Klett-Cotta, Stuttgart

–, *Ross, D., Ross, S. A.* (1963): Imitation of film-mediated aggressive models. Journal of Abnormal and Social Psychology 66, 3–11

Barsalou, L. (1999): Language comprehension: Archival memory or preparation for situated action? Discourse Process 28, 61–80

Bastine, R. (1981): Adaptive Indikationen in der zielorientierten Psychotherapie. In: Baumann, U. (Hrsg.): Indikation zur Psychotherapie. Urban & Schwarzenberg, München, 158–216

Bateson, G. (1981): Ökologie des Geistes. Suhrkamp, Frankfurt/M.

Baumann, U., Wedel, B. v. (1981): Stellenwert der Indikationsfrage im Psychotherapie-Bereich. In: Baumann, U. (Hrsg.): Indikation zur Psychotherapie. Urban & Schwarzenberg, München, 1–33

Bauman, Z. (1995): Moderne und Ambivalenz: Das Ende der Eindeutigkeit. Fischer, Frankfurt/M.

Beck, A. T., Rush, A. J., Shaw, B. F., Emery, G. (2004): Kognitive Therapie der Depression. 3. Aufl. Urban & Schwarzenberg, München

Behse, H. (1976): Kompetenz. In: Historisches Wörterbuch der Philosophie, Band IV. Schwabe, Stuttgart, 918–933

Bem, D. J. (1972): Self-perception theory. In: Berkowitz, L. (Ed.): Experimental Social Psychology, Volume 6. Academic, New York, 2–62

Berne, E. (1967): Spiele der Erwachsenen. Rowohlt, Reinbek bei Hamburg

Berufsverband Deutscher Psychologinnen und Psychologen (Hrsg.) (1994): Richtlinien für die Erstellung psychologischer Gutachten. Deutscher Psychologen Verlag, Bonn

Besemer, C. (2007): Mediation – Vermittlung in Konflikten. Stiftung Gewaltfreies Leben, Königsfeld

Biermann-Ratjen, E., Eckert, J., Schwartz, H. J. (2003): Gesprächspsychotherapie – Verändern durch Verstehen. 9. überarb. Aufl. Kohlhammer, Stuttgart

Billig, M. et al. (1988): Ideological dilemmas: a social psychology of everyday thinking. Sage, London

Bohner, G. (2002): Einstellungen. In: Stroebe, W., Jonas, K., Hewstone, M. (Hrsg.): Sozialpsychologie. Eine Einführung. Springer, Berlin, 265–315

Bower, G. H., Hilgard, E. R. (1983): Theorien des Lernens, Band I. 5. Aufl. Klett-Cotta, Stuttgart

Bowlby, J. (1976): Trennung. Kindler, München

Bredenkamp, J. (1993): Zur Lage der Psychologie in den neuen Bundesländern. In: Montada, L. (Hrsg.): Bericht über den 38. Kongreß der Deutschen Gesellschaft für Psychologie in Trier 1992. Hogrefe, Göttingen, 17–29

–, *Bredenkamp, K.* (1991): Was ist Lernen? In: Weinert, F. E., Graumann, C. F., Heckhausen, H., Hofer, M. u. a.

(Hrsg.): Pädagogische Psychologie 2, Funkkolleg. Fischer, Frankfurt/M., 605–630

Brehm, J. W. (1972): Responses to loss of freedom. A theory of psychological reactance. General Learning Press, Morristown

Breuer, F. (Hrsg.) (1977): Wissenschaftstheorie für Psychologen. Aschendorff, Münster

– (1996): Qualitative Psychologie. Grundlagen, Methoden und Anwendungen eines Forschungsstils. Westdeutscher Verlag, Opladen

– (1998): »Cäsar schlug die Gallier.« – Über Schlüsselpersonen. Gruppendynamik 29, 243–261

Brickenkamp, R. (Hrsg.) (2002): Handbuch psychologischer und pädagogischer Tests. 3. Aufl. Hogrefe, Göttingen

Bruner, J. (1983): Child's talk: Learning to use language. Norton, New York

Bühler, K. (1907): Tatsachen und Probleme zu einer Psychologie der Denkvorgänge I. Über Gedanken. Archiv für die gesamte Psychologie 9, 297–365

– (1934): Sprachtheorie. Fischer, Jena

Buggle, F. (2001): Die Entwicklungspsychologie Jean Piagets. Kohlhammer, Stuttgart

Cattell, R. B. (1973): Personality pinned down. Psychology Today 7, 40–46

– (1978): Die empirische Erforschung der Persönlichkeit. 2. Aufl. Beltz, Weinheim

Cialdini, R. B. (2006): Die Psychologie des Überzeugens. 4. korr. Aufl. Huber, Bern

Cicourel, A. V. (1974): Methode und Messung in der Soziologie. Suhrkamp, Frankfurt/M.

Ciompi, L. (1998): Affektlogik. Über die Struktur der Psyche und ihre Entwicklung. 5. Aufl. Klett, Stuttgart

Cohn, R. C. (1975): Von der Psychoanalyse zur Themenzentrierten Interaktion. Klett, Stuttgart

Corsini, R. J. (1987): Handbuch der Psychotherapie. Beltz, Weinheim

Cupach, W. R., Spitzberg, J. (Eds.) (1994): The dark side of interpersonal communication. Erlbaum, Hillsdale

Deci, E. L. (1971): Effects of externally mediated rewards on intrinsic motivation. Journal of Personality and Social Psychology 18, 105–115

Deppermann, A. (2001): Gespräche analysieren. 2. Aufl. Leske + Budrich, Opladen

Devereux, G. (1967): Angst und Methode in den Verhaltenswissenschaften. Hanser, München

Döbert, R., Nunner-Winkler, G. (1984): Die Bewältigung von Selbstmordimpulsen im Jugendalter. Motiv-Verstehen als Dimension der Ich-Entwicklung. In: Edelstein, W., Habermas, J. (Hrsg.): Soziale Interaktion und soziales Verstehen. Beiträge zur Entwicklung der Interaktionskompetenz. Suhrkamp, Frankfurt/M., 348–380

Dölker, F. (2002): Streetwork und internationale Jugendarbeit als Zugang zu Migrationsjugendlichen. Master Thesis im Studiengang ICEUS. FH Fulda.

Dvorak, A., Fichter, M., Wittchen, H. U. (1978): Versorgung durch »nicht-ärztliche« Berufsgruppen in der BRD. Unveröffentlichte Studie im Auftrag des Bundesministeriums für Jugend, Familie und Gesundheit, Bonn

Eagly, A. H., Chaiken, S. (1993): The psychology of attitudes. Harcourt, Forth Wort

Eckert, J., Schwartz, H. J., Tausch, R. (1977): Klienten – Erfahrungen und Zusammenhang mit psychischen Änderungen in personenzentrierter Gesprächspsychotherapie. Zeitschrift für Klinische Psychologie 6, 177–184

Edelmann, W. (2000): Lernpsychologie. 6. Auflage PVU, Weinheim

Ehlers, B., Ehlers, T., Makus, H. (1978): Marburger Verhaltensliste (MVL). Hogrefe, Göttingen

Erickson, F., Shultz, J. (1982): The counselor as gatekeeper. Social interaction in interviews. Academic, New York

Erikson, E. H. (1987): Kindheit und Gesellschaft (Original 1959). Klett, Stuttgart

– (2002): Identität und Lebenszyklus (Original 1959). Suhrkamp, Frankfurt/M.

Eysenck, H. J. (1952): The effects of psychotherapy: an evaluation. Journal of Consulting Psychology 16, 319–324

Fairholm, G. W. (1993): Organizational power politics: Tactics in organizational leadership. Praeger, Westport

Fend, H. (1990): Vom Kind zum Jugendlichen, Band I. Huber, Bern

Festinger, L. (1978): Theorie der kognitiven Dissonanz (Original 1957). Huber, Bern

Fischer, G. H. (1974): Einführung in die Theorie psychologischer Tests. Grundlagen und Anwendungen. Vollst. Neufassung Huber, Bern

Flammer, A. (2003): Entwicklungstheorien. 3. Aufl. Huber, Bern

Fleischmann, U. M. (1983): Leistungspsychologische Aspekte des höheren Lebensalters. In: Oswald, W. D., Fleischmann, U. M. (Hrsg.): Gerontopsychologie. Psychologie des alten Menschen. Kohlhammer, Stuttgart, 69–102

Florin, I., Tuner, W. (Hrsg.) (1982): Therapie der Angst. Urban & Schwarzenberg, München

Foppa, K. (1989): Zur Lage der Psychologie. Psychologische Rundschau 40, 3–9

Foucault, M. (1977): Überwachen und Strafen: Die Geburt des Gefängnisses. Suhrkamp, Frankfurt/M.

Frankl, V. (1990): Der leidende Mensch: Anthropologische Grundlagen der Psychotherapie. Piper, München

Freud, S. [1896] (1989): Zur Ätiologie der Hysterie. Studienausgabe, Band VI. Fischer, Frankfurt/M., 51–81

– [1905a] (1989): Bruchstücke einer Hysterie-Analyse »Dora«. Studienausgabe, Band VI. Fischer, Frankfurt/M., 83–186

– [1905b] (1989): Drei Abhandlungen zur Sexual-Theorie. Studienausgabe, Band V. Fischer, Frankfurt/M., 37–145

– [1921] (1997): Massenpsychologie und Ich-Analyse. Studienausgabe, Band IX. Fischer, Frankfurt/M., 61–134

– [1933] (1997): Neue Folge der Vorlesung in die Einführung der Psychoanalyse. Studienausgabe, Band I. Fischer, Frankfurt/M., 447–608

– [1938] (1994): Abriß der Psychoanalyse. Fischer, Frankfurt/M.

Furth, H. G. (1981): Intelligenz und Erkennen. Suhrkamp, Frankfurt/M.

Garfield, S. L., Kurtz, R. A. (1974): A survey of clinical psychologist: Characteristics, activities and orientations. Journal of Clinical Psychology 28, 7–10

– (1977): A study of eclectic views. Journal of Consulting and Clinical Psychology 45, 78–83

Garfinkel, H. (1967): Studies in Ethnomethodology. Prentice Hall, Englewood Cliffs

– (1973): Das Alltagswissen über soziale und innerhalb sozialer Strukturen. In: Arbeitsgruppe Bielefelder Soziologen (Hrsg.): Alltagswissen, Interaktion und gesellschaftliche Wirklichkeit, Band I. Rowohlt, Reinbek bei Hamburg, 189–262

Gay, P. (1995): Freud. Eine Biographie für unsere Zeit. Fischer, Frankfurt/M.

Geertz, C. (1990): Die künstlichen Wilden. Hanser, München

Gendlin, E. T. (1981): Focusing. Müller, Salzburg

Gergen, K. J. (1985): The social constructionist movement in modern psychology. American Psychologist 40, 266–275

– (1996): Das übersättigte Selbst. Auer, Heidelberg

Gilligan, C. (1982): In a different voice. Harvard University Press, Cambridge

Ginsburg, H., Opper, S. (1998): Piagets Theorie der geistigen Entwicklung. 8. Aufl. Klett, Stuttgart

Goffman, E. (1971): Interaktionsrituale. Über Verhalten in direkter Kommunikation. Suhrkamp, Frankfurt/M.

– (1979): Footing. Semiotica 25, 1–29

– (1981): Strategische Interaktion. Piper, München

– (1983): The Interaction Order. American Sociological Review 48, 1–17

Gordon, T. (1989): Lehrer-Schüler-Konferenz (Original 1972). Hoffmann & Campe, Hamburg

– (1999): Familienkonferenz (Original 1977). Heine, München

Graumann, C. F. (1964): Eigenschaft als Problem der Persönlichkeitsforschung. In: Lersch, P., Thomae, H. (Hrsg.): Handbuch der Psychologie, Band IV. Persönlichkeitsforschung und Persönlichkeitstheorie. Hogrefe, Göttingen, 87–154

– (1973): Zur Lage der Psychologie. In: Reinert, G. (Hrsg.): Bericht über den 27. Kongreß der Deutschen Gesellschaft für Psychologie in Kiel 1979. Hogrefe, Göttingen, 19–37

Grawe, K. (1987): Die Effekte der Psychotherapie. In: Amelang, M. (Hrsg.): Bericht über den 34. Kongreß der Deutschen Gesellschaft für Psychologie in Heidelberg 1986, Band II. Hogrefe, Göttingen, 515–534

– (1989): Von der Psychotherapeutischen Outcome-Forschung zur differentiellen Psychotherapie. Zeitschrift für Klinische Psychologie 18, 23–24

Groeben, N., Wahl, D., Schlee, J., Scheele, B. (1988): Das Forschungsprogramm Subjektive Theorien. Franke, Tübingen

Groeben, N., Westmeyer, H. (1981): Kriterien Psychologischer Forschung. 2. Aufl. Juventa, München

Grüneisen, V., Hoff, E. H. (1980): Familienerziehung und Lebenssituation. 2. Aufl. Beltz, Weinheim

Gumperz, J. (1982): Discourse strategies. Cambridge University Press, Cambridge

–, *Levinson, S.* (Eds.) (1996): Rethinking linguistic relativity. Cambridge University Press, Cambridge

Hasselhorn, M., Gold, A. (2006): Pädagogische Psychologie. Kohlhammer, Stuttgart

Haken, H. (1983): Synergetik. Eine Einführung. 2. Aufl. Springer, Berlin

Havighurst, R. J. (1972): Developmental Tasks and Education. 3rd ed. McKay, New York

Hehlmann, W. (1982): Geschichte der Psychologie. 2. Aufl. Kröner, Stuttgart

Heider, F. (1977): Die Psychologie der interpersonalen Beziehungen (Original 1958). Klett, Stuttgart

Henley, N. (1988): Körperstrategien. Geschlecht, Macht und nonverbale Kommunikation. Suhrkamp, Frankfurt/M.

Herrmann, T. (1983): Sprache. Huber, Bern

Herschbach, P. (1988): Psychotherapieforschung in der Krise – Was können wir von primitiven Heilern lernen? GwG-Zeitschrift 70, 33–37

Herzog, W. (1984): Modell und Theorie in der Psychologie. Hogrefe, Göttingen

Hochschild, A. (1990): Das gekaufte Herz. Campus, Frankfurt/M.

Hörmann, H. (1976): Meinen und Verstehen. Suhrkamp, Frankfurt/M.

Hofstede, G. J. (2006): Lokales Denken, globales Handeln. Interkulturelle Zusammenarbeit und globales Management. 3. vollst. überarb. Aufl. dtv, München

Hoffmann, S. O. (1978): Psychoanalyse. In: Corsini, R. J. (Hrsg.): Handbuch der Psychotherapie. Beltz, Weinheim, 978–1007

Huber, G. L., Mandl, H. (1979): Spiegeln Lehrerurteile über Schüler die implizite Persönlichkeitsstruktur der Beurteiler oder der Beurteilungsbögen? Zeitschrift für Entwicklungspsychologie und Pädagogische Psychologie 11, 185–194

Jacobson, E. (2002): Entspannung als Therapie: Progressive Relaxation in Theorie und Praxis. Pfeiffer, München

Jakobson, R., Pomorska, K. (1982): Poesie und Grammatik. Suhrkamp, Frankfurt/M.

Jäger, R. S. (1986): Der diagnostische Prozess. Hogrefe, Göttingen

–, *Petermann, F.* (Hrsg.) (1999): Psychologische Diagnostik. 4. Aufl. PVU, Weinheim

Janis, J. L. (1972): Victims of group think. Houghton Mifflin, Boston

Joas, H. (1989): Praktische Intersubjektivität. Die Entwicklung des Werkes von G. H. Mead. Suhrkamp, Frankfurt/M.

Kanfer, F. H. (1979): Self-management: Strategies and tactics. In: Goldstein, A. P., Kanfer, F. H. (Eds.): Maximizing treatment-gains. Transfer enhancement in psychotherapy. Academic Press, New York, 185–224.

–, *Schefft, B. K.* (1988): Guiding the Process of Therapeutic Change. Research Press, Champaign

Kelley, H. H. (1973): The process of causal attribution. American Psychologist 28, 107–128

Kendon, A. (1970): Movement coordination in social interaction: Some examples described. Acta Psychologica 82, 1–25

– (2000): Language and gesture: unity or duality? In: McNeill, D. (Ed.): Language and gesture. Cambridge University Press, Cambridge, 47–63

Kleist, C. v. (1987): Zur Verwendung von Metaphern in den Selbstdarstellungen von Psychotherapieklienten. In: Bergold, J., Flick, U. (Hrsg.): Ein-Sichten. Zugänge zur Sicht des Subjekts mittels qualitativer Forschung. DGVT, Tübingen, 115–124

Kleist, H. v. (1964): Allmähliche Verfertigung der Gedanken beim Reden. Gesamtausgabe, Band V. dtv, München

Klose, A., Steffan, W. (Hrsg.) (1997): Streetwork und Mobile Jugendarbeit in Europa. Europäische Streetwork-Explorationsstudie. Votum, Münster

Kluwe, R. (2001): Zur Lage der Psychologie: Perspektiven der Fortentwicklung einer erfolgreichen Wissenschaft. Psychologische Rundschau 52, 1–10

Knapp, A. (1983): Kommunikative Techniken zur Attribution von »Psychisch krank«. Wie man jemanden für verrückt erklärt. Unveröffentl. Staatsarbeit, Universität Mannheim

Knorr-Cetina, K. (2002): Die Fabrikation von Erkenntnis. 2. Aufl. Suhrkamp, Frankfurt/M.

Kohlberg, L. (1974): Zur kognitiven Entwicklung des Kindes – Drei Aufsätze. Suhrkamp, Frankfurt/M.

Kornadt, H. J., Zumkley, H. (1982): Thematische Apperzeptionsverfahren. In: Groffmann, K. J., Michel, J. (Hrsg.): Persönlichkeitsdiagnostik (Enzyklopädie der Psychologie). Hogrefe, Göttingen, 258–372

Krapp, A., Hofer, M., Prell, S. (1982): Forschungswörterbuch – Grundbegriffe zur Lektüre wissenschaftlicher Texte. Urban & Schwarzenberg, München

Krippendorff, E. (1990): Politische Interaktionen. Suhrkamp, Frankfurt/M.

Krippendorff, K. (1990): Der verschwundene Bote. Metaphern und Modelle der Kommunikation. In: Funkkolleg Medien und Kommunikation. Studienbrief 3. Beltz, Weinheim, 11–50

Kriz, J., Lisch, R. (1988): Methoden-Lexikon für Mediziner, Psychologen, Soziologen. PVU, München

Laing, R. D. (1972): Knoten. Rowohlt, Reinbek bei Hamburg

Langfeldt, H. P. (1987): Mein Kind kommt in die Schule. Econ, Düsseldorf

–, *Tent, L.* (1999): Pädagogisch-psychologische Diagnostik, Band II. Anwendungsbereiche und Anwendungsfelder. Hogrefe, Göttingen

Langthaler, W., Schiepek, G. (Hrsg.) (1997): Selbstorganisation und Dynamik in Gruppen: Beiträge zu einer systemwissenschaftlich orientierten Psychologie der Gruppe. LIT, Münster

LeBon, G. (1919): Psychologie der Massen. Kröner, Leipzig

Lefrancois, G. R. (2006): Psychologie des Lernens. 4. Aufl. Springer, Berlin

Lehr, U. (2007): Psychologie des Alterns. 11. korr. Aufl. Quelle & Meyer, Wiebelsheim

Lienert, G. A., Raatz, U. (1998): Testaufbau und Testpraxis. 6. Aufl. Beltz PVU, Weinheim

Lippit, R., White, R. (1986): Eine experimentelle Untersuchung über Führungsstil und Gruppenverhalten. In: Graumann, C. F., Heckhausen, H. (Hrsg.): Pädagogische Psychologie 1. Entwicklung und Sozialisation. Fischer, Frankfurt/M., 324–347

Loftus, E., Palmer, J. C. (1974): Reconstruction of automobile destruction. Journal of Verbal Learning and Verbal Behavior 13, 585–589

Lucy, J. A. (Ed.) (1993): Reflexive Language: Reported speech and metapragmatics. Cambridge University Press, Cambridge

Masson, J. M. (1986): Was hat man dir, du armes Kind, getan? Sigmund Freuds Unterdrückung der Verführungstheorie. Rowohlt, Reinbek bei Hamburg

Meichenbaum, D. W. (1979): Cognitive behavior modification. The need for a fairer assessment. Cognitive Therapy and Research 2, 127–-132

Meulemann, H. (2002): Werte und Wertewandel im vereinten Deutschland. Bundeszentrale für Politische Bildung. www.bpb/de/publikationen

Mies, M. (1987): Methodische Postulate zur Frauenforschung – Dargestellt am Beispiel der Gewalt gegen Frauen. Beiträge zur feministischen Theorie und Praxis 3, 7–25

Miller, G. A., Galanter, E., Pribram, K. H. (1960): Plans and the Structure of Behavior. Henry Holt & Co. Inc., New York

Montada, L. (1984): Entwicklung von Werthaltungen. Studienmaterialien FIM Psychologie. Studieneinheit Entwicklungspsychologie 1, Kapitel Ent 1/10. Universität Erlangen/Nürnberg

– (2002a): Fragen, Konzepte, Perspektiven. In: Oerter, R., Montada, L. (Hrsg.): Entwicklungspsychologie. 5. Aufl. PVU, Weinheim, 3–52

– (2002b): Die geistige Entwicklung aus der Sicht Jean Piagets. In: Oerter, R., Montada, L. (Hrsg.): Entwicklungspsychologie. 5. Aufl. PVU, Weinheim, 418–442

Moreno, J. L. (1974): Die Grundlagen der Soziometrie: Wege zur Neuordnung der Gesellschaft. Westdeutscher Verlag, Opladen

Müller, H. A. (1971): Psychologie und Anthropologie des Denkens. Bouvier, Bonn

Müller, M. (2001): Was ist Hospizarbeit? In: Sabatowski, R. et al. (Hrsg.): Hospiz- und Palliativführer. Medimedia, Neu-Isenburg, 16–18

Münz, R., Seifert, W., Ulrich, R. (1999): Zuwanderung nach Deutschland. Strukturen, Wirkungen, Perspektiven. Campus, Frankfurt/M.

Mussen, P. H. (Ed.) (1999): Carmichael's Manual of Child Psychology, Volume 1. Wiley & Sons, New York

–, *Conger, J. J., Kagan, J.* (1999): Lehrbuch der Kinderpsychologie. Klett, Stuttgart

Mutzeck, W., Pallasch, W. (Hrsg.) (1983): Handbuch zum Lehrertraining. Beltz, Weinheim

Neuberger, O. (1995): Mikropolitik. Enke, Stuttgart

Neubert, S. (1998): Erkenntnis, Verhalten und Kommunikation. LIT, Münster

Neuland, E. (1995): Mündliche Kommunikation: Gesprächsforschung – Gesprächsförderung. Entwicklungen, Tendenzen und Perspektiven. Der Deutschunterricht 1, 3–15

Nickel, H. (1972 und 1975): Entwicklungspsychologie des Kindes- und Jugendalters. 2 Bände. Huber, Bern

– (1998): Schuleingangsberatung auf der Grundlage eines ökopsychologischen Schulreife-Modells. In: Heller, K. H., Nickel, H. (Hrsg.): Modelle und Fallstudien zur Erziehungs- und Schulberatung. Huber, Bern, 81–88

Nolting, H. P. (2005): Lernfall Aggression. Neufassung Rowohlt, Reinbek bei Hamburg

Nothdurft, W. (1984): »äh folgendes Problem äh«. Die interaktive Ausarbeitung des »Problems« in Beratungsgesprächen. Narr, Tübingen

– (1995): Gesprächsanalyse von Schlichtung. Die Geschichte eines Forschungsprojekts und die Entwicklung seiner Ergebnisse. In: Nothdurft, W. (Hrsg.): Streit schlichten. Gesprächsanalytische Untersuchungen zu institutionellen Formen konsensueller Konfliktregelung. deGruyter, Berlin, 1–26

– (1996a): Schlüsselwörter. Zur rhetorischen Herstellung von Wirklichkeit. In: Kallmeyer, W. (Hrsg.): Gesprächsrhetorik. Narr, Tübingen, 351–418

– (1996b): Interaktive Bedeutungskonstitution. Ein Beitrag zur Kommunikationssemantik Gerold Ungeheuers. In: Krallmann, D., Schmitz, H. (Hrsg.): Perspektiven einer Kommunikationswissenschaft. Nodus, Münster, 257–271

– (1998): Wortgefecht und Sprachverwirrung. Gesprächsanalyse der Konfliktsicht von Streitparteien. Westdeutscher Verlag, Opladen

– (2007): Kommunikation. In: Straub, J., Weidemann, A., Weidemann, D. (Hrsg.): Handbuch Interkulturelle Kommunikation und Kompetenz. Metzler, Stuttgart

–, *Reitemeier, U., Schröder, P.* (1994): Beratungsgespräche. Analyse asymmetrischer Interaktion. Narr, Tübingen

–, *Schwitalla, J.* (1995): Gemeinsam musizieren. Plädoyer für ein neues Leitbild für die Betrachtung mündlicher Kommunikation. Der Deutschunterricht 1, 30–42

–, *Spranz-Fogasy, T.* (1986): Der kulturelle Kontext von Schlichtung: Zum Stand der Schlichtungs-Forschung in der Rechts-Anthropologie. Zeitschrift für Rechtssoziologie 1, 31–52

Oerter, R. (1987a): Kindheit. In: Oerter, R., Montada, L. (Hrsg.): Entwicklungspsychologie. 2. Aufl. PVU, Weinheim, 204–264

– (1987b): Jugendalter. In: Oerter, R., Montada, L. (Hrsg.): Entwicklungspsychologie. 2. Aufl. PVU, Weinheim, 265–338

–, *Dreher, M.* (2002): Entwicklung des Problemlösens. In: Oerter, R., Montada, L. (Hrsg.): Entwicklungspsychologie. 5. Aufl. PVU, Weinheim, 469–493

–, *Montada, L.* (Hrsg.) (2002): Entwicklungspsychologie. 5. Aufl. PVU, Weinheim

Paetzold, B. (1986): Änderungen von elterlichen Erziehungsstilen in den letzten 10 Jahren? Ein Vergleich. Psychologie in Erziehung und Unterricht 33, 137–140

Petter, G. (1996): Die geistige Entwicklung des Kindes im Werk von Jean Piaget. Huber, Bern

Petty, R. E., Wegener, D. T. (1998): Attitude change. In: Gilbert, D. et al. (Eds.): The Handbook of Social Psychology. McGraw-Hill, Boston, 269–322

Piaget, J. (1969): Das Erwachen der Intelligenz beim Kinde. Klett, Stuttgart

– (1976): Die Äquilibration der kognitiven Strukturen. Klett, Stuttgart

Pinker, S. (1998): Wie das Denken im Kopf entsteht. Kindler, München

Plessner, H. (1981): Grenzen der Gemeinschaft. In: Gesammelte Schriften, Band V. Suhrkamp, Frankfurt/M., 7–133

Pongratz, L. J. (1967): Problemgeschichte der Psychologie. Francke, Bern

Potter, J., Wetherell, M. (1987): Discourse and social psychology. Beyond attitudes and behaviour. Sage, London

Prouty, G., Pietrzak, S. (1988): Method applied to persons experiencing hallucinatory images. Person-Centered Review 3, 426–441

Pschyrembel (2002): Klinisches Wörterbuch. 259. Aufl. deGruyter, Berlin/New York

Rauchfleisch, U. (2005): Testpsychologie. 4. überarb. Aufl. Vandenhoek & Ruprecht, Göttingen

Reddy, M. (1979): The Conduit Metaphor. In: Ortony, A. (Ed.): Metaphor and thought. Cambridge University Press, Cambridge, 284–324

Richter, H. E. (1972): Eltern, Kind und Neurose – Eine Psychoanalyse der kindlichen Rolle (Original 1963). Rowohlt, Reinbek bei Hamburg

Riesman, D. (1982): Die einsame Masse. Eine Untersuchung der Wandlung des amerikanischen Charakters (Original 1922). Rowohlt, Reinbek bei Hamburg

Rogers, C. R. (1973): Die klient-bezogene Gesprächs-therapie. Kindler, München
– (1987): Eine Theorie der Psychotherapie, der Persönlichkeit und der zwischenmenschlichen Beziehungen (Original 1954). Gesellschaft für wissenschaftliche Gesprächstherapie, Köln
Röhrle, B., Sommer, G., Nestmann, F. (Hrsg.) (1997): Netzwerkinterventionen. DGVT, Tübingen
Rosenberg, A. (1991): Die Angst des Beraters vor seinem Klienten – Psychosoziale Aspekte der Arbeit mit HIV-Infizierten und AIDS-Erkrankten im Rahmen der Drogenhilfe. In: Scheiblich, W. (Hrsg.): Abschied, Tod und Trauer in der sozialtherapeutischen Arbeit. Lambertus, Freiburg, 95–109

Sacks, H., Schegloff, E., Jeffersen, G. (1974): A simplest systematics for the organisation of turn-taking for conversation. Language 50, 696–735
Sader, M. (2002): Psychologie der Gruppe. Juventa, Weinheim
Safranski, R. (2001): Schopenhauer und die wilden Jahre der Philosophie. Fischer, Frankfurt/M.
Sartre, J. P. (1962): Das Sein und das Nichts. Rowohlt, Reinbek bei Hamburg
Schaefer, E. S. (1959): A circumplex model for maternal behavior. Journal of Abnormal and Social Psychology 59, 226–235
Schaie, K. W. (1980): Age changes in intelligence. In: Sprott, R. L. (Ed.): Age, learning ability, and intelligence. Van Nostrand Reinhold Co., New York, 41–77
Schmidt, L. R., Kessler, B. H. (1987): Anamnese. Beltz, Weinheim
Schneewind, K. A. (1992): Persönlichkeitstheorien I. 2. Aufl. Wissenschaftliche Buchgesellschaft, Darmstadt
Schneider, M. (1982): Erziehung der Erzieher? Lang, Frankfurt
Schopenhauer, A. (1890): Parerga und Paralipomena 2. Sämtliche Werke in sechs Bänden, Band V. Reclam, Leipzig
Schönpflug, W., Schönpflug, U. (1997): Psychologie. 4. Aufl. PVU, Weinheim
Schraml, W. J. (1999): Einführung in die moderne Entwicklungspsychologie für Pädagogen und Sozialpsychologen. 9. Aufl. Klett, Stuttgart
Schulz von Thun, F. (1981): Miteinander reden: Störungen und Klärungen. Rowohlt, Reinbek bei Hamburg
Schwartz, H. (1976): Allgemeine Merkmale. In: Weingarten, E., Sack, F., Schenkein, J. (Hrsg.): Ethnomethodologie. Beiträge zu einer Soziologie des Alltagshandelns. Suhrkamp, Frankfurt/M., 327–367
Schwitalla, J. (1992): Über einige Weisen des gemeinsamen Sprechens. Ein Beitrag zur Theorie der Beteiligungsrollen im Gespräch. Zeitschrift für Sprachwissenschaft 11, 68–98
– (1994): Die Vergegenwärtigung einer Gegenwelt. Sprachliche Formen der sozialen Abgrenzung in einer Jugendlichengruppe. In: Kallmeyer, W. (Hrsg.):

Kommunikation in der Stadt. deGruyter, Berlin, 467–509
Secord, P. F., Backman, C. W. (1964): Social Psychology. 2nd ed. McGraw-Hill, New York
Seel, N. M. (2003): Psychologie des Lernens. 2. Aufl. Ernst Reinhardt, München
Seitz, W., Rausche, A. (1976): Persönlichkeitsfragebogen für Kinder zwischen 9 und 14 (PFK 9–14). Hogrefe, Göttingen
– (1992): Persönlichkeitsfragebogen für Kinder zwischen 9 und 14 (PFK 9–14). 3. Aufl. Hogrefe, Göttingen
– (2004): Persönlichkeitsfragebogen für Kinder zwischen 9 und 14 (PFK 9–14). 4. überarb. und neu normierte Aufl. Hogrefe, Göttingen
Shannon, C. E., Weaver, W. (1949): The Mathematical Theory of Communication. University of Illinois Press, Urbana
Shotter, J., Billig, M. (1998): A Bakhtinian psychology: Form out of the heads of individuals and into the dialogues between them. In: Bell, M. M., Gardiner, M. (Eds.): Bakhtin and the Human Sciences. Sage, London, 13–29
Silbereisen, R. K. (2003): Zur Lage der Psychologie – Neue Herausforderungen für Internationalität und Interdisziplinarität. Psychologische Rundschau 54 (1), 2–11
Smith, D. E. (1976): K ist geisteskrank. Die Anatomie eines Tatsachenberichtes. In: Weingarten, E., Sack, F., Schenkein, J. (Hrsg.): Ethnomethodologie. Beiträge zu einer Soziologie des Alltagshandelns. Suhrkamp, Frankfurt/M., 368–415
Smith, K. K., Berg, D. N. (1987): Paradoxes of group life. Jossey-Bass, San Francisco
Specht, W. (1987): Jugendkonflikte als Herausforderung für sozialpädagogisches Handeln. In: Specht, W. (Hrsg.): Die gefährliche Straße. Jugendkonflikte und Stadtteilarbeit. Böllert, Bielefeld, 19–32
Spitz, R. (2005): Vom Säugling zum Kleinkind (Original 1965). 12. Aufl. Klett, Stuttgart
Spitzberg, J., Cupach, W. R. (Eds.) (1998): The dark side of close relationships. Erlbaum, Mahwah
Spitznagel, A. (1982): Grundlagen, Ergebnisse & Probleme der Formdeuteverfahren. In: Groffmann, K. J., Michel, J. (Hrsg.): Persönlichkeitsdiagnostik (Enzyklopädie der Psychologie). Hogrefe, Göttingen, 86–257
Sprung, L., Sprung, H. (1999): Rückblicke auf ein schwieriges Jahrhundert – Zur Geschichte der Psychologie im 20. Jahrhundert in Deutschland. In: Hacker, W., Rinck, M. (Hrsg.): Bericht über den 41. Kongress der Deutschen Gesellschaft für Psychologie in Dresden 1998. Pabst, Lengerich, 123–143
Stapf, K. H., Herrmann, T., Stapf, A., Stäcker, K. H. (1988): Psychologie des elterlichen Erziehungsstils. Huber, Bern
Stappen, B., Dinter, R. (2000): Hospiz. Was Sie wissen sollten, wenn Sie sich engagieren wollen. Herder, Freiburg
Steiner, G. (2001): Lernen und Wissenserwerb. In:

Krapp, A., Weidemann, B. (Hrsg.): Pädagogische Psychologie. 4. vollst. überarb. Aufl. PVU, Weinheim, 137–205

Student, J. C. (1991): Trauer über den Tod eines Kindes. In: Scheiblich, W. (Hrsg.): Abschied, Tod und Trauer in der sozialtherapeutischen Arbeit. Lambertus, Freiburg, 111–122

Tannen, D. (1989): Talking Voices. Cambridge University Press, Cambridge

Tausch, R. u. A. (1973): Erziehungspsychologie – Psychologische Prozesse in Erziehung und Unterrichtung. 7. Aufl. Hogrefe, Göttingen

Taylor, C. (1988): Negative Freiheit. Suhrkamp, Frankfurt/M.

– (1994): Quellen des Selbst. Suhrkamp, Frankfurt/M.

Tedeschi, J. T. (Ed.) (1981): Impression management. Academic, New York

Tent, L. (1985): Grundlagen und Funktion einer Allgemeinen Theorie der Behindertenpädagogik. Heilpädagogische Forschung 12, 131–150

Tertilt, H. (1996): Turkish power boys. Ethnographie einer Jugendbande. Suhrkamp, Frankfurt/M.

Tewes, U. (2002): Hamburger-Wechsler-Intelligenztest für Kinder. Huber, Bern

– (2003): Intelligenzdiagnostik bei Kindern und Jugendlichen mit dem HAWIK-III. Das Buch zum Test. Huber, Bern

Thomae, H. (1968): Das Individuum und seine Welt. Hogrefe, Göttingen

Torrey, E. F. (1972): The mind game. Emerson Hall, New York

Traxel, W. (1985): Geschichte für die Gegenwart. Passavia Universitätsverlag, Passau

Trilling, L. (1980): Das Ende der Aufrichtigkeit. Hanser, München

Tuckman, B. W. (1965): Development sequence in small groups. Psychological Bulletin 63, 384–389

Ungeheuer, G. (1987): Kommunikationstheoretische Schriften, Band I. Alano, Aachen

Vigotski, L. S. (1978): Mind in Society: The Development of Higher Psychological Processes. Harvard University Press, Cambridge

Voss-Eiser, X. (1991): Sterbeerlebnisse – Todeserfahrung? Gedanken zum biblischen Todesverständnis vor dem Hintergrund der modernen Sterbeforschung. In: Scheiblich, W. (Hrsg.): Abschied, Tod und Trauer in der sozialtherapeutischen Arbeit. Lambertus, Freiburg, 71–94

Watzlawick, P., Beavin, J., Jackson, D. (1967): Menschliche Kommunikation. Formen, Störungen, Paradoxien. Huber, Bern

Weick, K. (1985): Der Prozeß des Organisierens. Suhrkamp, Frankfurt/M.

Weiner, B. (1976): Theorien der Motivation. Klett, Stuttgart

Weiss, A. (1998): Grundintelligenztest Skala 2 (CFT 20). Hogrefe, Göttingen

– (2006): Grundintelligenztest Skala 2 (CFT 20-R) (Revision). Hogrefe, Göttingen

Wertheimer, M. (1970): Kurze Geschichte der Psychologie. Piper, München

Wertsch, J. (1985): Vigotsky and the social formation of mind. Harvard University Press, Cambridge

Wewetzer, K. H. (1972): Intelligenz und Intelligenzmessung. Wissenschaftliche Buchgesellschaft, Darmstadt

White, R. W. (1959): Motivation reconsidered: The concept of Competence. Psychological Review 66, 297–333

White, R., Lippitt, R. (1969): Verhalten von Gruppenleitern und Reaktionen von Mitgliedern in drei »sozialen Atmosphären«. In: Irle, M. (Hrsg.): Texte der experimentellen Sozialpsychologie. Luchterhand, Neuwied, 456–486

Wieczerkowski, W., zur Oeveste, H. (Hrsg.) (1982): Lehrbuch der Entwicklungspsychologie, 3 Bände. Schwann, Düsseldorf

Woolfolk, A. (2004): Educational Psychology. 5th ed. Allyn and Bacon, Boston

Zimbardo, P. G., Gerrig, R. J. (2004): Psychologie. 16. aktual. Aufl. Springer, Berlin

Zimmer, P. E. (1990): Tiefenschwindel. Die endlose und beendbare Psychoanalyse. Rowohlt, Reinbek bei Hamburg

Zinnecker, J. (1985): Kindheit – Erziehung – Familie. In: Fischer, A., Fuchs, W., Zinnecker, A. (Hrsg.): Jugendliche und Erwachsene '85: Generationen im Vergleich, Band III. Leske + Budrich, Leverkusen, 97–292

Zumkley-Münkel, C. (1976): Imitationslernen. Schwann, Düsseldorf

Zumthor, P. (1988): Körper und Performanz. In: Gumbrecht, H. U., Pfeiffer, K. L. (Hrsg.): Materialität der Kommunikation. Suhrkamp, Frankfurt/M., 703–713

– (1990): Einführung in die mündliche Dichtung. Akademie, Berlin

Sachregister

Hiltrud von Spiegel
**Methodisches Handeln in der
Sozialen Arbeit**

Grundlagen und Arbeitshilfen für die Praxis
2. Auflage 2006. 269 Seiten. 4 Tab. 25 Arbeitshilfen
UTB-L (978-3-8252-8277-6) kt

»Berufliches Können« braucht zentrale, auch wissenschaftlich begründbare Arbeitsregeln. Oft fehlt das Rüstzeug für die Planung und Nachbereitung einer Arbeit. Eine bestimmte Methode wird intuitiv ausgewählt. Warum diese aber in einer gegebenen Situation angemessen ist, bleibt unklar. Das methodische Handeln zeigt hier Auswege auf, indem es Hilfen für eine systematisch geplante und reflexive Arbeit bietet. Das Buch begründet und beschreibt Arbeitshilfen für das methodische Handeln, die systematisch auf die berufliche Handlungsstruktur bezogen sind.

Benno Biermann
**Soziologische Grundlagen der
Sozialen Arbeit**

2007. 222 Seiten. 21 Abb. 9 Tab.
UTB-M (978-3-8252-2879-8) kt

Am Leitfaden grundlegender soziologischer Begriffe – soziales Handeln, Rolle und Institution, Gruppe und Organisation, Macht und Herrschaft, soziale Ungleichheit und sozialer Konflikt – bietet das Buch Studierenden und Praktizierenden der Sozialen Arbeit Hilfen für die angemessene Bearbeitung beruflicher Probleme. Zugleich vermittelt es jenes Basiswissen im Bereich soziologischer Theorie, das für kompetentes Handeln im Sozialen Beruf unerlässlich ist. Eine Einführung im besten Sinne!

reinhardt
www.reinhardt-verlag.de

Karsten Speck
Schulsozialarbeit

Eine Einführung
2007. 173 Seiten. 14 Tab.
UTB-S (978-3-8252-2929-0) kt

Karsten Speck
Schulsozialarbeit
Eine Einführung

Reinhardt UTB

Die Schulsozialarbeit hat in den letzten Jahren an Bedeutung gewonnen – nicht nur die
PISA-Debatte und der Ausbau der Ganztags-
schulen haben dazu geführt. Besonders um
die sozialen Kompetenzen zu fördern, bei
Konflikten und gewalttätigen Auseinandersetzungen vermittelnd einzugreifen oder
präventiv tätig zu werden, sind spezialisierte
Fachkräfte der Sozialen Arbeit gefragt.

Was aber macht Schulsozialarbeit aus? Welche Ansätze haben sich in der
Praxis bewährt? Welche Schlüsselkompetenzen sind für das Arbeitsfeld
unerlässlich? Karsten Speck klärt über zentrale Begriffe auf, skizziert
den Rahmen für das Arbeitsfeld – von rechtlichen Fragen über Finanzie-
rung, Träger, Handlungsprinzipien und Wirkungen der Schulsozialarbeit
bis hin zu notwenigen Standards und Fragen der Qualitätsentwicklung.

ᴇᴙ/ **reinhardt**
www.reinhardt-verlag.de

Reinhard J. Wabnitz
**Grundkurs Familienrecht für die
Soziale Arbeit**

2006. 206 Seiten. Mit 8 Tab. 67 Übersichten,
14 Fallbeispielen und Musterlösungen
UTB-S (978-3-8252-2754-8) kt

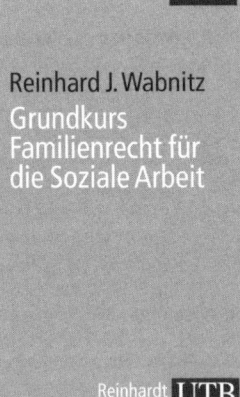

Wie sind Sorgerecht und Adoption im deutschen
Grundgesetz verankert? Was sollte man über
elterliche Sorge und Vormundschaft wissen?

Reinhard Wabnitz beantwortet diese und weitere Fragen und vermittelt das relevante Ba-
siswissen des Familienrechts – speziell aufbereitet für Studierende des
Faches Soziale Arbeit. Durch die systematische Gliederung lassen sich
wichtige Regelungen nachschlagen, zum Beispiel zu: Familie, Eheschlie-
ßung und nicht ehelichen Lebensgemeinschaften, Scheidung und Un-
terhalt, Adoption, Vormundschaft und Pflegschaft.

Mit Fallbeispielen, Prüfungsfragen, Musterlösungen und einem ausführlichen Literaturverzeichnis. Ein Muss für Studierende der Sozialen
Arbeit.

ℝ reinhardt
www.reinhardt-verlag.de

Reinhard J. Wabnitz
**Grundkurs Kinder- und Jugendhilferecht
für die Soziale Arbeit**

2007. 182 Seiten. 3 Tab. Mit 62 Übersichten,
14 Fallbeispielen und Musterlösungen
UTB-S (978-3-8252-2878-1) kt

Reinhard J. Wabnitz

Grundkurs Kinder-
und Jugendhilferecht
für die Soziale Arbeit

Reinhardt UTB

Wenn im Studium der Sozialen Arbeit die Klausur in Kinder- und Jugendhilferecht naht, ist eine gezielte Vorbereitung unerlässlich. Der »Grundkurs Kinder- und Jugendhilferecht für die Soziale Arbeit« vermittelt die elementaren Kenntnisse des Kinder- und Jugendhilferechts. Er gibt Studierenden einen Überblick über die rechtlichen Regelungen im SGB VIII, die Leistungen und anderen Aufgaben in der Kinder- und Jugendhilfe sowie über deren Trägerstrukturen und Behörden. Behandelt werden die vielfältigen Hilfs- und Förderangebote, unter anderem Jugendarbeit, Jugendsozialarbeit, Kindertagesstätten, Hilfen zur Erziehung, Beratungsdienste und Schutzaufgaben zu Gunsten von Kindern und Jugendlichen.

Die zahlreichen Übersichten fassen Inhalte prägnant zusammen, anhand von Fallbeispielen und Prüfungsfragen kann das Wissen geübt und vertieft werden. So lässt sich die Klausur spielend meistern!

reinhardt
www.reinhardt-verlag.de